Col·lecció «Biblioteca de les aules»
Minor, 35

EL HABLA DE PUEBLA DE ARENOSO

José Enrique Gargallo Gil

BIBLIOTECA DE LA UNIVERSITAT JAUME I. Datos catalográficos

Noms: Gargallo Gil, José Enrique, autor | Universitat Jaume I. Publicacions, entitat editora | Castelló de la Plana (Província). Diputació, entitat editora

Títol: El habla de Puebla de Arenoso / José Enrique Gargallo Gil

Descripció: Castelló de la Plana : Publicacions de la Universitat Jaume I. Servei de Comunicació i Publicacions : Servei de Publicacions de la Diputació de Castelló, [2024] | Col·lecció: Biblioteca de les aules. Minor ; 35 | Inclou referències bibliogràfiques i índex

Identificadors: ISBN 978-84-19647-68-9 (paper) | ISBN 978-84-19647-69-6 (pdf) | ISBN 978-84-19647-70-2 (epub)

Matèries: Castellà (Llengua) – Comunitat Valenciana – Puebla de Arenoso

Classificació: CDU 811.134.2'282(460.311 Puebla de Arenoso) | THEMA CFFD 2ADS 1DSE-ES-TB

Publicacions de la Universitat Jaume I es una editorial miembro de la UNE, cosa que garantiza la difusión y comercialización de las obras en los ámbitos nacional e internacional. www.une.es.

© Del texto: José Enrique Gargallo Gil, 2024
© Ilustración de la cubierta: *Vista de la Puebla y del Puente Colgante desde el otro lado del río*, Cèsar Canós
© Ilustración p. 8: *Vista de la Puebla sobre el pantano*, Aurora Monte

© De la presente edición: Publicacions de la Universitat Jaume I, 2024
Servei de Publicacions de la Diputació de Castelló, 2024

Coordinación de la edición: M. Carme Pinyana i Garí

Imprime: Servicio Gráfico y Digital de la Diputación de Castellón

ISBN papel: 978-84-19647-68-9
ISBN pdf: 978-84-19647-69-6
ISBN epub: 978-84-19647-70-2

Depósito Legal: CS 33-2024

DOI: http://dx.doi.org/10.6035/Biblio.Aules.Minor.35

Este libro, de contenido científico, ha estado evaluado por personas expertas externas a la Universitat Jaume I, mediante el método denominado revisión por iguales, doble ciego.

ÍNDICE

PRÓLOGO
Joan Veny 9

1. INTRODUCCIÓN GENERAL 13

    1.1. Justificación preliminar (desde la distancia) 13
    1.2. Introducción más específica 16
    1.3. Características y localización del pueblo. Comunicaciones 17
    1.4. Apuntes de historia 19
    1.5. Método de trabajo 20
    1.6. Sobre la presentación de la cosecha dialectal 25

2. FONÉTICA 27

    2.1. Vocalismo 27
    2.2. Consonantismo 40
    2.3. Otras cuestiones acerca de fonética y fonología 63

3. MORFOSINTAXIS 65

    3.1. Género 65
    3.2. Formación nominal. Sufijos y prefijos 66
    3.3. Alguna particularidad sobre el artículo 71
    3.4. Pronombres 72
    3.5. El verbo 75
    3.6. Adverbios y locuciones de carácter adverbial. Algunas
         interjecciones 86
    3.7. Hipotaxis y parataxis. Algunos hechos diferenciales 89

4. LÉXICO **91**

4.1. Faenas agrícolas 91
4.2. Algunas industrias relacionadas con la agricultura 107
4.3. Plantas (cultivables y no cultivables); árboles y frutos 115
4.4. Animales silvestres 128
4.5. Ganadería (animales domésticos, aves de corral) y apicultura 137
4.6. La matanza del cerdo. Otras cuestiones de la alimentación
   en el hogar 150
4.7. El cuerpo humano; el vestido 163
4.8. La vida psicológica. Facetas humanas diversas 177
4.9. La vivienda. Algunos útiles del hogar 181
4.10. El tiempo meteorológico 190
4.11. Las fiestas, los juegos 195
4.12. La familia 198
4.13. Territorio. Accidentes geográficos 200
4.14. Vocabulario general 202
4.15. Expresiones, locuciones, perífrasis y otras fórmulas fijas 206
4.16. Refranes 208

5. CONCLUSIONES **217**

ÍNDICE DE FORMAS MENCIONADAS **221**

REFERENCIAS BIBLIOGRÁFICAS **243**

APÉNDICE **251**

La tierra donde nací, por madre la conocí

Para mi familia
A la memoria de mi madre y de mis abuelos
Para la gente de la Puebla

Vista de la Puebla sobre el pantano, Aurora Monte

PRÓLOGO

El autor de esta monografía, José Enrique Gargallo Gil, es catedrático de Filología Románica de la Universidad de Barcelona y miembro del Institut d'Estudis Catalans, donde dirige proyectos de investigación y codirige la revista *Estudis Romànics*. Ha sido profesor visitante en universidades europeas y americanas y se ha ganado un prestigio en el mundo de la Romanística por sus contribuciones al estudio de la paremiología y la dialectología, especialmente en el campo de las áreas de frontera, sean orientales, sean occidentales, de la península ibérica. Profesor brillante, sus clases son un prodigio de erudición y claridad expositiva, de las que ha hecho gala en actuaciones mediáticas sobre temas como la etimología. Como docente de Lingüística Románica, maravilla que tenga un conocimiento activo de muchas lenguas; capaz, por ejemplo, de hacer una exposición científica en gallego, en portugués, en italiano o en francés.

Conocí a Gargallo en mis clases de Dialectología Hispánica en un lejano 1982, y después en las de Dialectología Catalana. Allí manifestó su entusiasmo por la materia y su ansia de nuevos conocimientos, cualidades a las que se añadieron, a medida que iba estrechando los vínculos con él, un análisis agudo y ponderado de los problemas lingüísticos, indeclinable laboriosidad, apertura al diálogo, largueza con colegas y amigos, profunda humanidad. A lo largo de nuestros contactos académicos surgió en él la idea de una tesis de licenciatura sobre el habla de su población natal, Puebla de Arenoso, tema elegido y aguijoneado por dos móviles: por un lado, la adhesión sentimental a su pueblo, con un amor ligado a su modo de hablar, heredero de antiguas generaciones y a las puertas de su obsolescencia; y, por otro, el aliciente de un sistema lingüístico de encrucijada de lenguas y dialectos (castellano, aragonés, catalán, valenciano) que ofrecía un reto apasionante para su descripción, orígenes y afinidades. Este fue el germen de una fuerte vocación hacia otras áreas más amplias (el Rincón de Ademuz) o más alejadas, en pareja situación de contacto de lenguas, como es el caso de las hablas gallegoportuguesas de la provincia de Cáceres.

La tesina que había presentado en 1982, admirable entrada en el mundo apasionante de la dialectología, ahora, cuarenta años después, es objeto de una reelaboración, con nuevos materiales y nuevos paralelismos; y además una nueva visión de la realidad como es la reducción demográfica (hasta un centenar y medio de habitantes, de los cuales solo unas docenas se ajustan al modelo descrito) y el uso anémico del dialecto, convertido en residual. La obra contiene una cosecha exhaustiva de los elementos del habla de la Puebla sin ceñirse a lo estrictamente diferencial, lo que Gargallo llama «falso peculiarismo», sino extendiendo el análisis y orígenes a todas las piezas del sistema, partiendo de la información recogida de 26 informantes, con el lamento del autor relativo a la escasa presencia, entre ellos, de mujeres, una actitud habitual en las monografías dialectales elaboradas por aquella sazón. Entre los colaboradores figuran expertos en un oficio específico (molinero, apicultor) y algún familiar, como su abuela Presentación (es hermoso, desde un punto de vista humano, poder contar con estas aportaciones familiares como un recuerdo que enriquece la ciencia lingüística). La recogida de materiales se ha hecho a partir de un cuestionario previo concebido no como un corsé sino como una guía que, a través de una conversación dirigida, revela unidades complementarias. Se notan las particularidades formales, sean fonéticas (*rebollón* 'níscalo'), morfológicas (*los dineros*), sintácticas (*no me veo*) o léxicas (*valsear* 'bailar agarrados'), todas ellas acompañadas de una explicación de los cambios, en generosas notas, mayoritariamente a pie de página, donde se prodigan relaciones con dialectos (o lenguas) vecinos, apoyadas en una bibliografía exhaustiva; se llama la atención sobre arcaísmos (*otri*), vulgarismos (*estrumento*) o la adaptación de neologismos (*monflorito*, alteración a partir de *hermafrodita*). Y en las aguas revueltas del léxico, sobre la base de castellano o de aragonés castellanizado flotan elementos propios del aragonés (*gemecar*, *mardano*), del castellano vecino (*ababol*), del valenciano (*templao*) o del catalán (*boño*), aunque a menudo resulta difícil discernir entre estos dos últimos, aspecto que Gargallo se encarga de señalar con la debida precaución («seguramente adaptación de...», «forma paralela de...», «acaso sea adaptación de...», «como en...», «es significativa la afinidad con...», «forma paralela del...», «emparentada con...», «compárese con...», etc.), indicando a veces la continuidad de área lingüística de un elemento (*cuchareta*) común a varias zonas. Para el estudioso del catalán y su expansión, resulta útil la notable presencia de unidades de esta procedencia, casi siempre a través del valenciano (*caganidos, trenque, hacer mal, manobra, badar, mi hombre, rebuche, a poquica noche, hacer el ronso, reser, ratolín*, etc.).

En suma, Gargallo, con esta excelente monografía, salva del silencio un copioso acervo saturado de siglos de historia, que, a una base del romance castellano-aragonés, suma un contingente notorio de vocablos de la vecindad castellana y catalana que proporcionan información substanciosa a las respectivas historias de cada lengua. El autor, que en su juventud, con apasionada vocación filológica, atraído por la variedad lingüística de su pueblo natal y fiel a sus orígenes, recogió su estructura y mecanismos, hoy nos ofrece una redacción ampliada, con nuevos datos y sagaz interpretación. «Lejos queda –como escribe Gargallo– aquel septiembre de 1982, desde esta aurora de enero de 2020». Puede sentir el orgullo de haber rescatado un patrimonio de su tierra, de valor inmenso, que merece el reconocimiento de sus paisanos y de los estudiosos de la variación lingüística.

JOAN VENY
Institut d'Estudis Catalans
Universitat de Barcelona

1. INTRODUCCIÓN GENERAL

1.1. JUSTIFICACIÓN PRELIMINAR (DESDE LA DISTANCIA)[1]

Aurora de enero de 2019. Cierro los ojos y entreveo a aquel alumno de Dialectología Española del curso 1981-1982 en la Universidad de Barcelona. Lo recuerdo entusiasmado por las clases de su profesor Joan Veny, bajo cuya tutela emprende un trabajo de curso sobre el habla del lugar natal; un trabajo que acabará constituyendo la tesis de licenciatura, popularmente conocida como la tesina.[2] A la vuelta de un verano muy especial, de redacción apresurada y algún sobresalto vital, consigue presentar dicho trabajo en forma de tesina en la *alma mater* al inicio de un nuevo curso: concretamente el 23 de septiembre de 1982, coincidiendo con la semana de fiestas patronales del lugar objeto de estudio: Puebla de Arenoso.

Los originarios de esta Puebla, una de las muchas del mundo hispánico, la nombramos con artículo en su versión breve, *la Puebla* (*soy de la Puebla, vamos a la Puebla*),[3] que me inclino a escribir con minúscula inicial para el artículo (tal como en Gargallo 2017, 429, en que lo justifico); o bien *Puebla de Arenoso* en la extensa, revestida de cierta formalidad (no es tan corriente en dicha versión extensa el uso del artículo: *la Puebla de Arenoso*) y, además, imprescindible para diferenciarla de otras, como la no muy lejana Puebla de Valverde, de la provincia de Teruel.[4]

---

1. Desde la cercanía humana a Joan Veny y Joan Fontana, les agradezco el regalo del tiempo empleado en leer mi texto, así como sus sabias observaciones. Agradezco también a Jesús Bernat el mapa del apéndice final y a Cèsar Canós, el diseño de la imagen de la cubierta.
    2. La forma *tesina*, que acoge el DLE, fue inventada, al decir de Joan Veny, por Dámaso Alonso.
    3. En cambio, se me hacen extrañas formulaciones del tipo de *Vamos a Puebla*. Siempre me da la impresión de que se refieran a otra, a la de México.
    4. Sobre todas estas cuestiones, véase Gargallo (2017, 427-429).

Vengamos ahora al título original de la obra: *El habla de Puebla de Arenoso (Bajo Aragón). Peculiaridades y afinidades*. La precisión parentética de *Bajo Aragón* era inexacta, por más que en su día me pareciese orientativa para el lugar de recepción inmediata de la obra (la Universidad de Barcelona), en que a pocos habría dicho gran cosa la acotación comarcal de *Alto Mijares*. Entiendo ahora que el título debe acomodarse al escueto molde de «El habla de + nombre de lugar», como en los libros consagrados a las hablas de diversas localidades próximas y publicados entre las décadas de los 80 y los 90 del siglo pasado, con los que se confronta nuestra cosecha dialectal: Alba (1986), Ríos (1989), López (1992) y Julián (1998). He aquí los títulos respectivos: *El habla de Ludiente, El habla de Sot de Ferrer, El habla de Sarrión* y *El habla de La Iglesuela del Cid*.

Prescindo igualmente del subtítulo *Peculiaridades y afinidades*, pues en la tradición dialectológica se da por hecho que en ese tipo de monografías se allega lo propio confrontado con lo vecino y lo afín. En nuestro caso, el contexto de referencia más inmediato lo aportan las hablas castellano-aragonesas de las provincias de Castellón y de Teruel. Mantengo en parte la confrontación bibliográfica de mi obra original (1982), y la extiendo a una selección de obras aparecidas desde entonces: además de las mencionadas en el párrafo anterior, las numerosas aportaciones de Natividad Nebot Calpe sobre las hablas de las dos comarcas castellanohablantes de la provincia de Castellón, el Alto Mijares y el Alto Palancia, así como la más extensa sobre el castellano-aragonés en tierras valencianas (Nebot 1985a); las dos contribuciones sobre la localidad vecina de Fuente la Reina, de Moliner y Vázquez (2012) y Moliner (2015); y también mi libro *Habla y cultura popular en el Rincón de Ademuz* (Gargallo 2004a). Asimismo, el imprescindible *Diccionario crítico etimológico castellano e hispánico* de Joan Corominas en colaboración con José Antonio Pascual (*DCECH*), que se empezaba a publicar durante la redacción de mi tesina, y que ahora conoce una edición electrónica (2012) bien útil; y del mismo Joan Coromines [con esta otra versión, levemente distinta, del apellido], el monumental *Diccionari etimològic i complementari de la llengua catalana* (*DECat*), que, además de ser el principal referente para la etimología catalana (y valenciana), aporta datos muy valiosos sobre las hablas de nuestra zona.

La base original de EL HABLA DE PUEBLA DE ARENOSO responde al material obtenido a partir de 26 informantes cuyos nombres y edades (en 1982) se consignan más adelante (1.5.2). En esta nueva reescritura, se ha incrementado notoriamente el material léxico: así, con aportaciones propias, de mi cosecha

14

vivencial, de usos transmitidos por mis padres, o recordados de mis abuelos. Tomo también información relativa a la Puebla de fuentes posteriores a 1982: el blog de Aurora Monte,[5] el libro de esta misma autora y Ana Gil (*Gastronomía y tradiciones*, 2000) publicado por la Asociación Almajal, el libro de Adoración Salvador (*Recuerdos de un pasado*, 2001), cuyo trasfondo es el pasado de la autora en su aldea natal de Los Arcos de Abajo y otras aldeas ribereñas de la Puebla, como Los Arcos de Arriba y La Rambla Alta, desaparecidas bajo las aguas del pantano (*vid.* 1.3). También el opúsculo de Lourdes Boronat [sin indicación explícita de año] sobre Los Calpes, consultable en línea, y la aportación de Joaquín Pérez Catalán (2000) sobre el asimismo desaparecido Campos de Arenoso.

Concluyo esta «Justificación preliminar» con un par de consideraciones sobre la cosecha dialectal allegada y sobre la redacción. Cuesta a veces discernir entre los usos propiamente autóctonos y diferenciales (las *Peculiaridades* del subtítulo original de la obra) de lo que corresponde al español común peninsular, y decidir en consecuencia si se incluyen o se desatienden determinados datos en la confrontación filológica. Y es que en algunas recopilaciones dialectales del ámbito hispánico se observa cierta tendencia a presentar como autóctono y singular lo que no son sino usos de amplia extensión. Intentaré desmarcarme de ese «falso peculiarismo». En cuanto a las *afinidades* (también conforme al subtítulo original) con las hablas vecinas, cabe destacar en general la aportación del elemento aragonés (o castellano-aragonés) que resulta del aluvión histórico llegado del norte, y también la del valenciano a través de siglos de contacto con la lengua vecina de oriente.[6] Y bien, aunque no lo refleje el título de la nueva publicación, dichas *peculiaridades y afinidades* de la obra original siguen hilvanando el texto en su nueva versión. Por lo demás, y como resulta de todo punto lógico, la redacción antigua se ha acabado moldeando y renovando, en algunos casos de manera considerable, conforme a la mirada lejana de quien se relee y reescribe desde la distancia.

---

5. <http://pueblaarenoso.blogspot.com/2016/02/el-municipio-de-puebla-de-arenoso-la.html>. Cito este blog de manera abundante, y excuso precisar en cada caso la fecha de consulta.
6. Sobre ello vuelvo en mis «Conclusiones».

15

1.2. INTRODUCCIÓN MÁS ESPECÍFICA

Entre los diversos motivos que me animaron a realizar el presente estudio, cabría destacar ante todo el deseo de preservar el tesoro dialectal de mi pueblo, el patrimonio familiar y de paisanaje. A esa razón primera, de orden sentimental, se añade ahora, con el paso de tantos años, una motivación profesional y de divulgación: dar a conocer entre colegas y gente de mi tierra, mediante la publicación de la obra, un retrato retrospectivo sobre el habla de la Puebla, en el marco de la zona dialectal popularmente conocida como *churra*.[7] Cabe observar que mucho de lo recopilado es ya residual o se encamina hacia el olvido, pues son cada vez menos los hablantes genuinos de la Puebla.

Desde 1982 se han publicado algunas monografías dialectales de lugares próximos, como las ya mencionadas en el punto anterior (1.1), que serán confrontadas con nuestro material. Por otra parte, una obra de mayor alcance, como es el *Atlas Lingüístico y Etnográfico de Aragón, Navarra y Rioja* (*ALEANR*) de Manuel Alvar, cubre localidades próximas, cuyos datos también serán confrontados con nuestra cosecha (véase 1.5). Además, un valor especial para la contextualización del habla de la Puebla, particularmente de su léxico, revisten el *Diccionari català-valencià-balear* (*DCVB*), de Alcover y Moll, así como el *Atles Lingüístic del Domini Català* (*ALDC*) y especialmente su versión «pequeña» y divulgativa, el *Petit Atles Lingüístic del Domini Català* (*PALDC*); obras consagradas al espacio lingüístico catalán (valenciano incluido) que a menudo nos ayudarán a contextualizar y explicar valencianismos (o catalanismos) de nuestra habla, y también casos diversos de continuidad de área léxica en el oriente peninsular.

Cabe señalar asimismo que mi condición de nativo me facilitó en su día la labor de recopilación de material desde la cercanía a los informantes (dos de ellos, mi abuela paterna y mi abuelo materno, como se especificará más adelante: 1.5.2). Gran suerte fue, además, coincidir como alumno en la Universidad de Barcelona con el profesor Joan Veny, maestro y amigo. «Es de bien nacidos el ser agradecidos», decía mi madre. Y debo agradecer a Joan Veny su guía y consejo en mi primer trabajo científico. También he de hacer público el

---

7. Sobre esta voz popular, *churro, -a*, véase el *DLE* (s. v. *churro2, rra*): «**3.** adj. *Val.* [localización en Valencia] Dicho de los aragoneses y de los habitantes de la parte montañosa del reino de Valencia: Que hablan castellano con rasgos aragoneses». Trato de dicha etiqueta en Gargallo (2002a, 179-182). Y señalo que en los últimos tiempos se ha hecho eco de ella la popular Wikipedia, así como el inabarcable ciberespacio.

agradecimiento a los informantes, así como a las personas que me ayudaron en distintos modos: ordenación alfabética del léxico, fotos y dibujos (en lo que toca a estos últimos, debo gratitud especial a mi hermano Pedro José).

1.3. CARACTERÍSTICAS Y LOCALIZACIÓN DEL PUEBLO.[8]
COMUNICACIONES

Puebla de Arenoso es un municipio del interior de la comarca del Alto Mijares,[9] situado en el confín de la provincia de Castellón con la de Teruel. A principios del siglo XX había en la Puebla una población de hasta 2.000 habitantes. Pero las sucesivas oleadas emigratorias, especialmente en la segunda mitad de siglo, y muy en particular tras la construcción en los años sesenta del embalse de Arenós, que anegó la parte baja del término, determinaron que el censo menguara hasta ciento treinta y tantos habitantes hacia 2017, si bien parece haber repuntado levemente en estos últimos años, y a las puertas de 2020 se sitúa en ciento cincuenta y seis. Y aún debe de ser menor el número de residentes estables durante todo el año, tanto en el núcleo municipal homónimo de la Puebla como en las pedanías de Los Calpes, Los Cantos y La Monzona.

La superficie del término, de orografía accidentada, es de 42,53 km². Lo surca de noroeste a sudeste el cauce del río Mijares, que de hecho solo es río en la parte alta, pues junto al núcleo de la Puebla ya deja paso a las aguas del pantano, hasta el límite con el antiguo término de Campos de Arenoso (en la actualidad, de Montanejos). La zona anegada por el embalse borró toda traza de las antiguas *masías*[10] ribereñas (La Rambla Alta —pronunciada *Ramblalta*, con un solo acento llano—, *La Masadica* [*vid.* 3.2.1, 4.9.1], Las Viñas Viejas, entre otras), y ocasionó la degradación y destrucción del Puente Colgante (de 1894), por el que pasaba el Camino Real que atraviesa el pueblo.

El núcleo de la Puebla se asienta en el margen derecho del Mijares (hoy, a la orilla del pantano), cerca de la parte más umbría y rica en fuentes. De estas se beneficiaba la huerta en la economía tradicional. Uno de los testimonios de esa riqueza en aguas es el paraje natural conocido como el *Chorrador de la Umbría*

---

8. Sobre estos aspectos, recupero datos del folleto de la serie *Toponímia dels pobles valencians* dedicado a Puebla de Arenoso, de mi autoría (Gargallo 2018a). Véase, además, el mapa inserto al final.

9. Esta acotación de «Alto» para nuestro Mijares responde a unas miras administrativas «provinciales», pues el curso del río al entrar en la provincia de Castellón es de altura más bien mediana-baja.

10. Para el valor local de *masía* ('población menor, pedanía') remito a 4.9.1.

(*Ombría*: *vid*. 2.1.2.4), gruta de singular encanto por la que *chorra* o chorrea (cf. 4.13) el agua filtrada de la fuente de la Umbría. De entre los productos de la tierra, son muy apreciados los tomates y las patatas, así como diversas legumbres y frutas variadas.

La ganadería, ovina y bovina, ha tenido su cultivo en la Puebla hasta no hace mucho (hoy, apenas se mantiene algún rebaño con pocas ovejas); también la apicultura. Pero la mengua demográfica de los últimos tiempos ha propiciado una pirámide de población en que predominan los mayores, y aquella economía tradicional es apenas un tenue reflejo de lo que fue.

El componente poblacional se ha redibujado desde que, a principios del siglo XXI, se instalaron en la Puebla algunas familias rumanas (ahora mismo, a finales de 2023: entre una decena y una docena de personas); una comunidad de origen extranjero a la que se han sumado, en los últimos años, otros residentes extranjeros que enriquecen el paisaje lingüístico y humano de nuestro pueblo, pero, de manera general, como por otra parte resulta lógico, se apartan del modelo de habla tradicional. Ahora bien, hay alguna excepción, como la del amigo Ion, que se hace llamar «Juan el rumano», y al que en varias ocasiones le he oído un habla muy cercana a la genuina.

En cuanto a las comunicaciones desde la Puebla, cabe destacar que en el año 1982 permanecía aún aislada con respecto a la provincia de Teruel (Olba) por la carretera que orilla el río, y que se interrumpía poco antes del límite provincial, a la altura de la pedanía de La Monzona. Pocos años después se abrió y desde entonces permite el paso a Olba y otras localidades de la provincia vecina. Con ello se facilitó el incremento de tráfico por el eje viario del Mijares.

La salida natural del río hacia la Plana, ruta tradicional, cuenta ahora con una carretera de nuevo trazado y de nuevo nombre: «CV-20 Villarreal - Puebla de Arenoso». Y la conexión con Barracas (ferrocarril, carretera y autovía Mudéjar) facilita la salida hacia el Alto Palancia, Sagunto y Valencia.

Por otra parte, me contaban los ancianos entrevistados en 1982 que antaño se emigraba periódicamente a la Plana y a otros lugares del litoral valenciano en la época de la recolección de aceitunas (*olivas*: *vid*. 4.2.3), algarrobas (*garrofas*: *vid*. 4.3.2) y otros frutos, en busca de mejores jornales, o llevando el ganado a terrenos más llanos y propicios en busca de mejores pastos.

1.4. APUNTES DE HISTORIA[11]

Se tiene ya noticia de este pueblo cuando Zayd Abu Zayd, último goberna-
dor almohade de Valencia, se confederó con Jaime I el Conquistador, renegando
de su religión y convirtiéndose al cristianismo. Aun cuando, al servicio de dicho
monarca, intervino decisivamente en la conquista de Valencia, parece que nun-
ca perdió las tierras del Alto Mijares (Arenós, Villamalefa, Montán, etc.). En las
Décadas de Gaspar Escolano (1878, II: 312) se puede leer:

> Esta Puebla se llamó de Arenós por orden de un castillo que tiene con su nombre
> a media legua y en lo alto de aquellas sierras. Era tan grande y fuerte que tenía
> doscientas casas dentro de su ámbito cuando el tiempo de la conquista.

Fue fundada, al parecer, por los moros en la falda de la montaña donde
se levanta el castillo, cuyos restos son apreciables aún en la actualidad. El tal
castillo recibe el nombre histórico *de Arenós* (la -*o* actual de *Arenoso* ha sido
añadida con posterioridad).

A pesar de haber concedido Zaid al obispo de Segorbe la potestad espiritual
del Arenós, el 17 de abril de 1247 aparece como propietario don Eximén Pérez
de Tarazona, que estaba al frente de la mesnada aragonesa que constituía la
fuerza militar de Abu Zayd. Eximén Pérez casó con la hija de Zayd, doña Alda
Fernández, que aportaría probablemente como dote el castillo, tras lo cual mudó
su apellido *Tarazona* en *Arenós*: don Eximén Pérez de Arenós.[12]

La repoblación de la baronía de Arenós se hizo íntegramente con cristia-
nos viejos procedentes de Aragón, lo que justifica que la base del habla de la
Puebla sea aragonesa, progresivamente castellanizada a lo largo de los siglos,
en continuidad con otras hablas castellano-aragonesas de esa parte del interior
valenciano.

Tal como se lee en Zurita (1569), libro IV, folio 133, esta baronía fue muy
importante y la poseyeron más tarde personajes de real alcurnia, como los du-
ques reales de Gandía y el infante Jaime de Aragón, quien se sublevó en 1462,
tomando la causa del príncipe de Viana. El castillo fue sitiado y desmantelado
por las fuerzas valencianas, que llevaron la guerra con dureza a estas tierras, a

---

11. Véase la recopilación sobre historia de nuestra Puebla en Nebot Fortea (2014), accesible en
línea: <https://www.academia.edu/6438885/HISTORIA_DE_PUEBLA_DE_ARENOSO>.
12. Tomo la información de los *Anales* de Jerónimo Zurita (1569), libro III, folio 147b.

resultas de lo cual sus gentes se repartieron en diversos núcleos de casas; uno de ellos, el que constituye el emplazamiento actual de Puebla de Arenoso. En esta quedó ubicado el concejo municipal, y asimismo pasó a ostentar en adelante la capitalidad parroquial.

Pero guarda aún la falda solana del castillo de Arenós, conocido popularmente como *castillo de la Viñaza*, una prenda religiosa, arquitectónica y de devoción popular que congrega cada año, el 2 de agosto, a fieles y seguidores de la fiesta de Nuestra Señora de los Ángeles: vinculada a la leyenda sobre la conquista cristiana de la antigua fortaleza, a la ermita de Los Ángeles[13] acuden cada 2 de agosto no solo hijos y vecinos del núcleo mayor, sino también descendientes de La Rambla Alta, Los Arcos de Arriba, Los Arcos de Abajo y Campos de Arenoso, entidades de población desaparecidas bajo el pantano y que se hallaban muy próximas a dicha ermita. La romería coincide con el inicio de las fiestas de agosto, que empezaron a celebrarse en 1970 para facilitar la participación de los hijos del pueblo emigrados a Barcelona, Valencia o Castellón, principalmente.

1.5. MÉTODO DE TRABAJO

1.5.1. Cuestionario y encuestas

En lo que se refiere al léxico, utilicé como base, en las encuestas realizadas, el cuestionario de Manuel Alvar para el *ALEANR*, en especial para poder contrastar las respuestas obtenidas de los informantes de la Puebla con las recogidas por dicho atlas en los puntos más cercanos al de nuestro estudio, con especial atención a los de la provincia de Castellón: Arañuel (Cs 300), Segorbe (Cs 301) y Bejís (Cs 302);[14] así como Olba (Te 601), pueblo turolense lindero con la Puebla.

---

13. Véase la página web <https://www.ermitascomunidadvalenciana.com/cmipda2.htm>: «Cuenta la leyenda que la conquista cristiana de esta fortaleza se logró gracias a la intervención de la Virgen, que se apareció a las tropas en el lugar donde después, a finales del siglo XIII o principios del XIV, se edificó la ermita en conmemoración del hecho» [consulta del 13 de diciembre de 2019]. Por cierto, cabe elogiar la labor rehabilitadora de este patrimonio por parte de la Asociación de Ermitas Medievales de Arenoso.
14. A este respecto, cabe señalar que el mapa 3 (*Nombre de las localidades*), en que se sitúan los puntos de encuesta, intercambia, seguramente por lapsus, la ubicación de Segorbe y Bejís. En la comarca del Alto Palancia, Bejís figura a oriente (con el identificador de Cs 302), en tanto

También me serví, para suscitar en los informantes otras palabras de interés, de vocabularios como el de Llatas (2014 [1959])[15] sobre el Villar del Arzobispo (provincia de Valencia).[16] En otras ocasiones formulaba preguntas onomasiológicas del tipo de «¿Cómo le llaman a tal parte del cuerpo?». O bien les ofrecía una palabra para ver si la reconocían. La pregunta sobre conocimiento y uso de determinadas palabras propiciaba respuestas como: «Agora ya no se dice»; «Sí, la conocemos, pero no se dice, se dice en otros pueblos»; «Solo la dicen en las masías los *masoveros*».[17] Con las debidas precauciones, comentarios como estos arrojan luz sobre la vida y la genuinidad de los vocablos estudiados.

Otras palabras fueron recogidas al hilo de la conversación sobre determinados ámbitos temáticos. Y muchas más han ido llegando durante años y años de manera inesperada, y se han ido incorporando a los materiales de la obra original.

En lo que toca a rasgos fonéticos y morfológicos, la mejor guía ha sido la experiencia como nativo y la observación de cualquier hablante genuino ejerciendo su habla de manera espontánea.

Las encuestas fueron realizadas casi en su totalidad durante las vacaciones navideñas del curso 1981-1982 (entre el 27 de diciembre y el 10 de enero), y completadas en viajes puntuales a lo largo de los meses sucesivos.

1.5.2. Informantes

Según el canon de la dialectología, elegí a gente nacida y residente en el pueblo, de vida y costumbres ligadas a la tierra. De los 26 informantes, me arrepiento ahora de no haber entrevistado de manera directa más que a tres

---

que Segorbe, a poniente (con el de Cs 301), justo al revés de su lugar real. Pues bien, he decidido mantener la asignación de las respuestas a Cs 302 (Segorbe) y Cs 301 (Bejís), aun si invertidos en las transcripciones de los mapas del atlas. Un indicio claro de que las asignaciones al código de provincia y numérico son correctas, a pesar de su inversión cartográfica, es el haber hallado formas con seseo en Cs 302 (por ejemplo, en el mapa 454: *onsejo*, 4.4.3.), que solo pueden ser de Segorbe, pues dicho fenómeno no alcanza mucho más al interior de la comarca del Alto Palancia (Nebot 1985a, 411, nota 89).

15. Cito esta obra de 1959 a partir de su reedición de 2014. Y tomo datos exclusivamente de su *Vocabulario* (pp. 34-163), ordenado alfabéticamente, por lo que he considerado innecesario incluir en mis citas referencia a páginas.

16. Por desgracia, aún no tenía noticia de los trabajos de Natividad Nebot sobre las hablas del Alto Mijares publicados desde 1980 hasta 2002-2004, que ahora sí recojo.

17. Sobre la palabra *masovero* 'habitante de una masía', véase 4.9.1.

mujeres (una de ellas, mi abuela Presentación) con ocasión del *matapuerco* (cf. 4.6.1) por su familiaridad con este ámbito. En cuanto a los varones, resultaron especialmente aptos para abordar ámbitos generales de su especialidad, como las labores del campo o la ganadería. Otros fueron elegidos por su vinculación con determinados oficios o aspectos de la cultura popular: la herrería, el horno, el molino, la *almácera* (almazara o molino de aceite: 4.2.3), las abejas y la apicultura, etc.

Sigue ahora una relación de informantes (en orden alfabético según el primer apellido), con indicación de edad (en verano de 1982),[18] nombre completo, lugar de nacimiento de cada uno y de sus padres, años de residencia en la Puebla y otros datos de interés:

A. Mujeres (las tres, como se ha dicho, me informaron en torno al *matapuerco*)

- Manuela Navarro Catalán, de 67 años. Nació en La Rambla Alta, donde vivió hasta que se casó, y a partir de entonces pasó a residir en la Puebla. Sus padres eran de La Rambla Alta.
- Nieves Monte Navarro, de 37 años. Nació y ha vivido en la Puebla buena parte de su vida. Su padre, de la Puebla; su madre, de la Rambla Alta.
- Presentación Tarrasón Monte, de 76 años. Nació y vivió siempre en la Puebla, menos durante sus últimos años, transcurridos en Barcelona. Su padre era de Las Artiguillas, masía de la Puebla; su madre, de la Puebla. Era mi abuela paterna.

B. Hombres

- Gerardo Benedicto Peiró, de 49 años. Nació y ha vivido siempre en Los Calpes. Su padre era también de Los Calpes; su madre, de Los Peiros de la Loma, masía del vecino San Agustín (provincia de Teruel). Al ser entonces la única persona que tenía un carro en condiciones, pudo asesorarme sobre las denominaciones de sus partes.

---

18. Por lógica, tantos años después, una buena parte de los informantes ha fallecido. He optado por no indicar los años de fallecimiento, datos en general difíciles de obtener y, por lo demás, irrelevantes para el propósito de este trabajo.

- Serafín Borgoñón Salvador, de 78 años. Nació en la Puebla y allí vivió siempre. Sus padres eran también de la Puebla. Había realizado viajes esporádicos a Barcelona.
- Félix Boronat Alemany, de 72 años. Nació y vivió en Los Calpes. En cambio, como delatan sus apellidos, los padres no eran naturales de nuestro terreno.
- Antonio Brun Navarro, de 87 años. Nació en la Puebla y allí mismo vivió. Su padre era de Arañuel (pueblo cercano, Mijares abajo); su madre, de la Puebla.
- Antonio Fermín Collado Navarro, de 71 años. Nació en la Puebla y allí vivió siempre. Sus padres eran de la Puebla. Herrero de profesión, el «tío Fermín del Herrero» me ayudó en lo relacionado con la herrería, que me mostró en funcionamiento.
- Antonio Collado Salvador, de 75 años. Su padre, de la Puebla; su madre, del Chorrico (masía de la Puebla). Nació y pasó buena parte de su vida en la Puebla. Con él traté especialmente de la elaboración del aceite y del funcionamiento de la *almácera* (almazara, molino de aceite).
- Pedro Anselmo Gil Navarro, de 93 años. Nació en la Puebla pero su familia, siendo él aún pequeño, se trasladó a San Agustín, pueblo vecino de la provincia de Teruel. Volvió a la Puebla a los 30 años y vivió allí hasta 1963, en que se fue a Barcelona. Su padre, de San Agustín; su madre, de la Puebla. Era mi abuelo materno, y con él conviví hasta su muerte en 1984. Me resultó de una ayuda inestimable, particularmente en lo relacionado con las labores del campo.
- Ángel Gimeno Calpe, de 90 años. Nació en la Puebla, como sus padres, y allí vivió siempre.
- Eliseo Gimeno Salvador, de 90 años. Nació en la Puebla y allí vivió siempre. Sus padres eran también de la Puebla.
- José Herrando Pérez, de 77 años. Nació en El Chorrico, masía de la Puebla donde vivió hasta los 14 años. Después, en la Puebla. Y a la vejez, en Barcelona.
- Joaquín Herrando Salvador, de 75 años. Nació en El Chorrico y vivió allí hasta pocos años antes del de mi indagación (1982). De El Chorrico eran también sus padres.
- Joaquín Ibáñez Collado, de 85 años. Nació en El Masico, pedanía del vecino San Agustín (Teruel), y allí vivió hasta los 24 años, en que pasó a la Puebla, donde residió hasta su muerte. Sus padres eran también de

El Masico. El apodo por el que se le conocía era el de *tío Masico*, el tío Masico (sobre *tío*, véase 2.1.3).

- Aurelio Ibáñez Navarro, de 75 años. Nació en Los Calpes y allí vivió. Sus padres eran de la Puebla.
- Joaquín Monte Gómez, de 73 años. Nació en la Puebla y allí vivió siempre. Sus padres eran también de la Puebla. Me fue de inestimable ayuda para cuestiones relacionadas con las tareas del campo, la elaboración del vino, la apicultura, el *matapuerco*, etc.
- Ernesto Navarro Mansergas, de 63 años. Nació en la Puebla y allí vivió siempre. Sus padres eran también de la Puebla.
- Crispín Navarro Tarrasón, de 83 años. Nació en la masía de Las Artiguillas; de pequeño se fue a Los Calpes, donde pasó el resto de su vida. Sus padres eran también de Las Artiguillas.
- José Nebot Peña (41 años) y Rafael Nebot Peña (36 años), hermanos, nacieron en Torcas (aldea anegada y deshecha por el pantano), en donde vivieron hasta años antes de mi prospección dialectal. Sus padres eran asimismo de Torcas. José y Rafael siguen llevando (en el momento de escribir esto) una vida de agricultores que es propia de tiempo atrás. Constituyen un tesoro para quien desee hacerse una idea del *modus vivendi* de antaño.
- Rafael Salvador Guillamón, de 40 años. Nació en la Puebla y allí vivía en el año de mis encuestas. Su padre era también de la Puebla; su madre, de Montanejos, pueblo vecino río abajo.
- Víctor Salvador Monte, de 62 años. Nació en la Puebla y allí vivió siempre. Sus padres eran también de la Puebla.
- Francisco Ventura Zarzoso, de 64 años. Nació en el Molino (de)l[19] Duque, lugar (hace mucho anegado y engullido por el embalse de Arenós) en que vivió hasta unos años antes del de mi encuesta. Después, en la Puebla. De acuerdo con su antigua profesión de molinero (se le conocía como «Paco (de)l Molino»),[20] me fue muy útil en lo relativo al molino y la molienda.
- Manuel Villanueva Pastor, de 64 años. Nació en Los Lucas, pedanía de la vecina Olba. Ya de casado, pasó a vivir en La Rambla Alta, y años antes de mi investigación se trasladó a la Puebla. Sus padres eran también de Olba.

---

19. Sobre la elisión popular de la preposición en complementos de nombre, véase 3.7.1.
20. Véase la nota previa.

• Joaquín Zarzoso Navarro, de 74 años. Nació en el Molino (de)[21] los Peiros y allí pasó prácticamente toda su vida. De esa aldea, situada en el límite con el término de Olba (Teruel) y en el margen derecho del río, eran también sus padres. Cuando lo entrevisté, mantenía en funcionamiento el molino. Con él traté de aspectos del molino y de la elaboración del pan.

1.6. SOBRE LA PRESENTACIÓN DE LA COSECHA DIALECTAL

Siguiendo pautas tradicionales, se ofrece en tres partes: «2. Fonética», «3. Morfosintaxis» y «4. Léxico». Oportunamente se introducen remisiones entre los diferentes apartados y puntos. En el texto principal se aportan los datos correspondientes a la Puebla en cursiva + negrita (*cercillo*), a diferencia de las otras formas citadas, que van en cursiva pero sin negrita (*cerciello*). Solo de manera excepcional, cuando se trata de referencias secundarias (por ejemplo, citadas de otras fuentes), dichas formas de la Puebla, en cursiva + negrita, pueden aparecer en nota. En general, se consigna el significado de las formas de referencia entre comillas simples y sin coma mediadora: *musol* 'orzuelo'; en cambio, se inserta coma entre una forma y la correspondiente definición, transcrita entre comillas dobles a partir de su fuente; por ejemplo: *gamellón*, «recipiente de madera que sirve para poner la comida a los animales» (definición de Salvador 2001, 209).

La distinción entre el cuerpo principal del texto y el de las notas a pie de página conforma un doble nivel de lectura: por una parte, (1) el texto principal se deja leer de corrido en torno al material sobre el habla de la Puebla, en que se intercalan, aquí y allá, datos complementarios; por otra parte, (2) las notas al pie acogen la confrontación con otras obras, así como aspectos filológicos diversos. Es posible que el carácter prolijo del cuerpo de las notas sea diversamente percibido según el tipo de lector, desde el más atento a lo propio del terruño hasta el más versado en cuestiones de dialectología o filología.[22]

---

21. *Idem.*

22. También lo «prolijo» puede ser entendido diversamente. Léase, si no, la entrada correspondiente del diccionario académico (*DLE*): «*prolijo, ja.* Del lat. *prolixus.* **1.** adj. Largo, dilatado con exceso. **2.** adj. Cuidadoso o esmerado. **3.** adj. Impertinente, pesado, molesto».

Completan el libro las «Conclusiones», un «Índice» con remisiones a los puntos en que se encuentran las formas indicadas y las «Referencias bibliográficas» de las obras que se citan a lo largo del texto.

2. FONÉTICA

Muchos de los rasgos fonéticos descritos, diferenciales con respecto al castellano, se refugian en el léxico que mantiene afinidades, bien con el valenciano (o, más ampliamente, con el catalán), bien con el aragonés, por más que hay también «vulgarismos» que presentan una considerable extensión en el ámbito hispánico.

Expondré en primer lugar, en clave diacrónica, los tratamientos fonéticos más significativos según la tradición de la gramática histórica: vocalismo tónico y átono, consonantismo inicial, medial y final, consonantes simples y grupos consonánticos, así como los casos de vocalismo y consonantismo más o menos esporádicos. Completaré el apartado con unas cuantas notas de carácter sincrónico. Por otra parte, reservaré aquellos tratamientos que afectan a un número reducido de palabras para el apartado de «Léxico» en que se presenten dichas palabras. Asimismo, por razones prácticas, reproduciré en grafía convencional, y no en transcripción fonética, tanto las formas del habla de la Puebla como (adaptadas) las de ciertas fuentes que ofrecen datos en transcripción fonética.

2.1. VOCALISMO

2.1.1. Vocales tónicas

2.1.1.1. Diptongación espontánea. La Ĕ latina diptonga por lo general en *ié*, como es propio del castellano. Difícilmente encontraremos alguna excepción a este cambio, si no es en el seno de la morfología verbal, para lo que remito a los apartados correspondientes (cf. 3.5.5.1 y 3.5.6.1).

27

El diptongo *ié* (procedente de Ĕ) se reduce a *i*, tal como en castellano y a diferencia del aragonés (*vid*. Alvar 1953, 150), en los siguientes contextos:

- Seguido de la palatal representada por *ll*: **cercillo** < *cerciello* < CĪRCĔLLU 'aro de tonel'; en los *Establiments de la Villamalefa*, texto redactado hacia 1374 en la variedad aragonesa de nuestra comarca, aparece documentada la forma *cerciello*. Por otra parte, en toponimia tenemos con esta sufijación *-illo* / *-illa* las masías, hoy ya deshabitadas, de **Las Artiguillas** y **La Covatilla**;[23] las partidas de *El Campillo, El Pradillo, El Portillo, La Torrocilla, La Hontanilla* (de FONTANĔLLA), pronunciada popularmente, con asimilación entre las vocales pretónicas *o-a* > *a-a*, *L'Hantanilla*.[24]
- Seguido de *s* + otras consonantes: **prisco** < *priesco* < (MALU) PĔRSICU, literalmente '(fruto) de Persia'; forma bien documentada en nuestra habla (blog de Aurora Monte; Monte y Gil 2000, 126; Salvador 2001, 113, 212) y en nuestra zona;[25] **níspero** < *níspero*, con palatalización de la *n-* por influencia de la vocal *-i-* < *NĔSPILU, variante del clásico MĔSPILU; cf. *níspero* en Almedíjar (Nebot 1990, 144).[26]

Paralelamente al tratamiento de Ĕ > *ié*, la Ŏ latina diptonga en *ué*, como es característico del castellano. Eso sí, con alguna excepción en vocablos de presumible filiación catalana (o, más específicamente, valenciana), en que no se da la diptongación: **piñol** (< *pinyol* < PINEŎLU) 'orujo o hueso de la oliva';[27] **musol** 'orzuelo', préstamo del cat. *mussol*, que

---

23. Nebot (1991, 191) registra *La Covatilla* en Gátova y *Las Covatillas* en Toga.
24. Sobre estas formaciones diminutivas en la toponimia de la Puebla, *vid*. Gargallo (2017, 437-438).
25. Moliner y Vázquez (2012, 148), en Fuente la Reina; Pérez (2000, 158), en Campos de Arenoso; Nebot (1990, 142), en el Alto Mijares y el Alto Palancia; Alba (1986, 147), en Ludiente; López (1992, 71), en Sarrión.
26. Salvador (2001, 210) ofrece la variante **nispro**, con pérdida de la vocal postónica.
27. Catalanismo documentado en otras obras; así, Salvador (2001, 211): *piñol* 'hueso de la oliva'; en Nebot (1988, 119), 'cospillo, orujo prensado de la aceituna'; Alba (1986, 145) registra en Ludiente el valor genérico de 'hueso', pero cabe sobrentender que se trata del de la aceituna u oliva. Por su parte, el *ALEANR* (mapa 229: *Orujo prensado*) anota *piñol* en los tres puntos de la provincia de Castellón: Arañuel (Cs 300), Segorbe (Cs 301) y Bejís (Cs 302).

es alteración formal del antiguo *urçol* (< ORDEŎLU);[28] ***curriola*** 'polea',[29] tomada del catalán, donde esta y la variante *corriola* parecen alteración de *carriola*, a su vez derivación diminutiva de *carro* (*DECat*, s. v. *corriola*); ***guardiola*** ('hucha'), forma que me han reconocido algunos hablantes, resulta de la extensión del tipo léxico catalán *guardiola*; registrada por el ALEANR (mapa 1217: *Hucha*) en la vecina Olba (Te 601), deja rastro asimismo en nuestra zona a través de otras variantes documentadas por esta obra, como la *radiola* de Arañuel (Cs 300) y Segorbe (Cs 301); *ladriola* en Sarrión, según López (1992, 51).

Además, y también paralelamente a ciertos casos de adiptongación de ĕ, los hay de ŏ en la morfología verbal (para lo que remito al punto 3.5.6.1).

Otra es la explicación para el topónimo ***La Hoyuela*** (derivado diminutivo de *Hoya*), cuya pronunciación popular solía ser ***La Huyola***,[30] por un fenómeno de asimilación vocálica (*ué*) en que se hace prevalecer la labialidad de la semivocal *u* y la abertura de la vocal *e*, un proceso similar al que lleva a la pronunciación descuidada del castellano *Hasta luego* > *Ta lo(go)*.

2.1.1.2. Diptongación condicionada. La diptongación de ĕ/ŏ condicionada por una yod (semivocal o semiconsonante) contigua no se da en castellano. Solo en voces de filiación aragonesa o catalano-valenciana.[31]

No he hallado ningún caso de diptongación de ĕ ante yod. Un posible eco de esta podría buscarse en un derivado de *pit* 'pecho' (< *pieit* < PĔCTU),[32] ***pitral*** 'correa que ciñe el pecho de la caballería' (*vid.* 4.1.4.), forma que el ALEANR (mapa 170: *Petral*) registra en la parte más oriental

---

28. Homonimización formal, según la propuesta terminológica de Joan Veny (1991, 75). El ALEANR (mapa 1045: *Orzuelo*) registra *musol* en los tres puntos castellonenses del atlas, así como en Titaguas (V 101) y las tres localidades turolenses linderas en la provincia de Castellón: Olba (Te 601), Puertomingalvo (Te 600) y La Iglesuela del Cid (Te 405).

29. La recoge Aurora Monte en su blog. También figura en el libro de Monte y Gil (2000, 125). Moliner y Vázquez (2012, 144), en Fuente la Reina; Julián (1998, 31), en La Iglesuela del Cid.

30. Es el nombre de la Asociación de la piscina (no municipal) del pueblo, que ocupa el lugar de la partida de La Hoyuela. Fundada a finales de los años ochenta, sus promotores me consultaron en su día sobre dicha variante popular *La Huyola*.

31. Se habría de precisar aquí, por lo que al catalán se refiere, que sigo la teoría tradicional de la «diptongación condicionada» en esta y otras lenguas como el aragonés y el occitano; teoría cuestionada actualmente por algunos especialistas en gramática histórica.

32. Siempre según la teoría tradicional. Véase la nota precedente.

del dominio aragonés. Pero acaso pueda interpretarse sin más como producto de una variación vocálica en sílaba pretónica (*e* > *i*) a partir de *petral* (< PECTORALE).

Para ŏ tenemos el caso de ***ruejo*** 'rueda de molino', sin duda adaptación a partir del tipo aragonés *ruello*,[33] cuyo consonantismo (a partir de RŎTULU) responde a la fonética histórica del romance aragonés.[34] Del mismo origen latino, pero por otro conducto, nos habrá llegado ***rullo***, *-a* 'persona con el pelo rizado', 'pelo rizado'; concretamente a través del catalán (o de su variedad valenciana) *rull, -a*.[35] Como apodo en la Puebla, perdura en la persona y la memoria de ***Paco el Rullo***.

Cabe señalar, además, el topónimo de ***La Huerta Guaira***, forma popular que oficialmente figura como *La Huerta Boira*. Dado que el sustantivo ***boira*** ('niebla'), usado en la Puebla, procede del latín BŎREA, llamaría la atención no solo que la vocal haya diptongado ante yod, sino que el resultado sea -*uá*- en lugar de -*ué*-. Significativamente, dicha variante (*uá*) de la diptongación a partir de ŏ es conocida en altoaragonés (Alvar 1953, 151), si bien hoy se halla en recesión.[36] Por otra parte, es de notar el cambio de *b* a *g*, por equivalencia acústica, semejante a los que se aducen más adelante (2.2.10) y a otros del catalán estudiados por Joan Veny (1989).

2.1.1.3. El diptongo *ei* en sílaba acentuada abre por disimilación su primer elemento vocálico (> *ai*). Se trata de una pronunciación percibida (y mucho más ahora —2019— que en 1982) como rústica; se extiende por Aragón (Alvar 1953, 156) y en la Puebla deja(ba) oír formas como

---

33. La forma *ruello* presenta numerosos testimonios en dicha variedad romance (cf. Alvar 1953, 151); la más reciente recopilación de voces aragonesas EBA (s. v. *ruello*) ofrece acepciones como 'rueda de molino', 'rodillo' o 'canto rodado'. Cf. asimismo el DCECH (s. v. *rueda*) y el DECat (s. v. *roda*). El DLE localiza *ruejo* como 'rueda de molino' en Teruel y Zaragoza. En las hablas castellano-aragonesas del interior valenciano (Nebot 1985a, 422) se atestigua *ruejo*. También el ALEANR (mapa 226: *Rulo*) anota *ruejo* en Arañuel (Cs 300), Segorbe (Cs 301) y Bejís (Cs 302). Por fin, Salvador (2001, 115, 212) atribuye al *ruejo* de nuestra Puebla el valor de 'piedra en forma de cono utilizada en las almazaras'.

34. Recuerda el caso del castellano general *viejo* (< VĔTULU), cuyo diptongo, según el clásico *Manual de gramática histórica española* de Menéndez Pidal (1980[16] [1904], 57: §10.3), que cito por mi edición de estudiante, «revela influjo del leonés o del aragonés».

35. Corroboran nuestro *rullo* en la Puebla Monte y Gil (2000, 127). En Ludiente, Alba (1986, 46, 152). López (1992, 46, 152), en Sarrión.

36. Registra *guaira* en la pedanía de Los Calpes Boronat (p. 5); y en la vecina Fuente la Reina, Moliner y Vázquez (2012, 140).

sais (por *seis*),[37] *zaica* (variante de *ceica*, que lo es, con metátesis, del arabismo *acequia*),[38] *azaite*,[39] *paine, lay*,[40] *ray* (estas dos generan los plurales analógicos *layes* y *rayes*), *albáitar* (< *albéitar*),[41] arabismo que se prefiere a *veterinario*. Además, en algunos hablantes se observa (o mejor, se observaba) una tendencia a articular *ai* como *ei* (así, en *beile*); o quizá se trate sin más de una vacilación en la abertura del diptongo (*ai/ei*). En cualquier caso, la articulación del tipo de *beile* se percibe como rasgo especialmente rústico.

Semejante abertura de la vocal tónica se da en el diptongo *eu* > *au*; así, *estraudes* (< *estreudes* < *estrebdes* < *trébedes* < TRĪPEDES, con incremento inicial de *es*-);[42] y en el diptongo *ou* > *au*: *prau*, que convive con el catalanismo *prou* 'basta', 'bastante'.[43] Cabe señalar que la pronunciación *prau* (además de *prou*, catalanismo) se da en puntos del sur valenciano (*DECat*, s. v. *prou*).

2.1.2. Vocales átonas

Son frecuentes los cambios de timbre en la vocal pretónica, fruto de la disimilación o la asimilación entre vocales o bien debidos a la influencia de determinadas consonantes.

---

37. Asimismo, Alba (1986, 52, 152) en Ludiente.

38. Salvador (2001, 21 y ss., 217, 213) la registra igualmente en la Puebla. También *zaica*, en Fuente la Reina (Moliner 2015, 139). Nebot (1983, 63; 1986, 171): *zaica, ceica* y *saica* (esta última variante, con seseo, en el Alto Palancia más bajo). El *ALEANR* (mapa 87: *Acequia*) consigna *azaiquia* en Olba (Te 601), *ceica* en Arañuel (Cs 300) y Bejís (Cs 302).

39. Registrado también por Nebot (1985a, 400) en las hablas castellano-aragonesas del interior valenciano. Alba (1986, 109), en Ludiente: *azaite* y su derivado *azaitera*.

40. También recogido por Nebot (1985a, 400) en las hablas castellano-aragonesas de territorio valenciano.

41. Salvador (2001, 205) recoge *albaita* (sin -*r*) en la Puebla. Nebot (1983, 80), *albáitar*, en el Alto Mijares y el Alto Palancia.

42. Véanse las explicaciones sobre la variante aragonesa *estreudes* que ofrece el *DCECH* (s. v. *pie*). Sobre esta y otras variantes, cf. el *ALEANR* (mapa 831: *Trébedes*).

43. Nebot (1985a, 523) registra *pro / prou* en el castellano-aragonés de tierras valencianas. La extensión de *prou* más acá de la frontera lingüística con el valenciano fue observada en un testimonio de 1932 por Joan Coromines (*DECat*, s. v. *prou*): concretamente, en «el parlar xurro d'Alcúdia de Beo» [*sic*] (Alcudia de Veo habla castellano «churro», pero su pedanía, Veo, habla valenciano). También junto a la frontera lingüística, en Ludiente, se testimonia el *prou* de Alba (1986, 41, 58, 147); y en La Iglesuela del Cid, el de Julián (1998, 36).

31

2.1.2.1. La disimilación entre las secuencias silábicas primera y segunda *i-i* > *e-i* afecta a ciertos «vulgarismos» del castellano: *cevil* (por *civil*), *melitar*[44] (por *militar*), *vesita* (por *visita*), *petillo* (por *pitillo*), *becicleta* (por *bicicleta*), *estituto* (por *instituto*). Entre las secuencias silábicas *i-u* > *e-u*, tenemos: *estrumento* (por *instrumento*),[45] *vertú* (por *virtud*).[46] La disimilación alcanza a sílaba interna en *estrebillo* (< *estribillo*).

2.1.2.2. Casos de asimilación

- Entre vocales: *calandario* (< *calendario*),[47] *harbajante* (< *herbajante*) 'quien se desplaza a otros terrenos en busca de pasto para el ganado'.[48]
- De consonante (labial: *m/b*) a vocal (labializada): *lubiano*[49] 'pulmón o pulmones del cerdo y de otros animales' < *liviano* (de un latín vulgar *LEVIANUS, derivado de LEVIS, por la levedad de este órgano: DCECH, s. v. *leve*);[50] *mojor* por *mejor*, y asimismo en la locución *a lo mojor* por *a lo mejor*; *monflorito* y *monflorita* 'animal que no es ni macho ni hembra' y, por extensión, 'hombre afeminado';[51] es alteración por etimología popular de una forma del tipo de

_____

44. Asimismo, en Nebot (1985a, 400).

45. Cf. en catalán las variantes *estrument* y *esturment*; según el DCVB (s. v. *instrument*), de pronunciación vulgar.

46. A no ser que se trate de una solución semiculta con el vocalismo popular heredado de VĪRTUS, -ŪTIS, como afirma el DCECH (s. v. *viril*). En cualquier caso, esta obra señala la pervivencia de *vertú* (nota 2: «Sigue siendo vulgar hasta hoy»).

47. También *calandario* en Ludiente (Alba 1986, 32, 115) y en Sot de Ferrer (Ríos 1989, 28, 132).

48. Alba (1986, 108) registra *arbajante* 'pastor transhumante' en Ludiente. Cf. el DLE (s. v. *herbajar*) (como transitivo): «Apacentar el ganado en prado o dehesa».

49. Contra la tradición ortográfica castellana, la dialectológica suele escribir con -*b*- esta variante de *liviano*.

50. Cf. el DLE (s. v. *liviano*), ac. 5.ª: «Pulmón, principalmente el de las reses destinadas al consumo» [con la acotación *Úsase más en plural*. En la Puebla, en cambio, solo me consta en singular]. Recogen también *lubiano* 'pulmones' en la Puebla Monte y Gil (2000, 126) y, con el significado más específico «pulmón de los animales», Salvador (2001, 210). También *lubiano* 'pulmón de los animales', en Ludiente (Alba 1986, 136). Ríos anota 'pulmón' para el *lubiano* de Sot de Ferrer (1989, 152). Y en Sarrión, López (1992, 52) atestigua asimismo *lubiano* 'pulmones de un animal'. Por otra parte, el ALEANR (mapa 694: *Pulmon(es)*) recoge con este valor *lubiano* en Olba (Te 601) y los tres puntos de la provincia de Castellón: Arañuel, Segorbe y Bejís.

51. Nebot (1981, 79) registra en el Alto Mijares y el Alto Palancia *monflorito, monflorita*, por contaminación de *flor*. El ALEANR (mapa 601: *Hermafrodita*), *monflorito* en Arañuel (Cs 300); *monflorita*, en Segorbe (Cs 301) y Bejís (Cs 302).

manflorito, *-a*, «empleada popularmente en toda América [...], en Murcia, Salamanca, Cespedosa [...]», según el DCECH (s. v. *herméti-co*), a partir de *hermafrodita*.

2.1.2.3. Otros cambios en la vocal pretónica obedecen a factores menos fáciles de determinar: **enguila** (por *anguila*);[52] **estuto** (por *astuto*); **estilla** (por *astilla*, ¿asimilación con la vocal tónica?);[53] **resurar** (por *rasurar*), con el sentido de 'afeitar', que era una voz utilizada antaño por los masoveros; acaso obre una disimilación en **dispués** (por *después*)[54] y **dispensa** (por *despensa*).[55] Puede haber jugado algún papel para abrir la *e* > *a* la nasal que sigue en **ancía** (< *encía*), **antonces** (< *entonces*),[56] **ambrazos** (< *en brazos*). En cambio, el de **andrina** (por *endrina*) es un caso distinto, por cuanto es *endrina* la forma que proviene de la antigua y dialectal *andrina* (< *adrina < [PRUNA] ATRĪNA).[57] La -r- ha podido abrir la *e* precedente en **zarcillo** (variante de **cercillo** 'aro de tonel': cf. 2.1.1.1) y en **barrionda** (o **varrionda**) < *verrionda* (DLE) 'cerda en celo';[58] **varruga** (por *verruga*).[59]

2.1.2.4. Explicaciones diversas requieren los siguientes casos: **trebajar**[60] (por *trabajar*) responde al vocalismo etimológico (< TRĪPALIARE); **tresponer** (por *trasponer*) 'irse, desaparecer de un lugar', como en el catalán *traspondre*, que, con la variante *trespondre*, localiza el DCVB en distintos lugares valencianos; **metá**[61] está más cerca del etimológico MEDIETATE

---

52. Cf. la variante *enguilla* que el DCECH (s. v. *anguila*) documenta en Lope, y sigue usándose en partes de América. El EBA recoge *enguila* de diversas fuentes aragonesas.
53. También Alba (1986, 129) en Ludiente; y Ríos (1989, 144) en Sot de Ferrer. Y el EBA en el Alto Aragón.
54. Boronat (p. 8) registra *dispués* en Los Calpes, pedanía de la Puebla. Alba (1986, 58, 124), en Ludiente. López (1992, 32), en Sarrión.
55. El EBA registra *dispensa* en distintos puntos del romance aragonés; el mapa 887 (*Despensa (o sustitutos)*) del ALEANR, por todo el ámbito castellano-aragonés.
56. El EBA recoge *antonzes* (con grafía aragonesa) en múltiples lugares del Alto Aragón.
57. *Vid.* el DCECH (s. v. *endrina*). Cf. además Nebot (1990, 103), que recoge *andrina* y *andrinera* en el Alto Mijares y el Alto Palancia.
58. Cf. *barronda*, «en celo (dicho de una cerda)», en la Plana de Huesca (EBA).
59. Forma vulgar, es también de otros lugares, y el EBA la consigna en la Plana de Huesca (EBA).
60. Boronat (p. 8) registra *trebajar* en Los Calpes. Alba (1986, 156), en Ludiente.
61. Alba (1986, 47, 139) lo atestigua en Ludiente. López (1992, 57), en Sarrión.

33

latino que *mitad*; **ombría**[62] (por *umbría*) quizá se deba a analogía con *sombra*, o bien al tratamiento fonético popular como derivado del latín ŬMBRA. Y **joventú**[63] ('juventud'), que presenta, además, pérdida de la -*d* (cf. 2.2.3), se explica sin duda por analogía con *joven*.[64] Se utiliza **solfatar**, en lugar del castellano común *sulfatar* (DLE, ac. 2.ª: «Fumigar plantas o terrenos con sulfatos para combatir las plagas»); en consonancia con el vocalismo tónico de *zofre* ('azufre'),[65] que es también el del catalán *sofre*. La *i* de **inebro** (< JENĪPERU)[66] ¿tendrá que ver con el tipo fonético aragonés de *chinebro* (EBA), en que la vocal se cierra por contacto con la palatal previa? En cualquier caso, se pronuncia con esa misma vocal el topónimo de la Puebla *La Inebrosa*. La forma **inclusa**, variante de **enclusa** 'yunque' (*vid.* 4.2.1), se habría visto favorecida por la fonosintaxis (*la enclusa* > *la inclusa*: cf. 2.2.5.2.1). En **disprecio** (por *desprecio*) quizá haya confusión de prefijos, cuando no también disimilación (*e-e* > *i-e*). El caso de **gurrión** pudiera tal vez explicarse por cierre de la pretónica inducido por la yod de la sílaba siguiente (*gorrión* > *gurrión*), si bien cabe la posibilidad de que responda a una base etimológica; en cualquier caso, es algo difícil de determinar, por su origen incierto.[67]

2.1.2.5. Aféresis, explicable en la mayoría de casos por fonosintaxis: **masar**[68] (por *amasar*); **cerca(r)se** (por *acercarse*);[69] **jada** ('azada') y **juela** ('azuela'), para cuyo tratamiento consonántico de *j-* remito al punto 2.2.5.2.5, y para aspectos etnográficos y confrontación dialectal, a

---

62. Dicha variante se halla ampliamente representada al sur del ámbito castellano-aragonés, según el mapa 1356 (*Umbría*) del ALEANR.

63. En Sarrión, *joventud* (López 1992, 49).

64. Cf. asimismo en italiano *giovane* y *gioventù*.

65. Véanse otros testimonios de *zofre* en Moliner y Vázquez (2012, 146) para Fuente la Reina, Nebot (1988, 93) para el Alto Mijares y el Alto Palancia, Alba (1986, 50) para Ludiente, y Julián (1998, 38) para La Iglesuela del Cid.

66. También *inebro* en el registro del ALEANR (mapa 290: *Enebro*) para Olba (Te 601) y Arañuel (Cs 300).

67. Según el DCECH (s. v. *gorrión*, nota 3): «Hoy se pronuncia *gurrión* en muchas partes: León y Castilla la Vieja […], Aragón [y diversos países americanos]». Registra *gurrión* en la Puebla Salvador (2001, 209); y en Sarrión, López (1992, 33).

68. *Idem* en Nebot (1985a, 403; 1988, 113) para el castellano-aragonés del interior valenciano, y en Alba (1986: 138) para Ludiente.

69. El DLE remite *cercar* en la 4.ª ac., con la notación de *desusado*, a *acercar*. En cuanto a la elisión de la -*r* de los infinitivos ante pronombre enclítico, véase 3.5.2.

4.1.5; **lante**[70] (por *adelante*), a través de una forma intermedia *alante*, y **tras** (por *atrás* o *detrás*); **riba** (por *arriba*) y **bajo** (por *abajo*);[71] **bujero** (con cambio *g* > *b*: 2.2.10)[72] es variante de **aujero** (2.2.2.2); **ascape**, a través de *a (e)scape* 'muy deprisa';[73] **astajo** < *a (de)stajo*; **chavo** (< *ochavo*), que, según el DLE, es forma coloquial y propia de Andalucía, es registrado también por López (1992, 29) en Sarrión. El de **nano** parece ser un caso inverso con respecto a *enano*, pues aquella es la forma primitiva (del latín NANUS: DCECH).[74]

Aféresis de toda una sílaba se da en: *¡(chu)cho!*, modo de llamar al perro; **chacho** y **chacha** (para interpelar al *muchacho* o la *muchacha*);[75] y el ya tratado **monflorito/monflorita** (2.1.2.2), alteración de *(her)mafrodita*.

2.1.2.6. Se da prótesis en los conocidos casos de «vulgarismo» **amoto**, **afoto** y **arradio**, por segmentación indebida de *la moto* > *l'amoto*, *la foto* > *l'afoto* y *la radio* > *l'arradio*, y con el correspondiente cambio de género de femenino a masculino.[76] Se da asimismo en algunos verbos: **arrozar** 'rozar (el campo)'; **acomparar** (como en catalán dialectal *acomparar*); **abinar**, 'binar, dar la segunda reja al arar'; **anublar** ('nublar'); **aparecer** (*parecer*), que llega a pronunciarse **apa(r)ecer** > **apaicer** (cf. 2.1.3.1); **apreparar** (*preparar*);[77] **aunir(se)** (*unir(se)*);[78] **allegar** *a* + infinitivo (**allegamos** *a ir al huerto*).

2.1.2.7. La apócope (o pérdida de la vocal final) presenta en general los resultados propios del castellano. Algunas excepciones: la *-a* del femenino *primera* en su uso proclítico: **la primer cosa, la primer noche**; la *-o* del sufijo

---

70. También Boronat (p. 6) en Los Calpes.
71. Ambas son formas atestiguadas por Boronat (p. 6) en Los Calpes.
72. La anota aquí y allá el mapa 1400 del ALEANR, frente a la variante más extendida *aujero*.
73. Esa misma forma registra Nebot (1985a, 518) en las hablas castellano-aragonesas del interior valenciano, así como López (1992, 15) en Sarrión.
74. Registra *nano* en las hablas castellano-aragonesas del interior valenciano Nebot (1985a, 403); y Alba (1986, 141), en Ludiente.
75. Cf. el DLE (s. v. *chacho, -cha*): con la notación de *coloquial* remite a *muchacho*; señala su uso mayoritario en vocativo.
76. Boronat (p. 8) en Los Calpes: *arradio, amoto*; Nebot (1986, 464) en el Alto Mijares y el Alto Palancia, Alba (1986, 37, 41) y López (1992, 11, 14, 15): *arradio, afoto, amoto*.
77. El DCVB registra en catalán *apreparar*, si bien, como en español, no es forma normativa.
78. Lo registran asimismo Boronat (p. 8) en Los Calpes y López (1992, 16) en Sarrión.

-az (< -ACEU), propio del aragonés (*buenaz, grandaz, hombraz*), poco generalizado y cada vez más caro de oír; asimismo, en *camín real* (*rial*: *vid.* 2.1.3.1) ('camino real, utilizado por el ganado transhumante').[79] Presentan la apócope de *-o*: *redolín* 'redondel pequeño, ruedo', adaptación del cat. *redolí*, de la familia de *rueda* y *rodar* (DCECH, s. v. *rueda*);[80] *remolín* ('remolino'), ¿guarda identidad con el del Alto Aragón (La Fueva, *EBA*) o es adaptación del cat. *remolí?*; *piñol* 'orujo o hueso de la oliva' (del cat. *pinyol* < PINEŎLU; *vid.* 2.1.1.1); *rebuch* 'desperdicio, desecho', del cat. y val. *rebuig* < REPŪDIU.[81]

Hay casos de presuntos catalanismos que, sobre una base de apócope vocálica, se han adaptado con una *-o* de apoyo: *boño* ('chichón') < del val. y cat. *bony*;[82] *telo* 'membrana' convive con *tel*;[83] y los hay de paragoge de *-e* a partir de palabras de filiación catalana acabadas en *-et* o en *-ot*: *ninote* 'monigote, espantapájaros' (< val. *ninot*), si bien se da también la variante no paragógica *ninot*: *ahí estaba, como un ninot*; *estaquirote* (de *estaquirot*, 'estafermo, espantajo'); *bracete (ir del —)* se dice del caminar alguien cogido del brazo de otra persona (< cat. y val. *anar del bracet*);[84] *clote* 'hoyo' (< cat. *clot*);[85] Salvador (2001, 84, 172) recoge en la toponimia del término de la Puebla *Los Clotes* y *El Clotico*; *porrate* es el nombre que recibía el pequeño mercado que acompañaba a las ferias o celebraciones señaladas; forma tomada del valenciano *porrat* 'íd.' (DCVB),[86] que asimismo se extiende al habla

---

79. Que me recuerda la localidad turolense de *Caminreal*.
80. Otros testimonios de *redolín* los aportan Alba (1986, 149) en Ludiente y Julián (1998, 36) en La Iglesuela del Cid.
81. Cf. Nebot (1988, 100): *rebuch* 'el último vino de un tonel, lo último que queda de una cosa'; Ríos (1989, 163): «resto de un producto»; Julián (1998, 36): «desecho, desperdicio».
82. Aurora Monte registra *boño* en su blog sobre la Puebla. También Monte y Gil (2000, 125). Y Alba (1986, 112) para Ludiente, y Ríos (1989, 129) en Sot de Ferrer. Julián (1998, 28), en La Iglesuela del Cid. El ALEANR (mapa 1026: *Chichón*) anota *boño* en los tres puntos castellonenses del atlas (Arañuel, Segorbe y Bejís), así como en Olba (Te 601).
83. Nebot (1990, 140) recoge asimismo ambas variantes, *tel* y *telo* 'telilla que envuelve el gajo de la nuez o de la almendra', en el Alto Mijares y el Alto Palancia.
84. Asimismo Nebot (1985a, 520) para las hablas castellano-aragonesas del interior valenciano.
85. Nebot (1982, 102) documenta en el Alto Mijares y el Alto Palancia: *clote, clotá, bancal enclotau.*
86. Forma a la que también se refiere el DECat (s. v. *porrat*), que cita un clásico de la lexicografía española, Sebastián de Covarrubias, quien escribió en su *Tesoro de la lengua castellana o española* de 1611: «Esta palabra es valenciana, y mal entendida de los mesmos naturales de Valencia [?]. Son porrates unas estaciones [...] a ciertas yglesias».

del Villar del Arzobispo (Llatas 2014 [1959]), pero sin vocal paragógica (*porrat*). En *pelloque* ('manojo' y significados afines) hay adaptación a partir del catalán (y valenciano) *pelloc*, variante de *palloc*, que deriva de *palla* (DCVB).[87] En el caso de *tape* 'tapón, tapa, tapadera',[88] parece probable una adopción a partir del *tap* de catalán y valenciano.

Además de la variante *ninot*, observada en el párrafo previo, se conoce algún caso esporádico de valencianismo o catalanismo con -*t* final y sin refuerzo o paragoge de -*e*: *gallet (beber al —)* '(beber al) galillo' (del cat. *beure a gallet*);[89] *calbot* 'golpe dado en la cabeza con el puño cerrado', tomado del val. *calbot*.[90]

Hay síncopa en *drecho* (por *derecho* < latín vulgar DĒRĒCTU) y *aspro* (por *áspero*). En ambos casos una mayoría de romances se inclina por soluciones sincopadas. La variante española *drecho*, «hoy viva sobre todo en la zona aragonesa» (DCECH, s. v. *derecho*), presenta continuidad con el catalán *dret*, y afinidad con lenguas romances como el francés *droit* o el rumano *drept*.[91] En el caso de *aspro*, se documenta en varias obras sobre lugares de nuestro entorno.[92]

Hallamos la denominada «yod epentética» en el arabismo *tarria* ('ataharre'),[93] en *calcerio*[94] 'calzado' (a partir del tipo derivativo arago-

---

87. Registran asimismo *pelloque* Llatas, en el Villar del Arzobispo, y Gargallo (2004a, 32), en el Rincón de Ademuz.
88. Lo recoge asimismo en Sarrión López (1992, 83).
89. Monte y Gil (2000, 126) registran en la Puebla *beber a gallet* (sin el artículo). En cambio, *al gallet* en Nebot (1985a, 521), que lo atestigua en las hablas castellano-aragonesas del interior valenciano; también *al gallet* en Julián (1998, 32), de La Iglesuela del Cid. El ALEANR (mapa 858: *Beber al alto*) recoge *al gallet* en Arañuel (Cs 300) y Puertomingalvo (Te 600); *a gallete*, en Olba (Te 601); *al gallé*, en Segorbe (Cs 301).
90. En cambio, Moliner y Vázquez (2012, 143) registran *calbote*, con vocal paragógica, en Fuente la Reina. A propósito de los diversos tipos de refuerzos vocálicos en la adaptación de valencianismos de las hablas churras, como los expuestos en este párrafo (*boño, ninote, clote, calbote*), véase Gargallo (1989).
91. En nuestra zona testimonian *drecho* (-*a*) Nebot (1985a, 403), Alba (1986, 32, 59, 124) y Ríos (1989, 43).
92. Moliner y Vázquez (2012, 142), Nebot (1985a, 403), Alba (1986, 32, 109), Ríos (1989, 125), López (1992, 16) y Julián (1998, 27).
93. Forma documentada en Fuente la Reina (Moliner y Vázquez 2012, 141) y en La Iglesuela del Cid (Julián 1998, 84). El ALEANR (mapa 171: *Ataharre*) la testimonia en Olba (Te 601) y en muchos otros puntos de la provincia de Teruel, así como en los tres de la provincia de Castellón (Arañuel, Segorbe y Bejís). Véase, además, el *Diccionario de arabismos* de Corriente (2003² [1999]: s. v. *atafal*).
94. Íd. en Los Calpes (Boronat, p. 5) y Fuente la Reina (Moliner y Vázquez 2012, 143; Moliner 2015, 133). Asimismo, *calcerio* en Olba (Te 601), según el ALEANR (mapa 1056: *Calzado*).

nés *calcero*: EBA, s. v.) y *urnia* ('urna'). La peculiar variante *indilugen-cia*, por *indulgencia*, que testimonia Salvador (2001, 209) en la Puebla, solía decirla mi abuela.

2.1.3. Otras cuestiones sobre vocalismo

Es general en el habla de la Puebla, como en otras variedades geográficas del castellano, la reducción de hiatos a diptongos: *ahí* > *ahi*, como en castellano común; *tio* (monosílabo y tónico) < *tío*, en su uso para designar respetuosamente a personas adultas, o bien para dirigirse a ellas (por ejemplo, *el tio Tomás*; o en una formulación como *tio Tomás, buenos días*).[95] También, la de hiatos a diptongos, y la de diptongos a vocales, tanto en sílaba tónica como en sílaba átona. De ello me ocupo en los dos puntos que siguen (2.1.3.1 y 2.1.3.2).

2.1.3.1. Reducción de hiatos a diptongos. Se da cierre del primer elemento del hiato (*e* > *i*) en: *antiojeras* < *anteojeras* 'cabezada que obliga a la caballería a mirar hacia delante' (asimismo en Sarrión: López 1992, 14); *pior* (< *peor*), atestiguado también por Alba (1986: 146) en Ludiente; *rial* (< *real*); *ciazo* < *ceazo* < *cedazo*;[96] *piazo*, por idéntica evolución (< *peazo* < *pedazo*); *ciomo* (pronunciación popular de *ecce homo*), como en Fuente la Reina (Moliner 2015, 134). En *augar* (< *ahogar*) y *cuete* (< *cohete*)[97] es *o* la vocal que se cierra. En algunos casos el cambio conlleva desplazamiento acentual: *maistro* (< *maestro*), *aura* (< *ahora*; convive con la variante *agora*; *vid.* 3.6.1).

Por otra parte, la reducción de hiatos y diptongos es frecuente en el ámbito de la morfología verbal: *cai*, *trai*, por *cae*, *trae*. Además, la caída de -*r*- intervocálica en la pronunciación descuidada favorece también la formación de diptongos: *paice* < *paece* < *pa(r)ece*; también he oído

---

95. Cf. con la explicación de Boronat para Los Calpes: «Para nombrar a gente mayor o adulta sin ser familiar del emisor dicen «el tío Paco / la tía Concha» en vez de decir simplemente Paco o Concha». Véase igualmente Alba (1986, 54, 155) en Ludiente.

96. Salvador (2001, 128, 207) lo confirma en la Puebla. En Fuente la Reina lo dan Moliner y Vázquez (2012, 146). En las hablas castellano-aragonesas del interior valenciano, Nebot (1985a, 407). El ALEANR (mapa 237: *Cedazo*) registra *ciazo* en Olba (Te 601) y Arañuel (Cs 300), y en puntos diversos de Aragón.

97. Alba (1986, 111) transcribe para Ludiente *cuetes de barridera*.

38

algo así como **peece**, variante de *paece*, de labios de mi padre; **mia** < *mi(r)a*; **quio** < *qui(er)o*; **puaquí** < *po(r) aquí*. En el apartado sobre morfología verbal (3.5.9.3) volveremos sobre ello.

2.1.3.2. Reducción de diptongos a vocales. Así, en los numerales **vintiocho/ ventiocho** (< *veintiocho*), **vente** (< *veinte*), **trenta** (< *treinta*), **decisáis** (< *dieciséis*). En un par de nombres de persona: **Ugenio**[98] (por *Eugenio*) y **Usebio** (por *Eusebio*). Otros casos: **azanoria** (variante del arabismo *zanahoria*);[99] **trunfo** (del juego de cartas)[100] (< *triunfo*), como en catalán *trumfo*; **anque** (< *aunque*), **custión** (< *cuestión*);[101] en **ande**[102] (< *a(d)onde*) habría habido una reducción previa de hiato a diptongo. En **pacencia** (< *paciencia*), de la que deriva **espacenciar**,[103] y **cencia** (< *ciencia*) quizá contribuya la disimilación entre las dos consonantes en sílabas contiguas.[104] Un caso particular es el de **desa**, con reducción de las dos *es* de *dehesa*.

Deglutinación: en **amugas**[105] < *las (s)amugas* < *samugas* (< SAMBŪCAS), 'jamugas, silla para cabalgar a mujeriegas' (*vid.* 4.1.4.); **aita** < *la hita* < latín FĪCTA, forma hermana de la *fita* de aragonés y catalán;[106] quizá la *a-* de **azanoria** ('zanahoria') se deba a la conservación del antiguo artículo árabe. El de **allar** 'hogar, lar para el fuego' es un caso de

---

98. También lo registra en las hablas castellano-aragonesas del interior valenciano Nebot (1985a, 400).

99. La recogen asimismo en la Puebla Aurora Monte en su blog y Salvador (2001, 112, 205). En Sarrión, López (1992, 16).

100. «En algunos juegos de naipes, carta del palo de más valor» (acepción 4.ª del *DLE*).

101. También Nebot (1985a, 400), en el castellano-aragonés de tierras valencianas.

102. Incluido en el blog de Aurora Monte sobre la Puebla, y por Boronat (p. 5) en su trabajo sobre Los Calpes. En las hablas castellano-aragonesas del interior valenciano, por Nebot (1985a, 402, 516); en Sot de Ferrer, por Ríos (1989, 26, 122).

103. Asimismo en Fuente la Reina (Moliner 2015, 135).

104. La forma *pacencia* es registrada por Boronat en Los Calpes (p. 8). En Sot de Ferrer, por Ríos (1989, 63, 142); y en Ludiente, por Alba (1986, 63, 142). Nebot (1985a, 400) consigna tanto *pacencia* como *cencia* en las hablas castellano-aragonesas del interior valenciano.

105. Que atestigua en Sarrión López (1992, 14). El *DCECH* (s. v. *jamugas*) ofrece diversas localizaciones peninsulares de *amugas*: Soria, las Alpujarras y el Alto Aragón.

106. El *DLE* (s. v. *hito, ta*) remite *hita* a *mojón*. Se prefiere esta forma femenina en nuestra zona: Moliner y Vázquez (2012, 137) la atestigua en Fuente la Reina; Nebot (1986, 159), en el Alto Mijares y el Alto Palancia; López (1992, 46), en Sarrión.

catalanismo a partir de la variante con aglutinación *allar* (*l'allar* < *la llar*), muy extendida en la variedad valenciana (DCVB).[107]

2.1.3.3. Concluyo este apartado de vocalismo refiriéndome a la conocida aversión a los esdrújulos propia del aragonés (Alvar 1953, 145). En nuestra habla son pocos los casos de traslación del acento a la penúltima sílaba, y algunos se percibirían hoy como muy vulgares: *marcega* (< *márcega* 'jergón'), para la que remito a 4.9.2; *pertiga* (< *pértiga* 'aguijada'); *pajaro*,[108] *medico*, *jovenes*. El *pántano*, como llaman algunos al embalse de Arenós, resulta de una ultracorrección a partir de *pantano*. En cuanto a *tabano* ('tábano'), cabe considerar si podría tratarse de un continuador de la acentuación llana de TABĀNUS,[109] como el aragonés *taván* (*EBA*) y otras formas romances (cat. dialectal *tavà/tavan*,[110] port. *tavão*, it. *tafano*), para lo que remito al DCECH (s. v. *tábano*).

2.2. CONSONANTISMO

2.2.1. Consonantes iniciales (no agrupadas)

2.2.1.1. La F- latina por lo general desaparece tras la consabida aspiración, como en castellano: **Hoya** (< FŎVEA) en la toponimia, como en la *Foia* del área valencianohablante (DCECH, s. v. *hoya*);[111] también el topónimo **La Hontanilla/Hantanilla** (< FONTANĔLLA; cf. 2.1.1.1); *higa*, femenino de *higo* que pudiera deberse a un antiguo plural neutro *FĪCA, como el catalán *figa*;[112] **aita** < *la hita* (FĪCTA), con la aglutinación de que ya he

---

107. Recoge *la llar*, *el allar*, Moliner (2015, 136) en Fuente la Reina; y en Sot de Ferrer, Ríos (1989, 121). El ALEANR (mapa 812: *Hogar*) lo registra en sus tres puntos de la provincia de Castellón: Arañuel, Segorbe y Bejís.

108. El ALEANR (mapa 1409: *Pájaro*) anota esta misma pronunciación llana en Olba y otros lugares próximos.

109. Asimismo *tabano* registra el ALEANR (mapa 415: *Tábano*) en Olba (Te 601) y Arañuel (Cs 300).

110. Véase el PALDC (mapa 1000: *Tàvec*) y las correspondientes explicaciones de Joan Veny.

111. Participa, además, en el topónimo de la comarca valenciana castellanohablante de *La Hoya de Buñol*, y es recogida como nombre común en Sarrión por López (1992, 46): 'terreno llano y dilatado rodeado de montes'.

112. Salvador (2001) menciona *higa* en diversos pasajes sobre las costumbres de la Puebla, así como el refrán asociado: **Año de higas[,] pocas ajinas** (*vid.* 4.16.2). Pérez (2000, 48) la recoge

tratado en 2.1.3.2; **hiemo** ('estiércol'), frente al aragonés *fiemo* (< latín vulgar FĔMU; DCECH).[113] Llama la atención el doblete constituido por *falda* (como en castellano común) y *halda* 'regazo' (< fráncico *FALDA 'pliegue'; DCECH).[114] Más singular es el caso del arabismo **hardacho** 'lagarto', correspondiente al valenciano *fardatxo*, cuya base etimológica *hardún* (DCECH) es corroborada por Corriente (2003² [1999], s. v. *alf/gardacho*).[115] Cabe señalar, además, *La Fuente (de) la Hardachera*, del término de la Puebla (Gargallo 2017, 438).

Ante el diptongo *ué*, y ocasionalmente ante *uí*, la F- inicial se convierte en *j-* (¿aspiración y refuerzo consonántico? ¿equivalencia acústica?): **juente** (por *fuente*), **juerte** (por *fuerte*), **juera** (por *fuera*); asimismo en las formas del tema de perfecto del verbo *ser*: **jui** (*fui*), **juera** (*fuera*), **juese** (*fuese*). En cualquier caso, dicha pronunciación es hoy percibida como vulgar o rústica.[116]

Cabe explicar diversos casos de conservación de F- por la filiación catalano-valenciana o acaso aragonesa de los correspondientes vocablos: *fartón* 'glotón',[117] posible adaptación del valenciano *fartó* (DCVB), derivado de FARCTARE; *fidir/fedir* 'sacar jugando a la pelota', del valenciano *ferir* 'íd.' (con cambio *-r-* > *-d-* por equivalencia acústica);

---

en Campos. En las hablas castellano-aragonesas de tierras valencianas, Nebot (1985a, 465). Alba (1986, 134), en Ludiente. López (1992, 45), en Sarrión.

113. Dicha forma será en realidad orientalismo peninsular, que el DLE localiza en Andalucía, Aragón, Navarra y La Rioja. Con la grafía *yemo* lo atestiguan en la Puebla Aurora Monte en su blog, Monte y Gil (2000, 127) en su libro y Salvador (2001, 111, 213) en el suyo. Asimismo, Moliner y Vázquez (2012, 141) y Moliner (2015, 139) en Fuente la Reina. En Ludiente, Alba (1986, 134, 157), con las transcripciones de *hiemo* y *yemo*.

114. El DLE (s. v. *halda*) localiza en Aragón, Salamanca y Vizcaya las acs. 3.ª. «Regazo o enfaldo de la saya» y 4.ª. «Parte del cuerpo donde se forma el enfaldo de la saya». Registran *halda* en la Puebla Monte y Gil (2000, 125); en Fuente la Reina, Moliner y Vázquez (2012, 152). Ríos (1989, 30, 149), en Sot de Ferrer. López (1992, 45), en Sarrión. Véanse otros detalles semánticos en el punto 4.7.7.

115. Con *f-* inicial mantenida lo atestigua el ALEANR (mapa 440: *Lagarto*) en puntos de Aragón. Pero sin *f-*, *hardacho*, lo recoge esta misma obra en los tres puntos de encuesta de la provincia de Castellón (Arañuel, Segorbe y Bejís) y en la vecina Olba. Además, Salvador (2001, 205), en la Puebla; Pérez (2000, 156), en Campos; Moliner y Vázquez (2012, 155) y Moliner (2015, 136), en Fuente la Reina. Nebot (1983, 78), en el Alto Mijares y el Alto Palancia; Alba (1986, 36, 60, 134), en Ludiente; Ríos (1989, 30, 51), en Sot de Ferrer; López (1992, 15), en Sarrión; Julián (1998, 34), en La Iglesuela del Cid.

116. Pronunciación que observa en las hablas castellano-aragonesas del interior valenciano Nebot (1985a, 409): *juerza, juerte, juente, juera*. Ríos (1989, 30), en Sot de Ferrer: *juego, juente, juendo*.

117. *Idem* en Nebot (1985a, 427, 481), del Alto Mijares y el Alto Palancia.

forcal 'parte anterior del arado para una sola caballería' < val. *for-cat* (< FŬRCATU), con cambio de la consonante final (*-t* > *-l*: 2.2.3);[118] *foter* 'fastidiar', *fote(r)se* 'mofarse' y *fotudo, -a* 'fastidiado, -a' parecen deudores del catalán *fotre, fotre's* y *fotut*; a no ser que continúen el correspondiente tipo léxico de filiación aragonesa *foter, fotése* (*EBA*);[119] *¡fuch!* (del val. o cat. *fuig!* < FŪGIT), expresión utilizada para espantar a un animal;[120] *fuchina* (*hacer* —) 'hacer novillos', a partir de la pronunciación *apitxada* del valenciano *fer fugina*.[121] Por otra parte, *fajo* (< FASCEM) es aragonesismo de la lengua común que se usa en la Puebla también (*un fajo de billetes*), y constituye doblete junto a *haje* 'haz',[122] del que deriva *hajina* 'hacina' (sobre el consonantismo *-j-* de ambos vuelvo en 2.2.5.2.5).

Consideración aparte merece el nombre para la garduña: *güina* (< *FAGĪNA, derivado de FAGUS 'haya'). El resultado altoaragonés *fuina* da paso a una variante *huina* que se refuerza hacia el sur del espacio castellano-aragonés en *güina* (*ALEANR*, mapa 474: *Garduña*),[123] a la manera de *huevo* > *güevo*.

2.2.1.2. La G- ante las vocales átonas *e, i*, suele desaparecer, como en castellano (Menéndez Pidal 1980[16] [1904]: § 38, 3). Así, en *inebro* (< JENĪPERU; cf. 2.1.2.4). En cambio, *gemecar* 'gemir' (< GEMĪCARE) conserva la consonante inicial en forma de velar; seguramente es aragonesismo, con

---

118. En la Puebla lo registra Salvador (2001, 78, 208). En Fuente la Reina, Moliner y Vázquez (2012, 133). El *ALEANR* (mapa 132: *Arado para un solo animal*) anota *forcat* en tres puntos próximos a la Puebla: Olba (Te 601), Arañuel (Cs 300) y Bejís (Cs 302). También Llatas (2014 [1959]), en el Villar del Arzobispo y la Serranía de la provincia de Valencia.

119. A diferencia del catalán/valenciano y del aragonés, el castellano común aspira y en este caso refuerza la F- del latín FŬT(T)UERE: *hoder* > *joder* (*DCECH*). Por otra parte, Nebot (1985a, 429) registra *foter* 'fastidiar', y *fotese* 'faltar el respeto, desconsiderar y menospreciar a una persona', en las hablas castellano-aragonesas del interior valenciano. Julián (1998, 33), *foterse* 'burlarse' y *fotut* 'fastidiado, molesto' en La Iglesuela del Cid.

120. Nebot (1985a, 427) recoge en el castellano-aragonés de tierras valencianas: *fuch d'áhi*. Julián (1998, 33), en La Iglesuela del Cid: *fuch, fuch de ahí*.

121. Nebot (1985a, 427), en las hablas castellano-aragonesas del interior valenciano: *fuchina* 'escapatoria, acción y efecto de evadirse o escaparse'. Este valencianismo alcanza hasta Sarrión (López 1992, 39).

122. El blog de Aurora Monte consigna *haje* en la Puebla, y lo recogen también Monte y Gil (2000, 125) y Salvador (2001, *passim*). Alba (1986, 45, 134), en Ludiente.

123. Forma que registra esta obra en Olba (Te 601), Arañuel (Cs 300) y Bejís (Cs 302). Nebot (1990, 187) consigna junto a la frontera lingüística: *güina* (Torralba, Villamalur, Almedíjar) / *huina* (Alcudia, Ayódar).

la marca de la -*c*- sin sonorizar (cf. 2.2.2.1), y penetra en buena parte del valenciano, frente al catalán central *gemegar* (Veny 2002).[124] El resultado de *ch*- (africada palatal sorda) ante vocal tónica se da en *chepa* 'giba':[125] con la pronunciación *apitxada* valenciana de *gepa* (*txepa*), coincidente con la aragonesa, habrá pasado al uso castellano, que el DLE anota como *coloquial*;[126] y se da asimismo *ch*- en el verbo *chaure*, seguramente del catalán *jaure* (< JACĔRE), oído en el contexto *ir a chaure* 'ir a dormir' en situaciones de manifiesta jocosidad.

2.2.1.3. J- ante O, U. Hay en general coincidencia con el tratamiento castellano: ***juntar la puerta*** 'entornar la puerta' (*juntar* es derivado de JŪNCTUS). Siguen también pautas del castellano ***yugo*** (< JŪGU) y ***yunta*** (< JŪNCTA), frente a la solución *jubo* (< JŪGU) registrada en la provincia de Teruel por el *ALEANR* (mapa 118: *Yugo de bueyes*). En cambio, nuestra habla se aparta de la lengua general en ***yuncir/juncir*** (cast. *uncir*); y para estas tres voces se dan las variantes ***llugo, llunta*** y ***lluncir***,[127] explicables por ultracorrección de un falso yeísmo.

2.2.1.4. La L- inicial se palataliza en catalanismos (o valencianismos): ***llanda*** 'bandeja de hojalata en la que se lleva comida al horno' es extensión del valenciano *llanda* (< LAMINA; *DECat*, s. v. *llauna*);[128] ***lladre*** 'ladrón',[129] de la forma homógrafa catalana que desciende del nominativo LATRO, a diferencia del cast. *ladrón*, continuador del acusativo LATRONE(M); ***llesca*** 'rebanada de pan'[130] (del cat. *llesca* < de una base LESCA de origen pre-

---

124. El *ALEANR* (mapa 1474: *Gemir el niño*) ofrece una repartición básica entre el *chemecar* norteño (de solución aragonesa, coincidente con la valenciana) y el *gemecar* del castellano-aragonés meridional.

125. Para su extensión en el ámbito castellano-aragonés, véase el mapa 997 (*Joroba*) del *ALEANR*.

126. Uso recogido también por Nebot (1985a, 430) en el castellano-aragonés de tierras valencianas, por Alba (1986, 38, 122) en Ludiente y por Ríos (1989, 30) en Sot de Ferrer.

127. El *ALEANR*, en el mencionado mapa 118, registra *llugo* en Arañuel (Cs 300) y *llubo* en Bejís (Cs 302).

128. Asimismo en Fuente la Reina (Moliner y Vázquez 2012, 145); en el castellano-aragonés del interior valenciano (Nebot 1985a, 431), en Ludiente (Alba 1986, 37, 137), en Sot de Ferrer (Ríos 1989, 31, 152), en Sarrión (López 1992, 53).

129. Recogida en Sot de Ferrer por Ríos (1989, 31, 152).

130. Asimismo Nebot (1985a, 431) en Ayódar, Alcudia y Almedíjar; y Llatas (2014 [1959]) en el Villar del Arzobispo.

rromano; *DECat*) convive con la variante yeísta **yesca**;[131] **llatonero** 'almez' parece resultar del cruce entre el tipo fonético catalán *lledoner* y el aragonés *latonero*, derivado del latín LOTO, LOTŌNIS: *DECat*, s. v. *lledó*; *DCECH*, s. v. *latón II*);[132] pero es más viva la variante **delonero**,[133] resultado metatético de una base **ledonero* similar al *lidonero* de Sot de Ferrer (Ríos 1989, 136), y comparable también al cat. *lledoner*, que presenta asimismo la variante metatética *delloner* (*PALDC*, mapa 598: *El lledoner*). En relación con **delonero** está el topónimo **El Delonar**, sitio muy próximo al núcleo municipal de la Puebla. En **leterola** ('páncreas del cerdo y otros animales') tenemos la adaptación del cat. *lleterola* ('íd.'), derivado de *llet* (< LACTE);[134] y posiblemente en **letrera** ('lechetrezna, planta'),[135] a partir del cat. *lletrera*.

2.2.1.5. La palatalización de N- es excepcional, en contacto con una *i*: **níspero** (*vid.* 2.1.1.1) y la variante **nísporo**; **níspla** ('golpe, bofetada'), deudor del valenciano *nyespla* ('íd.', *DCVB*; *ALDC*, mapa 1178: *La nespla*), cuya acepción etimológica de 'níspero' se mantiene en la *ñespla* de Ludiente (Alba 1986, 37).

2.2.1.6. La C- se sonoriza esporádicamente: **gayato** 'cayado' es aragonesismo (*DCECH*, s. v. *cayado*) muy vivo en nuestra zona,[136] sobre el que vuelvo

---

131. Que me sugiere un caso inverso de ultracorrección: de *yogur* a **llegur**. Esta variante, quizá idioléctica, es la que usa mi padre.

132. También *llatonero* en Campos de Arenoso (Pérez 2000, 156) y en Fuente la Reina (Moliner y Vázquez 2012, 152; Moliner 2015, 136); *latonero* o *llatonero* en el castellano-aragonés del interior valenciano (Nebot 1985a, 446); en Sot de Ferrer (Ríos 1989): *latonero* (40, 136); *llatonero* (137). Véanse, además, testimonios afines en los diccionarios de Coromines (*DCECH*, *DECat*): entre ellos, *latonero* para el ámbito castellano-aragonés y *allatonero* en Santa Cruz de Moya, localidad conquense lindera con el Rincón de Ademuz (Valencia).

133. Recogida asimismo en la Puebla por Aurora Monte en su blog y por Monte y Gil (2000, 125) en su libro.

134. En el castellano-aragonés de tierras valencianas, Nebot (1985a, 433, 456) ofrece también la variante con *ll-*, más próxima a la forma catalana originaria *leterola/lleterola*. Julián (1998, 34) registra en La Iglesuela del Cid *leterola* 'sebo del intestino del cordero'. El *ALEANR* (mapa 697: *Páncreas*) anota *leterola* en Olba (Te 601) y la variante *neterola* en Arañuel (Cs 300) y Segorbe (Cs 301).

135. Forma recogida también por Llatas (2014 [1959]) en el Villar del Arzobispo.

136. Salvador (2001, 209), en la Puebla; Pérez (2000, 121, 125), en Campos. En Fuente la Reina, Moliner y Vázquez (2012, 137). En el castellano-aragonés del interior valenciano, Nebot (1985a, 409, 446). En Ludiente, Alba (1986, 38, 132). El *DLE* recoge el femenino *gayata* ('cayado') con la localización de Huesca y Teruel. Por otra parte, *gaiato* y *gaiata* parecen también

más adelante (2.2.2.1, 3.1.3); *gamella* 'cuenco donde se echa de comer a los cerdos' (< CAMELLA);[137] y su aumentativo *gamellón*, «recipiente de madera que sirve para poner la comida a los animales» (definición de Salvador 2001, 209);[138] *guchara* (< *cuchara*), según el testimonio de Boronat (p. 8) en Los Calpes.

Distinto es el caso del adjetivo *cacho, -a*, en lugar del *gacho, -a*, del castellano (el DLE remite el primero al segundo), en paralelo al verbo *acachar(se)*, forma que el diccionario académico localiza en la España oriental y con remisión a la variante *agachar(se)*.[139]

2.2.1.7. La s- permanece en general inalterada, salvo en contados casos que ofrecen distintas soluciones: (1) la de *j-* (a través de una antigua pronunciación de [ʃ], como en *Quixote*), en *juto, -a* 'seco, -a' y, por extensión, 'delgado -a'[140] (< SŪCTU, -A), que recuerda el catalán *eixut* y el castellano *enjuto*; *jarmiento*,[141] variante de *sarmiento*, afín a la dialectal y antigua del catalán *eixarment* (DCVB); (2) la de *zuro* (con las acs. de 'corcho' y 'corazón de la mazorca': 4.3.2 y 4.5.10),[142] préstamo del catalán *suro* (< SŪBER), según Coromines (DCECH, s. v. *zurullo*; DECat, s. v. *suro*); en cuanto a *zueca* ('tocón, parte inferior del tronco de un

---

aragonesismos del catalán de las tierras del Ebro y de Castellón. En la capital de esta provincia el referente de *gaiata* constituye un símbolo de las fiestas de la Magdalena.

137. Cf. el significado más genérico que consigna el DLE en su 1.ª ac.: «1. f. Artesa que sirve para dar de comer y beber a los animales, fregar, lavar, etc.». El ALEANR (mapa 654: *Dornajo*) consigna *gamella* en Segorbe (Cs 301) y Bejís (Cs 302).

138. Según Nebot (1980, 197), el tipo *gamellón* se da en la toponimia del Alto Mijares y el Alto Palancia. Por otra parte, es voz característica del Rincón de Ademuz (Gargallo 2004a, 45).

139. Nebot (1985a, 447) recoge ambas formas, *cacho* y *acacharse*, en el castellano-aragonés de tierras valencianas; y López (1992, 21), *cacho*, en el habla de Sarrión.

140. Vale la pena transcribir la información de Aurora Monte en su blog sobre la Puebla: «*juto*: 'seco', 'delgado'. En los Cantos estaba el "tío Juto" (Francisco)[,] que solía decir: "llueva o haga sol yo siempre juto"». Registran asimismo *juto*: Salvador (2001, 139, 210) en la Puebla; Boronat (p. 5) en Los Calpes; Alba (1986, 136) en Ludiente; López (1992, 49) en Sarrión.

141. En la Puebla lo atestiguan Monte y Gil (2000, 126) y Salvador (2001, 117, 210). En las hablas castellano-aragonesas del interior valenciano, Nebot (1985a, 436); en Ludiente, Alba (1986, 37, 135); en Sarrión, López (1992, 49).

142. El DLE (s. v. *zuro*) consigna las acs. 1.ª. «Corazón o raspa de la mazorca del maíz después de desgranada»; y 2.ª. [localizada en Albacete, Andalucía y Murcia] «Corcho de árbol». Con la de 'corcho', Moliner y Vázquez (2012, 156) y Moliner (2015, 139) en Fuente la Reina; en el castellano-aragonés del interior valenciano, Nebot (1985a, 411, 437); en Ludiente, Alba (1986, 158); en Sarrión, López (1992, 96). Como 'corazón de la mazorca' lo registra el ALEANR (mapa 111: *Carozo*) en Olba (Te 601) y Bejís (Cs 302).

árbol'), que el DLE localiza en Aragón, vendría de un céltico TSŪKKA;[143] y (3) la de *ch-*, en ,*chuflar* 'silbar'[144] (< latín vulgar SUFILARE), «que es sobre todo aragonés», según el DCECH (s. v. *silbar*),[145] y consuena con el italiano *zufolare*; lo acompañan sus derivados *chuflete* (masculino) y *chufleta* (femenino).[146] En cuanto a *choto, -a* 'cría de la cabra mientras mama' (DLE), por más que se ha propuesto la etimología de SŪCTU 'que chupa' (Zamora Vicente 1967[2] [1960], 226; Alvar 1953, 170), me inclino por la de Coromines (DCECH, s. v.), una formación onomatopéyica del chupar de las ubres maternas;[147] y en cuanto a *chulla* 'chuleta', de SUILLA según Zamora y Alvar (*ibidem*), el DCECH (s. v. *chuleta*) propone como étimo AXUNGIA 'grasa de cerdo'.[148]

2.2.1.8. La D- suele desaparecer en la pronunciación descuidada del verbo *(d)icir* ('decir')[149] y en los verbos que presentan el sufijo *des-*: *escolgar, estornillar, eszarzar* 'quitar las zarzas';[150] *escuaja(r)se* 'desesperanzar o caer de ánimo' presenta cambio de sufijo con respecto al castellano (*descuajar*: DLE, 3.ª ac.),[151] *esportillar*.[152] En el caso de *aspea(r)se*

---

143. Sobre la extensión de este aragonesismo, véanse el DCECH (s. v. *tocón*) y el DECat (s. v. *soca*). Además, aporto los testimonios de Aurora Monte en su blog, Moliner y Vázquez (2012, 150) en Fuente la Reina; el ALEANR (mapa 343: *Tocón*) en Olba (Te 601) y Arañuel (Cs 300); Nebot (1981, 93) en el Alto Mijares y el Alto Palancia; y Alba (1986, 66, 158) en Ludiente.

144. Asimismo en la Puebla, Monte y Gil (2000, 125). En Fuente la Reina, Moliner (2015, 133); en el Alto Mijares y el Alto Palancia, Nebot (1985a, 436, 461); en Ludiente, Alba (1986, 123); en Sarrión, López (1992, 29).

145. Véase el ALEANR (mapa 1206: *Silbar*).

146. Cf. *chuflete* en Salvador (2001, 161, 207), para la Puebla; en Alba (1986, 64, 123), para Ludiente; *chufleta* en Nebot (1985a, 436) para el castellano-aragonés del interior valenciano; *chuflaina* y *chuflete* en López (1992, 30), para Sarrión.

147. Véase además el mapa 845 (*El boc*) del PALDC, que registra *xoto* en valenciano central y en tortosino.

148. Es voz hermana del valenciano *xulla* (DCVB). Otros registros de *chulla*, de Moliner y Vázquez (2012, 151) y Moliner (2015, 133), en Fuente la Reina; Nebot (1985a, 436), en las hablas castellano-aragonesas del territorio valenciano; Alba (1986, 37, 123), en Ludiente; Ríos (1989, 31, 137), en Sot de Ferrer; López (1992, 3), en Sarrión.

149. Cf. Boronat (p. 10) en Los Calpes: *Dar quicir* (< *que icir*) = 'dar que hablar'.

150. Así lo registran Monte y Gil (2000, 126).

151. El DLE asigna a *descuajar* (transitivo) la acepción mencionada (la tercera de la entrada) con la marca de *coloquial*. Por otra parte, registran *escuajar(se)* con este mismo valor: Moliner (2015, 135) en Fuente la Reina, Alba (1986, 127) en Ludiente, López (1992, 36) en Sarrión y Julián (1998, 44) en La Iglesuela del Cid.

152. Según el DLE (s. v. *desportillar*): «Deteriorar o maltratar algo, quitándole parte del canto o boca y haciendo portillo o abertura».

(*aspia(r)se*), que el DLE remite a *despearse* («Dicho de una persona o de un animal: Maltratarse los pies por haber caminado mucho»), puede haber intermediado una forma *(d)espearse*.

2.2.1.9. B- por equivalencia acústica pasa a *m*- en **moñigo** ('boñigo')[153] y en **moniato** ('boniato').[154] Ante vocal velar (*o, u*) o semiconsonante (*u*) suele pasar a *g*-: **golver, güelvo**; y se genera una prótesis velar ante la semiconsonante que encabeza el diptongo *ue*: **güerto** (*huerto*); **güele** (*huele*), de donde, por analogía, **goler** (*oler*). También el nombre de la provincia vecina y de su capital, *Teruel*, es posible oírlo con un asomo consonántico de -*g*-: **Tergüel**, que he oído además entre valenciano-hablantes de la provincia de Castellón.

2.2.2. Consonantes interiores (no agrupadas)

2.2.2.1. La conservación de las primitivas sordas intervocálicas (-P-/-T-/-C-), característica del aragonés (Alvar 1953, 172-176), se da en un puñado de voces, en su mayoría aragonesismos: **gayato, gemecar** ('gemir'), de los que ya he tratado (2.2.1.6, 2.2.1.2); **suco** 'salsa' (< SŪCU), que parece deudor del aragonés, si bien cabe sopesar una adaptación a partir del catalán *suc* (en que la sorda -*c* lo es por hallarse en posición final); y de *suco* deriva el verbo **sucar** ('mojar pan en salsa, rebañar');[155] **llatonero**, de base aragonesa (*latonero*) y con influencia catalana (*lledoner*), como expongo en 2.2.1.4; de **capazo**, variante de *capacho* incluida en el DLE, se lee en el DCECH (s. v. *capacho*) que es «de procedencia aragonesa y quizá parcialmente mozárabe».[156] Consideración aparte merecen:

---

153. Registra dicha forma en el castellano-aragonés del interior valenciano Nebot (1985a, 406); y López (1992, 58) en Sarrión.

154. El DLE remite de *boniato* a *moniato*, forma popular en el ámbito hispánico.

155. El DLE registra *suco* 'jugo' en Teruel. En la Puebla Aurora Monte y Salvador (2001, 138) recogen *suco* y *sucar*. También Nebot (1985a, 436, 447), en el castellano-aragonés de tierras valencianas; Alba (1986, 40, 153), en Ludiente; Ríos (1989, 32, 169), en Sot de Ferrer, *suco*. Por su parte, el ALEANR (mapas 830: *Mojar el pan en la salsa*; y 1552: *Mojar el pan en el caldo*) anota *sucar* en los tres puntos castellonenses del atlas (Arañuel, Segorbe y Bejís), así como en la vecina Olba (Te 601).

156. Cabe señalar que la tendencia a recurrir al mozárabe por parte de Joan Corominas ha sido puesta en tela de juicio en los últimos años por estudiosos como Germà Colón (1997, XVI). Aun

cocote, que el DLE remite a *cogote* y se explica, según el DCECH, «como forma secundaria debida al sentimiento de una reduplicación»;[157] y ***pescatero, -a*** junto al derivado ***pescatería***,[158] en lugar de los normativos *pescadero, -a* y *pescadería*, que bien podrían explicarse por influencia de las correspondientes formas catalanas *pescater, -a* y *pescateria*.

Otro es el caso de la -*d*- romance resultante de -T- latina, que se pierde, como en castellano popular de España, en ***to*** (< *too* < *todo*) y en la terminación de participio de la 1.ª conjugación -*ado* > -*ao*: ***cantao, saltao***.[159] Y otro caso es también el de ***miaja***, que pierde la -*g*- de *migaja*, derivado de *miga* (< latín MĪCA); forma propia del castellano popular y rural, frecuente en la secuencia de ***una miaja***.

2.2.2.2. Sonoras intervocálicas (-B-/-D-/-G-). Se conserva la consonante labial en ***calivo (estar al —)*** 'rescoldo' (< CALĪVU), que es voz aragonesa (*EBA*, con la grafía *calibo*)[160] y hermana del catalán *caliu*. También a la manera aragonesa se conservan la dental de ***teda*** 'tea' (< TEDA),[161] y la velar de ***puga*** 'púa' (< PŪGA),[162] que el castellano pierde. El caso de ***peder*** (< PEDERE) podría explicarse por «una ultracorrección causada por *pedo* (vulg. *peo*)», según el DCECH (s. v. *peer*). Por otra parte, desaparece en ***auja*** la -*g*- romance de *aguja* (< ACŪCULA),[163] y en el derivado ***aujero*** (< *agujero*),[164] variante de ***bujero*** (2.2.10).

---

así, véase lo que indico al inicio del apartado 2.2.4 sobre el posible cedazo de lo «mozárabe» en algunas formas de mi cosecha.

157. Es la mayoritaria en las variedades castellanas que retrata el ALEANR (mapa 940: *Coronilla*).

158. Asimismo en Nebot (1985a, 446, 487) para el castellano-aragonés de tierras valencianas. En Alba (1986, 144), *pescatero*.

159. No tengo constancia de pérdida consonántica en los participios en -*ido*, a diferencia de lo que señala Boronat para Los Calpes: «El sufijo -*ido* lo pronunciaban -*ío*. Por ejemplo "comío" en vez de comido».

160. El DLE consigna *calivo* como voz coloquial de Huesca, y remite a *rescoldo*.

161. El DLE registra *teda* como voz poco usada y remite a *tea*. Salvador (2001, 213) recoge *teda* en la Puebla; Nebot (1985a; 448), en las hablas castellano-aragonesas del interior valenciano; Alba (1986, 40, 154), en Ludiente; Ríos (1989, 33, 170), en Sot de Ferrer; López (1992, 33, 170), en Sarrión. Por otra parte, el ALEANR (mapa 833: *Tea*) consigna también *teda* por todo Aragón.

162. Asimismo Nebot (1985a, 402), en las hablas castellano-aragonesas del interior valenciano.

163. General en el castellano-aragonés retratado por el ALEANR en su mapa 1446 (*Aguja*).

164. Corrobora en la Puebla *auja* Salvador (2001, 205). Por su parte, Nebot (1985a, 406-407) registra *auja* y *aujero* en las hablas castellano-aragonesas del interior valenciano. Y entre otros tes-

2.2.2.3. La *-r-* intervocálica tiende a desaparecer en palabras de uso muy fre-cuente y en pronunciación descuidada, algo habitual en otras hablas rústicas: *pa(r)a* > *pa* (con simplificación vocálica). Cuando es prece-dida por la vocal *é*, esta desaparece también, lo que conlleva una tras-lación previa del acento, *qui(er)o* > *quio*, *hubi(er)a* > *hubiá*; ello tiene particular repercusión en el verbo (3.5.9.3.). En algún caso la *-r-* tiende a reforzar su articulación, de vibrante simple a multivibrante (> *rr*): así se explica el doblete etimológico *esvarar* o *esbarar* ('resbalar')[165] y *esbarrar(se)*;[166] este presenta uso transitivo ('espantar [a un animal]') y pronominal ('espantarse [un animal]'); tal como el castellano *resbalar* (< *resvarar* < *desvarar*), son, según el DCECH (s. v. *resbalar*), probables derivados del latín VARUS 'patizambo'.[167] Otro es el caso de *mardano* 'morueco, carnero padre', aragonesismo[168] en que una antigua base MARR- (*DECat*, s. v. *marrà*) habría disimilado *-rr-* en *-rd-*, tal como en catalán occidental y valenciano *mardà* (*DCVB*; *PALDC*, mapa 836: *El marrà*).

2.2.3. Consonantes finales

Se trata de un aspecto de particular interés en el caso de ciertas voces de filiación catalana o valenciana. Sobre la casuística de adaptación de dichas

---

timonios, ofrezco el de López (1992, 16) y su *auja* en Sarrión. En realidad se podrían añadir muchos otros del castellano popular del ámbito hispánico.

165. Así, Monte y Gil (2000, 126), en la Puebla; Alba (1986, 129), en Ludiente. Con la grafía *esbarar*, en Moliner y Vázquez (2012, 136), de Fuente la Reina; en Pérez (2000, 155), de Campos de Arenoso; en Nebot (1985a, 414) para el castellano-aragonés de tierras valencianas; en Ríos (1989, 32, 140) para Sot de Ferrer. El ALEANR (mapa 1189: *Resbalar*) anota *esbarar* en muchos puntos del sur castellano-aragonés.

166. Aurora Monte recoge *esbarrar* en su blog sobre la Puebla; Moliner y Vázquez (2012, 144), en Fuente la Reina; Nebot (1980, 220), en el Alto Mijares y el Alto Palancia; Alba (1986, 41, 60, 126), en Ludiente; López (1992, 35), en Sarrión; y Julián (1998, 31), en La Iglesuela del Cid.

167. El DLE remite *esvarar* a *esbarar*, y de este, a *resbalar*. Por otra parte, recoge tres acepcio-nes para *desbarrar* que muestran otros tantos caminos semánticos seguidos por dicho tipo léxico: «1. Deslizarse, escurrirse. 2. intr. Discurrir fuera de razón. 3. intr. Errar en lo que se dice o hace».

168. El DLE localiza *mardano* en Aragón. El ALEANR (mapa 603: *Morueco*) lo registra en las tres provincias aragonesas, incluyendo la vecina Olba (Te 601) y los tres puntos de la provincia de Castellón (Arañuel, Segorbe y Bejís). En nuestra zona lo atestiguan también: Moliner (2015, 136) en Fuente la Reina; Nebot (1982, 84) en el Alto Mijares y el Alto Palancia; Alba (1986, 44, 61, 138) en Ludiente; López (1992, 56) en Sarrión.

consonantes finales en los valencianismos de las hablas churras, remito a Gargallo (1989).

Presentan *-n* final, conforme a las pautas del castellano, una serie de catalanismos: *cabirón* 'cabrio',[169] a partir del cat. *cabiró* (< CAPREŌNE); *de gairón* 'de lado, de soslayo', a partir del cat. *de gairó*.[170] Y transforman la *-m* final en *-n*, de acuerdo con la estructura silábica del castellano: *escorrín* 'últimas gotas de un líquido en un recipiente',[171] de *escorrim* 'íd.'; y *socarrín* 'chamusquina, socarrina', del cat. *socarrim*. En cuanto a *espartín* 'capacho de molino de aceite',[172] parece adaptación a partir del valenciano *espartí* (de Artana y Llucena, según el *DCVB*; véase, además, el *PALDC*, mapa 673: *Els esportims*); *espartí* y *espartín* atraídos, ambos, por la asociación semántica con *espart(o)* (*vid*. 2.2.12).

La *-ch* se mantiene en *¡fuch!* < *fuig!*, expresión para espantar a un animal de la que trato en 2.2.1.1; y *rebuch* 'desperdicio' < *rebuig*, forma de la que me ocupo en 2.1.2.7.

Por otra parte, los valencianismos con la palatal lateral líquida (-*ll*) o la nasal (-*ny*) adaptan dichas consonantes en posición final, impropia del castellano, de manera diversa: *(a) caramul* (< *caramull*) '(a) colmo'[173] y *cugul* 'espigón de ajo que se usa para hacer tortillas' (como recogen Monte y Gil 2000: 125), del catalán *cugull* ('íd.', *DCVB*), presentan despalatalización. En cuanto a *boquimón* (tomado de *boquimoll*), presupone una variante intermedia *boquimol* 'de boca muelle, indiscreto, -a'[174] con despalatalización y ulterior cambio *l* > *n*,[175] y acaso influencia del sufijo aumentativo *-ón*; *boño* (< *bony*) 'chichón' se adapta, en cambio, con adición de *-o* (2.1.2.7).

---

169. También Alba (1986, 66, 114) en Ludiente, Ríos (1989, 35) en Sot de Ferrer, y Julián (1998, 66, 29) en La Iglesuela del Cid.
170. Que presenta la variante *gaidó* (*DCVB*). Sobre su etimología, *vid*. el *DECat* (s. v. *de gairell*).
171. Aurora Monte, en su blog sobre la Puebla, anota *escurrín* o *escorrín*. Registran asimismo *escorrín* Moliner y Vázquez (2012, 144) en Fuente la Reina; Nebot (1988, 100, 105) en el Alto Mijares y el Alto Palancia; Ríos (1989, 53, 142) en Sot de Ferrer.
172. Asimismo en la Puebla, Salvador (2001, 115, 208). En el Alto Mijares y el Alto Palancia, Nebot (1988, 108). En Sot de Ferrer, Ríos (1989, 143). El *ALEANR* (mapa 227: *Capacho*) anota *espartín* en Arañuel (Cs 300); *espartines* en Segorbe (Cs 301) y Bejís (Cs 302).
173. Aurora Monte transcribe en su blog sobre la Puebla *caramull* o *caramul* (*a* —). Registran *a caramul* o *caramull* Nebot (1986, 170) en el Alto Mijares y el Alto Palancia; Alba (1986, 33, 117), en Ludiente. En el vecino Sarrión, López (1992, 11) consigna *a caramul*, pero también la correspondiente forma aragonesa *caramullo* (p. 23), que incluye asimismo la obra recopilatoria *EBA*.
174. A su vez variante de *bocamoll* (*DCVB*).
175. Cf. la adaptación paralela de *caramún* (*a* —) < *caramul* < *caramull* en La Iglesuela del Cid (Julián 1998, 29).

50

La -*t* se resuelve también diversamente. En algún caso, hay conservación: ***borinot*** 'necio, torpe',[176] que ya trae este significado desde el catalán y valenciano *borinot*, originariamente 'abejorro' (*DCVB*); ***calbot*** 'golpe dado en la cabeza con el puño cerrado' < *calbot*, del que he tratado en 2.1.2.7. Desaparece la -*t* en el topónimo ***El Boné*** < oficialmente *El Bonet*. En *forcal* 'parte anterior del arado para una sola caballería', tenemos la adaptación a partir de *forcat*, que el *DCVB* documenta abundantemente con este valor en catalán peninsular (valenciano incluido).[177] En cuanto a ***barandau*** 'tabique que separa las habitaciones de un piso',[178] adapta morfológicamente (-*at* > -*ado*) el *barandat* de catalán y valenciano.

Por fin, la -*d* final en sílaba tónica, conforme a los hábitos del castellano popular, desaparece: ***se(d)***, ***joventú(d)*** 'juventud', ***vertú(d)***, etc.

2.2.4. ¿Incidencia «mozárabe»?[179]

La palatalización de -C- ante E, I (> -*ch*-) que la teoría tradicional (Menéndez Pidal 1980[16] [1904], § 53.4.d) sobre el mozarabismo atribuye a ciertas voces del castellano, no se da, en cambio, en algunas formas de la Puebla: ***barcilla*** 'medida de capacidad para áridos'[180] (cast. *barcilla*), herencia de PARTICELLA; ***marcir***,[181] ***marcido***, en lugar de *marchitar*, *marchito*, derivados del latín MARCĒRE;[182] ***capazo***, y no la variante castellana *capacho*; ambas provienen de CAPACEU, y son registradas por el diccionario académico (*DLE*), pero *capazo*,

---

176. Asimismo Nebot (1980, 207) en el Alto Mijares y el Alto Palancia; Alba (1986, 67, 113), en Ludiente; Julián (1998, 28), en La Iglesuela del Cid.

177. Una variante *forcate*, con vocal paragógica, es localizada por el *DLE* en Álava, Aragón y La Rioja: «Arado con dos varas o timones para que tire de él una sola caballería».

178. Asimismo en Nebot (1985a, 459), para las hablas castellano-aragonesas del interior valenciano; y Alba (1986, 61, 111), en Ludiente. Distinto es el *barandado* que el *DLE* remite a *barandilla*.

179. El descrédito actual sobre el mozárabe y los mozarabismos no me parece razón bastante como para prescindir de este apartado. Eso sí, con un título distinto al del original, que era *Incidencia de los hábitos articulatorios del mozárabe en algunas consonantes*.

180. La recogen Salvador (2001, 127) en la Puebla, Pérez (2000, 154) en Campos, Moliner y Vázquez (2012, 144) en Fuente la Reina, Nebot (1986, 158) en el Alto Mijares y el Alto Palancia, Julián (1998, 28) en La Iglesuela del Cid. En catalán, *barcella*, asimismo sin palatalización.

181. El *DLE* remite *marcir* a *marchitar*, derivado del participio *marchito*.

182. Como en catalán *marcir*, *marcit*.

según el DCECH, «es de procedencia aragonesa y parcialmente mozárabe». Sobre su -*p*- intervocálica conservada trato en 2.2.2.1.

El paso de *p*- inicial a *b*- se atribuye al mozárabe, en sintonía con el árabe, que carece de la sorda bilabial *p* (Zamora Vicente 1967[2] [1960]: 39). Lo observamos en la *barcilla* del párrafo previo. Y sopesamos que se explique por ese mismo factor *bresquilla* 'presquilla, duraznilla', como sostiene el DCECH (s. v. *prisco*), a no ser que se trate, sin más, de un cruce (homonimización semántica) con *bresca* 'panal' (4.5.10), por lo dulce del fruto.

En cuanto a *chicharra*, forma que el DLE remite a *cigarra*,[183] más que como presunto mozarabismo, cabría explicarla como formación onomatopéyica a partir del ruido que emite el animal, o por el influjo de *achicharrar* (DCECH, s. v. *cigarra*).

2.2.5. Grupos consonánticos

2.2.5.1. Iniciales

Los grupos PL-, CL-, FL- se resuelven en general a la manera castellana en *ll*-, pero se dan casos de conservación, atribuible a filiación catalano-valenciana o bien aragonesa: *clote* 'hoyo' (*vid.* 2.1.2.7), *clocha* 'hoyo algo más grande',[184] *flamerada*, derivado de *flama* (< FLAMMA);[185] *plegar* (< PLĪCARE), con los sentidos de 'doblar', 'recoger', 'terminar un trabajo', entre otros, tanto podría ser aragonesismo como catalanismo; e igualmente, tanto una filiación como otra cabría atribuir a los derivados con prefijación *replegar* y *arreplegar* 'recoger', así como al posverbal *replega* 'recogida' o a *plegador* 'recogedor' (como en catalán *plegador*);[186] y aun a *desplegar*, que en forma pronominal (*desplega(r)se*)

---

183. Registrada por el ALEANR (mapa 420: *Cigarra*) en puntos próximos a la Puebla, pero no en la vecina Olba (Te 601), en que recoge *chincharra*.
184. Salvador (2001, 84) menciona *La Clocha* como topónimo de la Puebla. Nebot (1986, 146) registra *clocha* en el castellano-aragonés del interior valenciano; y la misma autora (Nebot 1985a, 437-438), *La Clocha, Las Clochas*, en la toponimia del Alto Mijares y del Alto Palancia. En catalán la forma *clotxa* presenta mucho arraigo por tierras valencianas. Joan Coromines (DECat, s. v. *clot*) se refiere a su extensión hacia las hablas churras vecinas: así, las de Azuébar, el Villar del Arzobispo o Chella. Por su parte, el ALEANR (mapa 1383: *Navajo*) anota *clocha* en el entorno de la Puebla.
185. Boronat (p. 8) recoge *flama* en Los Calpes. Nebot (1985a, 441) registra *flama* y *flamerá* en el área castellano-aragonesa del interior valenciano; Alba (1986, 39, 130), en Ludiente, *flama*, *flamarada* y *flamerá*.
186. Salvador (2001, 114, 211) registra en la Puebla *plegar* 'coger, recoger del suelo'. Monte y Gil (2000, 127), *replegar*. En Campos, Pérez (2000, 137, 158), *plegar* (olivas). Nebot (1985a,

se suele utilizar con acepciones como 'ganar vigor y desarrollo (una criatura)' (*¡Cómo se desplega esta muchacha!*).

El Plano (< PLANU),[187] lugar llano que da acceso al pueblo, bien podría ser un aragonesismo de nuestra toponimia. Deriva de la misma familia etimológica de PLANU otro topónimo: *El Planillar*, a través de un diminutivo *planillo*.

El grupo GL-, extraño al habla de la Puebla, pierde su consonante inicial en *gleba* > *leba* 'terrón', que recoge también Nebot (1985a, 442) en diversos puntos del Alto Mijares y el Alto Palancia.

2.2.5.2. Consonantes interiores

2.2.5.2.1. -PL-, -CL-, -FL-, -GL-; tras nasal u otra consonante, evolucionan en general a -*ch*-, como en castellano: *botinchao* 'excesivamente hinchado, abotagado' (con su correspondiente femenino *botinchada*), que parece adaptación a partir del valenciano *botinflat* (*DCVB*);[188] *ancharia* 'anchura', como en el vecino Sarrión (López 1992, 14), contrasta con el catalán *amplària* (ambos, derivados de AMPLU); *cincha* 'correa que ciñe a la caballería', es voz del castellano común (*DLE*) y constituye doblete etimológico con *cingla* 'risco, peñasco alto y escarpado' (< CĪNGULA, porque «ciñe» a la montaña), variante femenina de *cinglo* 'íd.';[189] *inclusa* 'yunque' (variante de *enclusa*: vid. 2.1.2.4) participa

441; 1986, 177), *plegar* 'reunir', 'recoger', 'terminar un trabajo', y *replega*; Alba (1986, *passim*), *arreplegar, plegar* y *replegar*, en Ludiente; Ríos (1989: 36, 161), *arreplegar* y *plegar*, en Sot de Ferrer; y en Sarrión, *replegar* (López 1992, 36). Añadamos el *plegador* de Puertomingalvo (mapa 901: *Recogedor de la basura*) del *ALEANR*.

187. Nebot (1985a, 440, nota 457) registra *El Plano* en numerosos municipios del Alto Mijares y del Alto Palancia, pero no da noticia del de la Puebla.

188. Registran *botinchau* Ríos (1989, 130) en Sot de Ferrer y López (1992, 20) en Sarrión. En Ludiente, Alba (1986, 113) consigna la variante *botinflao*, más próxima al modelo valenciano. Ambas desbordan esta área lingüística hacia otras hablas vecinas, como el murciano (*DECat*, s. v. *botir-se*). Por otra parte, *botinflau, botinchau* y la variante de tipo pirenaico *botinflato* se dan asimismo en hablas del Alto Aragón (*EBA*).

189. Tanto *cingla* como *cinglo* parecen formas deudoras del antiguo sustrato aragonés (viven hoy en el Alto Aragón: *EBA*), en continuidad de tratamiento fonético con el catalán *cingle*. Aurora Monte, en su blog sobre la Puebla, testimonia con este valor *cingla* y *cinglo*; también el libro de Monte y Gil (2000, 125). Asimismo en la Puebla, Salvador (2001, 10, 195, 207). En Fuente la Reina, *cinglo* (Moliner y Vázquez 2012, 143; Moliner 2015, 134). Por otra parte, Nebot (1980, 195) registra *cinglo* en el Alto Mijares y el Alto Palancia, y documenta diversos *Cinglos* en la toponimia de estas dos comarcas (Nebot 1980, 142). También se registra *cinglo* en Ludiente (Alba 1986, 118)

del área léxica del catalán *enclusa*[190] (continuador de *INCLŪDINE, que es alteración de INCŪDINE; cf. it. *incudine*) [*DECat*, s. v. *enclusa*], como la *inclusa* de La Iglesuela del Cid (Julián 1998, 34).[191] La misma combinación consonántica de -C'L-, pero de formación romance (< -CUL-), se conserva en ***musclo*** 'mejillón'[192] (< MŪSCULU), valencianismo que llega de tierra marítima; ***masclo***[193] (< MASCULU), que convive con la forma castellana *macho*; de esta última deriva ***machorra*** ('hembra que no cría'),[194] de factura también castellana.

2.2.5.2.2. -LY-, -C'L-, -G'L-, -T'L- y grupos similares, en posición intervocálica. Se resuelven mayoritariamente en la velar -*j*-, como en castellano: ***restojo***, continuador regular de RESTUCULU, que después se alteró en la variante *rastrojo* de la lengua común por influencia de *rastro* (*vid.* el *DCECH*, s. v *rastrojo*);[195] ***batoja*** 'palo largo para varear' (< BATTŪCULA) y el derivado ***batojar/abatojar*** 'varear',[196] voces emparentadas con el aragonés y el catalán *batolla*, *(a)batollar* (*DCECH*, s. v. *batojar*; *DECat*, s. v. *batre*). Y sobre una base aragonesa *ruello*, con la diptongación explicada en 2.1.1.2, se habrá adaptado la -*ll*- al resultado castellano de ***ruejo***.

En cambio, presentan el resultado de -*ll*-, común a catalán y aragonés, los siguientes dialectalismos: ***badallar*** 'bostezar', que el *DLE* localiza en Huesca (y en el Alto Aragón, el *EBA*), y que presenta continuidad de área léxica con el *badallar* del catalán (del latín vulgar BATACU-LARE); también el derivado ***badallera*** 'ganas de bostezar', como en

---

y en La Iglesuela del Cid (Julián 1992, 30). Y el *ALEANR* (mapa 1361: *Cresta rocosa*) anota *cinglo* en Olba (Te 601), Arañuel (Cs 300) y Bejís (Cs 302).

190. Véase el mapa 975 (*L'enclusa*) del *PALDC*.

191. El tipo léxico *enclusa/inclusa* penetra en el espacio castellano-aragonés oriental (*ALEANR*, mapa 1261: *Yunque*).

192. Otro testimonio de *musclo*, en diversos puntos del Alto Mijares y el Alto Palancia, lo aporta Nebot (1985a, 461).

193. También *masclo* en Sarrión (López 1992, 57) y La Iglesuela del Cid (Julián 1998, 34).

194. Recogen *machorra* asimismo Nebot (1983, 95) en el Alto Mijares y el Alto Palancia, y Alba (1986, 66, 137) en Ludiente.

195. Nebot (1986, 166) registra *restojo*, *restrojo* y *rastrojo* en diversas localidades del Alto Mijares y el Alto Palancia.

196. Recogen asimismo en la Puebla *batoja* y *batojar* Aurora Monte en su blog y Monte y Gil (2000, 125) en su libro. Moliner y Vázquez (2012, 135, 142), en Fuente la Reina; asimismo en Fuente la Reina, *batoja* (Moliner 2015, 132). Nebot (1990, 137), *batojar / abatojar* en el Alto Mijares y el Alto Palancia.

catalán;[197] **robellar** (o **rovellar**) 'enmohecer, oxidar' (< RŪBICULARE);[198] **rullo** 'persona con el pelo rizado', 'pelo rizado', adaptación del catalán **rull** < RŌTULU (vid. 2.1.1.2); **tenella** 'telera, pieza del arado' (vid. 4.1.1), con la evolución propia del catalán *tenella* (< TENDĪCULA), que se ha extendido al área churra de la provincia de Castellón (Nebot 1986, 179). El caso de **rolde** 'círculo, redondel, corro' responde a un tratamiento semiculto de -T'L-, semejante al del castellano *espalda* (< SPATULA).[199]

2.2.5.2.3. El grupo -NS- se conserva, a la manera del aragonés y el catalán y a diferencia del castellano, en estas formas propias del oriente peninsular: **ansa** 'asa'[200] (para **ansa** *'l cuello* 'clavícula', véase 4.7.1.3.); **pansa** '(uva) pasa', con sus derivados **pansido** 'marchito, seco' y **pansi(r)se** 'secarse, marchitarse'.[201] Joan Coromines defiende el carácter culto de *ansa* y *pansa* (DCECH, DECat), y sostiene que *pansido* y *pansirse*, de las variedades murciana y albaceteña, se han tomado del catalán *pansir-se*.

2.2.5.2.4. El nexo -BY- origina -y- en **royo, -a** 'rojo, -a', 'rubio, a', 'pelirrojo, -a' (< RŬBEU, -A), forma propia del ámbito aragonés[202] y hermana del

---

197. Aurora Monte registra en su blog sobre la Puebla *badallar* y *badallera*; en Fuente la Reina, Moliner y Vázquez (2012, 145) y Moliner y Vázquez (2015, 132), *badallar*; como en Ludiente (Alba 1986, 46, 110) y en Sot de Ferrer (Ríos 1989, 126). El ALEANR (mapa 962: *Bostezar*) recoge dicha forma en la mitad oriental del Alto Aragón y del espacio lingüístico castellano-aragonés, así como en los tres puntos castellonenses del atlas (Arañuel, Segorbe y Bejís).
198. Monte y Gil (2000, 127), asimismo en la Puebla; Alba (1986, 46, 151), en Ludiente; Julián (1998, 37), en La Iglesuela del Cid. El ALEANR (mapa 1267: *Oxidarse*) atestigua dicha forma en el entorno de la Puebla.
199. El DLE localiza *rolde* como 'círculo, redondel' en Albacete y Aragón. Monte y Gil (2000, 20, 127) y Salvador (2001, 94, 212) testimonian *rolde* y *jugar al rolde* en la Puebla; Julián (1998, 77), *rolde*, en Sarrión.
200. El DLE registra *ansa* como de Aragón y remite a *asa*. El catalán *ansa* convive con la variante *nansa* (con deglutinación de *una ansa* > u-/nansa). Por otra parte, Nebot (1985a, 458) registra *ansa* en el castellano-aragonés del interior valenciano. Alba (1986, 43, 107), en Ludiente; Ríos (1989, 34, 122), en Sot de Ferrer; y en Sarrión, López (1992, 14). Dicha *ansa* se extiende por todo Aragón, en aragonés, castellano y catalán, en un llamativo caso de continuidad oriental peninsular (ALEANR, mapa 1528: *Asa*).
201. Nebot (1985a, 457) consigna *pansa, pansido, pansise*, en las hablas castellano-aragonesas del interior valenciano. Alba (1986, 43, 65, 143), en Ludiente, *pansa, pansida, pansido*; en Sot de Ferrer (Ríos 1989, 34, 158), *pansa*; y en Sarrión (1992, 67), *pansa, pansirse*.
202. No solo en el sentido de 'rubio', que el DLE (s. v. *royo, ya*) localiza en Aragón.

catalán —y especialmente valenciano— *roig, roja*.[203] A tal respecto cabe una mención para *la tia Roya*. El nexo afín -VY- evoluciona asimismo a -*y*- en el caso de *Hoya*, forma bien representada en la toponimia (*vid.* 2.2.1.1).

2.2.5.2.5. El grupo consonántico -SC- ante E, I, así como ante yod (-SCY-), habrá pasado por una fase común al catalán y al aragonés [ʃ], como en la pronunciación contemporánea al *Quixote*, que ha acabado articulándose a la manera del moderno *Quijote*. Y así, *(a)jada* (sobre la aféresis de *a*-, *vid.* 2.1.2.5) resulta de una fase anterior *aixada*, tal como en catalán actual, que es compartida con el altoaragonés *aixada/aixata* (*EBA*);[204] la *juela* (como en Fuente la Reina: Moliner y Vázquez 2012, 140; Moliner 2015, 136), que alterna con la variante menos genuina *zuela*, presupone una base *ajuela/azuela* (< latín ASCĬŎLA, diminutivo de ASCIA 'azuela', 'hacha'), según el *DCECH*; y esta obra se refiere al aragonés *axuela*, del que nuestra *(a)juela* sería adaptación; *rujío*, como el castellano *rocío*, deriva del correspondiente verbo *rujiar* (*rociar*), y este, del latín vulgar *ROSCIDARE (*DCECH*, s. v. *rociar*);[205] *rujiada* ('rociada', 'lluvia fina, ligera borrasca'; *vid.* 4.10.2) es derivado de *rujiar*, y corresponde al cast. *rociada*;[206] *mejer* 'mecer' (< MĪSCĒRE), particularmente en el sentido de «remover el orujo prensado en los lagares a poco de fermentar para que se sumerja y mezcle con

---

203. En nuestra área recogen este adjetivo Boronat (p. 8) en Los Calpes; Moliner y Vázquez (2012, 149) y Moliner (2015, 138) en Fuente la Reina; Alba (1986, 45, 151) en Ludiente; Ríos (1989, 35, 166) en Sot de Ferrer; López (1992, 77) en Sarrión. El ALEANR (mapa 945: *Pelirrojo*) transcribe *royo* en Olba (Te 601), Arañuel (Cs 300) y Segorbe (Cs 301).

204. El DLE remite *ajada*[2] y *jada* a *azada* y localiza en Aragón. Con aféresis, *jada*, en el blog de Aurora Monte sobre la Puebla, en Monte y Gil (2000, 126) y en Salvador (2001, 209). Asimismo, en Fuente la Reina (Moliner y Vázquez 2012, 152 y Moliner 2015, 136); en Ludiente (Alba 1986, 40, 45, 61, 135) y Sot de Ferrer (Ríos 1989, 27, 150). El ALEANR (mapa 99: *Azada*) registra también *jada* en la vecina Olba (Te 601).

205. El DLE remite *rujiar* a *rociar* y localiza en Aragón y Murcia. En nuestra zona: Moliner y Vázquez (2012, 149) registran *rujiar* en Fuente la Reina; y en esta misma, con la grafía *arrugiar,* Moliner (2015, 132).

206. Con este valor y el de 'golpe de lluvia' consigna el DLE *rujiada*, que localiza en Aragón. Nebot (1986, 185) registra *rujiada* en el Alto Mijares y el Alto Palancia; asimismo, *rujiar* y *rujío* (Nebot 1985a, 452). López (1992, 77), en Sarrión, *rujiar*. Por otra parte, tanto *rujiar* como su variante *arrujiar* son ampliamente documentadas en el ámbito castellano-aragonés por el ALEANR (mapa 903: *Rociar el suelo*).

el vino»;[207] muy similar es el contexto en que se ha forjado *pajer* 'pacer'[208] a partir de PASCĔRE, a través de una fase anterior como la que representa hoy el catalán *péixer*. Por último, sobre *haje* 'haz' (< FASCE) y *hajina* 'hacina' he tratado ya en 2.2.1.1.

2.2.5.2.6. El grupo -MB- se reduce a -*m*-, tal como en castellano, aragonés y catalán: *amugas* (< SAMBŪCAS), con la deglutinación de *s*- que he explicado en 2.1.3.2; *cama*, la del arado (*vid.* 4.1.1), voz del castellano común (*DLE*), hereda un céltico *CAMBOS y contrasta con la *camba* del asturleonés (*DCECH*); *loma* 'altura pequeña y prolongada', también del castellano común (*DLE*), deriva de *lomo* (< LŬMBU) conforme a uno de tantos casos de humanización del territorio.[209] *Loma* se halla representada en la toponimia de la Puebla: por ejemplo, en *La Loma (de) la Grana*. En el caso de *tamién* (< *también*), vulgarismo muy extendido, el grupo -*mb*- es de formación romance (castellana).[210]

2.2.5.2.7. El grupo -ND- se conserva, a la manera del castellano: así, en el dialectalismo *vendema* (< VĪNDĒMIA) y el correspondiente verbo *vendemar* (< VĪNDĒMIARE).[211] Pero se reduce a -*n*- en *tenella* 'telera, pieza del arado' (*vid.* 2.2.5.2.2 y 4.1.1), forma tomada del catalán *tenella* (< TENDĪCULA) que presenta la evolución característica de esta otra lengua.

---

207. Tomo la definición, meticulosa, de Nebot (1988, 96-97), que testimonia este uso en el Alto Mijares y el Alto Palancia. Asimismo *mejer*, en Sot de Ferrer (Ríos 1989, 154). Joan Coromines (*DCECH*, s. v. *mecer*) ve en *mejer* un aragonesismo o mozarabismo que alcanza hasta las montañas de Almería. El *ALEANR* (mapa 794: *Mecer*) recoge esta variante *mejer* en Olba (Te 601), Arañuel (Cs 300) y Bejís (Cs 302).

208. Nebot (1985a, 452) testimonia asimismo *pajer* en el castellano-aragonés del interior valenciano.

209. Compárese con el catalán (valenciano incluido) *lloma* (*DCVB*, *DIEC*, *DNV*).

210. Lo recoge en el Alto Mijares y el Alto Palancia Nebot (1985a, 407, 525); y en Ludiente, Alba (1986, 41, 154). Asimismo en catalán, *també* (*DCVB*, s. v.) conoce una variante dialectal *tamé*, propia de la variedad occidental (Veny 1978: mapa 11).

211. Aurora Monte consigna *vendemar* en su blog sobre la Puebla. Nebot (1988, 95), *vendema* y *vendemar* en el Alto Mijares y el Alto Palancia. En Ludiente, *vendemar* (Alba 1986, 95). El *ALEANR* (mapa 200: *Vendimia*) registra *vendema* en Arañuel (Cs 300), así como en diversos puntos de Aragón.

2.2.5.2.8. El grupo -TR- evoluciona generalmente a -*dr*-, como en castellano. Se da el caso excepcional del topónimo **Los Peiros, El Molino (de) los Peiros** (< PETROS), a la manera occitana (si bien no se ve en este caso la relación de causa y efecto), aldea situada en el límite del término de la Puebla con Olba (Teruel). Y en el vecino término de San Agustín (también de la provincia de Teruel) se sitúa la aldea de **Los Peiros de la Loma**. El grupo secundario -T'R- se resuelve asimismo en -*ir*- en un par de formas con el sufijo -*aire*: **pelaire** (< PARATOR) 'hilador' y **charraire** 'parlanchín, hablador', derivado de **charrar** (*vid*. 4.8) con el sufijo continuador de -ATOR. Ambas formas están bien documentadas en aragonés (*EBA*); una de ellas, *charraire*, la registra Nebot (1985a, 488) en las hablas castellano-aragonesas del interior valenciano, y también el *ALEANR* (mapa 1118: *Charlatán*), en puntos como Olba (Te 601), Arañuel (Cs 300) y Segorbe (Cs 301).

2.2.5.2.9. El grupo -NKTY- evoluciona a -*nch*- en la familia léxica de **punchar** (< PUNCTIARE), **puncha, punchón** y **punchoso, -a**,[212] frente a soluciones más generales en castellano como *punzar* y *punzón*; es significativa la afinidad con las correspondientes catalanas *punxar, punxó, punxa*, y para dichos resultados con -*ch*- el *DCECH* (s. v. *punto*, nota 5) observa el mismo tratamiento excepcional de SANCTIU > *Sancho*. Pero es otro el tratamiento de **binza** 'tela delgada en el cuerpo del animal', derivado de un verbo *VINCTIARE, según el *DCECH*. El *DLE* registra como cuarta acepción de *binza* (*desusada*): «Telilla o panículo del cuerpo de un animal»; y López (1992, 19) la recoge en Sarrión como «cierta parte del intestino del cerdo». Por su parte, **pancha**, que el *DLE* (s. v. *pancho, cha*) incluye en la 4.ª ac. con la marca de *coloquial*, podría ser deudora del cat. *panxa*, por más que Coromines sostiene la mediación del mozárabe.

---

212. Asimismo en la Puebla, Monte y Gil (2000, 126) documentan *puncha*; y Salvador (2001, 212), el adjetivo *punchoso*. Nebot (1985b, 117), *punchón*. Alba (1986, 45, 148), en Ludiente: *punchar, puncha* y *punchón*. Ríos (1989, 35, 162), en Sot de Ferrer, *punchar*. López (1992, 71), en Sarrión: *puncha, punchada, punchar, punchazo*.

2.2.6. Reducción de grupos cultos. Se trata de una tendencia del español de todos los tiempos, frecuente ahora en registros vulgares o descuidados de la lengua. Ofrezco algunos ejemplos: *ausiliar* (*auxiliar*), *madalena* (que el DLE remite a *magdalena*), *trator* (*tractor*), *hetárea* (*hectárea*), *aquirir* (*adquirir*), *amósfera* (*atmósfera*); *Vítor* (*Víctor*, nombre de persona). En ocasiones dicho cambio conlleva otro de orden semántico: *dotor* (por *doctor*),[213] 'quien pretende saber de todo, petimetre';[214] *asoluto*, *-a* (por *absoluto*, *-a*), 'egoísta, persona creída'.

2.2.7. Metátesis. En la mayoría de casos participa una *-r-* agrupada con otra consonante: *adrento* (< *adentro*); *arraclán*, variante de *alacrán* (del árabe andalusí *al-aqráb*: DCECH, Corriente 2003² [1999], s. v. *alacrán*);[215] *prisco* (< [MALU] PĔRSICU), del que trato en el punto 2.1.1.1; *pedricar* (< *predicar*);[216] *brimbe*, a partir del antiguo *vimbre* (< VĪMEN), que en castellano común ha resultado *mimbre* (*b-* > *-m*), y la correspondiente *brimbera* ('mimbrera').[217] La *-l-* se transpone en *floronco* a partir de una forma intermedia **frolonco*, a su vez adaptada a partir del cultismo *forúnculo*, y afín al catalán popular *floronc/floronco* (DCVB). Se intercambian *-s-* y *-n-* en *estentino* (< *intestino*).[218] La forma *escarrama(r)se* 'abrir las piernas, esparrancarse'[219] resulta de la extensión del valenciano *escarramar-se*, variante metatética de *escamarrar-se*, que deriva de *cama* 'pierna' (DCVB). En *culeca* (< *clueca*)[220] y *riadera* (por *diarrea*) habrá contribuido a la metátesis el cruce con *culo* y *río*, respectivamente.

---

213. Asimismo en Los Calpes (Boronat, p. 8).

214. Acepción que recoge también el DCVB para el *doctor* catalán, cuya variante *dotó(r)* se registra en la variedad occidental.

215. El DLE remite *arraclán* a *alacrán*, y localiza en Aragón y Salamanca. Lo recoge también López (1992, 15) en Sarrión. Vuelvo sobre las designaciones del arraclán en 4.4.1.

216. Asimismo en la Puebla, lo atestigua Salvador (2001, 211), que añade el refrán *Pedricar en desierto*[,] *sermón perdido* (p. 107) [*vid.* 4.16.1.]. Nebot (1985a, 419) registra *pedricar* en las hablas castellano-aragonesas del interior valenciano.

217. Salvador (2001, 77, 170, 206) recoge *brimbe* y *brimbera* en la Puebla. Nebot (1990, 101) anota *vimbrera* en el Alto Mijares y el Alto Palancia; Alba (1986), *bimbre* (pp. 50, 112) y *bimbrera* (pp. 64, 112) en Ludiente. El EBA registra *bimbre* en diversos lugares del Alto Aragón. Y el ALEANR (mapa 1570: *Mimbre*), en Arañuel (Cs 300).

218. Asimismo en Sarrión (López 1992, 38).

219. Que recogen también Alba (1986, 127) en Ludiente y López (1992, 36) en Sarrión.

220. El DLE remite *culeca* a *clueca*, y localiza en Aragón y América.

2.2.8. Epéntesis. Encontramos el refuerzo interior de *-n-* en *hancia* (< *hacia*) y *muncho* (< *mucho*), vulgarismos usados en otras partes;[221] *carántula*, con las acepciones de 'cara' o 'semblante' en el DLE para *carátula*, recuerda el val. *caràntula* ('persona malcarada': DCVB).

2.2.9. Disimilación entre consonantes. Se produce de manera casi exclusiva entre la nasal *n*, de una parte, y de otra *l* y *r*.

- *n* > *l*: **Jual Antonia** (< *Juan Antonia*), como llamaba mi abuela a la tía Dolores de Juan Antonio;[222] **Sal Antonio**, pronunciación popular de *San Antonio*. Por otra parte, **mangrana** ('granada') se integra en un área compartida con la *mangrana* del catalán occidental (también se da en esta lengua la variante *magrana*)[223] y con otras leves variantes del ámbito castellano-aragonés;[224] según el DECat (s. v. *magrana*), descienden de una base del latín vulgar tardío *ma(l)grana* (con disimilación eliminatoria de *l*).

- *l* > *n*: **penícula** (< *película*); solía decirlo mi abuela Presentación.

- *r* > *l*: **aladro** (< ARATRU),[225] con una disimilación distinta a la del castellano *arad(r)o*, que es eliminatoria, y, en cambio, afín a la del catalán occidental *aladre* (DCVB); **almario** (< *armario*), variante disimilada de la lengua antigua que todavía sobrevive como vulgar (según el DCECH, s. v. *armario*), y que atestigua Nebot (1985a, 414) en las hablas

---

221. Según el DCECH (s. v. *mucho*), *muncho* «estuvo muy extendido, sobre todo en el siglo XVI [...] y hoy sigue teniendo gran extensión en el habla vulgar».

222. Uso quizá idioléctico, pero que no me resisto a consignar.

223. Véase al respecto el mapa 629 (*La magrana*) del PALDC.

224. Tanto de Aragón (*mingrana, mengrana, mangrana*: ALEANR, mapa 360: *Granada*) como del interior valenciano: en el blog de Aurora Monte sobre la Puebla, *mangrana* y *mangranera* (esta, para 'granado', el árbol); *mangrana* en el libro de Monte y Gil (2000, 126) y en el de Salvador (2001, 113, 210); *mangrana* en Los Calpes (Boronat, p. 14); *mangrana* en Fuente la Reina (Moliner y Vázquez 2012, 145 y Moliner 2015, 136). En el Alto Mijares y el Alto Palancia, *mangranera, mangrana* (Nebot 1990, 141); en Ludiente, *mangrana* (Alba 1986, 156). También *mangrana* en los tres puntos castellonenses del mencionado mapa 360 del ALEANR: Cs 300 (Arañuel), Cs 301 (Segorbe) y Cs 302 (Bejís), así como en la vecina Olba (Te 601).

225. El DLE localiza *aladro* en Aragón y Navarra, y remite a *arado*. El ALEANR (mapa 132: *Arado de madera*) corrobora dicho uso. En nuestra zona atestiguan asimismo *aladro*: Salvador (2001, 78, 205) en la Puebla; Moliner y Vázquez (2012, 150) y Moliner (2015, 132) en Fuente la Reina; en el Alto Mijares y el Alto Palancia, Nebot (1986, 179); en Ludiente, Alba (1986, 43, 50, 105); en Sot de Ferrer, Ríos (1989, 34, 36, 119); y en Sarrión, López (1992, 12).

castellano-aragonesas del interior valenciano.[226] Y de *aladro* deriva el apodo de **Aladrero**, que recoge Salvador (2001, 34, 78) para el tío **Joaquín del Aladrero**. En *esprígol* 'espliego' tenemos disimilación a partir de *esplígol*, que el ALEANR (mapa 292: *Espliego*) registra en la vecina Olba (Te 601) y en Arañuel (Cs 300), y que remonta al latín SPĪCULU (*DCECH*, s. v. *espliego*);[227] seguramente a través del catalán *espígol*, con su variante mallorquina *esprígol* (*DCVB*).

• Otras: disimilación eliminatoria de -*l*-: **aguacil** (< *alguacil*), que el DLE registra como *poco usado* y *vulgar*;[228] *n-n* > *r-n*, como en *veneno* > **vereno**, variante muy viva en el Alto Aragón (*EBA*, s. v. *bereno*), que concuerda con la solución catalana *verí*.

2.2.10. Equivalencia acústica, con diversidad de casos: *b* > *g* ante el diptongo *ué*, general en castellano vulgar: **agüelo** por *abuelo*; *g* > *b* ante *u*: **bujero** (< *agujero*, con aféresis: *vid.* 2.1.2.5), variante de **aujero** (2.2.2.2); *r* > *l*: **brusa** por *blusa*, del francés *blouse*;[229] *r* > *d* y viceversa, en los valencianismos **fidir** o **fedir** 'sacar jugando a pelota' (< val. *ferir*; *vid.* 2.2.1.1) y **de gairón** 'de soslayo, de lado' (< val. *de gaidó*; *vid.* 2.2.3); *f* > *c* [θ] o viceversa: **cieltro**, que convive con el normativo **fieltro** (< germánico FILT; *DCECH*), 'collar de cuero que se pone al mulo para arar';[230] **marcega** 'jergón', que supone una base *márfega* (con cambio de acento, al que ya me he referido: 2.1.3.3) y la equivalencia acústica objeto de este punto (remito para otros detalles y localizaciones a 4.9.2). El cambio a la inversa ([θ] > *f*) se da en **fenefa**, a partir del arabismo *cenefa*. Entre nasal y líquida (*n* > *l*, o bien *l* > *n*): **alimal** (< *animal*), favorecida acaso por la disimilación entre nasales *n-m* > *l-m*; de *calzoncillos* sale la variante

226. Cf. además el ALEANR (mapa 792: *Armario*): *almario* en Bejís (Cs 302) y Arañuel (Cs 300); *almario ropero* en Segorbe (Cs 301). Por otra parte, la asociación formal con *alma* justificaría la expresión *me cago en tu* **almario**, que le oí más de una vez a la abuela Presentación.

227. Salvador (2001, 141, 208) recoge *esprígol* en la Puebla; también Moliner y Vázquez (2012, 145), en Fuente la Reina. Ambas variantes, *esprígol / esplígol*, en Nebot (1990, 106), para el Alto Mijares y el Alto Palancia. Alba (1986), en Ludiente, suma a *esplígol* y *esprígol* (p. 128) la variante *espígol* (pp. 32, 47, 66, 128).

228. Lo atestigua en las comarcas del Alto Mijares y el Alto Palancia Nebot (1983, 83); y más concretamente en Ludiente, Alba (1986, 50, 105). El ALEANR (mapa 1232: *Pregonero*) lo anota en distintos puntos del ámbito castellano; entre ellos, Olba (Te 601).

229. Forma atestiguada asimismo por Nebot (1985a, 417) en las hablas castellano-aragonesas del interior valenciano.

230. También *cieltro* en Ludiente (Alba 1986, 118).

canzoncillos,[231] con probable asimilación de *l-n* a *n-n*. **Sal Agustín** es pronunciación popular de *San Agustín*, pueblo vecino de la provincia de Teruel; podría haber contribuido una disimilación a distancia (< *San Agustín*). Las formas **sunsida** ('desprendimiento de tierra', 'lugar donde se ha producido') y **sunsi(r)se** ('desprenderse [la tierra]') integran sendos tipos léxicos junto a variantes como *sulsida* y *sulsir*, más cercanas a su origen inmediato, que es sin duda el valenciano *solsida*, *solsir*, y que el DECat (s. v. *solsir-se*, *solsida*) aventura procedentes del latín SŪBSĪDĔRE.[232] El referente **Sunsida** abunda en la toponimia de la Puebla y de otros lugares del interior valenciano de habla castellano-aragonesa.[233] Por otra parte, **blincar**, por *brincar*,[234] parece haber vuelto, por el azar de la fonética histórica, al sonido *-l-* de su fondo latino.[235]

2.2.11. Deglutinación y aglutinación consonánticas: *El Entiscar* es como algunos escriben *El Lentiscar*, topónimo de la Puebla que deriva de *lentisco*. El de **Lituelo** es caso de enorme interés: leo un par de veces en *Facebook*, en junio de 2019, **cinglo Lituelo**, que entiendo como **cinglo (de) Lituelo**, con la preposición elidida (*vid.* 3.7.1). Se trata muy probablemente de una reinterpretación de **L'Ituelo** < **El Hituelo**: diminutivo de *hito*, cinglo en forma de pirámide cuya punta constituye precisamente un hito junto al límite del término de Olba (Teruel, Aragón) con el de la Puebla, que es el río del Rodeche o **río Chicuto** (*vid.* 3.2.1).

231. Recogida asimismo por Nebot (1985a, 417) en el castellano-aragonés de tierras valencianas; y ampliamente registrada en el de Aragón por el ALEANR (mapa 1051: *Calzoncillo*).

232. Aurora Monte en su blog sobre la Puebla registra *sunsida*, como Salvador (2001, 213). Pérez (2000: 159), en Campos de Arenoso. Moliner y Vázquez (2012, 147), *sunsir(se)* en Fuente la Reina, donde también recoge *sunsirse* y *sunsida* Moliner (2015, 138). Nebot (1986, 148) registra en el Alto Mijares y el Alto Palancia *sulsida*, *sursida* y *sunsida*. Alba (1986, 153), en Ludiente, *sulsida*, *sulsirse*. Ríos (1989, 169), en Sot de Ferrer, *sulsirse* 'desmoronarse una pared'. Y Julián (1998: 159), en La Iglesuela del Cid, *sunsida*. Véase además el ALEANR (mapa 1403: *Desprendimiento (de tierra)*), que la registra en el entorno de la Puebla.

233. Cf. Gargallo (2017, 435-436, nota 30) para la Puebla; y Nebot (1991, 161) para el Alto Mijares y el Alto Palancia.

234. El DLE registra *blincar* como *desusado* y remite a *brincar*. El mismo diccionario académico (DLE, s. v. *blincar*) anota además que aquel se usa como dialectal. Dicho uso es acreditado también por Salvador (2001, 206) en la Puebla.

235. Según el DCECH (s. v. *brincar*), del portugués *brincar* 'jugar, retozar', 'brincar', derivado de *brinco* 'anillo, sortija', 'juguete para los niños', procedente del latín VINCULUM 'atadura'.

2.2.12. Cruce: en **sangrijuela** (< *sanguijuela*),[236] por influencia de *sangre*; y **espartín**, del valenciano *espartí*, alteración de *esportim* por injerencia de *espart* (*vid.* 2.2.3).

2.3. OTRAS CUESTIONES ACERCA DE FONÉTICA Y FONOLOGÍA

2.3.1. La consonante palatal central [y] en posición intervocálica, ya sea interior de palabra, ya sea al principio o al final, ofrece en los hablantes más genuinos una realización muy abierta, con tendencia a articularse como semivocal o incluso a desaparecer: **mayo, vaya, más grande que yo** [ke o]; **si yo lo veo** [si o]; **qué me sé yo > quemeseó** (> **quemesió**, con paso de hiato a diptongo; cf. 2.1.3.1). Además, cabe contemplar que se deban a dicha tendencia casos como **leenda** ('leyenda'), o las formas verbales **leera** ('leyera'), **caera** ('cayera'), a no ser que haya obrado la analogía morfológica con *leer, caer* (3.5.9.3). El *ALEANR* (mapa 428: *Hormiga pequeña y rojiza*) consigna esta especie de articulación relajada de *-y-* en el tipo léxico *roya* por todo el ámbito castellano-aragonés. Dicha tendencia recuerda la del catalán baleárico en la llamada *iodització* (*paia, fuia*; que confrontan con los normativos *palla* 'paja' y *fulla* 'hoja'), con eventual pérdida de *-i-* (*paa, fua*) [Veny 1982³, 83-84]. Y un fenómeno similar se da en la articulación alemana de *Bayern* o la inglesa de *player*.

2.3.2. La *-s-* intervocálica tiende a aspirarse en la dicción descuidada, tanto en el interior de palabra (**nohotros, pehetas**) como, por fonosintaxis, en posición inicial (**loh otros**) o final (**labramoh a par**). El ejemplo de **jí**, por *sí*, que aduce Boronat (p. 8) en Los Calpes, sugiere una pronunciación afín a la de la «j» castellana, y presupone un contexto intervocálico inicial (**que sí > que hí > hí**).

2.3.3. En posición final de sílaba y ante consonante sonora, la *-s-* puede realizarse como *-r-*:[237] **derde** (< *desde*), **birbe** (< **bisbe** 'estómago del cerdo; cf.

---

236. Registran asimismo *sangrijuela*: Nebot (1994, 167) en Torralba, Villamalur, Almedíjar y Ayódar; y Gargallo (2004a, 78), en el Rincón de Ademuz.

237. Otro tanto acontece en el catalán de Mallorca: *fantarma < fantasma, Corme < Cosme* (Veny 1982³, 90).

4.6.3), *El Mas de* (> *El Mar de*) en los múltiples nombres de mases del término o de su entorno: *El Mas de Sancho*, *El Mas de Aceite* (ambos, de la Puebla), *El Mas de Pastores*, *El Mas de Andrés* (ambos, del vecino San Agustín). En cambio, se mantiene ante consonante sorda: *hasta*.

2.3.4. La distinción entre la palatal líquida lateral (*-ll-*) y la palatal central (*-y-*) era nítida entre mis informantes, ajenos a un fenómeno, el yeísmo, que se ha acabado expandiendo de manera imparable en el ámbito hispánico peninsular. Mi propio abuelo Pedro me hacía notar la diferencia entre *mallar* 'golpear con el *mallo*, el mazo del herrero' (4.2.1) y *mayar*, una de las designaciones para el *maular* o *miaular* de los gatos (4.5.8); o entre *mallo* 'mazo del herrero' y *mayo* (el mes).

3. MORFOSINTAXIS

3.1. GÉNERO

3.1.1. Se da discrepancia de género gramatical con el castellano en algún sustantivo. Así, en masculinos que en la lengua común son femeninos: *el señal, el corriente, el costumbre*,[238] en clara afinidad con los usos del catalán (*el senyal, el corrent, el costum*). Asimismo, en femeninos que en castellano son masculinos: *higa*, a diferencia de *higo* (*vid.* 2.2.1.1); sustantivos femeninos acabados en *-or*: *blancor, helor, frior*,[239] *refrior* (y los diminutivos *friorica* y *refriorica*),[240] *calor, calentor*,[241] *picor* (y su diminutivo *picorica*);[242] *olor* (y *olorica*), *pudor* 'hedor',[243] también afines al catalán (*blancor, gelor, fredor, calor, calentor, picor, pudor*). En cuanto a *linde*, forma que el diccionario normativo registra como masculina y femenina, en nuestra habla es femenina.

---

238. Nebot (1985a, 464) registra en el castellano-aragonés del interior valenciano *el corriente d'aire*; Alba (1986, 51, 129), en Ludiente, *el corriente* y *el costumbre*.

239. El *DLE* remite del masculino *frior*, como *desusado*, a *frío*.

240. El blog de Aurora Monte recoge en la Puebla *refrior* y *refriorica*. En Fuente la Reina, *refrior* (Moliner y Vázquez 2012, 158 y Moliner 2015, 138). Esta misma forma, en el castellano-aragonés del interior valenciano (Nebot 1985a, 463). En la localidad turolense de Sarrión (López 1992, 45), *hacer refrior*.

241. Forma también registrada en la Puebla por Salvador (2001, 206). Seguramente, del catalán *calentor*.

242. Cf. en las hablas castellano-aragonesas del interior valenciano: *calor, picor, ulor, calentor, frior* (Nebot 1985a, 463); en Sot de Ferrer: *la blancor, la claror, la sudor* (Ríos 1989, 41).

243. Que recoge asimismo en Los Calpes Boronat (p. 7). El *DLE* registra *pudor²* ('mal olor, hedor') como *desusado*.

3.1.2. Hay formación analógica de femeninos en *dominanta* (asimismo en Nebot 1985a, 466: hablas castellano-aragonesas del interior valenciano), *gobernanta* y *negocianta*. También he oído *gente veraneanta* (*veranianta*), por *veraneante*.

3.1.3. Hay pares de sustantivos, en *-o* y en *-a*, cuyos integrantes difieren semánticamente en algún matiz. Por ejemplo, en el tamaño: el *cucharo* es más grande que la *cuchara*;[244] el *ventano*, más pequeño que la *ventana*;[245] *campanico* se llama una campana pequeña y portátil que el día de la fiesta de Nuestra Señora de los Ángeles se coloca a cierta altura con respecto a la ermita de la Virgen, y se hace oír oportunamente en la falda solana del castillo de la Viñaza (Salvador 2001, 145, 157, 206). Otra posible diferencia entre masculino y femenino se sustenta en la forma del referente: el *gayato* 'garrote de pastor' tiene la vuelta casi completa, en tanto que la *gayata*, no.[246]

3.2. FORMACIÓN NOMINAL. SUFIJOS Y PREFIJOS

3.2.1. Sufijos

El sufijo *-eta* se registra, lexicalizado en femenino, en voces vinculadas a la cultura popular: *panceta* 'tocino de la tripa del cerdo' (*DLE*); *doneta* 'parte más gruesa de las tripas del cerdo', valencianismo[247] sobre el que vuelvo en 4.6.2; *careta*, «parte delantera de la cabeza del cerdo, salada para su conservación» (según la 9.ª ac. del *DLE*) [cf. 4.6.3]; *silleta*, parte de los aparejos de una

---

244. También *cucharo* en Nebot (1985a, 467), de Alcudia de Veo; y en Alba (1986, 121), de Ludiente. Cf. asimismo el *cucharo* que el *ALEANR* (mapa 838: *Cazo*) recoge en Arañuel (Cs 300).

245. Como en el diccionario normativo (*DLE*): *ventano* 'ventana pequeña'. Cf. el *ALEANR*, que testimonia profusamente *ventano* en los mapas 807 (*Ventana pequeña*), 808 (*Contraventana*) y 918 (*Ventana para dar luz al desván*).

246. El *DLE* remite *gayata* a *cayado* y localiza en Huesca y Teruel. Y en la vecina localidad turolense de Sarrión López (1992, 42) consigna *gayata* 'bastón corvo, rústico'. Por otra parte, *gaiato* y *gaiata* parecen ser también aragonesismos del catalán de las tierras del Ebro y de Castellón, si bien Coromines (*DECat*, s. v. *gaiato*) se debate entre su origen aragonés o mozárabe. En la capital de la Plana el referente de *gaiata* constituye un símbolo de las fiestas de la Magdalena en el tercer domingo de Cuaresma, como he apuntado antes (2.2.1.6).

247. Cf. el *DCVB* (s. v. *doneta*) en su 4.ª ac.: «Part gruixuda del budell del porc, que farcida té la figura d'una dona petita» (localizada en el Maestrazgo).

caballería (cf. 4.1.4); *zoqueta* 'guante de madera del segador';[248] *charretas* es alguien que *charra* (*vid.* 4.8) o habla más de la cuenta.[249]

En los casos correspondientes a la toponimia, quizá haya continuidad del elemento constitutivo aragonés (Zamora Vicente 1967[2] [1960], 279; Gargallo 2017, 438): fuente de *La Canaleta*; partidas de *La Solaneta* y de *Las Casetas*, masía de *La Viñeta*, cuyo nombre se hace extensivo, por metonimia, a ciertos hermanos, *los Viñetas*, que se criaron allí y viven actualmente en La Monzana; *Las Eretas*: *La Ereta d(e) Arriba* y *La Ereta d(e) Abajo*.[250] Reviste el valor de nombre propio *La Replaceta*, como se llama en la Puebla cierto ensanche de la calle de Aragón próximo a la plaza de la Iglesia.[251]

-azo (< ACEU) alterna con *-az* (general en aragonés: Alvar 1953: 255-256) en algunas formas como *buenaz*, *grandaz*, *hombraz* (*vid.* 2.1.2.7). Se ha lexicalizado en *pisazo* 'pisotón'. Y es de notar el uso de *peñazo* 'pedrada', de valor literal, y no metafórico, como el recogido por el DLE para el español de España con la notación de *coloquial*: «Persona o cosa que aburre o molesta mucho».[252]

-uzo (< ŪCEU): en *pajuzo* 'paja seca, resto de paja'.[253] Y queda un resto de aquel uso, a pesar de que ya no queda ni paja ni pajuzo en la vida de hoy, en el mote de un hijo de la Puebla: Paco, al que se conoce como *Pajuzo*; caso de homonimización formal en que no se percibe valor despectivo alguno.

---

248. Además del diccionario normativo (DLE), la registran el ALEANR (mapa 54: *Zoqueta del segador*) por todo el ámbito castellano-aragonés, así como diversas obras de nuestra zona: Aurora Monte en su blog sobre la Puebla, y en esta, asimismo, Salvador (2001, 120); Moliner y Vázquez (2012, 150), en Fuente la Reina; Nebot (1986, 165), en el Alto Mijares y el Alto Palancia; Alba (1986, 64, 158), en Ludiente; y López (1992, 96), en Sarrión.

249. López (1992, 29) anota en Sarrión *charreta*; y *charretas*, en Olba (Te 601), el ALEANR (mapa 1118: *Charlatán*).

250. En Nebot (1991, 261), *La Ereta* como partida de Torralba y de Espadilla.

251. El DLE localiza *replaceta* ('plaza pequeña') en Aragón, pero la nuestra se halla más cerca del sentido «plaça de forma allargada, o carrer de perfil botit» que el DECat atribuye al valenciano *replaça* y a su diminutivo *replaceta*. Nebot (1986, 153) consigna *replaceta* 'plazuela' en el Alto Mijares y el Alto Palancia; López (1992, 76), en Sarrión.

252. Otros registros de *peñazo* 'pedrada': en la Puebla (Salvador 2001, 211); en el castellano-aragonés de tierras valencianas, Nebot (1985a, 479); en Ludiente, Alba (1986, 44, 63, 144); en Sarrión, López (1992, 68).

253. El DLE remite *pajuzo* a *pajuz* y consigna ambas formas con la marca de *rural* y como propias de Aragón. Por su parte, Nebot (1985a, 482) registra *pajuzo* en las hablas castellano-aragonesas del interior valenciano; y López (1992, 67), en Sarrión.

-aire (< -ATOR): ***charraire*** 'parlanchín, hablador'; ***pelaire*** 'hilador'; sobre ambos he tratado en 2.2.5.2.8.

-ato, -a (< -ATTU, -A). En el ámbito aragonés, uno de sus valores es el de «sufijo diminutivo, que se aplica a las crías de los animales» (Alvar 1953, 265). Es el que representa (***macho***) ***yeguato*** 'mulo que resulta del cruce entre yegua y burro' (registrado en el *DLE*).

-ivo, -a (< -ĪVU), como en ***calivo (estar al —)*** 'rescoldo' (cf. 2.2.2.2). Pero no se mantiene la *-v-* en ***vacía*** 'res que no cría', a diferencia del aragonés *vacivo/vaciva* (o con la grafía *bazibo/baziba*: EBA).

-ico, -a, es muy frecuente y se percibe como característico de nuestra habla. No presenta casos de lexicalización como los del sufijo en femenino *-eta* (*vid. supra*). Entre los topónimos con tal sufijo, cuestión de la que me ocupé en Gargallo (2017, 428), destaco: ***La Carrasquica***, diminutivo de ***carrasca*** ('encina': *vid.* 4.3.4), y árbol monumental de gran significación entre los hijos de la Puebla; ***La Fuente (de)l Alamico, El Corral (de) la Asomadica***, las masías de ***La Masadica*** (de ***masada***: *vid.* 4.9.1.) y ***El Montico***,[254] ***El Chorrico*** (fuente y antigua masía o aldea, deshabitada hace años; *vid.* 4.13), la partida y calle de ***Las Fuentecicas***. El adjetivo ***bonico, -a***, en lugar de *bonito, -a*, es derivado de *bueno*.[255]

-ero, -a (< -ARIU, -A) es frecuente en designaciones vegetales, y especialmente en las de árboles frutales, conforme a un uso oriental peninsular que incluye el ámbito castellano-aragonés (Alvar 1953, 262)[256] y el catalán (Moll 2006 [1991], 245).[257] Mencionaré, entre otros: ***andrinero*** ('endrino'), ***avellanero*** ('avellano'), ***clavellinera*** ('clavellina'), ***garrofera*** ('algarrobo'; para ***garrofa*** 'algarroba', véase 4.3.2), ***mangranera*** ('granado'), ***manzanera*** ('manzano'), ***noguera*** ('nogal'), ***ñisporero*** ('níspero') o, según Salvador (2001, 210), ***nisprolero, olivera*** ('olivo'), ***prunera*** ('ciruelo'),[258] ***sauquero*** y ***sauquera*** ('saúco'). El caso de ***almendrolero***

---

254. Recogido también por Nebot (1991, 167).

255. Lo atestigua en Sarrión López (1992, 19), y ha de tener mayor extensión en el castellano del oriente peninsular: cf. el *DLE*, que recoge la locución *a bonico* en Murcia y Teruel, con las acepciones de «en voz baja» y «en silencio». Es significativa la continuidad con el valenciano *bonico, -a*, que el *DNV* registra como *coloquial*.

256. Las vecinas localidades de *Manzanera* y *Nogueruelas* (diminutivo plural de *Noguera*), de la provincia de Teruel, nos lo corroboran.

257. Obra que incluye ejemplos como *ametller, carabassera, figuera, garrofer, llorer, oliver* y *olivera, pruner* y *prunera, roser*.

258. Asimismo *prunera*, para la Puebla, en Salvador (2001, 211).

('almendro') presupone una base *almendrola*, que vendría a ser como un diminutivo de *almendra* con sufijo en *-ola* a la manera catalana.[259] A propósito de *noguera*, Aurora Monte en su blog sobre la Puebla y Monte y Gil (2000, 27) en su libro recogen este refrán: *Pa San Mateo las nogueras a porreo* (cf. 4.16.2). Y Pérez (2000, 120, 138), desde la mirada antigua del desaparecido Campos de Arenoso, se refiere a la fuente del Collado, que los de los Calpes llaman *Fuente de la Noguera*.

En suma, es de notar el distinto proceder de nuestra habla en la derivación *-ero*/*-era* con respecto al castellano común, que se sirve de una misma base léxica a través del masculino acabado en *-o* (el árbol) y el femenino terminado en *-a* (el fruto): *manzano* / *manzana*, *avellano* / *avellana*, *endrino* / *endrina*, *algarrobo* / *algarroba*, *olivo* / *oliva*, *granado* / *granada*.

Hay varios sufijos que confieren a determinados adjetivos y sustantivos cierto valor despectivo: *-ango*, *-a* (*criango*, *-a*), *-urrio* (*criurrio*, *-a*), *-ancho*, *-a* (*criancho*, *-a*); *-arra* (*tontarra*), como en Nebot (1985a, 482) para las hablas castellano-aragonesas del interior valenciano; *-unflo*, *-a* (*gordunflo*, *-a*).

Hay el caso especial de *largaria* ('largo, longitud'), forma que el DLE consigna como *desusada*, y que sintoniza con el catalán *llargària*; asimismo, el de *ancharia* ('anchura'), de la que ya he tratado a propósito de su consonantismo (*vid.* 2.2.5.2.1).

Se da el caso especial de *chillito*, por *chillido*,[260] afín al *xillit* de Tortosa, Morella y Castellón (DCVB). Y también es de notar el suflijo *-uto*, *-a* del derivado *chicuto*, *chicuta*, que se aplica con valor de 'pequeño, -a', normalmente como referencia personal; así, al hermano pequeño.[261] El río del Rodeche, afluente del

259. Salvador (2001, 209) registra igualmente *garrofera* en la Puebla; y Aurora Monte, *mangranera* en su blog. Nebot (1985a, 465), en el castellano-aragonés de tierras valencianas: *nuguera*, *olivera*, *mangranera*, *manzanera*, *garrofera*, y en otra obra (Nebot 1990, 155), *sauquero*. Alba (1986, 132), en Ludiente, *garrofera*. La voz *noguera* está documentada por Moliner y Vázquez (2012, 137) en Fuente la Reina; y por López (1992, 61) en Sarrión. En la Puebla recogen *manzanera* Monte y Gil (2000, 126) y Salvador (2001, 210); Alba (1986, 138), en Ludiente. Por último, *almendrolero* es una forma peculiar de nuestro ámbito más inmediato: la atestiguan en la Puebla Aurora Monte en su blog y Monte y Gil (2000, 126) en su libro; Boronat (p. 5 y *passim*) en Los Calpes. Además, unas variantes muy próximas, *armendolero* y *almendolero*, las registra Nebot (1990, 138).
260. Lo recoge asimismo Nebot (1985a, 406) en el castellano-aragonés de tierras valencianas.
261. Otros testimonios de *chicuto* en la Puebla: el blog de Aurora Monte y el libro de Adoración Salvador (2001, 207). Boronat (p. 5), en Los Calpes. Pérez (2000, 155), en el desaparecido Campos de Arenoso. Moliner y Vázquez (2012, 134) y Moliner (2015, 13), en Fuente la Reina. Alba (1986, 68, 122), en Ludiente.

Mijares, traza en buena parte de su recorrido la divisoria provincial con Teruel, y es conocido en la Puebla como *río Chicuto* (así lo recoge también Aurora Monte en su blog sobre la Puebla). Unos kilómetros más abajo, otro afluente de nuestro río mayor es el río Pequeño, que se une al Mijares junto a Espadilla, siempre en la comarca castellanohablante del Alto Mijares. Además, el uso del adjetivo *chicuto* en Olba viene refrendado por el nombre del *Bar Chicuto* en esta localidad vecina.

3.2.2. Prefijos

El prefijo *des-* no presenta la *d-* inicial, quizá por confusión con el continuador de EX-: así, en *esbarrar* (variante de *desbarrar*: vid. 2.2.2.3), *esbojar* ('deshojar el maíz'; *vid.* 4.3.2) o *escaparrar* ('quitar las *caparras* o garrapatas al ganado'; *vid.* 4.4.1). Trato aparte merecen los sustantivos *escema* (por *eccema*), con posible influencia del prefijo *es-*,[262] y *estarquín* (por *tarquín*).

El prefijo SŬB- evoluciona a *son-* en *sonregar*, variante de *sorregar* ('regar un bancal en exceso') que recoge asimismo Nebot (1985a, 414) en las hablas castellano-aragonesas del interior valenciano. Por su contexto evolutivo recuerda al castellano *sonreír* (< SUBRĪDERE). En *sondormi(r)se* ('adormecerse')[263] tenemos otro derivado con el mismo prefijo.

El prefijo *re-* confiere a *revuelta* (pronunciada popularmente *regüelta*, como en *agüelo*: 2.2.10) el sentido específico de doble vuelta en zigzag en una carretera. No coincide, pues, con la definición académica que el DLE asigna a *revuelta*[1]: «Segunda vuelta o repetición de la vuelta»; sino que se aproxima algo más al testimonio de Moliner y Vázquez (2012, 132) para Fuente la Reina: «curva (en un camino o carretera)». Especial es el momento en que, tras un nuevo viaje, se avista la Puebla al volver de *La segunda revuelta*, se siente más próxima tras *La primera revuelta*, y se enfila por fin hacia el pueblo tras la vuelta del *Puente (de) la jara*.[264]

---

262. El *ALEANR* (mapa 1568: *Eczema*) registra *escema* en las tres localidades castellonenses del atlas (Arañuel, Segorbe y Bejís). Asimismo Gargallo (2004a, 64), en el Rincón de Ademuz.

263. También Aurora Monte en su blog sobre la Puebla. Y además, en nuestra zona: Moliner y Vázquez (2012, 148) y Moliner (2015, 138), en Fuente la Reina; Nebot (1985a, 512), en el castellano-aragonés de tierras valencianas.

264. Cabe señalar que tanto la primera como la segunda revuelta tenían curvas más pronunciadas (y eran, por tanto, más «revueltas») antes de las últimas obras en la carretera de Onda a la

Algunos arabismos que en castellano presentan *al-* o *a-* como herencia del artículo árabe aglutinado no contienen dicho incremento en el habla de la Puebla. En ellos se observa una significativa afinidad con el catalán (o, más específicamente, con su variedad valenciana). Se dan algunos casos en designaciones vegetales: *tramuzo* ('altramuz');[265] *zafrán* ('azafrán')[266] y, en toponimia, *Los Zafranares* (oficialmente, *Los Azafranares*). En cambio, tenemos *azanoria*, variante de *zanahoria* de la que me he ocupado en 2.1.3.2.; y *alcarchofa* (en lugar de *alcachofa*), más próxima de la variante *carchofa*, que se recoge en las hablas castellano-aragonesas del interior valenciano (Nebot 1985a, 416), y más concretamente en localidades «rayanas» con el espacio lingüístico valenciano, como Ludiente (Alba 1986, 117) y Sot de Ferrer (Ríos 1989, 133).

Es de notar asimismo el incremento de *es-* en ciertas voces usadas en plural: *estijeras* ('tijeras'), *estenazas* ('tenazas'), *estraudes* ('trébedes'). A ello se refiere Zamora Vicente (1967² [1960], 278). De la última, *estraudes*, he tratado en 2.1.1.3.[267]

3.3. ALGUNA PARTICULARIDAD SOBRE EL ARTÍCULO

No aparece la histórica variante femenina *el* (< antiguo *el(a)*) ante palabra comenzada por *a-* tónica, a diferencia de la lengua normativa (*el águila, el agua*). En cambio, se da la elisión de la forma *la* (hoy sentida como femenina) en *l'*: *l'águila, l'agua, l'ansa* (*vid.* 2.2.5.2.3), *l'aita* ('mojón'); esta última presenta aglutinación a partir de *hita* (*vid.* 2.1.3.3).

Hay contracción del artículo masculino *el* con las preposiciones *pa* (< *para*) y *po(r)*, que pierden la *r* (como se ha visto en 2.2.2.3): *pal* 'para el' y *pol* 'por el',

---

Puebla, de los años noventa del siglo pasado.

265. Lo registra en su blog sobre la Puebla Aurora Monte y, en su libro sobre nuestro pueblo Monte y Gil (2000, 127). Nebot (1983, 73), en el Alto Mijares y el Alto Palancia; Alba (1986, 50), en Ludiente. Dicho *tramuzo* comparte área léxica con el valenciano *tramús*, del cual posiblemente sea adaptación.

266. También *zafrán* en el Alto Mijares y el Alto Palancia (Nebot 1990, 129); y en Sarrión (López 1992, 95).

267. Las otras dos se registran en la Puebla (Aurora Monte y, en la población de Los Calpes, Boronat, p. 8). En las hablas castellano-aragonesas del interior valenciano: *astenazas* o *estenazas*, *astijeras* o *estijeras*: (Nebot 1985a, 420); en Ludiente, *estijera* [sic], *estenazas* (Alba 1986, 129); en Sot de Ferrer (Ríos 1989, 36, 144) y en Sarrión (López 1992, 38), *estijeras*, *estenazas*. El ALEANR (mapas 1572: *Tenazas de la lumbre*; y 1574: *Tijera, -s. Paragua, -s*) registra *estenazas* en Arañuel (Cs 300).

71

pronunciación popular en castellano común. Este mismo artículo masculino *el* pierde la *e-* tras vocal y en elocución rápida; ejemplo: *he visto (e)l pueblo*.

Se usa el artículo con nombres de persona: *el Enriquico, la Presentación*. El artículo neutro *lo* se utiliza en construcciones como *lo del tío Conrado, lo del tío Alpargatero* (véase 2.1.3 para el uso de *tío*), con el valor de «las propiedades, los terrenos, las fincas, de tal o cual persona». Se trata de una construcción propia del ámbito aragonés y de algunas variedades del castellano (Zamora Vicente 1967² [1960], 281), y encuentra un paralelo en la toponimia balear, en que *Son*, por ejemplo en *Son Fortesa*, resulta de la fusión y gramaticalización de *ço (de) en* ('lo de' + artículo personal *en* + nombre de persona; DCVB).

Por otra parte, se omite el artículo en construcciones como *ir a escuela*, que recuerda el catalán *anar a escola*, o *venir de escuela*. El sintagma *en guerra*, de uso generacional, se refiere a la Guerra Civil española (1936-1939), que vivieron la mayoría de nuestros informantes.

3.4. PRONOMBRES

3.4.1. El ámbito del pronombre personal, particularidades sintácticas

3.4.1.1. Las combinaciones de los pronombres átonos o clíticos *me se, te se*, a diferencia de la lengua normativa (*se me, se te*), son características del castellano-aragonés de tierras valencianas (Nebot 1985a, 499), así como del castellano popular de muchos lugares.

3.4.1.2. Anteposición del clítico en los imperativos de 3.ª persona del singular o del plural, y más esporádicamente en la 1.ª del plural: *me diga, se s(i)enten* (*ustedes*), *lo hagamos*.[268] Más allá va la descripción de Nebot (1985a, 498-499), que extiende el uso de los pronombres átonos del castellano-aragonés en tierras valencianas a «todas las personas del imperativo, como en aragonés y en español vulgar».

3.4.1.3. La combinación *se lo* del castellano común, en que *se* cumple tanto la función de singular como la de plural (< latín ĪLLĪ ĪLLU, ĪLLĪS ĪLLU;

---

268. Uso que anoté en 1982, pero en la reescritura de mi texto en 2019 me resulta absolutamente extraño.

Menéndez Pidal 1980[16] [1904], 253-254; § 94.3), corresponde en el habla de la Puebla a *se le* (singular) y *se les* (plural), por cuanto es el segundo elemento el que se reinterpreta como objeto indirecto. Con ello se evita la ambigüedad del castellano *se lo*: *Le doy el libro (a Juan / a María)* → *se lo doy*; *les doy el libro (a los chicos, a tus amigas)* → *se les doy.*[269]

3.4.1.4. Tras preposición se utiliza la forma de sujeto del pronombre personal en la 2.ª persona del singular: *pa tú* 'para ti'; *de tú* 'de ti'. Tras la preposición *con* se emplea *mí* y *tú*: *con mí* 'conmigo', *con tú* 'contigo'. Son usos extendidos por el ámbito castellano-aragonés. En el del interior valenciano, Nebot (1985a, 497) registra *con mí, con tú*. En Sot de Ferrer, Ríos (1989, 42), *con tú, con mí, pa tú*.

3.4.1.5. Tal como en castellano de registro coloquial, ha caído en desuso el pronombre tónico reflexivo de 3.ª persona cuando se da la coincidencia personal con el sujeto: *él habla pa él* (no *para sí*).[270] Asimismo, se usa la forma tónica del posesivo en caso de coincidencia personal con el sujeto: *él va a la d'él*, 'él va a la suya'; *yo voy a mi casa, y Juan a la d'él* (no *a la suya*).

3.4.1.6. El castellano *vosotros* conoce en nuestra habla una variante *vusotros*, quizá producto de una disimilación *o > u*, paralela al *nusotros* que testimonia Alba (1986, 141) en Ludiente. La forma normativa *os* convive con *sus* y *vus*, sentidas como vulgares, y deudoras de la acción analógica de *se* (*sus*) y *vosotros* (*vus*).

3.4.2. Otros pronombres

3.4.2.1. Con valor deíctico se utiliza *aquí*; no referido a lugares sino a personas, cuando quien habla, dirigiéndose a su interlocutor, se refiere a una

---

269. Nebot (1985a, 499) registra dicho uso en el castellano-aragonés de tierras valencianas. Ríos (1989, 53), más concretamente, en Sot de Ferrer.

270. Esta misma formulación de *él* por el reflexivo *sí* la consigna Nebot (1985a, 497) en el castellano-aragonés del interior valenciano.

tercera persona que no participa en la conversación pero está a la vista del que habla. Aquí van un par de ejemplos:

–*Como dice **aquí**...*
–*Ya lo decía antes el padre de **aquí**.*

3.4.2.2. En función de sujeto, el interrogativo *¿**quién?*** se mantiene invariable con valor de singular y también de plural: *¿**Quién son?**, ¿**quién juegan?***. Lo mismo atestigua Nebot (1985a, 502) en el castellano-aragonés de tierras valencianas.

3.4.2.3. A partir del invariable *¿**cuál?*** se han creado las formas analógicas del femenino *¿**cuála?**, ¿**cuálas?*** y el neutro *¿**cualo?*** Difiere este registro de ***cualo***, de valor neutro, del que señala Nebot (1985a, 502) para el castellano-aragonés del interior valenciano: «*Cual* tiene dos formas: masculina, *cualo*, y femenina, *cuala*, extendidas por toda España en sus hablas populares».

3.4.2.4. El castellano *cualquiera*, con tendencia a articularse ***cualqui(er)a*** (cf. 2.2.2.3), se utiliza tanto pospuesto como antepuesto al sustantivo: ***una cosa cualquiera**, **cualquiera cosa***; a diferencia de la lengua normativa: *cualquier cosa*.

3.4.2.5. La forma ***otri***, propia del aragonés y de las hablas castellanas del oriente peninsular, se halla fosilizada en la expresión ***trebajar pa otri***, 'trabajar para otra persona',[271] y me la testimoniaron asimismo en la formulación ***d'otri*** 'de otro'. El DLE recoge *otri* como forma desusada y consigna: «Úsase en algunos lugares de Aragón, Cuenca, la Rioja, Navarra y Soria». Nebot (1985a, 502) testimonia la expresión *trabaja pa otri* en el castellano-aragonés del interior valenciano; y López (1992, 65), en Sarrión, la forma *otri*.

---

271. Comparable con la catalana *treballar per altri* (DIEC, s. v. *treballar*).

74

3.5. EL VERBO

3.5.1. Cuestiones generales

3.5.1.1. Creación léxica a través de conjugaciones distintas de la primera (*-ar*), que es la única productiva en castellano. Se da en algunos verbos de la tercera (*-ir*): *descolorir*, que el DLE remite como *poco usado* a *descolorar*, presenta afinidad con el catalán *descolorir*. Su participio *descolorido* aparece en una plegaria que recitaba mi abuela Presentación: **San Antonico bendito, / ramo de flores, / a los descoloridos / dales colores**. También la abuela, en sus últimos años, solía emplear el verbo *endolorir* 'entrar dolor en algún miembro', afín al *endolorir* del catalán. Derivado de *pansa* es *pansi(r)se* 'secarse, marchitarse', homólogo del catalán *pansir-se* (*vid.* 2.2.5.2.3). Por último, el adjetivo **desamorido** se aplica a la persona arisca, huraña; presupone una base verbal **desamorir* y presenta continuidad con el catalán *desamorit*. Solía usarlo mi madre. En cuanto a *escorrer*, se adscribe a la segunda conjugación, a diferencia del castellano común *escurrir*.

A través de la segunda conjugación se ha formado *clafer* 'crujir', voz de creación onomatopéyica que atestigua en Los Calpes Boronat (*passim*). Es pariente de *clafir*, que Alba (1986: 39, 118) registra, junto con *clafido* 'crujido', en Ludiente. Con el sentido figurado 'despotricar' anota Ríos (1989, 133) *clafir* en Sot de Ferrer. Y es significativa la continuidad con el *clafir* valenciano de Castellón y el Maestrazgo (DECat, s. v. *clafert*, nota 4; DCVB).

3.5.1.2. El diptongo *-ei-* de la desinencia verbal *-éis* (*cantéis*) y el hiato *-eí-* (*reía*) acaban convergiendo en *-í-* por la tendencia a la reducción de hiatos a diptongos y de estos a vocales de que se ha hablado anteriormente (2.1.3.1, 2.1.3.2): *reía > **ría**, reír > **rir**, cantéis > **cantís**.* A la pronunciación de esta forma ha podido contribuir la analogía con los verbos de la 3.ª conjugación, como *partís*; explicación que no vale, en cambio, para las sílabas átonas, tal como en **cantastis** (< *cantasteis*). En el futuro, sin embargo, *-éis* pasa a *-ís* o bien a *-áis*, mediante una disimilación de la que trataremos, como del polimorfismo correspondiente, en el punto 3.5.8.

3.5.1.3. Los verbos de la 3.ª con la estructura vocálica *-e-ir* del tipo de *medir*, *seguir*, *decir*, que en castellano común presentan alternancia vocálica a lo largo de toda la conjugación (*digo / decís*, *sigo / seguís*), en el habla de la Puebla, sea por asimilación de la vocal pretónica *-e-* con la tónica *-í-*, sea por extensión analógica a partir de las formas acentuadas en la *-í-* de la raíz, tienden a mantener dicha vocal en todo el paradigma: **mido, midís, midirán, midido**; **sigo, siguís, siguirán, siguido**.

3.5.1.4. Por su parte, los verbos de la tercera del tipo de *sentir* o *herir*, que en castellano presentan alternancia entre *-ié-* (en sílaba tónica) y *-e-/-i-* (en sílaba átona), en el habla de la Puebla mantienen el diptongo de las formas rizotónicas (**siento, sienten**), pero ofrecen la misma tendencia que los del punto anterior al cambio *e > i* en sílaba átona: **sintimos** (por *sentimos*) y **sintiendo** (en que, como en la lengua común, la yod propicia el cierre). En cambio, *venir* ofrece las mismas alternancias que el castellano: **vengo, viene, venía, viniendo**. Y un caso excepcional es el de *hervir*, que, a diferencia del castellano (*hierve* < FĔRVIT), pasa a conjugarse como los verbos del grupo de *decir* y *seguir* (cf. 3.5.1.3): **hirve, hirvía, hirviendo**, tal como *dice, dicía, diciendo*.

3.5.1.5. Los verbos acabados en *-ear* tienden a ser pronunciados con diptongo (conforme a una tendencia recogida en el punto 2.1.3.1), lo que repercute, lógicamente, no solo en el infinitivo (*-ear > -iar*), sino en toda la conjugación: **bandear** 'voltear las campanas' > **bandiar**;[272] y así también, **bandiamos, bandiaremos**, etc.; como el derivado **bandeador** > **bandiador**.[273]

---

272. Como en el catalán de Calaceit [Calaceite] (*DCVB*, s. v.) *bandejar*, que el *PALDC* (mapa 372: *Ventar una campana*) registra en otros puntos de la comarca turolense del Matarraña y en la vecina Sorita [Zorita], de la provincia de Castellón.

273. Monte y Gil (2000, 18, 28) anotan en la Puebla el verbo y el derivado. En Campos, registra *bandear* Pérez (2000, 115, 116); también López (1992, 17) en Sarrión. Y en La Iglesuela del Cid, Julián (1998, 41), *bandear* y *bandeo*. Véase, además, el mapa 1444 (*Tañer las campanas*) del *ALEANR*, que testimonia el tipo léxico *bandear* desde la raya pirenaica hasta el confín meridional del atlas.

3.5.1.6. En las formas verbales con el *-se* pospuesto, se dan plurales analógicos con una *-n* como marca de plural:[274]

- *senta(r)se* (singular) / *senta(r)sen* (plural).
- *viéndose* (sing.) / *viéndosen* (plu.).
- *quédese* (alterna con *se quede*) / *quédesen* o *quédensen* (también *se queden*).

Algunas observaciones al respecto: sobre la pérdida de la *-r-* del infinitivo en *senta(r)se* y *senta(r)sen*, véase el punto 3.5.2; para la anteposición del pronombre en *se quede* y *se queden*, remito a 3.4.1.2; por fin, en *quédesen* se ha perdido la primera *-n-* (etimológica), mientras que en *quédensen* la concurrencia de la primera *-n-* y de la segunda (analógica) marca doblemente el plural.

3.5.2. El infinitivo

Cuando se acompaña de algún pronombre enclítico, el infinitivo pierde su *-r-* desinencial, tal como sucede en otras hablas del castellano regional, y como testimonia Nebot (1985a, 415) en el castellano-aragonés de tierras valencianas: *corta(r)me, veni(r)te, dici(r)lo.* Se pierde incluso la *-r-* ante las formas del artículo que empiezan por *l-* (*la, los, las*): *pa (d)ici(r) lo que sea menester*; *plega(r) las patatas.*

Un resto excepcional de infinitivo rizotónico (acentuado en la raíz) es el ya mencionado *chaure* (2.2.1.2), préstamo del catalán *jaure* (< JACĒRE), y utilizado en la expresión *ir a chaure* 'ir a dormir' en tono jocoso.

Por otra parte, el infinitivo *pasar* precedido de la preposición *en* da pie a la construcción *en pasar*, que equivale a la castellana *al pasar*, y presenta reveladora afinidad con el catalán *en passar*: *en pasar la Navidad, vendrá el mal tiempo* ('en cuanto pase la Navidad…'). De manera similar sucede en usos como *en llegar* por *al llegar*, que testimonia Boronat (p. 10) en Los Calpes.

---

274. Algo que Menéndez Pidal (1980[16] [1904], 253, § 94.3.2) observó como propio del habla vulgar de Castilla, Aragón, América y de los judíos españoles.

3.5.3. El participio

Los participios de la 1.ª conjugación en *-ado* pierden la *-d-*, conforme al uso popular castellano. Pero no en femenino *-a(d)a* > *-á*, pronunciación propia de hablas más cercanas a la frontera lingüística con el valenciano (Nebot 1985a, 415). Tampoco en la terminación participial *-ido*, *-ida* (2.ª y 3.ª conjugaciones: cf. 2.2.2.2), que origina *-io*, *-ía*, por ejemplo, en el habla del Rincón de Ademuz (Gargallo 2004a, 49-50).

Las formas ***nublo*** 'nublado' y ***abrigo*** 'abrigado', con valor adjetivo, constituyen, según Menéndez Pidal (1980[16] [1904], 320, § 121.1), una reliquia de antiguos participios sin sufijo de verbos en *-ar*. En ***nublo*** tenemos hermandad etimológica con el catalán *núvol* 'nube' y 'nuboso' (< NUBILU; DECat). Recogen asimismo *nublo* Alba (1986, 141) en Ludiente y López (1992, 61) en Sarrión; y el *ALEANR* (mapa 1310: *Cielo nublado*), en numerosos puntos del área castellano-hablante estudiada.

Hay un reducido número de participios formados sobre la base de perfectos fuertes: ***hubido*** (← *hube*), ***tuvido*** (← *tuve*), ***quisido*** (← *quise*) y la variante ***quesido*** (quizá analógica de *querer*), ***pusido*** (← *puse*), ***supido*** (← *supe*). Son formas que hoy saben a antiguo, otrora más vivas en el ámbito castellano-aragonés (Nebot 1985a, 505).

El participio de *moler* es ***muelto***; como el catalán *molt*, procede del latín MŎLĬTUM. En cambio, el castellano *molido* es creación analógica, según el modelo de *comer* → *comido*.

En cuanto a ***fotudo, -a*** 'fastidiado, -a', del que me he ocupo en 2.2.1.1, cabe señalar ahora que desempeña en general el papel de adjetivo, pero en ocasiones funciona también como participio: ***me han fotudo***. Su terminación hereda la latina -ŪTU, -ŪTA; tal como el catalán *fotut, -uda*, lengua en que dicha marca goza de plena vitalidad en las conjugaciones que no son la primera: *sabut* (de *saber*, 2.ª conj.), *conegut* (de *conèixer*, 3.ª) o *vingut* (de *venir*, 4.ª).

3.5.4. El gerundio

A la manera de la serie de participios analógicos ***hubido, pusido, supido*** que trato en el punto anterior, se da una serie paralela en los gerundios: ***hubiendo, tuviendo, supiendo, quisiendo, pusiendo, hiciendo***; este último, en cambio, sin un paralelo participial **hicido*, pues se utiliza el de la lengua común, ***hecho***.

Como los correspondientes participios, estos gerundios son cada vez más caros de oír, y habrán tenido su vigencia tiempo atrás en el área lingüística castellano-aragonesa del interior valenciano (Nebot 1985a, 505). El sustantivo posverbal *dijenda* 'habladuría' presupone un gerundio *dijendo que, sin embargo, no tengo documentado.[275]

El gerundio de *ir* es *indo* ('yendo'),[276] seguramente moldeado por analogía con las formas de su conjugación que tienen la inicial *i-*, tónica o átona: *ir*, *iba*, *iré*, etc. Los gerundios de la 2.ª conjugación que en castellano contienen *-y-* intervocálica (*cayendo, leyendo, trayendo*) no presentan esta consonante en el habla de la Puebla: *caendo, leendo, traendo* (he tratado sobre ello en 2.3.1). Por otra parte, la preposición *en* refuerza el gerundio en algunos usos; por ejemplo: *en llegando al puente, se ven unos alamicos*; *hubiendo salú...* ('habiendo salud...').[277]

3.5.5. Presente de indicativo y de subjuntivo

3.5.5.1. Algunos verbos de la 1.ª conjugación no presentan en las formas de presente el diptongo *-ié-* propio del castellano: *apreta* (por *aprieta*) no responde a la evolución de la Ĕ de ADPĔCTORARE, derivado de PĔCTUS 'pecho'; *aventa* (por *avienta*), de *aventar*, derivado de VĔNTU ('viento'). Ambos casos pudieran explicarse por extensión analógica de la *-e-* a partir de las formas débiles (así lo interpreta Alvar 1953, 219 para el aragonés). Y otro tanto cabe considerar para los casos que siguen, aun si podrían explicarse también, de manera alternativa, a partir del vocalismo etimológico de *-ī-*: *plega*, de *plegar*, con su amplio abanico de significados ('doblar', 'recoger', 'acabar'), que proviene de PLĬCARE; lo secundan los derivados *desplegar, replegar* y *arreplegar* (*vid.* 2.2.5.1); *frega*, de *fregar* (< FRĬCARE), y el derivado *refrega*, de *refregar*; *rega*,

---

275. Nebot (1985a, 491) registra *dijenda* y *dijienda* en el castellano-aragonés de tierras valencianas. López (1992, 92), en Sarrión. Compárese, además, con el catalán *dienda* 'habladuría' (*DIEC*), que el *DCVB* localiza en Castellón. Se trata de uno de los derivados populares del gerundio que estudia Joan Veny (2011, 298).

276. Nebot (1985a, 408) lo consigna en las hablas castellano-aragonesas del interior valenciano.

277. Véanse distintos testimonios sobre usos de gerundio en los mapas 1672 (*Yendo*), 1674 (*Diciendo*), 1689 (*Cayendo*) y 1690 (*Leyendo*) del *ALEANR*.

de **regar** (< RĪGARE), y el derivado **sonrega**, de **sonregar** (3.2.2); **restrega**, de **restregar**, que a través de *estregar* se remonta al latín vulgar STRĪCARE (*DCECH*). De estos últimos se siguen algunos derivados posverbales: **frega** (por *friega*), **refrega** (por *refriega*), **replega** ('recogida'), **preto** ('prieto, avaro').[278]

3.5.5.2. En otras formas de presente aparece un diptongo *-ué-* donde el castellano hereda, según su tratamiento regular, una *o* a partir de ŭ latina: **cuerta**, en lugar de *corta*, de *cortar* (< CŬRTARE); **tremuela**, de **tremolar** 'temblar' (< TREMULARE),[279] cuya afinidad y contigüidad con el catalán invita a pensar que proviene de este. En **cuerta**, la razón del diptongo resulta difícil de precisar; **tremuela** acaso se haya visto influido por otros verbos como **amuela**, de **amolar** 'afilar', 'molestar' (*vid.* 4.2.4), derivado del latín MŎLA ('muela'). En cuanto a **reduela**, corresponde al verbo **redolar** 'caer rodando', descendiente de ROTŬLARE del que me ocupo a propósito del refrán **Más vale rodar que (no) redolar** (*vid.* 4.16.1).

3.5.5.3. Tal como las formas *valgo* y *salgo* del castellano, que deben su *-g-* a la analogía con verbos como *cuelgo* (en que la *-g-* continúa la *-c-* de CŎLLOCO), tenemos en el presente de indicativo y el de subjuntivo de *doler* y *soler* el incremento de una *-g-* analógica: **duelgo** y **duelga** (por *duelo* y *duela*), **suelgo** y **suelga** (por *suelo* y *suela*). Por similar extensión analógica se da el vulgar **haiga** en lugar del normativo *haya*.[280]

---

278. También *preto*, en el blog de Aurora Monte sobre la Puebla. *Es del puñico preto*, solía decir mi abuela Presentación sobre alguien tacaño. También de la Puebla es el testimonio de Salvador (2001, 212). En Fuente la Reina lo atestiguan Moliner y Vázquez (2012, 146). López (1992, 74), en Sarrión. Y en La Iglesuela del Cid, Julián (1998, 44). Por su parte, el mapa 1108 (*Nombres que se dan al tacaño*) del ALEANR anota asimismo *preto* en Titaguas (V 101).

279. Boronat (p. 6) recoge el infinitivo *tremolar* en Los Calpes; Moliner y Vázquez (2012, 139), en Fuente la Reina; López (1992, 73), en Ludiente; Julián (1998, 38), en La Iglesuela del Cid. El ALEANR (mapas 1036: *Tiritar*; 1122: *Temblar de miedo*) lo registra en distintos puntos próximos a la Puebla; y en el Alto Aragón más oriental, el EBA. En cambio, no hallo testimonios de la forma de presente *tremuela*. Y otros son los valores que el diccionario académico (*DLE*) consigna para su *tremolar*: «1. tr. Enarbolar los pendones, las banderas o los estandartes, y, por ext., otras cosas, batiéndolos o moviéndolos en el aire. 2. tr. Hacer ostentación de cosas inmateriales».

280. Son formas analógicas (*suelgo, suelga*; *duelga*; *haiga*) que atestigua asimismo Nebot (1985a, 408, 508) en el castellano-aragonés del interior valenciano.

3.5.5.4. La primera persona del plural del verbo *haber* presenta la variante *hamos* (en lugar de *hemos*), que Nebot (1985a, 507) recoge en el castellano-aragonés de tierras valencianas y explica por influencia del valenciano *ham* (en catalán normativo, *hem*).[281] Asimismo la 1.ª persona del plural del verbo *ser* presenta la forma diferencial *semos* (en lugar de *somos*), que Menéndez Pidal (1980[16] [1904], 332, § 116.1) retrotrae a la variante del latín vulgar sīmus. A mi entender, no es descartable una posible analogía de *semos* con los verbos de la 2.ª conjugación que tienen *-e-* en estas formas: así, *comemos* o *perdemos*. Sea como fuere, el caso es que Nebot (1985a, 506) consigna también dicho vulgarismo en las hablas castellano-aragonesas del interior valenciano.

3.5.5.5. La acentuación del presente del verbo *cambiar* oscila entre el normativo *cambia* y el dialectal *cambía*; forma esta que Nebot (1985a, 421) registra en el castellano-aragonés de tierras valencianas.

3.5.5.6. La forma impersonal de presente *cal* 'es necesario' se utiliza en enunciados negativos: *no cal*,[282] en sintonía con el *no cal* valenciano (usado también exclusivamente en formulación negativa; cf. Veny 1982[3], 16), que presenta en la Puebla una variante *no cual*,[283] y parece influida por el pronombre *cual* (< QUALE).[284] Ocasionalmente he oído también el imperfecto *no calía*.[285] El verbo *caler*, que el *DLE* registra como *desusado* y con remisión a *ser menester*, lo atribuye esta obra a Aragón. Y en el Alto Aragón más oriental, seguramente en continuidad con el catalán, se sigue usando hoy en día (*EBA*). Precisamente *es menester*, en lugar de un afirmativo *cal*, es lo que se utiliza en el habla de la Puebla.[286] Por otra parte, tal uso de *no cal* en enunciados negativos recuerda el de *no gosar* ('no atreverse'), del que trato en 4.8.

---

281. Sobre la forma *ham* del valenciano, y su singular de primera persona *ha* (homónimo del de la tercera), véase Joan Veny (2005, 160-161).

282. Salvador (2001, 206) registra en la Puebla *no te cal*.

283. Anotada en Los Calpes por Boronat (p. 10).

284. Ambas variantes son recogidas por Boronat (p. 10) en Los Calpes.

285. Alba (1986, 49) consigna *no cal* y *no calía* en Ludiente. Nebot (1985a, 515), en hablas castellano-aragonesas del interior valenciano: *no cal, no calió, no caldría, no caldrá*.

286. Fórmula testimoniada abundantemente en todo el espacio castellano-aragonés del que se ocupa el *ALEANR* (mapa 1754: *(Es) menester (tener dinero)*).

3.5.5.7. Los subjuntivos de *dar* y *estar* son respectivamente *dea* y *estea*; producto de la analogía con formas como *vea* y *sea*, o acaso continuadores de las bases del latín vulgar *DĔAM y STĔAM, como el leonés *día* y *estía*, o el gallego *dea* y *estea* (Menéndez Pidal 1980[16] [1904], 304, § 116.4). Se trata, en cualquier caso, de formas populares del castellano regional de otros lugares, que recoge en las hablas del interior valenciano Nebot (1985a, 507).

3.5.5.8. En las interrogativas indirectas se prefiere el subjuntivo a la construcción de infinitivo, siempre que haya coincidencia personal entre el sujeto de la oración principal y el de la subordinada, y que la oración principal presente enunciado negativo: *No sé qué haga*, en lugar de *no sé qué hacer*; *no sé si se le diga*, en lugar de *no sé si decírselo*.

3.5.6. El imperativo

3.5.6.1. Los imperativos que con el incremento de pronombres enclíticos devienen esdrújulos experimentan ciertas variaciones en su vocalismo, tónico y átono, que señalo a continuación:[287]

Los diptongos *-ie-/-ue-*, a pesar de hallarse en sílaba tónica, se transforman respectivamente en *-e-/-o-*; ejemplo de la primera conjugación: *se siente* (sobre la anteposición del pronombre, vid. 3.4.1.2), pero *siéntate*; *piensa*, pero *piénsatelo*; *cuelga eso*, pero *cólgalo*; de la segunda: *mueve eso*, pero *móvete*; de la tercera: *duerme*, pero *dórmite* (para la *-i-* véase el siguiente párrafo).

En todos los verbos de la 3.ª conjugación la *-e* final, ligada a un pronombre enclítico, se trueca en *-i-*: *duerme*, pero *dórmite*; *sube*, pero *súbite*.

En los verbos con la estructura silábica *-e-ir*, del tipo de *pedir, medir, decir*, que presentan alternancia *e/i* de la vocal temática en castellano, se extiende la *-i-* a todo el paradigma (*pidir, pide*; *midir, mide*; *(d)icir*), con la sola excepción del imperativo esdrújulo ligado a un clítico: *pide*, pero *pédilo*; *mide*, pero *médilo*; *sirve*, pero *sérvite*. El imperativo *dis* (por *di*), de

---

287. Se hace eco de alguno de estos cambios en las hablas castellano-aragonesas del interior valenciano Nebot (1985a, 508).

decir, que recogen asimismo Nebot (1985a, 412) en el castellano-aragonés del interior valenciano y Alba (1986, 46) en Ludiente, al ser monosilábico, no se acoge al modelo descrito en este párrafo.

3.5.6.2. En el imperativo plural la -*d* pasa a -*r* (*comed* > **comer**; *venid* > **venir**), que se conserva seguida de pronombre enclítico: *¡comeros eso!, ¡veniros a casa!*. Cabe sopesar como explicación la influencia del infinitivo y, tanto o más, un fenómeno de equivalencia acústica *d/r* (cf. 2.2.10).

3.5.6.3. Otros casos. El imperativo singular de *ir* es **ves**,[288] quizá derivado del indicativo VA(D)IS en funciones de imperativo (según Menéndez Pidal 1980[16] [1904], 305, § 116.5). Debe considerarse también, como en **dis** ('di'),[289] la posible analogía con las segundas personas de otros tiempos, que mayoritariamente acaban con -*s*. En cuanto al plural **ver** 'id.', parece analógico del singular **ves**. El imperativo singular de *hacer* es **has**,[290] cuya -*s* bien pudiera explicarse por analogía con **dis** o **ves** (*vid. supra*). Por la tendencia a la desaparición de la -*r*- y vocales contiguas, tal como en **qui(er)o** (cf. 2.1.3.1 y 2.2.2.3), *espérate* deviene **espate**, que también registra Nebot (1985a, 415) para las hablas castellano-aragonesas del interior valenciano. El imperativo de **ri(r)se** ('reírse') es **rite** en singular y **riros** en plural. Ambos son recogidos por Nebot (1985a, 509) en esas mismas hablas castellano-aragonesas de interior. Uno y otro responden a pautas evolutivas descritas más arriba: *réite* (como *pédilo*: 3.5.6.1) > **rite** (con reducción de hiato a diptongo y después a vocal: 2.1.3.1); la misma reducción que explica **riros**, con la pronunciación de la segunda -*r*- explicada en 3.5.6.2.

3.5.7. El imperfecto

3.5.7.1. De entre los verbos de la 2.ª y la 3.ª conjugaciones, se observa la -*b*-desinencial en un par de casos, **traiba** ('traía') y **caiba** ('caía'), que

---

288. También recogido por Nebot (1985a, 412) en el castellano-aragonés de tierras valencianas.
289. Asimismo *dis* (*dis-li* 'dile') en valenciano.
290. Consignado por la misma obra (Nebot 1985a, 518).

conllevan además la reducción de hiato (*aí*) a diptongo (*ai*) [cf. 2.1.3.1].
Ambas formas, recogidas por Nebot (1985a, 402) en el castellano-
aragonés del interior valenciano, mantendrían la -B- etimológica de
TRAHEBAT y CADEBAT; acaso reliquias de una conservación general para
todas las conjugaciones que sigue vigente en el Alto Aragón; además
de la primera (*cantaba*), propia también del castellano y, con otra grafía, del catalán (*cantava*): *podeba, teneba, dormiba* (Menéndez Pidal
1980[16] [1904], 305, § 117.1).

3.5.7.2. La acentuación llana ***cantabamos*** de la 1.ª persona del plural convida a
pensar en el mantenimiento de la acentuación clásica CANTABĀMUS (cf.
el gallego *cantabamos* o el italiano *cantavamo*); así lo entiende Nebot
(1985a, 510), quien registra en el castellano-aragonés de tierras valencianas «la acentuación etimológica en *ibámos, erámos, comprabámos*,
etc., igual que en aragonés y en otras hablas populares». De ser así,
esperaríamos quizá una pronunciación paralela en *cantabáis, que, sin
embargo, no se da. Por ello, no pierdo de vista la posibilidad alternativa
del paso de esdrújula a llana, como en ***pajaro*** y ***medico*** (2.1.3.3), explicación por la que se inclina también Alvar (1953, 220).

3.5.7.3. Por la consabida reducción de hiato (*ía*) a diptongo (*ia*), con traslación
de acento (2.1.3.1), se explican formas como ***perdiamos*** (< *perdíamos*),
diciamos (< *decíamos*), ***comiamos*** (< *comíamos*).

3.5.8. El futuro

Poco hay en las formas de futuro que sea diferencial con respecto al castellano. La terminación *-éis* se resuelve de dos maneras: *-éis* > *-ís*, como en el
resto de desinencias de la 3.ª del plural (cf. 3.5.1.2); o bien, con la disimilación
en *-áis* propia de sustantivos como ***sais*** (< *seis*) o ***paine*** (< *peine*), de la que he
tratado en 2.1.1.3. En este caso de polimorfismo, es (o era) más frecuente la segunda opción. Por otra parte, cabe señalar las formas ***doldrá*** ('dolerá'), que, presupone pérdida de la vocal átona (**dol(e)rá*) e inserción de una -*d*- epentética, y
caberá, que, por el contrario, mantiene la vocal átona, perdida en el castellano

cabrá.[291] Asimismo tenemos los condicionales **doldría** y **cabería**, basados en el molde fonético de las correspondientes formas de futuro.

3.5.9. El perfecto

3.5.9.1. La segunda persona del singular presenta una *-s*, por extensión analógica de la del resto de segundas personas de la conjugación: *(tú) comistes*, pronunciación conocida y viva en el castellano de otros lugares y de otras gentes de habla castellana. El singular y el plural de ese tiempo se distinguen solo por la vocal de la desinencia: **comistes** / **comistis** (< *comisteis*; *vid.* 3.5.1.2).

3.5.9.2. La 1.ª persona del plural de los verbos de la primera (*cantamos*) presenta la desinencia *-emos* (**cantemos**), analógica del singular (*canté*). Dicha variante con *-é*-permite esquivar la homonimia con el presente *cantamos*, y es común en castellano vulgar.

3.5.9.3. Imperfecto de subjuntivo. Los de la 2.ª y la 3.ª conjugaciones terminados en *-iera* pierden el segmento *-er-* en dicción rápida o descuidada, conforme a la tendencia explicada en 2.1.3.1: *comi(er)a* > **comiá**; *comi(ér)amos* > **comiamos**, *sali(ér)amos* > **saliamos**. Obsérvese la convergencia y homonimia con el imperfecto de indicativo **saliamos** (< *salíamos*; *vid.* 3.5.7.3). Además, cabe destacar las formas analógicas que se distancian del tema de perfecto correspondiente: **habi(er)a** (← *haber*) por *hubiera* (*hubo*); **dara** (← *dar*) por *diera* (*dio*), en consonancia con el perfecto **daron** (por *dieron*); **estara** (← *estar*) por *estuviera* (*estuvo*); **traera** (← *traer*) por *trajera* (*traje*); algo observado también por Nebot (1985a, 512) en las hablas castellano-aragonesas del interior valenciano. Por otra parte, de **caera** y **leera** me he ocupado en el punto 2.3.1.

---

291. Nebot (1985a, 510) recoge *doldrá*, *moldrá* y *caberá* en su recopilación sobre el castellano-aragonés del interior valenciano.

3.6. ADVERBIOS Y LOCUCIONES DE CARÁCTER ADVERBIAL. ALGUNAS INTERJECCIONES

3.6.1. Las variantes *agora* y *aura* ('ahora') conviven pero en situaciones distintas: *agora* se usa de manera aislada, autónoma, en el discurso, en tanto que *aura* se inserta en un enunciado mayor; veamos un par de ejemplos: *–¿Cuándo vendrás? –Agora*; *–Me han dicho que aura vendrán*. La forma *agora*[292] es arcaísmo (< HAC HORA 'en esta hora') del que sale el *ahora* castellano (*DCECH*); *aura* se explica a partir del normativo *ahora*, con paso de hiato a diptongo (2.1.3.1); *aspacio* ('despacio') será contracción de *a espacio*, como en valenciano *a espai* (pronunciado *aspai*: *DCVB*) y con una preposición originaria distinta a la de la formación castellana *de espacio* > *despacio*; es frecuente en diminutivo, *aspacico*; y tiene también el valor de 'en voz baja'.[293] Del adverbio *prou* 'bastante' y su variante disimilada *prau* me he ocupado en 2.1.1.3. Por otra parte, *cuasi* (por *casi*), que atestiguan también Boronat (p. 9) en Los Calpes y López (1992, 26) en Sarrión, es una voz aún empleada «en el lenguaje vulgar de España y de América» (*DCECH*); y también vulgar es la dicción *mu*, por *muy*, que disminuye aún más el cuerpo fonético del heredero de MŬLTUM en proclisis, frente a la forma acentual plena *mucho*. De su forma reforzada *muncho*, sentida como vulgarismo, he tratado más arriba (2.2.8). Por otra parte, Boronat (p. 10) anota para Los Calpes el uso de *nomás* o *namás*, por *nada más*. Y con interjecciones como *¡aire!* y *¡uña!* se indica a alguien que se vaya.[294]

3.6.2. En algunos adverbios se añade una *-s* final, tal como se deja ver en formas del castellano general como *antes*, *entonces* o *mientras* (Menéndez Pidal 1980[16] [1904], 336, § 128.4): así, en *apostas* (o *a postas*) 'aposta, adrede', y *de baldes* 'de balde'. En el caso de *arribotas*, tenemos un curioso derivado de *arriba*.[295]

---

292. Registran asimismo *agora*: Boronat (p. 8) en Los Calpes; y en hablas de nuestro entorno, Nebot (1985a, 402, 517), Alba (1986, 105), Ríos (1989, 43, 118) y López (1992, 12).

293. Cf. el blog de Aurora Monte, que registra *despacio* con este mismo valor. Coincide con el valor *de a espai* (*aspai*) en valenciano (*DCVB*, s. v. *espai*).

294. Asimismo en Nebot (1985a, 534) para las hablas castellano-aragonesas del interior valenciano.

295. Monte y Gil (2000, 125) anotan en la Puebla *de valdes* [sic]; Nebot (1985a, 412, 481, 520) registra *apostas* y *arribotas* en el castellano-aragonés del interior valenciano; Alba (1986, 58, 108, 110), en Ludiente, *apostas* y *de baldes*.

3.6.3. En algunas locuciones adverbiales hay discrepancia, en cuanto a las preposiciones implicadas, con respecto al uso más común en castellano: *en día en día* ('de día en día'); *en cuando en cuando* ('de cuando en cuando'); *en par en par* ('de par en par'); *a la mañana, a la tarde* y *a la noche* se prefieren a *por la mañana, por la tarde* y *por la noche*;[296] *de seguida* es más frecuente que *en seguida*.[297]

3.6.4. Otras locuciones con valor temporal: *mañana noche* ('mañana por la noche'); *antesdanoche / entesdanoche* ('anteanoche'); *antesdayer / entesdayer* ('anteayer'); *antintayer / entintayer* ('el día anterior al de anteayer');[298] *a boquica noche* ('al crepúsculo, al anochecer'), preciosa fórmula afín al valenciano *a boqueta-nit* (*DCVB*) y quizá deudora de este; también la he oído con las variantes *a boca noche*[299] (esta y la anterior, atestiguadas por Aurora Monte en su blog) y *a poquica noche*, que parece sugerente reinterpretación a partir de la idea de 'poco';[300] *a punto día* ('al amanecer');[301] *al pronto, a lo primero*, ambos 'al principio' (así, en *a lo primero / al pronto de llegar a Barcelona*, 'nada más llegar a Barcelona'); *d'aura lante* ('de ahora en adelante'); *al inte* ('al instante').[302]

3.6.5. Otras locuciones de interés: *al cabo (a)lante* ('en la parte más delantera'); *al cabo (a)tras* ('en la parte más trasera'); *al cabo (ar)riba* ('en la parte más alta'); *al cabo (a)bajo* ('en la parte más baja'); *al cabo'l día* ('al final del día') y en general *al cabo...* ('al final de...'); *al drecho (ir —)* 'todo recto, atajando'; *al empar* ('a la par'), como en el habla del Villar del Arzobispo (Llatas 2014 [1959], s. v. *empar*); seguramente del valenciano

---

296. Asimismo en la recopilación de Nebot (1985a, 528) sobre el castellano-aragonés de tierras valencianas.

297. El *DLE* da prioridad a la grafía *enseguida* sobre *en seguida*. Alba (1986, 58, 123) registra *deseguida* en Ludiente.

298. López (1992, 14) recoge *antinteayer* para Sarrión. Véanse, además, los mapas 1290 (*Anteayer*) y 1291 (*Trasanteayer*) del *ALEANR*.

299. En el *DLE* (s. v. *boca*), *a boca de noche* 'al anochecer'.

300. Ríos (1989, 43) recoge en Sot de Ferrer, junto a la frontera lingüística con el valenciano, *a boca noche* y *a boquica noche*. El *ALEANR* (mapa 1278: *Crepúsculo*) anota *a boca noche* en Puertomingalvo (Te 600); y *boca noche*, en Titaguas (V 101).

301. Asimismo en el castellano-aragonés de tierras valencianas (Nebot 1985a, 128). Ríos (1989, 44) lo consigna en Sot de Ferrer.

302. Con la variante *al inte* o con la de *en el inte*, aparece la locución en repertorios sobre el aragonés como el *EBA*.

a l'empar (*DCVB*); *a reganche* ('a reenganche'), comparable al catalán *reganx* (*DCVB*); *arreo*, con valores diversos, como 'sucesivamente y sin interrupción', 'sin elegir, al comprar una mercancía';[303] *a veces* 'a lo mejor, quizá' (*¿Que a veces habrá llovido?*), como en el castellano-aragonés de tierras valencianas (Nebot 1985a, 524); *barata na, barata canciones* ('a cambio de nada, sin resultado alguno'),[304] en relación con el catalán y valenciano *barata* 'a cambio de', *barata cançons* (*DCVB, DIEC, DNV*); *buena cosa* o *güena cosa* (de algo) 'mucho, en cantidad' se da también en aragonés oriental (*EBA*), en el castellano-aragonés de Aragón y en el del interior valenciano (Nebot 1985a, 523), así como en catalán (*DCVB*, s. v. *cosa*) y particularmente en valenciano (*DNV*, s. v. *cosa*): *bona cosa* (*de*); *chano-chano* 'poco a poco';[305] *equilicuá* 'sí, ciertamente', en respuesta a una pregunta, lo recoge también Nebot (1985a, 525) en diversas localidades castellanohablantes próximas a la frontera lingüística con el valenciano; recuerda al italiano *ecco, eccolo qua* 'helo aquí'; *más pronto*, con el valor de 'más bien'; su segundo elemento coincide en la significación etimológica de 'prontitud' con el catalán (y valenciano) *més aviat / més prompte*, y con otras lenguas romances (fr. *plutôt*, it. *piuttosto*); *no medio* 'apenas' (*no medio se ve*); *no, por cierto* 'no, en absoluto, desde luego que no'; *por mitá de* 'la mitad de' (*por mita d'ancho*); *tasamente* 'precisamente', como en el Villar del Arzobispo (Llatas 2014 [1959]) y en el Rincón de Ademuz (Gargallo 2004a, 101);[306] *to plegao* 'todo junto', 'en conjunto', 'en suma' como en catalán *tot plegat* (*DCVB*).

3.6.6. Interjecciones: *¡au!*, que Nebot (1985a, 354) atribuye al castellano-aragonés de tierras valencianas, se oye en la Puebla también, y continúa hacia poniente un uso muy del catalán (*DCVB*) y particularmente del

---

303. Con la grafía *arreu* en el trabajo de Boronat (p. 14) sobre Los Calpes, en el de Nebot (1985a, 517) sobre el castellano-aragonés del interior valenciano, en el de Alba (1986, 59, 108) sobre Ludiente y en el de Julián (1998, 14) sobre La Iglesuela del Cid. Con la de *arreo*, en el de López (1992, 14) sobre Sarrión.
304. Llatas (2014 [1959]) registra *baratana* en el Villar del Arzobispo.
305. Adverbio popular poco usado, según el *DLE* (s. v. *chano chano*). Se toma, como el catalán *xano-xano*, de la variante dialectal genovesa *ciano-ciano*, que corresponde al italiano *piano piano* (*DEcat*, s. v. *pla*). Nebot (1985a, 521) recoge *chanico, chanico* y *chano, chano* en las hablas castellano-aragonesas del interior valenciano. Julián (1998, 30, 62), en La Iglesuela del Cid, la variante *chino chano*, posiblemente tomada del catalán *xino-xano*.
306. El repertorio aragonés *EBA* registra las variantes *tasamén* y *tasamente*, pero con el sentido de 'escasamente'.

88

valenciano (*DNV*); **collins** se ha tomado del valenciano, en que es eufemismo coloquial por *collons* 'cojones' (*DNV*).[307] La interjección *¡ospe!*, deformación eufemística de *¡hostia!*, es aún bien viva (suele decirla mi padre); y presenta derivados como *¡óspera!*, *¡osperica!* (Monte y Gil 2000, 126) y *¡osperanica parda!* (esta, recogida en Los Calpes por Boronat, p. 12).

3.7. HIPOTAXIS Y PARATAXIS. ALGUNOS HECHOS DIFERENCIALES

3.7.1. La preposición *dica* ('hasta'), tanto con valor temporal (*dica luego*) como espacial (*dica la puerta*), era considerada propia de los masoveros (la gente de las aldeas: 4.9.1) en el tiempo de mi cosecha dialectal. Recuerdo a la abuela Presentación observarlo sobre la vecina de enfrente de casa, la tía Consuelo de Torcas. Boronat recoge *dica luego* (p. 11) y *dica más tarde* (p. 14) en Los Calpes; Nebot (1985a, 527) registra *dica*, también con valor temporal y espacial, y como voz anticuada, en el castellano-aragonés de tierras valencianas; también *dica*, en Ludiente (Alba 1986, 59, 124). Se trata de una forma propia del aragonés (Zamora Vicente 1967[2] [1960], 276; *EBA*), ¿acaso contracción de *de aquí a*?

La preposición *de* se elide en su papel de introductora de complemento de nombre, tal como en aragonés (Alvar 1953, 301): *la casa (de) Ismael*; es común en la toponimia: *La Era (de) la Villa*; *La Loma (de) la Grana*.

La preposición *a*, introductora de objeto directo personal, no se utiliza en algunos casos, a diferencia de los correspondientes usos normativos: **nosotros conocemos unos señores de ese pueblo; he visto esos parientes tuyos.** Por otra parte, la combinación *a por* ('a buscar'), asimismo ajena a la normativa, es, sin embargo, muy común en español de España (cf. el conocido *¡A por ellos!*); y obedece a una mirada espacial inversa la combinación *de por* ('de buscar'): *voy a por leña, vengo de por leña.*

3.7.2. Cabe mencionar como introductores de un sintagma nominal: *arrán de* 'a ras de', registrado asimismo en el Alto Aragón oriental (*EBA*); parece extensión del catalán *arran de* ('íd.'); *en cuenta de* ('en vez de'), como en Ludiente (Alba 1986, 125), es afín al catalán *en compte de* o *en comptes*

---

307. La registra asimismo en el castellano-aragonés de tierras valencianas Nebot (1985a, 532). Y Gargallo (2004a, 105), en la encrucijada lingüística del Rincón de Ademuz.

de (*DIEC*); y *pa cuenta de*, que atestigua Boronat (p. 12) en Los Calpes; *quitao* (invariable en cuanto a género y número), 'excepto', como en catalán *llevat de, tret de*.

3.7.3. La combinación *que no* en el inicio de una frase tiene el valor temporal de 'hasta que no': *que no venga mi mujer...*; *pos* (por *pues*) es vulgarismo extendido en el ámbito del castellano; *u* es variante de *o*, conjunción disyuntiva; *si nos*, con incremento de -*s* sobre el normativo *si no*, por una analogía como la señalada para ciertos adverbios (3.6.2), es una construcción que recoge Nebot (1985a, 412) en el castellano-aragonés del interior valenciano.

4. LÉXICO

Distribuyo este apartado por afinidades semánticas, con las remisiones internas oportunas en caso de que diversas acepciones de una misma voz motiven su inclusión en más de un apartado; así, en el caso de *zuro* ('corazón de la mazorca': 4.3.2; 'corcho': 4.5.10) o *caganidos* ('último pájaro de un nido': 4.4.3; 'último hijo de la familia': 4.12). Algunas palabras de difícil clasificación se reúnen bajo el epígrafe de *Vocabulario general* (4.14). Completa este bloque de léxico un apartado sobre *Expresiones, locuciones, perífrasis y otras fórmulas fijas* (4.15), así como otro sobre *Refranes* (4.16). Y lo complementa una selección de ilustraciones y dibujos.

4.1. FAENAS AGRÍCOLAS

Trato aquí sobre diversos útiles de trabajo (el arado, el yugo, el carro), sobre aparejos de carga, así como sobre herramientas y aspectos varios relacionados con el campo.

4.1.1. La labranza

El arado recibe el nombre de *aladro*, sobre cuya forma, etimología y afinidades ya he tratado (2.2.9). Los más antiguos eran de madera, a la manera del tradicional arado romano,[308] y los de fabricación más reciente incorporaban más

---

308. Véase el estudio de Julio Caro Baroja (1949), «Los arados españoles: sus tipos y repartición».

elementos metálicos. La foto 1 (de yugo y arado para labrar a par) constituye un testimonio de la memoria histórica, pues ya hace décadas que se abandonó ese tipo de labranza. Y es significativo que *labrar*, el verbo correspondiente, sea continuador de LABORARE, que en latín significó 'trabajar';[309] un *labrar* que se ha extendido a cierta expresión, *estos dos no labran bien*, aplicada a dos personas que no se llevan bien, pues semejan animales de labranza que no labran a una. En la Puebla se han utilizado para esta labor *machos* ('mulos': 4.5.4) y no bue- yes. Según mis informantes, incluso burros.

Partes del arado (véase la ilustración 1): la *esteva* (como en castellano: DLE) es la pieza corva y trasera donde el labrador apoya la mano; el *dental* (también como en castellano: DLE), del que obtuve además la variante *diental* (analógica de *diente*), es el palo en que encaja la *reja*. Esta voz castellana, distinta de la *reja* homónima que significa 'verja' (DCECH), es el instrumento afilado que sirve para romper y remover la tierra. La operación consistente en sacar filo a la reja se denomina *luciar*, voz registrada en aragonés oriental (EBA) y en el castellano-aragonés del interior valenciano (Nebot 1986, 179); con la variante *aluciar*, en Caspe (DECat, s. v. *llossar*); tiene continuidad en catalán occidental *llussiar*, valenciano incluido (DECat, ibidem). Otra operación relacionada con esta parte del arado es *calzar (la reja)*, añadirle un trozo de acero o de hierro cuando está gastada.[310] La reja tiene forma de punta de lanza, en tanto que el *punchón* (para cuya fonética y encuadre dialectal remito a 2.2.5.2.9) es un instrumento de hierro, cilíndrico, que remata en punta, cuya función es similar a la de la reja. Se sitúa en la misma parte del arado que esta, y se usa preferentemente para roturar un erial o en el monte. Es más consistente que la reja. Encima de la reja va el *pezcuño*, llamado también *pizcuño*, e incluso *pescuño*, que es la forma castella- na registrada por el diccionario académico (DLE).[311] El pezcuño, con la forma de cuña que su etimología entraña, sirve para apretar la reja, la esteva y el dental en la cama del arado, de la cual trataré en este mismo párrafo. La *tenella* (cast. *telera*) es una especie de travesaño que sujeta el dental a la cama y sirve para graduar el ángulo de ambas piezas. Cabe señalar que varios informantes no la

---

309. Que también recoge Nebot (1986, 157) en el castellano-aragonés de tierras valencianas. El DLE (s. v. *labrar*) remite en su 2.ª acepción a *arar*, de la misma familia etimológica que *arado*.

310. Levemente distinta es la definición del DLE (s. v. *calzar*) en la acepción 8.ª: «Poner una reja nueva al arado para reemplazar a la ya gastada».

311. El tipo léxico *pescuño* resulta por disimilación vocálica de **poscuño*, compuesto con POST y *cuño* (DCECH, s. v. *cuño*). La variante *pezcuño* es registrada por el ALEANR (mapa 142: *Pescuño*) en Arañuel (Cs 300). También la recogen Salvador (2001, 78, 211) en la Puebla y López (1992, 69) en Sarrión.

nombraron en su descripción de las partes del arado ni sabían dar razón de ella, probablemente porque algunos arados de la Puebla no la llevaban incorporada. Sobre la forma **tenella**, además de lo indicado en 2.2.5.2.2 y 2.2.5.2.7 a propósito de su fonética, etimología y encuadre dialectal, señalaré ahora la existencia de leves variantes de su tipo léxico: **tenilla, trenilla, trenella**.[312] Las **orejeras** (derivado transparente de *oreja(s)*),[313] abiertas a ambos lados del arado, permiten al labrador ensanchar el surco abierto por la reja. En los últimos tiempos se ha utilizado alternativamente una pala de forma curva que gira a un lado u otro del arado, y que sirve para voltear y extender la tierra levantada por la reja: a saber, la **vertedera** (como en castellano: DLE). En la **cama** (*vid.* 2.2.5.2.6) encajan el dental, la reja y la esteva. Y la cama se afianza en el **timón** (como en castellano también: DLE), palo derecho que llega hasta el yugo. El timón queda unido a la cama mediante unas anillas denominadas **billortas**.[314]

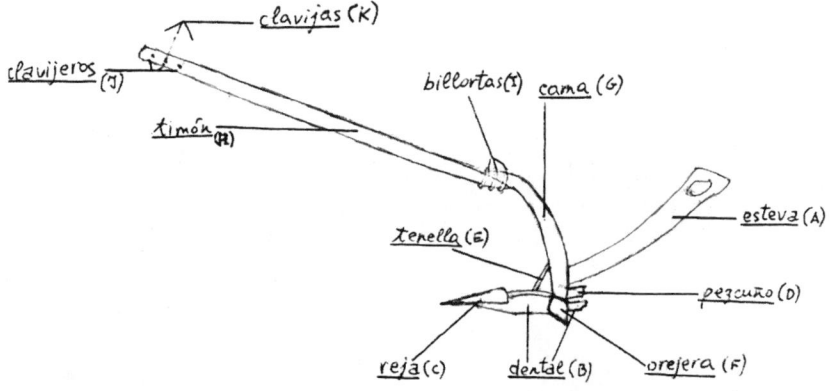

Ilustración 1. Partes del arado

312. El ALEANR (mapa 141: *Telera*) registra *tenella* en Segorbe (Cs 301) y Arañuel (Cs 300); y *tenilla* en la vecina Olba (Te 601). Ambas variantes, *tenella* y *tenilla*, las recoge este atlas por buena parte de Aragón.

313. Véase la definición del DLE (s. v. *orejera*): «3. f. Cada una de las dos piezas o palos que el arado común lleva introducidos oblicuamente a uno y otro lado del dental y que sirven para ensanchar el surco».

314. El DLE registra *vilorta*, forma a la que da prioridad sobre *belorta* (esta, como poco usada). El ALEANR (mapa 139: *Belortas*) consigna *billortas* en Puertomingalvo (Te 600) y en otros puntos de la provincia de Teruel. El DCECH (s. v. *vilorta*) cita *bellorta* y *villuertas* en Puebla de Híjar, también de esta provincia.

Lo expuesto en el párrafo anterior corresponde a la labranza a par, que aún he visto practicar a los hermanos Rafael y José Nebot Peña a principios de los 80 (véase la foto 1). La costumbre entonces (también extinguida ahora, en 2023) era labrar con un solo animal, un mulo o macho. En tal caso, en vez de un timón, se utilizaba el *forcal* (*vid.* 2.2.1.1 y 2.2.3); este consiste en una horca de madera que rodea el mulo, con dos timones que confluyen en uno, que va a dar por un lado a la cama, y por el otro, al *yuguete*. En muchos casos el forcal y la cama constituyen una sola pieza, con lo cual las billortas se hacen innecesarias. La labor correspondiente se denomina *labrar a forcal* (véase la foto 2). Cada timón del forcal tiene tres o cuatro *clavijeros*, en los que se colocan las *clavijas*,[315] de manera que el timón quede sujeto al *yuguete* (para lo que remito al punto que sigue).

Foto 1. Yugo y arado para labrar a par

---

315. Tanto *clavija*, descendiente semiculto de CLAVICULA (*DCECH*), como su derivado *clavijero* son formas del castellano común (*DLE*).

94

Foto 2. Labrando a forcal

4.1.2. El yugo y sus partes (véase la ilustración 2)

La forma *yugo*, propia del castellano, alterna en la Puebla con la variante ultracorrecta *llugo*, así como *yunta* con *llunta* (*vid.* 2.2.1.3). Cuando el yugo es para un solo animal, para labrar a forcal, recibe el nombre de *yuguete*, que también alterna con una forma ultracorrecta *lluguete* (véase la ilustración 3).[316] El collar de cuero, normalmente relleno de paja, que se pone alrededor del cuello del mulo se llama *collerón*[317] o *fieltro* (y también *cieltro*, con la equivalencia

---

316. El ALEANR (mapa 120: *Yugo para un solo animal*) registra *lluguete* en Arañuel (Cs 300) y *llubete* en Bejís (Cs 302). Nebot (1986, 177), las variantes *yuguete*, *lluguete* y *llubete* en Torralba, Villamalur y Ayódar. Alba (1986, 157), en Ludiente, *lluguete*. Compárese con el derivado diminutivo correspondiente *jouet* del valenciano (DCVB); y con el femenino *yugueta*, que el DLE («Yugo pequeño, para una sola bestia») localiza en Palencia y Segovia.

317. La definición del DLE («Collera de lujo, fuerte y ligera, que se usa para los caballos de los coches») precisa un lujo que no es el del labrador. Nuestro *collerón* se ajusta al *colleró* que el DCVB registra en Gandesa y en distintos lugares valencianos: «Classe de collera de bístia, de més grossària que la collera ordinària».

acústica de que trato en 2.2.10); *collerón* es aumentativo de *collera*, que en la Puebla se refiere a un collar de fabricación más rudimentaria, hecho normalmente con mantas, que rodea el cuello de los mulos (ocasionalmente bueyes) que tiran de carros. La collera se utiliza un par o tres de veces y después se desecha. Los *tijuelos* son unos bastoncitos de madera situados a cada lado de los dos collerones (suman cuatro, pues), entre los que se encaja el yugo; *tijuelos* que recoge el ALEANR (mapa 125: *Costillas del yugo*) en la parte más oriental de la provincia de Teruel, junto a *tejuelos*. Pero ninguna de las acepciones recogidas por el DLE para *tejuelo* corresponde a la nuestra, y sí, en cambio, la del catalán *tellol* (DCVB), que, como el tipo léxico castellano *tejuelo/tijuelo*, desciende del latín *TELĔŎLU, diminutivo de TĒLUM 'dardo'. Las *yuncideras* (en algunos hablantes, *lluncideras*, con ultracorrección paralela a la del mencionado *lluguete*); forma recogida en plural, son la correa o cuerda que sujeta los extremos del collerón. Forma derivada de *yuncir/lluncir* ('uncir'), de ella se registran leves variantes en puntos próximos: según el ALEANR (mapa 129: *Uncidera*), *uncidera* en Olba (Te 601), *lluncidera* en Bejís (Cs 302); *juncidera* en Arañuel (Cs 300); según Nebot (1986, 178), *juncideras* en Torralba y Villamalur. El *barzón* es el aro o anilla que cuelga del yugo y por donde entra el timón del arado. La *mediana* es la correa que sujeta el barzón al yugo. Ambas formas, *mediana* y *barzón*, que corresponden al castellano común (DLE), no son diferenciadas por algunos hablantes, seguramente porque en algunos casos constituyen una sola pieza, como en otros puntos de Aragón. Por fin, la operación de atar el yugo a las bestias se designa con las variantes *yuncir*, *lluncir* o *juncir*, de las que me he ocupado antes (2.2.1.3). Y *conyugar* es «emparejar la caballería propia con la de otro para algunos trabajos del campo» (según Salvador 2001, 133, 207).

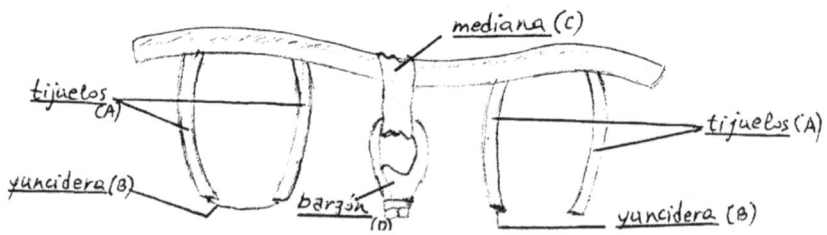

Ilustración 2. El yugo y sus partes

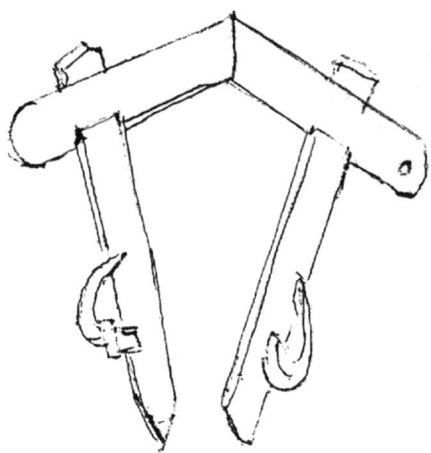

Ilustración 3. El yuguete

4.1.3. El carro (véase la ilustración 4)

Lo accidentado del terreno en la Puebla dificulta el empleo de carros. Seguramente por ello los dos puntos de encuesta del ALEANR más próximos, Olba (Te 601) y Arañuel (Cs 300), cuyo terreno es asimismo bastante quebrado, no ofrecieron en su día prácticamente respuestas acerca del carro y sus partes. En el período de mi investigación solo pude encontrar un carro en todo el término: el de Gerardo Benedicto en Los Calpes; concretamente, un carro de escalera. Las denominaciones de sus partes apenas difieren de las del castellano: el *eje*, que une ambas ruedas; el **cubo**, «pieza central de la rueda, donde encajan los radios o rayos» (*DLE*, s. v. *cubo¹*, 2.ª ac.); la **llanta** (*DLE*), cerco de hierro con que se guarece la rueda. La **escalera**, también llamada **caja**, la constituyen dos hileras de **barras** a ambos costados. Las **varas** son cada uno de los dos palos donde encajan las estacas de los costados del carro (como en castellano *vara*: *DLE*, que también registra *varal*). El suelo del carro se llama **solar**. La **travesaña** es el travesaño de madera que une las varas del carro.[318] Los **mozos** son unos instrumentos

---

318. Asimismo en Sarrión (López 1992, 86). El *DLE* registra con este valor *travesaña* en Albacete. El *DCVB* localiza *travessanya* ('íd.') en Tortosa y el País Valenciano.

de madera con los que se levanta y sostiene el carro.[319] La *galga* (*DLE*) es un palo que atraviesa por debajo del cubo de una rueda y sirve de freno.

4.1.4. Los tiros, el correaje y otros aparejos de la caballería (véanse la ilustración 5 y la foto 3)

La *silleta* es un sillín que se pone a lomos del mulo;[320] la *zofra*,[321] apoyada en la silleta, sostiene las varas del carro y evita que este se incline hacia delante; la *retranca* (*DLE*), enganchada también a la silleta, ciñe las ijadas y ancas del animal y, a manera de ataharre (o *tarria*, véase el párrafo siguiente), impide que la silleta se desplace hacia delante y retiene el carro en las cuestas abajo. Se llama *recincho* una «especie de cinto de esparto con una anilla de madera en un extremo para sujetar la carga sobre las caballerías».[322]

Algunos de los aparejos para el transporte: la *albarda* (*DLE*) es la pieza principal, a modo de silla basta, del aparejo de las caballerías de carga, y va a lomos del animal. Para evitar que esta se desplace hacia atrás en las cuestas arriba, o hacia delante en las cuestas abajo, lleva enganchadas dos correas: el *pitral* ('petral': 2.1.1.2), que rodea por delante el pecho de la caballería, y la *tarria* (o ataharre: 2.1.2), que le sujeta las ancas por detrás. La *cincha* es la faja o correa que ciñe (precisamente con *ceñir* comparte etimología: 2.2.5.2.1) y asegura la albarda a la caballería, rodeando el cuerpo de esta. Se llama *tocadura* la herida por rozamiento del aparejo de las bestias,[323] como en catalán occidental y valenciano *tocadura* (*DCVB*).

---

319. El *DLE* (s. v. *mozo*, *za²*) registra *mozo* (10.ª ac.) con la notación de *poco usado* y remite a *tentemozo*: «puntal de una cosa expuesta a caerse». La definición del *DCVB* para el catalán *mosso* implica de manera más precisa el carro (ac. 7.ª): «Descans; pal damunt el qual descansa un braç del carro quan aquest està desjunyit».

320. El *DLE* (s. v. *silleta*), en su ac. 5.ª y en plural, localiza *silletas* en Aragón, y las define como «Armazón a modo de silla para montar en las caballerías a mujeriegas».

321. El *DLE* localiza *zofra²* en Aragón, La Mancha, Murcia y Navarra, y remite a *sufra*, voz de origen incierto según el *DCECH*, que apunta una posible etimología árabe. Dicha *zofra* concuerda, en cualquier caso, con el catalán *sofra*. Además, recoge también *zofra* en Sarrión López (1992, 96).

322. Definición que tomo de Moliner y Vázquez (2012, 148), que lo atestiguan en la vecina Fuente la Reina. El *DLE* atribuye a Murcia, y como *rural*, *recincho* 'ceñidor de esparto'.

323. Voz y definición que el *DLE* localiza en Aragón y con la marca de *rural*. Atestiguan asimismo *tocadura* Moliner y Vázquez (2012, 152) y Moliner (2015, 138) en Fuente la Reina; López (1992, 85), en Sarrión.

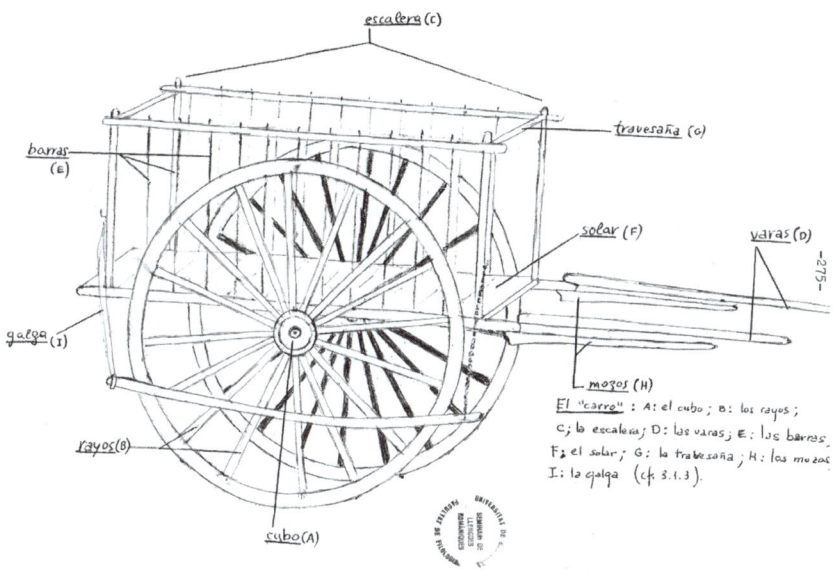

Ilustración 4. El carro y sus partes

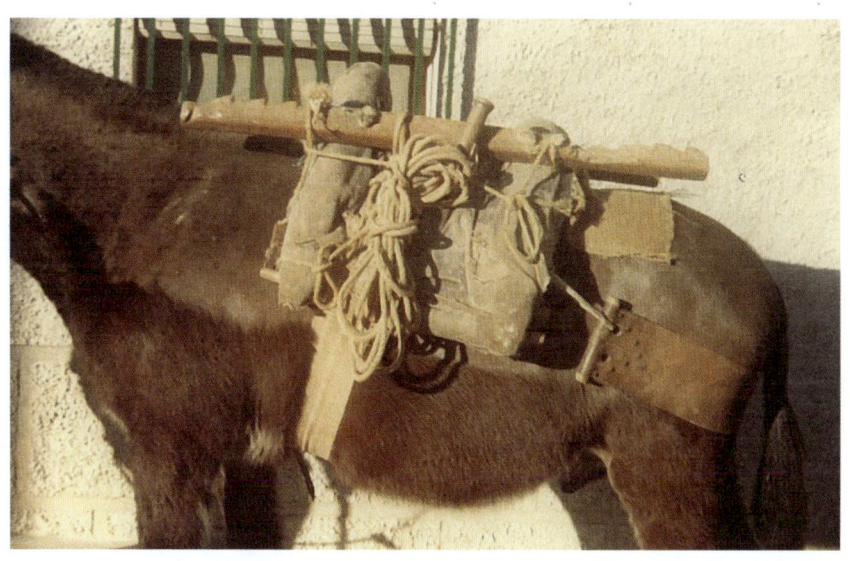

Foto 3. Los tiros, el correaje y otros aparejos de la caballería

99

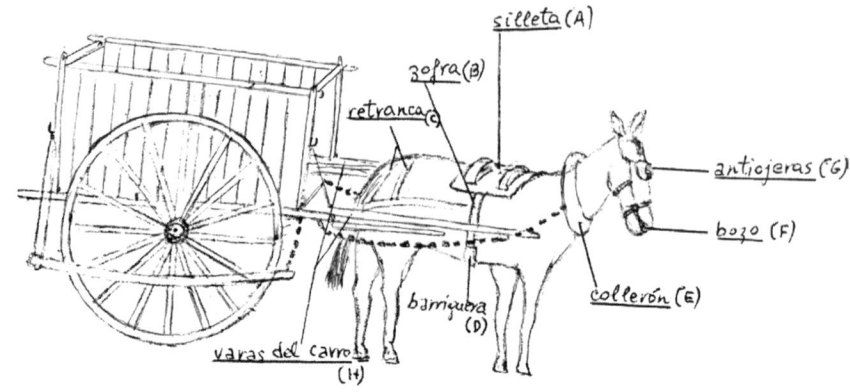

Ilustración 5. Los tiros, el correaje y otros aparejos de la caballería

Otros aparejos de la caballería: el **baste** (*DLE*) es una especie de silla o albarda cuyo lecho es de piel, relleno de paja; sirve para evitar rozaduras en las caballerías (como en catalán *bast*: *DCVB*, *DIEC*); el **serón** (*DLE*) es una espuerta grande con cuatro asas que admite cargas; la **sarria**, en cambio, es una espuerta más pequeña, con dos asas, que es transportada por una persona al hombro, y no por una caballería;[324] las **amugas** (*vid.* 2.1.3.2), también llamadas *acarreadores* o, según la pronunciación local, *acarriadores* (cf. 2.1.3.1),[325] son una especie de silla de madera que se pone encima de la albarda. El **sudador** es una manta o trapo que se les coloca a las caballerías debajo de la silla o aparejo; corresponde al *sudadero* del *DLE* (ac. 3.ª); el **bozo** se pone en la boca de la caballería para evitar que se pare a comer, y también al perro;[326] las **antiojeras** (como se

---

324. Monte y Gil (2000, 127) registran en la Puebla *sarria* como «sera, especie de cesta de esparto». El *DLE* (s. v. *sarria*), en la ac. 2.ª, y como *rural*, localiza en Aragón y Murcia la significación de 'espuerta grande'. Además, ofrecen testimonio de *sarria* en dos lugares vecinos: Moliner y Vázquez (2012, 153) en Fuente la Reina y López (1992, 79) en Sarrión.

325. El *DLE* registra *acarreador* pero referido a personas, no al aparato descrito aquí; así, en su ac. 2.ª: «Encargado de conducir la mies desde el rastrojo a la era». En cambio, el *ALEANR* (mapa 68: *Utensilio para transportar los haces a lomo*) registra *acarriadores* en la vecina Olba (Te 601).

326. A pesar de que el *DLE* registra *bozo* sin marca de localización (ac. 3.ª: «Cabestro o cuerda que se echa a las caballerías sobre la boca, y dando un nudo por debajo de ella, forma un cabezón con solo un cabo o rienda»), el *DCECH* (s. v. *bozo*) atribuye este significado a Aragón, Navarra y Soria. El derivado *bozal* (*DLE*) es la forma general del castellano, y el *bozo* del oriente peninsular comparte tipo léxico (del latín BŬCCEU, derivado de BŬCCA) con el catalán *boç*. Por otra parte, recoge

pronuncian las *anteojeras* del castellano: 2.1.3.1) son unas piezas unidas por correas y colocadas a los lados de los ojos de la caballería para evitar que vea por los lados y pueda espantarse.

4.1.5. Otras herramientas agrícolas y aspectos afines

La *jada* (*vid.* 2.1.2.5 y 2.2.5.2.5) convive en la Puebla con la variante *zada*, más cercana al castellano *azada*, si bien es *jada* la que se siente como más genuina. Las hay de varios tipos: *jada ancha* es la que tiene la hoja más ancha, y sirve solo para entrecavar, para trabajar tierra removida; la *jada morgonera*, con este adjetivo derivado de *morgón* ('mugrón, sarmiento que, sin cortarlo, se entierra para que arraigue': 4.2.2), es más estrecha de pala y menos pesada, y la que se utiliza para rozar, para cavar la tierra; *jada estrecha*, cuya pala es ligeramente más estrecha que la morgonera, y se usa en especial para cavar donde hay más piedras; *jada* (o *jadica*) *de escardar*: es la más ligera y de hoja más estrecha; como su nombre indica, se utiliza para escardar, para cortar y quitar las malas hierbas de los sembrados; la *juela* (menos comúnmente, *zuela*: *vid.* 2.1.2.5 y 2.2.5.2.5) sirve para cortar madera, y la utilizan sobre todo los carpinteros (cf. en cast. *azuela*: DLE).[327] Algunas de estas azadas, en especial la *jada morgonera* y la *jada estrecha*, tienen un *escarpe* o *escarpel*; la segunda variante podría muy bien ser adaptación a partir del catalán *escarpell* (DCVB, ac. 3.ª), con despalatalización de *-ll* > *-l* (cf. 2.2.3); y a partir de *escarpel* se habría extraído *escarpe* con pérdida de la *-l* y traslación del acento a la sílaba anterior. La *segur* (DLE) es un hacha grande para cortar, y la *segureta*, con el característico diminutivo *-eta* (*vid.* 3.2.1), una más pequeña.[328]

El *trillo* (voz del castellano común: DLE) es un tablón con pedazos de pedernal o cuchillas de acero que sirve para *trillar* (DLE también), o sea, para quebrantar la mies y separar el grano de la paja. Pero hace varias décadas que no

---

bozo en el castellano-aragonés del interior valenciano Nebot (1986: 180), lo consigna en Aragón de manera abundante el ALEANR (mapa 166: *Bozal*); y en el Alto Aragón, el EBA.

327. El ALEANR (mapa 1415: *Azuela*) registra las variantes *ajuela* y *juela* en el entorno inmediato de la Puebla.

328. Aurora Monte, en su blog sobre la Puebla, registra *segul* y *segur*, *segureta* y *seguleta*; Monte y Gil (2000, 127), en su libro, *segul*. De confirmarse esta forma, se habría de interpretar como una variante con equivalencia acústica (*r/l*) a partir de *segur*, forma que comparte *-r* etimológica y familia léxica con *segar*. Salvador (2001, 212), en su libro sobre la Puebla, da también *segur* y *segureta*, así como Nebot (1990, 157) en el castellano-aragonés del interior valenciano.

se trilla en la Puebla, desde mucho antes de mi investigación (1981-1982). De hecho, yo no recuerdo haber visto trillar, lo que nos retrotrae al menos a mi niñez en los años sesenta. Queda el testimonio toponímico de las diversas eras del pueblo, en que trillaban nuestros antecesores: *La Era (de) la Villa*, *La Eretas*, *La Ereta d(e) Arriba* y *La Ereta d(e) Abajo* (Gargallo 2017, 437). El desarrollo del significado traslaticio de 'trabajar mucho' en *trillar* da una idea de la dureza de aquel trabajo extinguido hace mucho.

Instrumentos relacionados con la siega: la *zoqueta*, guante de madera que utiliza en una de sus manos el segador para no cortarse (*vid.* 3.2.1); en la otra lleva la *corbella* ('hoz').[329] En cambio, se necesitan las dos manos para segar con la *dalla*; el DLE localiza esta voz en Aragón y Navarra, y remite a *guadaña*, cuya entrada ofrece una definición bien precisa: «Instrumento para segar a ras de tierra, constituido por una cuchilla alargada, curva y puntiaguda, sujeta a un mango largo que se maneja con las dos manos». El ALEANR (mapa 509: *Guadaña*) corrobora el uso de *dalla* en ambas regiones, en continuidad con el catalán *dalla*. Y dentro de esa área léxica oriental peninsular se inscriben los diversos testimonios de obras de nuestra zona.[330]

El *prepalo* ('alzaprima') es una barra sólida de hierro que sirve para *ceprinar*, es decir, para levantar o remover cosas haciendo palanca. De *prepalo* aporto diversos registros en nuestra zona,[331] en continuidad con el tipo léxico catalán *parpal/perpal* (DCECH, s. v. *propao*). Por su parte, *ceprinar*, que Nebot (1990, 156) recoge en el castellano-aragonés del interior valenciano, es de la familia del aragonés *ceprén* y *ceprenar* (EBA, con la grafía de *zeprén* y *zeprenar*). Según

---

329. La testimonian en la Puebla Monte y Gil (2000, 125) y Salvador (2001: *passim*), así como, en Los Calpes, Boronat (p. 5). En Fuente la Reina, Moliner y Vázquez (2012, 143); en Ludiente, Alba (1986, 63, 120). En el castellano-aragonés de tierras valencians, Nebot (1986, 165); y en Sarrión, López (1992, 25). Por su parte, el ALEANR (mapa 53: *Hoz*) consigna *corbella* en puntos próximos a la Puebla (Olba, Arañuel, Segorbe, Bejís) y al sur de la provincia de Teruel. Dicha *corbella* de área castellanohablante ha de ser propagación a partir de la del valenciano (DCVB), en que el sufijo -ÉLLA responde a la fonética histórica propia. Según Coromines (DECat, s. v. *corb*): «És un mot distinctivament valencià, i usat de cap a cap del País». Su etimología (CÚRVU) obedece a la forma curva de la hoja que siega, por más que la literatura dialectal ha solido escribir *corbella* con -b-, a diferencia de otras palabras de la misma familia, como la voz patrimonial *corvo* o los cultismos *curvo* y *curva*. Por otra parte, existe la variante *corvilla*, con el sufijo -*illa* propio del castellano, que el DECat señala en Murcia y Andalucía.

330. Monte y Gil (2000, 125) en la Puebla; Moliner y Vázquez (2012, 134) en Fuente la Reina; Alba (1986, 46, 123) en Ludiente; Ríos (1989, 126) en Sot de Ferrer; López (1992, 31) en Sarrión; y en el castellano-aragonés del interior valenciano, Nebot (1982, 103).

331. Monte y Gil (2000, 126) en la Puebla; Moliner y Vázquez (2012, 137) en Fuente la Reina; Nebot (1990, 156) en el castellano-aragonés de tierras valencianas; López (1992, 71) en Sarrión.

el *DCECH*, el sustantivo *ceprén* proviene del catalán *alçaprem*, compuesto de los imperativos de *alçar* 'levantar' y *prémer* 'apretar'.

4.1.6. Las mieses

Varios manojos de mieses integran una *gavilla* (*DLE*), forma que el *ALEANR* (mapa 60: *Gavilla*) registra en los dos puntos más próximos a la Puebla: Olba (Te 601) y Arañuel (Cs 300). A su vez, tres o cuatro gavillas constituyen una *garba*[332] o un *haje*, que también recibe la denominación castellana de *haz* (*vid.* 2.2.1.1 y 2.2.5.2.5). Un montón de *hajes* conforman una *hajina* (*vid.* asimismo en 2.2.1.1 y 2.2.5.2.5), si bien algunos de mis encuestados empleaban la correspondiente forma castellana *hacina*; dicha coexistencia de variantes parece en consonancia con el registro de una y de otra en los puntos más próximos encuestados por el *ALEANR* (mapa 70: *Hacina*): *hacina* en Olba (Te 601) y *hajina* en Arañuel (Cs 300). La ligadura con que se atan los haces o garbas se denomina, como en castellano (*DLE*), *vencejo* (< latín vulgar VĪNCĪCULU, alteración de VĪNCULU). Por último, *gavillo* se llama a un montón de garbas, y parece masculinización de *gavilla*, a la manera de *cucharo* a partir de *cuchara*, y *gayata* a partir de *gayato* (cf. 3.1.3).[333]

4.1.7. El riego

Hay numerosas balsas de riego, en su mayoría hoy en desuso: *La Balsa (de) la Umbría* (*Ombría*: *vid.* 2.1.2.4), *La Balsa (de) la Villa*, *La Balsa (de) la Viñaza* (Gargallo 2017, 434). La *ceica* o *zaica*, que corresponde al castellano *acequia* (*vid.* 2.1.1.3), es el canal por donde se conducen las aguas para el

---

332. Dicha *garba* es propia de la España oriental, según el *DLE* y, ahora según el *DCECH*, se ha tomado del catalán *garba*, continuador del fráncico *GARBA. La registra en la Puebla Salvador (2001, 121, 209), que recoge además *garbón*, «haz de mimbres o cañas atados» (pp. 77, 209); en las vecinas Olba (Te 601) y Arañuel (Cs 300), el *ALEANR* (mapa 61: *Haz*); en Fuente la Reina, Moliner y Vázquez (2012, 151) y Moliner (2015, 136); en el Alto Mijares y el Alto Palancia, Nebot (1983, 53), quien precisa en otra obra (1986, 165) que la *garba* es un haz de mies que forman tres gavillas. López (1992, 41), por su parte, la recoge en Sarrión.

333. Registran asimismo *gavillo* Aurora Monte en su blog sobre la Puebla (y con la grafía *ga-billo*, Salvador 2001, 111, 209), Moliner y Vázquez (2012, 152) en Fuente la Reina y Alba (1986, 132) en Ludiente.

riego. La *ceica/zaica madre* es la que alimenta a todas las demás. El *ceiquero* (*zaiquero*) era el encargado de las acequias, de dar los turnos de riego (véanse al respecto el blog de Aurora Monte y el libro de Monte y Gil 2000, 125). La *almenara* es una parada de riego, una zanja de donde se suministra agua para las acequias, y por donde se conduce al río la que sobra de aquellas.[334] Se llama *regar con el hilo* a hacerlo con el agua sobrante de la balsa que baja por la acequia (según el blog de Aurora Monte). Por otra parte, *sonregar*, variante de *sorregar* sobre la que trato en 3.2.2, es regar un bancal en exceso, con más agua de la que admite. En cuanto al turno de riego, así como al turno en general, se llama *tanda*; voz que el castellano comparte con el catalán en el sentido genérico de 'turno'. En el específico de 'turno de riego' la atestiguan Nebot (1986, 174), en el Alto Mijares y el Alto Palancia, y el ALEANR (mapa 92: *Turno de riego*), en Arañuel (Cs 300). Con ambos valores, genérico ('turno') y específico ('turno de riego'), la recoge Gargallo (2004a, 158) en el Rincón de Ademuz. Por último, *calcigar* es «pisar la tierra dejando huellas, sobre todo la tierra labrada y que está regada», conforme al registro de Aurora Monte en su blog sobre la Puebla. Se trata, sin duda, de un préstamo del catalán *calcigar*, continuador de un latín vulgar *CALCĪCARE (*DCVB*, *DECat*).

4.1.8. Otros aspectos sobre las faenas agrícolas y el campo

Como en castellano, *barbechar* (*DLE*) es dar la primera reja a la tierra de labor. Dar la segunda es *abinar* (cast. *binar*; *vid*. 2.1.2.6) o *mantornar*, voz que el *DLE* localiza en Aragón y remite a *binar*.[335] Además, *mantornar* quiere decir 'terminar una costura, sobrehilar', acepción secundaria a partir de la anterior, que registra asimismo en valenciano el *DCVB*, y que en la Puebla identifiqué como un uso propio de mujeres. Por fin, dar la tercera reja es, como en castellano, *terciar* (*DLE*, ac. 4.ª: «Dar la tercera reja o labor a las tierras, después de barbechadas y binadas»); correspondiente al *tercejar* del catalán (*DCVB*, *DIEC*).

---

334. El *DLE* (s. v. *almenara²*) localiza este arabismo en Teruel y Zaragoza, en la 1.ª acepción: «Zanja por la cual se conduce al río el agua que sobra en las acequias»; y solo en Zaragoza, en la 2.ª: «Compuerta para la distribución del agua de riego». El *DCECH* corrobora el carácter aragonés de esta forma, que atestigua asimismo Llatas (2014 [1959]) en el Villar del Arzobispo.

335. Su uso en Aragón lo refrendan el *DCECH* (s. v. *mano*), el *DECat* (s. v. *mà*), el *ALEANR* (mapa 29: *Binar*) y el *EBA*, en continuidad con el catalán occidental (valenciano incluido) *mantornar* (*DCVB*). Nebot (1986, 159) lo registra en el Alto Mijares y el Alto Palancia.

Repasar con el arado las orillas del bancal es lo que significa la expresión *escotar las voras*. El verbo *escotar* cabe identificarlo con la acepción 1.ª que registra el DLE para *escotar*:[1] «Cortar y cercenar algo para acomodarlo a la medida conveniente». En cuanto a *vora*, se trata de un catalanismo: de *vora* < latín ŌRA, con una *v-* evitadora del hiato en la combinación *la ora* > *la vora* (DCVB, DECat), en tanto que el castellano *orilla* deriva como diminutivo del mismo étimo (DCECH). En cuanto a *vora*, lo registran en la Puebla Monte y Gil (2000, 125) con la grafía de *bora, estar en la (—)* «estar al lado, muy próximo»; con la misma grafía, *bora*, Moliner (2015, 133), en Fuente la Reina; con la de *vora*, Ríos (1989, 174), en Sot de Ferrer.

Modos de sembrar: *a voleo*[336] o *a manta*,[337] arrojando a puñados la semilla; *a chorrillo* o *a surco*, dejando caer entre los dedos la semilla a lo largo de cada surco.[338] Solo encuentro un eco de estos usos en el ALEANR (mapa 39: *Sembrar a voleo*), que registra *a manta* en Arañuel (Cs 300).

Se llama *clotear* a hacer *clotes* u hoyos (sobre *clote*, véase 2.1.2.7), para poder plantar en dichos hoyos árboles o arbustos. Se denomina *quincha* aquel bancal que es más largo que ancho, voz que testimonian en nuestra zona y con valores semejantes otras obras,[339] y que en la toponimia de la Puebla está representada en el paraje de *Las Quinchas Salas*. Un *garreto* (también, una *garreta*) se dice de un huerto pequeño; y así lo recoge en su blog sobre la Puebla Aurora Monte.[340] Un *ribazo* es una pared de piedras que marca el límite entre bancales; y los ribazos son bien característicos del paisaje de la Puebla, aun si muchos

---

336. Uso propio del castellano, que el DLE registra (s. v. *voleo*) con las fórmulas alternativas *a* o *al voleo*: «1. locs. advs. Dicho de sembrar: Arrojando la semilla a puñados y esparciéndola al aire».

337. Locución que el diccionario académico recoge (DLE, s v. *manta*), junto con *a mantas*, o *a manta de Dios*, con el sentido de «abundantemente, en gran cantidad» y la notación de *coloquial*.

338. Es otro el sentido de la locución *a surco* en el DLE (s. v. *surco*): «Dicho de dos labores o hazas: Que están contiguas o solo surco por medio».

339. Cf. Nebot (1986, 150) en el Alto Mijares y el Alto Palancia: «trozo de bancal estrecho y alargado»; Alba (1986, 148), en Ludiente: «bancal de huerta que ocupa el segundo lugar después de la acequia, entre la cabeza y el ramblón»; López (1992, 73), en Sarrión: «parcela, normalmente cerrada, de tierra de labor».

340. Solo el masculino *garreto*, Salvador (2001, 117, 209) en la Puebla, y en Fuente la Reina, Moliner (2015, 140). Nebot (1982, 65) atribuye a diversas localidades del Alto Mijares y el Alto Palancia *garreto* y *garreta*, con esta definición: «bancal de secano, estrecho, pedregoso, poco productivo, roturado, generalmente entre peñascos». Alba (1986, 132) documenta *garreto* en Ludiente.

han ido deshaciéndose por el abandono de las tierras.[341] El rastrojo, residuo de la mies que, como rastro, queda en la tierra después de segar, recibe el nombre de *restojo*, que es la variante primitiva (< RESTŪCULU) de este tipo léxico (*vid.* 2.2.5.2.2). Se llama *lobada* al lomo no removido por el arado entre surco y surco; voz que el DLE, con la notación de *rural*, localiza en Murcia con remisión a *loba*; presenta continuidad con la *lobá* del Villar del Arzobispo (Llatas 2014 [1959]: «loba, lomo no removido por el arado entre surco y surco»), y posiblemente tiene relación con la *llobada* del catalán (DCVB; PALDC, mapa 563: *Les llobades*).[342]

Un *torroz* es un terrón, una masa pequeña y suelta de tierra compacta, y también se dice de cosas compactas y pequeñas, aunque no consistan en tierra; por ejemplo, *un torroz de azúcar, de harina*. Aurora Monte en su blog sobre la Puebla recoge *torroz* 'terrón de tierra' y *tierra torrozuda*; Monte y Gil (2000, 127), en su libro sobre nuestro pueblo, anotan *torroz* como «terrón (de azúcar, de tierra)»; y Salvador (2001) ofrece, en nuestra Puebla también, *torroz* (pp. 111, 213) y el derivado verbal *estorrozar* (pp. 111, 208). No muy lejos, en Sarrión, López (1992, 76) aporta otro testimonio de *torroz* («Tormo de tierra»).[343] No ofrece duda que *torroz* es un derivado de *tierra* o de su antecedente latino TĔRRA, con una asimilación vocálica *e-ó* > *o-ó* (*terroz* > *torroz*) semejante a la que explica el catalán dialectal *torròs* a partir de *terròs*, que presenta también el significado de 'terrón'; y de este deriva asimismo *esterrossar* (DCVB, DECat).

El nombre local para el estiércol es *hiemo* (2.2.1.1). Y una *polvacera* es la cantidad de polvo que se levanta de la tierra. Corresponde al castellano *polvareda*, que el DCECH (s. v. *polvo*) hace venir de un hipotético *PŬLVERĒTA. Este mismo diccionario etimológico nos guía para explicar nuestra variante: «en América, por metátesis (orientada por los colectivos en -*era*), se dijo *polvadera* […] y de ahí en Cuba *polvacera* […] según el modelo de *aguacero*». Pero no hay que ir tan lejos para encontrar otra *polvacera* como la nuestra: Alba (1986,

---

341. Viene a corresponder a la ac. 2.ª del DLE para *ribazo*: «Talud entre dos fincas que están a distinto nivel». Registran *ribazo*: Salvador (2001, 212) en la Puebla; y Moliner y Vázquez (2012, 137) en Fuente la Reina.

342. Véanse las conjeturas del DCECH (s. v. *lobo*) al respecto. Este diccionario define *lobada* como «el espacio de tierra cerrado por la curva que ha de hacer el surco al encontrarse la reja con un tocón de árbol u otro obstáculo que le impide seguir en línea recta».

343. Y el ALEANR (mapa 1389: *Terrón de tierra*) anota asimismo *torroz* en Olba (Te 601), Arañuel (Cs 300) y Bejís (Cs 302), en tanto que *torrós* en Segorbe, con su seseo característico.

146) la atestigua en Ludiente; y el *ALEANR* (mapa 162: *Polvareda*), en puntos aislados de la provincia de Teruel.

4.2. ALGUNAS INDUSTRIAS RELACIONADAS CON LA AGRICULTURA

La mayoría de procedimientos y actividades que aquí se describen ya no siguen vigentes: a saber, la herrería, la elaboración del vino, la del aceite y la del pan.

4.2.1. La herrería

En la etapa de mi cosecha dialectal, la herrería de la Puebla seguía abierta y en funcionamiento. Debo a Fermín Collado, el tío Fermín del Herrero, las informaciones relativas a este oficio extinguido en nuestro pueblo ya hace décadas. Hoy *La Herrería* se siente como una evocación al pasado en su lugar de siempre: la calle de Aragón.

Al fuelle de la fragua se le llama *manchón*; y *manchar*[344] es accionar dicho fuelle para que salga el aire por la *tobera*,[345] tubo que conduce hasta la fragua; *inclusa* o *enclusa* (forma tratada ya en 2.1.2.4 y 2.2.5.2.1) es la designación para el yunque; se encaja en un tajo de madera bastante voluminoso y pesado que se llama *trajón*; voz que designa también el 'pedazo de madera para partir la carne';[346] participa de frases hechas como *ser un trajón*, dicha de una persona

---

344. El *DLE* registra *mancha* 'fuelle' en Aragón y Murcia; y los derivados *manchar* y *manchador* («Hombre que mueve los fuelles del órgano»), en Aragón. El *DCECH* (s. v. *mancha II*) explica la procedencia de *mancha* (< latín MANTICA 'saquito, alforja, zurrón') conforme a un tratamiento fonético (-NTIC- > nx-) propio del catalán e impropio del castellano; por tanto, *mancha* se habrá tomado del catalán *manxa*. Recoge también *mancha*, *manchador* y *manchar* López (1992, 55) en Sarrión. El *ALEANR* (mapa 1262: *Fuelle*) testimonia *manchón* y *mancha* profusamente por Aragón, así como en el castellano-aragonés de territorio valenciano.

345. Voz recogida por el *DLE* (s. v. *tobera*) con una acepción (la primera) más genérica: «Tubo troncocónico por donde se inyecta aire, agua o combustible en dispositivos o instalaciones como fraguas, altos hornos, motores o turbinas».

346. Así designa el *DLE tajón*, cuya primera acepción remite a *tajo*. Posiblemente *trajón* sea variante de dicho *tajón*, derivado del antiguo *tajar* 'cortar' (*DCECH*). En cuanto a nuestro *trajón*, lo recoge Aurora Monte en su blog sobre la Puebla (*trajón*, «tajo grueso de madera; sirve para cortar»); en Fuente la Reina, Moliner y Vázquez (2012, 141) y Moliner (2015, 141); Nebot (1985a, 416), en el castellano-aragonés del interior valenciano; y López (1992, 86), en Sarrión. El *ALEANR*

pesada y fuerte, o *pesar más que un trajón*, aplicable a los niños en edad de crecimiento. El *mallo*, mazo grande y recio del herrero, sirve para *mallar* 'golpear el hierro para forjarlo'; el tratamiento de *mallo* a partir del latín MALLEU corresponde al romance aragonés *mallo*,[347] como el del derivado verbal *mallar* (< MALLEARE), que presentan continuidad respectivamente en el catalán *mall* y *mallar*, en tanto que el castellano *majo* (antiguo) y *majar* siguen otro camino fonético para llegar a -*j*-. Los *cortafríos* sirven para cortar hierro frío a golpes de martillo (*cortafrío*, en singular, en el DLE) y pueden llamarse también *tajadera*[348] o *tallante*; este último parece adaptación a partir del catalán *tallant* (con valores como el de «tallador de ferro» en el DCVB), derivado de *tallar* (< TALEARE) que presenta el tratamiento consonántico (-LY- > -*ll*-) propio de esta lengua. Otro instrumento es el *torcedor*,[349] con que se sujeta y retuerce el hocico de la caballería cuando se quiere que permanezca quieta, para poder herrarla o hacerle alguna cura. Menciono finalmente *cagahierro* 'escoria del hierro'; el DLE registra *cagafierro*, que el DCECH (s. v. *cagar*) cree voz aragonesa, en tanto que juzga murciana la variante *cagayerro*.[350] Además del sentido literal de *cagahierro* en el ámbito de la herrería, se da también el de tierra pisoteada en blando y que ha quedado endurecida con la forma que se le había dado en caliente.

4.2.2. La elaboración del vino

Todo empieza con el *jarmiento* (variante del *sarmiento* castellano: 2.2.1.7); al que, sin cortarlo, se entierra para que arraigue se le llama *morgón*.[351] A la

---

(mapas 911: *Posete (de corcho o de tronco)*); y 886: *Tajador para cortar la carne*) atestigua *trajón* en el entorno de la Puebla.

347. Que me recuerda los impresionantes *Mallos de Riglos* de la provincia de Hueca, peñascos gigantes en que la imaginación popular ha querido ver unos mazos de herrero. También recoge *mallo* («martillo recio de fragua») López (1992, 55) en Sarrión.

348. El DLE consigna la tercera acepción de *tajadera* con remisión a *cortafrío*.

349. El DLE (s. v. *torcedor*, *ra*) remite la 4.ª acepción de *torcedor*, con la notación de *rural* y localizado en Aragón, al arabismo *acial* («Instrumento para que estén quietas las bestias»). Su uso en Aragón es recogido por el EBA con la grafía *torzedor*.

350. Llatas (2014 [1959]) recoge *cagahierro* en el Villar del Arzobispo. El EBA documenta *cagafierro* en Salas Altas (provincia de Huesca), y además existe en catalán *cagaferro* (DCVB).

351. Forma que el DLE remite a *mugrón*. Aunque esta obra no consigne localización, parece que *morgón* es variante propia de lugares como Aragón (DCECH, s. v. *mugrón*). Además, el diccionario académico recoge *morgón* en el Alto Mijares y el Alto Palancia (Nebot 1988, 92). Es notoria la afinidad con el catalán *murgó* y variantes (DCVB, s. v.; PALDC, mapa 662: *Un capficat*).

yema de la vid, al renuevo que aparece en su tallo, como también de manera genérica al de otras plantas (cf. 4.3), se denomina **yema** o **borrón**; *yema*, como en castellano (*DLE*), y *borrón*, como en distintos testimonios de nuestro entorno,[352] que ofrecen continuidad con el *borró* 'íd.' del catalán (*DCVB*). Se llama **esbordegar** a quitar los tallos superfluos de la vid, con esta forma verbal de la que hay diversos testimonios en nuestra zona,[353] y que parece prolongación del *esbordegar* valenciano que el *DCVB* localiza en Llucena [Lucena del Cid] y Aín; ambas, localidades vecinas a la frontera lingüística con nuestras hablas castellano-aragonesas de interior. Y *esbordegar* en esta lengua es derivado de *bord*, con sentidos negativos como el de 'falso' (< BŪRDU; *DCVB*).

Con la **vendema** (cast. *vendimia*: 2.2.5.2.7) o recolección de la uva se obtiene la materia prima para la elaboración del vino. El recipiente donde se pisa(ba) la uva es el **cubo** (en cast. *lagar*), voz atestiguada en nuestra zona por diversas obras,[354] que presenta continuidad con el catalán *cup* 'íd.' (*DCVB*). Y se llamaba **sacacubo** al día en que se trasegaba el vino; día festivo, como refleja esta coplilla jocosa que confirma mi padre: *Tres fiestas hay en el año que no las predica el cura: matapuerco, sacacubo y el día de la fridura;*[355] así también, la leve variante recogida en Los Calpes por Boronat (p. 12): *Tres fiestas hay en el año que no las manifiesta el cura: matapuerco, sacacubo y el día de la fridura;*[356] ambas alteran otra muy conocida en castellano entre las generaciones que me han precedido: *Tres jueves hay en el año que relucen más que el sol, Jueves Santo, Corpus Christi y el día de la Ascensión* (recogida también bajo 4.16.2).[357] El **mosto** (como en castellano) es el zumo exprimido de la uva,

---

352. Así, el de Nebot (1982, 98) en el Alto Mijares y el Alto Palancia, el del ALEANR (mapa 192: *Yema de la vid*) en Arañuel (Cs 300) y, junto a *yema*, en Segorbe (Cs 301); el de Llatas (2014 [1959]) en el Villar del Arzobispo, y el de Gargallo (2004a, 206) en el Rincón de Ademuz.

353. Para empezar, Monte y Gil (2000, 126), en la Puebla: *esbordegar*, «quitar los sarmientos sin uvas en primavera, para que los racimos se hagan más grandes. Quitar los tallos bordes». En Fuente la Reina recogen dicha forma Moliner y Vázquez (2012, 144) y Moliner (2015, 134); en el Alto Mijares y el Alto Palancia, Nebot (1990, 93); en Sarrión, López (1992, 35). También el ALEANR (mapa 190: *Quitar los tallos superfluos*), en Olba (Te 601) y Segorbe (Cs 301).

354. Por Moliner (2015, 134) en Fuente la Reina, y por Nebot (1988, 96) en el Alto Mijares y el Alto Palancia. También el ALEANR (mapa 202: *Lagar*) en Olba (Te 601) y Segorbe (Cs 601).

355. Véase sobre *matapuerco* y *fridura* los puntos 4.6.1 y 4.6.3, respectivamente. Por otra parte, se recoge el refrán en el apartado 4.16.2.

356. Registrada asimismo por Alba (1986, 81) en Ludiente y por Nebot (1988, 89) en el Alto Mijares y el Alto Palancia, con la variante *predica*, y no con la de *manifiesta*.

357. Y precisamente otra Ascensión, Ascensión Collado Collado, me regala esta frase paródica: *Aleluya, dijo el cura, por comer de la fridura; y el sacristán dijo amén, por comer de la sartén.* Da una idea de lo celebrada que era la fridura.

antes de fermentar y hacerse vino (*DLE*). Con mosto recién prensado, nueces, piel de naranja y harina se hace el ***mostillo de vino*** (Monte y Gil 2000, 76-77); detalla ingredientes y preparación, según los usos de la Puebla, Salvador (2001, 93).[358] El residuo, el hollejo de la uva después de exprimida, es la ***brisa***,[359] si bien algunos hablantes utilizaban la forma, común en castellano, ***orujo***. En la brisa están contenidos los ***granilletes*** ('granos, simientes') de la uva; voz que recoge, asimismo en plural y en la Puebla, Salvador (2001, 117, 209). Se llama ***raspajo*** el escobajo de la uva, lo que queda del racimo una vez quitados los granos (Salvador 2001, 212).[360] A un depósito contiguo al cubo, que se encuentra bajo el nivel del suelo, va a parar el mosto, que se recoge después en vasijas y en tinajas, donde ***hirve*** (para la -*i*- de ***hervir***, véase 3.5.1.4) o ***fermenta*** (***fermentar***). El *ALEANR* (mapa 207: *Fermentar*) registra ambas opciones léxicas en puntos cercanos: *hervir* en Olba (Te 601), *fermentar* en Arañuel (Cs 300) y Segorbe (Cs 601).

Se llama ***trascolar*** o ***trescolar*** (el vino) a trasegarlo, cambiarlo de vasija para eliminar todos los posos después de que haya reposado durante unos días; tal como recogen Boronat (p. 6) en Los Calpes y Nebot (1988, 99, 109) en el Alto Mijares y el Alto Palancia; la afinidad formal y la identidad de significado con el catalán *trascolar*, especialmente extendido por el ámbito valenciano (*PALDC*, mapa 675: *Trafegar el vi*), invitan a pensar en una expansión de este a nuestra zona, ya que la forma académica del castellano *trascolar* (*DLE*) presenta valores ajenos al vinícola.[361] Por otra parte, no hay duda de que ***trascolar*** es la forma primitiva con el prefijo *tras*-, y de ella proviene la secundaria ***trescolar***, que también recoge el *ALEANR* (mapa 216: *Trasegar*) en Arañuel (Cs 300).

Por último, el vino se almacena en cubas, que se componen de maderas longitudinales sujetas por ***cercillos/zarcillos*** (*vid.* 2.1.1.1 y 2.1.2.3), también

---

358. Moliner y Vázquez (2012, 149), en Fuente la Reina, recogen *mostillo*: «dulce hecho con mosto cocido, harina, azúcar o miel». Y el diccionario normativo (*DLE*): «Masa de mosto cocido, que suele condimentarse con anís, canela o clavo». Véase lo que señalo en 4.5.10 para el ***mostillo de miel***.

359. Por más que el *DLE*, que remite *brisa* a *orujo*, no consigna localización, *brisa* es una voz del oriente peninsular, aragonesa y murciana según el *DCECH* (s. v. *brisa II*), que presenta continuidad con el catalán *brisa*. La recoge asimismo en la Puebla Salvador (2001, 117). En el Alto Mijares y el Alto Palancia, Nebot (1988, 96); en Ludiente, Alba (1986, 113); y en Sarrión, López (1992, 20).

360. El *DLE* remite a *escobajo*: «2. m. Raspa que queda del racimo después de quitarle las uvas». Nebot (1983, 57) lo recoge en el Alto Mijares y el Alto Palancia.

361. «Colar a través de algo» y «Pasar desde un lado a otro de un monte u otro sitio».

llamados **cércoles**,[362] sin duda deudores del catalán *cèrcols*. La *jeta* es una espita o grifo de madera que permite que por él salga el vino del barril.[363] Y la *pansa* (*vid.* 2.2.5.2.3), uva seca, variante de la *pasa* castellana, concentra en su dulzor la esencia de la viña.

4.2.3. La elaboración del aceite

Cabe señalar de entrada que se utiliza la voz romance *oliva*, en consonancia con el nombre del árbol, la *olivera* (*vid.* 3.2.1), y en lugar del arabismo castellano *aceituna*, que se siente ajeno a la Puebla. En cambio, para designar el molino de aceite se emplea el arabismo **almácera** (atestiguado también por Salvador 2001, 115), afín al catalán y valenciano *almàssera* (*DCVB*, Corriente 2003² [1999]) y correspondiente al castellano común *almazara*.[364] Había dos almáceras en la Puebla, ya en mal estado y fuera de uso durante mi investigación. Ahora de ellas solo queda el recuerdo de los mayores y una vaga referencia toponímica de su antigua ubicación.

Dentro de la almácera hay unas **trojas**, depósitos para aceitunas donde cada cosechero coloca las olivas antes de la prensa; y *troja* se llama también el depósito para guardar el grano en la vivienda, sentido que registra en la Puebla Salvador (2001, 213).[365] La oliva se muele en primer lugar en el **ruejo** (*vid.* 2.1.1.2 y 2.2.5.2.2), rueda del molino de aceite en forma de cono truncado (*rulo*, en castellano). Los **espartines** (sobre **espartín**, véase 2.2.3 y 2.2.12) son unos recipientes de esparto en que se pone la uva para prensarla. Dichos espartines,

---

362. El *ALEANR* (mapa 209: *Aro(s)*) recoge *cercillos* en la vecina Olba (Te 601); y *cércol*, en Arañuel (Cs 300) y Segorbe (Cs 301). Nebot (1988, 98), *cércol, cércoles*, 'aros de los toneles, cubas', en el Alto Mijares y el Alto Palancia.

363. El *DLE* (s. v. *jeta¹*) registra en su ac. 6.ª, como propia de Aragón: «Espita de la cuba u otra vasija». Joan Corominas (*DCECH*, s. v. *seta*; *DECat*, s. v. *aixeta*) observa la afinidad con el catalán *aixeta* 'grifo'. El *ALEANR* (mapa 212: *Espita*) anota *jeta* en Olba (Te 601) y Arañuel (Cs 300). Alba (1986, 135), en Ludiente; López (1992, 49), en Sarrión.

364. Recoge *almácera* en el Alto Mijares y el Alto Palancia Nebot (1983, 75; 1988, 106). El *ALEANR* (mapa 225: *Almazara*), en Segorbe, *almácera*; pero *almacera*, con el acento llano, en Olba (Te 601) y Arañuel (Cs 300).

365. Dicha forma en femenino, *desusada* según el *DLE* y atribuida por esta obra a varios países de Hispanoamérica, se remite al masculino *troj*, y para la vinculación entre ambas, *troj* y *troja*, remito yo al *DCECH* (s. v. *troj*). La variante femenina *troja* es atestiguada por Nebot (1985a, 465) en el castellano-aragonés de tierras valencianas. Por su parte, el *ALEANR* (mapa 782: *Granero*) la anota en Arañuel (Cs 300).

llenos de pasta de oliva, se disponen uno encima de otro en un **torno** (*DLE*), donde se realiza la prensa. El aceite que va chorreando durante la prensa se deposita en un **tinaco**, una «tina pequeña de madera» (según la acepción genérica del *DLE*). Se llama **piñol** (*vid.* 2.1.1.1) el orujo que queda en los espartines después de prensada la pasta. La **morcada** es el conjunto de las heces del aceite, los posos de la botella o de los recipientes en que se ponen; en cambio, no tengo constancia de *morca 'hez del aceite', que sería la forma primitiva, y que el *DLE* localiza en Aragón; quizá no se da en la Puebla por su inconveniente homonimia con la popular **morca** 'morcilla', de la que trato más adelante (4.6.2).[366] Por fin, del aceite candente se dice que está **rusiente**.[367]

4.2.4. La elaboración de la harina y del pan

Dos molinos de harina había en la Puebla a principios de los 80 del siglo pasado: uno se hallaba ya medio derruido; el otro, curiosamente, se encontraba en el límite entre las provincias de Castellón y de Teruel y en la ribera derecha del Mijares: *el Molino (de) los Peiros* (cf. 2.2.5.2.8), que en ese tiempo aún funcionaba de manera ocasional. Pero no solo ha habido otros molinos en la ribera del Mijares (anegados por el pantano): entre ellos, *el Molino (de) Reinaldo* y el *Molino (de)l Duque*, también llamado *Molino (de) Sargantana*, por el apodo *Sargantana* de sus propietarios.[368] Además, en el margen izquierdo del otro río de la Puebla, el Maimona,[369] entre Los Calpes y la población limítrofe de Fuente la Reina, se situaban *El Molino Bajero* y *El Molino (de) en Medio* (Gargallo 2017, 434).

Del molino de harina cabe destacar diversos útiles. La **orenza** o tolva del molino es el recipiente donde se pone el grano para que baje poco a poco para

---

366. Pero sí que registra el plural *morcas*, con este valor, el *ALEANR* (mapa 228: *Alpechín*), en Arañuel (Cs 300) y en Segorbe (Cs 301). Llatas (2014 [1959]) anota *morcá* 'sedimento del aceite', pronunciación local de *morcada*, en el Villar del Arzobispo. Y cabe señalar la afinidad semántica de tales formas, primitiva y derivada, con el catalán *morca* y *morcada* (*DCVB*).

367. Cf. el *DLE*: «Que se pone rojo o candente con el fuego». Recogen este mismo uso en la Puebla Aurora Monte en su blog y Monte y Gil (2000, 127) en su libro. En Ludiente, Alba (1986, 152); en Sot de Ferrer, Ríos (1989, 166); en Sarrión, López (1992, 77).

368. Y es de notar que dicho apodo se toma de **sargantana** ('lagartija': *vid.* 4.4.2).

369. De trayecto más corto, se une al Mijares en Montanejos.

ser molido en el *ruejo* (cf. 4.2.3).[370] La *tarabilla* (*d'espolsar*) o cítola del molino es una tablilla de madera que pende de una cuerda sobre la muela y regula la salida del grano de la orenza. Mientras esta va despidiendo grano y el molino funciona, va produciendo ruido; *tarabilla*, la voz genérica, es propia del castellano (*DLE*); *espolsar* 'sacudir' es catalanismo del que trataré en 4.14. Hay dos tipos de muela: *muela francesa*, que sirve para moler trigo, y *muela catalana*, para moler piensos. De la familia de *muela* es *amolar* 'afilar un arma o instrumento en la rueda del molino' (*DLE*), que coloquialmente puede significar también 'fastidiar, molestar' (3.ª ac. del *DLE*); como en catalán *amolar*, para el que el *DCVB* registra ambos significados también. Con un *ciazo* (< *ceazo* < *cedazo*; *vid.* 2.1.3.1) se *cierne* la harina, con el mismo *cerner* de la lengua común (*DLE*).

Ya en el *horno* (voz que se prefiere a *panadería*):[371] en la *artesa* (*DLE*) se *masa*, con el *masar* propio del pueblo (de *amasar*: *vid.* 2.1.2.5), la harina. Se dice *recrecer* (con el valor genérico de «aumentar, acrecentar algo» del *DLE*) o *venir buena (la masa)*: *la masa viene buena*: «Es la expresión utilizada cuando se hace masa con levadura, que tiene que fermentar. Ese proceso de fermentación, en el que la masa aumenta de volumen, se llama *venir buena*» (según el blog de Aurora Monte sobre la Puebla).[372] El *mandil* es un paño que sirve para cubrir el pan, tal como testimonia en la Puebla Salvador (2001, 128, 210).[373]

A la parte blanda o miga del pan se la denomina *molla*.[374] Y *mollete* se llamaba el panecillo en forma redonda que se merendaba el día de Pascua de Resurrección (Monte y Gil 2000, 19).[375] Un *canto* de pan (a menudo, un *canti-*

---

370. También Salvador (2001, 115, 211) registra *orenza* en la Puebla. El *DLE* la recoge como propia de Aragón. Y la testimonia en el castellano-aragonés del interior valenciano Nebot (1988, 107, 111); más concretamente en Arañuel (Cs 300), el *ALEANR* (mapa 234: *Tolva*); y Alba (1986, 141), en Ludiente.

371. Con *El Horno* (también pronunciado *L'Horno*: *vid.* 3.3) se designa aún el lugar donde se encontraba dicho establecimiento, en la calle de la Portera.

372. Según el testimonio de Salvador (2001, 93, 128), también de la Puebla: *venir bueno/-a* 'fermentar'.

373. Y en Sot de Ferrer, Ríos (1989, 153). Cf. asimismo el *mandil del horno* («Tejido de lana con que se cubre el pan antes de cocerlo») que Llatas (2014 [1959]) recoge en el Villar del Arzobispo. En cambio, el *DLE* (s. v. *mandil*) ofrece valores distintos, como en la 1.ª ac.: «delantal (‖ prenda para proteger la ropa)».

374. El *DLE* localiza en Murcia *molla*, con remisión a *miga*. Se trata de un catalanismo que no es exclusivo del murciano. Lo recoge en las hablas castellano-aragonesas del interior valenciano Nebot (1988, 118), que distingue entre *molla* 'miga de pan' y *mollica* 'migaja'. Lo testimonian Moliner y Vázquez (2012, 152) en Fuente la Reina; Alba (1986, 139), en Ludiente; el *ALEANR* (mapa 253: *Miga*), en Olba (Te 601) y en Arañuel (Cs 300).

375. Cf. la primera acepción del *DLE* para *mollete*: «Panecillo de forma ovalada, esponjado y de poca cochura, ordinariamente blanco».

co, en diminutivo) es el trozo extremo de una barra de pan, normalmente partido, tal como recoge Nebot (1983, 118) para el Alto Mijares y el Alto Palancia; corresponde al *cantero* del DLE (ac. 3.ª: «Extremo de algunas cosas duras que se pueden partir con facilidad. *Un cantero de pan*»). Un *rosigón* de pan es un mendrugo, un pedazo de pan duro,[376] voz que el DLE localiza en Albacete y Aragón, y que proviene del catalán *rosegó* (DCECH, s. v. *roer*); está relacionada con el verbo *rosigar*, también catalanismo (de *rosegar*), que presenta sentidos como 'roer', 'refunfuñar', 'pedir con insistencia' (con evidente transición semántica del primero a los otros dos: *vid.* 4.7.1.1). Una *llesca*, o la variante más común *yesca* (con yeísmo), es como se llama la rebanada, normalmente de pan; he tratado de este catalanismo en el punto 2.2.1.4. Del pan enmohecido, y también de otros alimentos como el queso o los embutidos, se dice que están *florecidos*; el verbo correspondiente es *florece(r)se*, como en la cuarta acepción del DLE, con uso pronominal: «Dicho especialmente del queso o del pan: Ponerse mohoso»; y en el registro de Nebot (1988, 117) para el Alto Mijares y el Alto Palancia: *florecese*. El ALEANR (mapa 258: *Pan enmohecido*) registra *florecido* en Olba (Te 601), Arañuel (Cs 300), Segorbe (Cs 301) y Bejís (Cs 302); uso que sintoniza con el del catalán *florir* y *florit* (DCVB). A un bollo de pan en forma de rosco se le llama *rollo*, como el que forma parte del nombre que se da a la Pascua de Pentecostés: *Pascua del Rollo* (pronunciado *Pascua'l Rollo*: 3.7.1); así lo recoge en su blog Aurora Monte, y Salvador (2001, 161) en su libro. Y tal denominación se funda en el *rollo de la caridad* (*caridá*) [4.11.1] bendecido que se reparte entre los asistentes a la fiesta. Otros son los *rollos de cerdo*, semejantes en la forma pero con otros ingredientes (*vid.* 4.6.2). Por otra parte, eran muy apreciados los *rollicos de anís* que hacía el último panadero del pueblo, Timoteo Monte. Y no menos, las *rosquilletas*, barritas alargadas y crijientes hechas con *laboretas* (*vid.* 4.3.3) de anís y aceite, como las que hacía mi abuela Presentación.[377] La *torna* del pan (también de otras mercancías, pero especialmente la del pan) es

---

376. Asimismo en la Puebla, Monte y Gil (2000, 127), que ofrece, además, el valor de 'dulce típico'. En el Alto Mijares y el Alto Palancia, Nebot (1988, 118). En Ludiente, Alba (1986, 151). En Sarrión, López (1992, 77). Recoge también *rosigón* con este sentido el ALEANR (mapa 257: *Mendrugo*) en los tres puntos de la provincia de Castellón: Arañuel (Cs 300), Segorbe (Cs 301) y Bejís (302).

377. Tanto la *rosquilleta* de la Puebla como la de Ludiente ('pasta alargada', según Alba 1986, 151) parecen deudoras de la *rosquilleta* del valenciano: «Panet llarguer, sovint barrejat amb anís i amb oli» (DCVB).

la parte añadida para cumplir con el peso que se requiere;[378] como en catalán *torna*, posverbal de *tornar* 'volver, devolver'. Se llama *volandera* a una «torta hecha con masa de pan a la que se le añadía aceite y *laboretas*» [sobre *laboretas*, véase 4.3.3], conforme a la definición de Aurora Monte en su blog; es voz que recogen asimismo en su libro sobre la Puebla Monte y Gil (2000, 16, 17), y en el suyo Salvador (2001, 147, 213) como «torta pequeña». La *torta de nueces* es conocida también como *engajada*,[379] con este derivado de *gajo*. Por último, la *llanda* es un recipiente de hojalata, plano y con orillas bajas, en que se lleva la comida a cocer al horno (*vid.* 2.2.1.4), una palabra que trae olores y sabores a la memoria.

4.3. PLANTAS (CULTIVABLES Y NO CULTIVABLES); ÁRBOLES Y FRUTOS

4.3.1. Cuestiones generales

Una planta *borde* es aquella que no produce fruto o lo produce no comestible.[380] En cambio, una *vera* es la que ofrece fruto comestible, en algún caso por haber sido injertada; este adjetivo *vero, -ra*, se atestigua en el conjunto de las comarcas del Alto Mijares y el Alto Palancia (Nebot 1990, 96) en relación a a las plantas que producen frutos comestibles; y en Ludiente (Alba 1986, 157), al árbol injertado. Más que con el castellano *vero, -a*, que el DLE registra como *desusado* y con remisión a *verdadero*, tiene que ver con el catalán *ver, -a*, para el que el DCVB (s. v. *ver, vera*), en su ac. 3.ª, consigna el valor de 'verdadero' aplicado a animales y plantas.[381]

378. Cf. López (1992, 86), en Sarrión: *torna*, «trozo de carne de inferior calidad para completar el peso». El ALEANR (mapa 1238: *Añadidura*) atestigua dicha forma en el entorno de la Puebla.

379. Así, en el blog de Aurora Monte, y asimismo en el libro a cuatro manos de Monte y Gil (2000, 27).

380. Según el DLE (s. v. *borde*²) en su 3.ª ac.: «Dicho de una planta: No injertada ni cultivada»; acepción botánica que comparte con la voz catalana de la que proviene: *bord* (con el femenino analógico *borda*), continuadora del latín BŬRDUS 'mulo'. Lo atestigua también Nebot (1990, 95) en el Alto Mijares y el Alto Palancia. Por su parte, Alba (1986, 118) consigna en Ludiente *borde* como «árbol no injertado». Y también el ALEANR (mapa 274: *Planta silvestre*) anota *borde* en Olba (Te 601), Arañuel (Cs 300) y Segorbe (Cs 301).

381. Existe, además, la variante *vero* 'verdadero', que el DCVB asigna al Maestrazgo, y de la que se ocupa Veny (1958-59, 105, 109).

Si bien se emplean las voces castellanas *injertar* e *injerto*, es en convivencia con las más genuinas **empeltar** y **empelte**, que se han tomado de las respectivas catalanas *empeltar* y *empelt* (DCECH, s. v. *empeltre*).[382] Aportan testimonio de *empeltar* y *empelte* Nebot (1990, 135) en el Alto Mijares y el Alto Palancia, Alba (1986, 125) en Ludiente y Llatas (2014 [1959]) en el Villar del Arzobispo. Un **esquince** (*esqueje*, en castellano) es el tallo que se introduce en tierra para multiplicar la planta; dicha forma, que el ALEANR (mapa 342: *Esqueje*) recoge en las localidades vecinas de Olba (Te 601) y Arañuel (Cs 300), acaso tenga que ver con el catalán *esquinç*, del que procede el *esguince* 'torcedura' del castellano. Comenzar a brotar una planta se denomina **borrar** o **mover**; y al brote, **borrón** (para este, véase 4.2.2);[383] **mover**, como en el diccionario académico (*DLE*: ac. 8.ª: «Dicho de una planta: Empezar a brotar por la primavera») y en sintonía con el catalán *moure*, que el DCVB localiza con dicha acepción en Gandesa, Tortosa y el País Valenciano; *borrar* 'retoñar' también atestiguado en el Alto Mijares y el Alto Palancia por Nebot (1982, 95), que ha de ser una prolongación del catalán *borrar* (DCVB). Se dice **garbancear** del estar a punto de abrir los capullos de las flores;[384] y **esclatar**, de abrirse dichos capullos para hacerse flores; se trata de una de las múltiples acepciones que presenta el catalán *esclatar* ('explotar', 'reventar', 'estallar'), que se habrá extendido a nuestra zona con esta específica acepción floral.[385] Quitar las ramas superfluas de un árbol es lo que significa **esporgar**, **podar** o **limpiar**; según Monte y Gil (2000, 126), el *esporgar* de la Puebla equivale no solo a «escamondar, limpiar un árbol quitándole las ramas inútiles». También se usa para referirse al acto de quitar las impurezas del grano después de la trilla. Es voz tomada del catalán *esporgar* 'íd.' (< EXPŪRGARE 'limpiar'; DCVB), catalanismo que recogen también López (1992, 37) en Sarrión y Julián (1998, 32) en La Iglesuela del Cid. En cuanto a las voces del castellano *limpiar* y *podar*, el ALEANR (mapa 334: *Podar*) registra la primera en Olba (Te 601) y Arañuel (Cs 300); y la segunda, en Segorbe (Cs

---

382. El DLE registra *empeltre* en Aragón, y lo define así: «Olivo injerto, pequeño, muy fructífero, de aceituna negra, buena para adobar y para el molino».

383. Y añádase ahora el *borrón* genérico del ALEANR (mapa 344: *Brote de las plantas*) en Olba (Te 601), Arañuel (Cs 300), Segorbe (Cs 301) y Bejís (Cs 302).

384. Como en mallorquín *ciuronar*, de *ciuró* 'garbanzo' (DCVB).

385. Además de Aurora Monte en su blog, la testimonian Moliner (2015, 134, 135) en Fuente la Reina; Nebot (1981, 77) en el Alto Mijares y el Alto Palancia; Alba (1986, 127) en Ludiente; López (1992, 36) en Sarrión.

301) y Bejís (Cs 302). Se llama *cimal* la rama algo gruesa de un árbol.[386] Por último, *plegar* o *replegar* (cf. 2.2.5.1) es, entre otras cosas, 'hacer la recolección'; en particular, recoger del suelo (*plegar patatas*); para otras acepciones de este verbo, remito al punto 3.14.

Un apunte final me lleva a *capota* 'copa de los árboles'. Según el blog de Aurora Monte: «También existe *Capota* como apodo de la familia de Álvaro Gargallo (D.E.P.), su padre Vicente *Capota* y su tío»; este, como era más bajo de estatura, era conocido como *Capotica* [las negritas son mías].

4.3.2. Plantas cultivables

La designación común en la Puebla para la alfalfa es *alfaz* (muy ocasionalmente oí *alfalce* de algún encuestado); *alfaz* atestiguan en nuestro pueblo Aurora Monte en su blog y Salvador (2001, *passim*), y en Los Calpes Boronat (p. 5); también Moliner y Vázquez (2012, 142) en Fuente la Reina; Nebot (1983, 61), *alfaz* en Alcudia de Veo (y *alfàs* en Almedíjar); Alba (1986, 47, 106) en Ludiente y López (1992, 13) en Sarrión. Y el ALEANR (mapa 505: *Alfalfa*) registra asimismo *alfaz* en Arañuel (Cs 300) y Bejís (Cs 302). Por otra parte, nuestro arabismo *alfaz* consuena con el valenciano *alfàs*, mientras que la variante *alfalce* coincide con la aragonesa (también pirenaica) y navarra (*DECat*, s. v. *alfals*).

Otra voz muy de la tierra es *panizo* 'maíz' (< latín PANĪCIUM), hermana del catalán occidental (valenciano incluido) *panís* y registrada por el diccionario de la Academia, que la remite en su 3.ª ac. a *maíz*. La atestiguan en la Puebla Salvador (*passim*) y en Campos de Arenoso Pérez (2000, 157). Moliner y Vázquez (2012, 127) y Moliner (2015, 137), en Fuente la Reina; Nebot (1980, 217), en el Alto Mijares y el Alto Palancia; Alba (1986, 142) en Ludiente y López (1992, 62) en Sarrión. En todo este espacio castellano-aragonés, *panizo*, la forma que registra mayoritariamente el ALEANR en su mapa 105 (*Maíz*), se siente como genuina, en tanto que *maíz* suena a voz culta, de libro. Además, Monte y Gil (2000, 126) registran *panizo de rosas* como «maíz para palomitas».[387] El panizo se cría en

---

386. Además del registro de Aurora Monte en su blog sobre la Puebla, he documentado el de Nebot (1990, 130) en las comarcas castellanohablantes de la provincia de Castellón y el de López (1992, 30) en Sarrión.

387. Como en el valenciano *roses* (*DCVB*, s. v. *rosa*). Este uso de *rosas* 'palomitas de maíz' se atestigua asimismo en el Villar del Arzobispo (Llatas 2014 [1959]) y el Rincón de Ademuz (Gargallo 2004a, 207).

la *panoja*, espiga apretada que se desarrolla en la parte más alta de la planta. El *DLE* remite de *panoja* a *mazorca*, que es voz absolutamente ajena a la tierra. En cambio, *panoja* se encuentra ampliamente atestiguada tanto en la Puebla (blog de Aurora Monte; Salvador 2001, 157) como en el castellano-aragonés de nuestra zona: en Fuente la Reina (Moliner y Vázquez 2012, 137; Moliner 2015, 137); en las comarcas del Alto Mijares y el Alto Palancia (Nebot 1986, 175); en Ludiente (Alba 1986, 46, 142), en Sot de Ferrer (Ríos 1989, 158) y en Sarrión (López 1992, 67). Y también el *ALEANR* (mapa 109: *Mazorca*) registra *panoja* en puntos próximos a la Puebla: concretamente Olba (Te 601), Arañuel (Cs 300), Segorbe (Cs 301) y Bejís (Cs 302).[388] La panoja está rodeada de hojas, cada una de las cuales recibe el nombre de *boja*. La operación de deshojar el maíz se denomina *esbojar* (para el prefijo *es-*, véase 3.2.2), tal como señala el blog de Aurora Monte sobre la Puebla[389] (véase, además, Monte y Gil 2000: 126). No hallo eco de *boja* y *esbojar* más que en la vecina Olba, donde recoge ambas formas el *ALEANR* (mapas 109: *Mazorca*; y 110: *Desfarfollar*), lo que indica sin duda que se trata de un uso muy localizado.

El corazón de la panoja, desnudo una vez que se han quitado los granos, recibe el nombre de *zuro*; conoce también la acepción de 'corcho' (4.5.10.), y es un catalanismo (a partir de *suro*) propio del oriente peninsular (*vid.* 2.2.1.7). A la caña seca del maíz se le llama *cañote* (asimismo atestiguado en la Puebla por Salvador 2001, 133, 206); voz del Alto Mijares y el Alto Palancia (Nebot 1986, 175), que también recoge Alba (1986, 67, 116) en Ludiente, y de la Serranía del Turia (Llatas 2014 [1959]); es significativa la afinidad con *canyot*, que el *DCVB* localiza en Tortosa y en valenciano: cabe pensar en una posible adaptación a la manera de *ninote* (cf. 2.1.2.7), pero no es descartable una derivación autóctona a partir de *caña* y con cambio de género gramatical, de femenino (*caña*) a masculino (*cañote*).

Nuestro *pésol* es deudor del *pésol* catalán, que hereda el diminutivo latino PĪSULU; dicho catalanismo se documenta en nuestra Puebla (en singular, *pésol*, o en plural *pésoles*: Monte y Gil 2000, 126 y Salvador 2001, 211), en el Alto

---

388. La correspondiente base etimológica latinovulgar PANŪCULA origina la *panolla* de aragonés (*EBA*) y catalán; y esta última la atestigua el *PALDC* (mapa 522: *La panotxa de blat de moro*) en valenciano central y septentrional, así como más al norte del dominio lingüístico.

389. Transcribo su comentario sobre *esbojar*, que nos traslada escenas de época: «Cuando les tocaba hacerlo a la gente joven, para que se hiciera más entretenida la velada, si a alguien le salía un grano negro en la panoja podía pizcar a quien quisiera. Si salía una panoja roja, el que la encontraba le daba un abrazo o un beso al que quería».

Mijares y el Alto Palancia (Nebot 1990, 124), así como, de manera más localizada, en Ludiente (Alba 1986, 32, 47, 66, 145) y en Sot de Ferrer (Ríos 1989, 160).

En plural, **bajocas**, se denominan las judías verdes. El *DLE* localiza *bajoca* en Murcia, pero esta voz, también con la variante *bachoca* a la manera valenciana, se documenta en otros lugares del oriente peninsular, como Aragón y Albacete, y se debe a una «extravasación» (para decirlo con Joan Coromines: *DECat*, s. v. *bajà*) del catalán (y más concretamente valenciano) *bajoca* ('íd.'). Recogen también *bajocas* en la Puebla Monte y Gil (2000, 125), y *bajoca*, Salvador (2001, 205). En el Alto Mijares y el Alto Palancia, Nebot (1990, 122), *bajoca*; tanto esta forma como la variante más «valenciana» *bachoca*, en Ludiente (Alba 1986, 66). De aspecto asimismo valenciano es la *bachoqueta* que anota para Arañuel (Cs 300) el *ALEANR* (mapa 304: *Alubias tiernas*); y alternan al sur de la provincia de Teruel, según esta misma obra, las variantes *bachoca* y *bajoca*.

La vaina de las bajocas, así como la de otros frutos y legumbres, se denomina *corfa* o *carfolla*, y la operación de arrancar dicha vaina se conoce como **escorfar**. En catalán, el arabismo *corfa*, con valores del tipo de 'corteza', 'cáscara', ha desbordado los límites de la lengua y ha penetrado en hablas vecinas.[390] El derivado verbal **escorfar**, análogo al valenciano *descorfar* pero con el prefijo *es-* (cf. 2.2.1.8 y 3.2.2), lo atestigua también Moliner (2015, 135) en Fuente la Reina, y Ríos (1989, 143) en Sot de Ferrer. En cuanto a **carfolla**, pudiera ser un derivado de **corfa**, a través de *corfolla*. Pero también resulta verosímil que forme parte del grupo de variantes del este peninsular *farfolla*, *perfolla*, *barfolla*; alteradas a partir de una base como la del catalán *pellorfa*, derivado de PĔLLE 'piel' (*DCECH*, s. v. *farfolla*). Sea como fuere, cabe señalar los testimonios de *carfolla* como 'vaina de la panoja' en Fuente la Reina (Moliner 2015, 133), así como en Villamalur y Caudiel (Nebot 1986, 175); por su parte, López (1992, 25) registra el sentido genérico de 'cáscara, corteza' en Sarrión. Y un **cuelgo** es la «unión de racimos de frutas u hortalizas» (Salvador 2001, 112, 117, 207), derivado posverbal (*yo cuelgo*) del verbo *colgar*.

---

390. En el Villar del Arzobispo (de la provincia de Valencia) y en murciano, según el *DCECH*. También recoge *corfa* («Piel exterior de la almendra y de la nuez») Moliner (2015, 134) en Fuente la Reina. En el Alto Mijares y el Alto Palancia, Nebot (1983, 70) registra *corfa* y la variante menos utilizada *cuerfa* 'corteza de pan, de árbol, cáscara, etc.'. En Sarrión, López (1992, 25), *corfa* 'vaina de algunos frutos'.

El trigo candeal se llama *jeja*; voz adaptada a partir del catalán *xeixa*, según el *DCECH*, que observa su uso en Albacete y Murcia.[391] También es propia del castellano-aragonés del interior valenciano (Nebot 1986, 161). López (1992, 49) la recoge en Sarrión.

El *DLE* localiza el arabismo *garrofa* en la España oriental, con remisión a *algarroba*. Dicha **garrofa** no presenta el incremento del artículo árabe etimológico, a diferencia del castellano común *algarroba* (cf. el *DCECH*). Es la forma propia de la Puebla (registrada también por Salvador 2001, 209) y de áreas próximas,[392] en que se asocia al nombre del árbol correspondiente: la **garrofera** (*vid.* 3.2.1). Como **garrofa**, no presenta el incremento *al-* otro arabismo del que ya me he ocupado, **tramuzo** (3.2.2), frente al castellano *altramuz*. Cabe añadir aún la **pebrera** 'guindilla' o 'pimiento picante',[393] deudora del catalán *pebrera*, que es la forma atestiguada por el *PALDC* (mapa 736: *El pebrot*) en la Plana de Castellón y en otras áreas del sur valenciano; con el mismo sentido recoge **picanta** en la Puebla Salvador (2001, 145, 211).

4.3.3. Plantas silvestres

La antigua forma *regaliza* del castellano ha dado lugar a la variante más conocida en la lengua *regaliz*, y a la propia de la Puebla y áreas próximas[394] **regalicia**,[395] que presenta una estructura afín a la del catalán occidental *regalíssia* (variante de *regalèssia*: *DCVB*; *PALDC*, mapa 594: *Distribució de regalèssia/regalíssia*). Recibe el nombre de **toliaga** la aulaga, planta muy espinosa que arde especialmente bien y se utiliza para socarrar la piel del cerdo (*vid.* 4.6.1). Es variante del arabismo *aliaga* (*DCECH*), que el *DLE* remite a *aulaga*; el cambio

---

391. Veny (2006, 74) observa esta misma adaptación (*xeixa* → *jeja*) en la variedad de tipo murciano propia de Orihuela.

392. En Fuente la Reina (Moliner y Vázquez 2012, 152); en las comarcas del Alto Mijares y del Alto Palancia (Nebot 1986, 90). En las hablas fronterizas de Ludiente (Alba 1986, 132) y Sot de Ferrer (Ríos 1989, 147). En las localidades turolenses de Sarrión (López 1992, 42) y La Iglesuela del Cid (Julián 1998, 33). También el *ALEANR* (mapa 353: *Algarroba*) recoge esta forma en puntos próximos a la Puebla.

393. La atestigua en Sarrión López (1992, 68); en el Villar del Arzobispo y su serranía, Llatas (2014 [1959]); y en el Rincón de Ademuz Gargallo (2004a, 209).

394. El *ALEANR* (mapa 285: *Regaliz*) la registra en Olba (Te 601), Arañuel (Cs 300), Segorbe (Cs 301) y Bejís (Cs 302). Alba (1986, 159), en Ludiente; López (1992, 76), en Sarrión.

395. Remitida por el *DLE* a *regaliz*.

aliaga > *toliaga* en la primera sílaba me resulta enigmático; en cualquier caso, *toliaga* es una forma documentada en la Puebla por otras obras (blog de Aurora Monte y libro de Monte y Gil 2000, 16, 99, 127; Salvador 2001, *passim*), asimismo en Los Calpes (Boronat, p. 6) y en la vecina localidad, ya desaparecida, de Campos de Arenoso (Pérez 2000, 159); y sintoniza con la *tollaga* valenciana, variante de la más general en catalán *argelaga* (*DCVB*). De las hojas de la *pitera* se hacen cuerdas y sogas muy resistentes.[396] Una de las numerosas variantes para el arabismo peninsular *albahaca* es la de nuestra *alfádega*.[397] La *jadrea*[398] es variante del arabismo *ajedrea* (Salvador 2001, 209). En plural, *laboretas* es el nombre para la semilla del anís, la matalahúva.[399] El *esprígol* (cast. *espliego*; *vid.* 2.2.9) es una planta aromática cuya esencia era aprovechada en otro tiempo para la fabricación de colonia. De *esprígol* deriva el verbo *esprigolear* (pronunciado *esprigoliar*: 3.5.1.5), con el sentido de 'escoger lo que a uno le apetece, rebuscando', extensión semántica fácilmente explicable a partir de la literal de 'recoger espliego'; es un sentido que no anda muy lejos del catalán *espigolar* o el castellano *espigar*, referidos al rebuscar en un texto. La forma ***julio***, homónima de la del nombre del mes pero con la que nada tiene que ver, designa la cizaña; sin duda tiene la misma base etimológica que el castellano *joyo*, que el *DLE* remite a *cizaña*, y que el catalán *jull*: a saber, el latín LŎLIU. Similar a la planta anterior es la ***ballueca***, con este nombre aragonés del *ballico* o *avena loca* (*ALEANR*, mapa 821: *Avena loca*; García Mouton 1985),[400] que ha extendido su significación a la de 'persona falsa, cobarde', con una humanización que recuerda precisamente la que motiva el mencionado nombre de *avena* «*loca*». Es de temer asimismo el ***baladre***, planta muy venenosa que corresponde

---

396. El *DLE* remite de *pitera* a *pita*, y localiza aquella forma en Canarias y Murcia. El *DCVB* registra el uso del catalán *pitera* en Blanes y el País Valenciano.

397. La recoge en la Puebla, junto con la locución *jugar a alfádega*, Salvador (2001, 205). Y en la vecina Fuente la Reina, Moliner y Vázquez (2012, 142) y Moliner (2015, 132). En cambio, en el también vecino (pero desaparecido) Campos de Arenoso, Pérez (2000, 154) anotaba *alfábrega*. Por su parte, Nebot (1983, 74) registra las variantes *alfádega*, *enfádeda*, *enfábega* y *alfábega* en el Alto Mijares y el Alto Palancia. Y solo *alfádega*, en Ludiente, Alba (1986, 49). En catalán dialectal, *alfàdega* y *aufàdega* (*PALDC*, mapa 617: L'*alfàbrega*).

398. Asimismo en Fuente la Reina (Moliner y Vázquez 2012, 146). La variante *jedrea*, que el *DLE* consigna como *coloquial* y con remisión a *ajedrea*, la registran asimismo: Nebot (1990, 115) en el Alto Mijares y el Alto Palancia; Alba (1986, 135), en Ludiente; López (1992, 49), en Sarrión.

399. Recogen dicha forma en la Puebla Monte y Gil (2000, 17, 126) y Salvador (2001, 93, 138, 139, 210). Alba (1986, 136), en Ludiente; López (1992, 51), en Sarrión. Dichas *laboretas* presentan afinidad con las *llavoretes* ('íd.') del valenciano (*DCVB*).

400. La atestiguan también López (1992, 17) en Sarrión; y Nebot (1983, 71; 1990: 107) en el Alto Mijares y el Alto Palancia.

al castellano *adelfa*; de hecho, el diccionario académico remite de aquella a esta, pero sin localización precisa, por más que el DCECH atribuye *baladre* a los ámbitos aragonés, murciano y almeriense. Su uso oriental en la península se explica a partir del catalán *baladre* (< VERATRUM), del que procede.[401] El ***cachurro***, variante dialectal de *cachorro*, es la designación para el cadillo, el fruto del cardo silvestre; como esta otra denominación castellana, *cadillo* (< CATELLU), deriva de la noción de 'perrito', 'cachorro', pues se dice de esta semilla que se engancha a la ropa o al cabello como lo haría la cría del perro.[402] Sobre ***inebro***, en lugar del normativo *enebro*, véase 2.1.2.4 y 2.2.1.2. Sobre ***rebollón*** (usualmente en plural, ***rebollones***; buscarlos resulta una afición otoñal muy común) diré que es alteración de la variante *robellón* ('níscalo o agárico comestible': DLE), préstamo del catalán *rovelló*, que deriva en esta lengua de *rovell* 'orín', por el color (DCECH). A pesar de que el DLE no localiza la forma *robellón*, tanto esta como *rebollón* (con metátesis) son propias del oriente peninsular.[403] La ***letrera*** es planta de jugo lechoso; de ahí su nombre castellano, *lechetrezna*, que sugiere la idea de 'leche', a diferencia de la nuestra, que es catalanismo adaptado a partir de *lletrera* (*vid.* 2.2.1.4). Me contaban algunos pastores que la leche de las cabras que han comido esa planta suele ser distinta, de menor calidad, por lo que, poco antes de ordeñarlas, procuraban evitar que comieran de ella. La manzanilla recibe el nombre de ***camamirla***, alteración sobre *camamila*, que el DLE remite a *camomila*. Es significativa la afinidad (prácticamente identidad) con el catalán dialectal *camamirla*, registrado en diversas zonas valencianas por el DCVB.[404] Se llama ***raudor*** a la *Coriaria myrtifolia*,[405] que recibe en castellano

---

401. En la Puebla documentan esta forma Monte y Gil (2000, 125); en el desaparecido Campos de Arenoso, Pérez (2000, 154); en Fuente la Reina, Moliner y Vázquez (2012, 151). Nebot (1990, 101), en el Alto Mijares y el Alto Palancia; Alba (1986, 110), en Ludiente; Ríos (1989, 126), en Sot de Ferrer.

402. Además de Aurora Monte en su blog sobre la Puebla, recogen *cachurro* Nebot (1990, 118) en el Alto Mijares y el Alto Palancia; Alba (1986, 68, 115) en Ludiente; López (1992, 21) en Sarrión.

403. En su blog sobre la Puebla Aurora Monte consigna *rebollón*; y en el libro de Monte y Gil (2000) se ofrecen las recetas de *rebollones al horno* (p. 65) y *revollones en conserva* (p. 94) [*sic*]. Por su parte, registran asimismo *rebollón* Moliner y Vázquez (2012, 146) y Moliner (2015, 138) en Fuente la Reina. El ALEANR (mapa 287: *Mízcalo*), en Olba (Te 601), Arañuel (Cs 300) y Segorbe (Cs 301). Nebot (1990, 99), en las comarcas del Alto Mijares y el Alto Palancia; Alba (1986, 149), en Ludiente, y López (1992, 75), en Sarrión. Por último, alternan las variantes *rebollón* y *rebellón* en el Rincón de Ademuz (Gargallo 2004a, 210).

404. Otros testimonios de *camamirla* se registran en la Puebla (Salvador 2001, 206) y en el castellano-aragonés del interior valenciano (Nebot 1985a, 416).

405. Recogen *raudor* en la Puebla Aurora Monte en su blog y, en su libro, Adoración Salvador (2001, 173, 212), que anota además *El Raudoral* (topónimo: p. 190). También Pérez (2000, 121,

designaciones como *roldón* y *emborrachacabras*; se diría afín al valenciano *roldor* (*DCVB*). Con **tapaculo** se designa el «fruto del escaramujo o rosal silvestre»; transparente compuesto que recoge el *DLE*: «De *tapar* y *culo*, por alus.[ión] a lo astringente del fruto».[406] Se llama **boga** a la enea o espadaña, y ha de ser préstamo del catalán *boga* ('íd.').[407] La **vidiguera** es cierta planta (del género *Clematis*; cast. *hierba muermera, clemátide*) cuyo nombre se toma del catalán *vidiguera*.[408] La hebra del azafrán se llama **brin**,[409] que parece eco del *bri* del catalán. Con **agüelico** (**abuelico**) se designa el vilano;[410] este nombre, que recoge también como *abuelico* Moliner (2015, 132) en Fuente la Reina, evoca la mirada popular a tal apéndice de ligerísimo peso, que vemos a veces vagar por el aire de manera errática. Yo aún mantengo la costumbre (heredada) de intentar atrapar uno para, inmediatamente después y cerrando lo ojos, formular un deseo y a la vez soplar para que siga su vuelo (el cadillo, y también el deseo). Por último, **ababol** es variante histórica con respecto a *amapola* (*DCECH*), atribuida por esta obra a los ámbitos murciano, aragonés, soriano y conquense, y por el diccionario académico (*DLE*) a la España oriental, con remisión a *amapola*.[411] No tengo constancia en la Puebla del sentido figurado que el *DLE* localiza en Aragón y Navarra: «Persona distraída, simple, abobada» (2.ª acepción). Pero sí que retengo en la memoria el fragmento de cierta canción popular que solía recitar mi abuelo Pedro: «Del color del ababol / tiene mi novia la cara».

---

158), en el desaparecido Campos de Arenoso. Alba (1986, 154), en Ludiente.

406. Anotan asimismo *tapaculo* Aurora Monte en su blog sobre la Puebla y Alba (1986, 144) en Ludiente.

407. La registran Aurora Monte en su blog sobre la Puebla, y Monte y Gil (2000, 125), asimismo en la Puebla; Nebot (1990, 106), en el Alto Mijares y el Alto Palancia; Llatas (2014 [1959]), en el Villar del Arzobispo.

408. Parece tener que ver con *vidiguera* la forma **vidigoneros** que los de Montanejos tienen por apodo. Véase al respecto <https://es.wikipedia.org/wiki/Montanejos>.

409. Anota *brin* en la Puebla Salvador (2001, 82, 206); Nebot (1982, 100), en el Alto Mijares y el Alto Palancia; Alba (1986, 20), en Ludiente.

410. Como en valenciano *a(g)üelo* (*PALDC*, mapa 716: *Una bruixa de card*).

411. Otras localizaciones: en la Puebla, según el blog de Aurora Monte; en Fuente la Reina, según Moliner y Vázquez (2012, 150) y Moliner (2015, 132). En Olba y Arañuel, y en muchos otros puntos de encuesta del *ALEANR* (mapa 282: *Amapola*). En el Alto Mijares y el Alto Palancia (Nebot 1983, 86), en Ludiente (Alba 1986, 117) y en Sarrión (López 1992, 11). En el Rincón de Ademuz, además de ser forma usada en el habla de la comarca (Gargallo 2004a, 209), da nombre a cierta revista (*Ababol*) publicada por el Instituto Cultural y de Estudios del Rincón de Ademuz (*ICERA*).

4.3.4. Algunos árboles

Como ya he señalado antes (2.2.1.4), *llatonero* convive con *delonero* como nombre del almez, pero el fruto correspondiente, *llatón*, solo es relacionable con la primera variante. Se trata de una forma acatalanada (por la *ll-* inicial: 2.2.2.1), que el *DLE* (s. v. *latón²*) remite en su segunda acepción a *almeza* y localiza en Aragón. Pero Joan Coromines (*DCECH*, s. v. *latón II*) extiende dicha localización a otras partes del oriente peninsular, como Murcia y Almería.

Se llama *rebollo* cierta variedad de roble, tal como atestigua en la Puebla el blog de Aurora Monte, y otras obras en lugares próximos.[412] Es forma hermana del catalán *reboll*, que Joan Coromines (*DCECH*) dice haber oído con el valor de 'roble o encina jóvenes' en lugares de la Cataluña interior como la Pobla de Cérvoles. Y ambos, *rebollo* y *reboll*, son hijos del latín vulgar *REPŪLLUS (latín clásico PŪLLUS 'retoño de un árbol'). Nuestro *rebollo* se inserta en la siguiente cancioncilla, de cariz, por desgracia, machista e incitador a la violencia: «La carrasca y el rebollo, / la noguera y la mujer, / si has de sacar fruto de ella, / a palos la has de emprender». Por alusiones, recordaremos ahora la *noguera* ('nogal': *vid.* 3.2.1) y traeremos aquí la *carrasca*, nombre que recibe en la Puebla la encina (como también atestigua Salvador 2001, 206), junto a su emblemático árbol, *La Carrasquica* (*vid.* 3.2.1), que contempla nuestro pueblo desde lo alto. La voz *carrasca*, que el *DLE* define como «[e]ncina, generalmente pequeña, o mata de ella», comparte el étimo de una raíz prerromana KARR- con el catalán occidental y valenciano *carrasca* (*DCVB*; *PALDC*, mapa 767: *L'alzina*; *DCECH*). La nuestra es sinónima del genérico *encina*; término este, ajeno al habla de la Puebla; y con dicho valor genérico recogen *carrasca* en nuestra zona múltiples obras.[413]

Las formas *sabina* y *lentisco* constituyen la base de dos nombres de partidas de la Puebla: *El Sabinar* y *El Entiscar*; este último es fruto de una deglutinación a partir de *El (L)/entiscar* (*vid.* 2.2.11).

La *josca* (de pino), o pinaza, es la hoja seca caída de este árbol; forma que registran asimismo en la Puebla el blog de Aurora Monte y el libro de Salvador

---

412. El *ALEANR* (mapa 392: *Roble*), en Olba (Te 601) y Arañuel (Cs 300). Nebot (1990, 153), en el Alto Mijares y el Alto Palancia; Alba (1986, 149), en Ludiente.

413. Moliner y Vázquez (2012, 136), en Fuente la Reina; Nebot (1982, 76), en el Alto Mijares y el Alto Palancia; Alba (1986, 62, 117), en Ludiente; Ríos (1989, 51), en Sot de Ferrer. Por su parte, el *ALEANR* (mapa 386: *Encina*) la registra en puntos próximos a nuestro pueblo (Olba, Arañuel, Segorbe) y por todo Aragón.

(2001, 210); Pérez (2000, 156), en el desaparecido Campos de Arenoso; Moliner y Vázquez (2012, 136), en Fuente la Reina; y Alba (1986, 135), en Ludiente. También el *ALEANR* (mapa 385: *Pinocha seca*), en Olba (Te 601) y Arañuel (Cs 300). La *zueca* de un árbol es la parte del tronco que se mantiene unida a la raíz cuando lo cortan por el pie (remito al punto 2.2.1.7 para la fonética y la filiación de esta voz). Recoge además el derivado *zocarra* el blog de Aurora Monte sobre la Puebla, así como el libro de Monte y Gil (2000, 127). La palabra *quema*, que el *DLE* define en su segunda acepción como «incendio, fuego», se utiliza en la Puebla con el sentido de 'incendio en el monte, de proporciones considerables', y su uso es mucho más frecuente que el de su sinónimo *incendio*.

4.3.5. Algunos frutos y productos de la cosecha

Mangrana ('granada'; *vid.* 2.2.8); *albercoque* es variante del arabismo *albaricoque*; proviene concretamente del árabe *birqûq* o *barqûq*, que se remonta al latín PERSICA PRAECOCIA 'melones precoces' (*DCECH*); el *DLE* consigna *albercoque* como forma poco usada y con la localización de Murcia, pero se usa además en otros lugares del oriente peninsular,[414] en continuidad con el catalán *albercoc* (*DCVB*). Se llama *perallón* a la pera pequeña, pera de San Juan (Salvador 2001, 113, 211); forma que parece deudora del *perelló* catalán (*DCVB*). La *azarolla* (*acerola*, en castellano) es el fruto del *azarollo* o *azarollero* (*acerolo*, en castellano); arabismos que el *DLE* remite a las voces mencionadas entre paréntesis.[415] Por otra parte, son numerosas las variantes para la designación de 'níspola', y en su día pudimos oírlas de un mismo hablante: *níspero, nísporo, ñíspero, ñísporo, míspero, místoro* (véase sobre su fonética 2.1.1.1 y 2.2.1.5); y semejantes vacilaciones se dan en los nombres del árbol correspondiente: *ñisperero, ñisporero*, etc.[416] En cuanto a *malacatón*, es variante de *melocotón*, con la que convive en nuestra habla. La usan ya pocos hablantes, se percibe como

---

414. En la Puebla, Salvador (2001, 113, 205); en el Alto Mijares y el Alto Palancia, Nebot (1990, 141); en Ludiente, Alba (1986, 60, 106); en Sot de Ferrer, Ríos (1989, 36, 50, 119). También el *ALEANR* (mapa 361: *Albaricoque*) recoge *albercoque* en Olba (Te 601) y las tres localidades castellonenses del atlas (Arañuel, Segorbe y Bejís).

415. Los anota también Aurora Monte en su blog sobre la Puebla. Asimismo *azarolla*, en Fuente la Reina (Moliner y Vázquez 2012, 150), *azarolla* y *azarollera* en el Alto Mijares y el Alto Palancia (Nebot 1983, 61), y en Ludiente (Alba 1986, 109); *azarolla, azarollo* en Sarrión (López 1992, 16).

416. Sobre la variación fonética de los nombres del 'níspero' (el árbol y el fruto) en catalán y en su contexto romance, véase Veny (2001).

rural y hasta es objeto de parodia. La recoge en la Puebla Salvador (2001, 210), y la atestiguan otras obras en lugares próximos.[417] De *prisco* me he ocupado en 2.1.1.1 y 2.2.7. Su derivado *prisquilla* 'duraznilla' presenta una variante *bresquilla* de la que he tratado también (2.2.4); en cuanto a *prisquilla*, la registran en la Puebla Monte y Gil (2000, 126) como «melocotón dulce»; y con la forma *presquilla*, asimismo en la Puebla, Salvador (2001, 113, 212);[418] se dice que alguien *tiene el genio aprisquillao* (*tener el genio aprisquillao*) de quien lo tiene pronto al enfado (la abuela Presentación lo solía decir de mí).[419] La voz *pruna* ('ciruela'), por más que el DLE la remite a *ciruela* sin indicación local, no es general en castellano.[420] Se hallan testimonios del oriente peninsular vecinos a la *pruna* catalana.[421] Con *pruñón* se designa la ciruela morada; lo recoge también Salvador (2001, 113, 212) en la Puebla, así como otras monografías sobre áreas próximas;[422] por más que afin formalmente, el catalán (y valenciano) *prunyó* designa el endrino. El hueso de estos frutos se denomina *cuesco* (como en castellano: DLE, s. v. *cuesco¹*, 1.ª ac.). Se aplica el adjetivo *tirante* 'duro', como en valenciano *tirant* (DCVB, DNV), a ciertos frutos que aún no están maduros. Y se dice *veroso, -a*, de la fruta aún verde; como en catalán *verós, -sa* (DCVB). El adjetivo *semo, -a* 'marchito, -a', debe adscribirse al tipo léxico aragonés homónimo (DCECH, s. v. *semi-*), en continuidad con el catalán *sem, -a* (DCVB); *sema(r)* *se* 'ajarse, pasarse' es el verbo correspondiente.[423]

---

417. En el Alto Mijares y el Alto Palancia, Nebot (1990, 142); en Ludiente, Alba (1986, 137); en Sarrión, López (1992, 55).

418. Nebot (1985a, 485) registra *presquilla* 'durazno' en el castellano-aragonés de tierras valencianas. Alba (1986, 147) en Ludiente, las variantes *presquilla* y *prisquilla*; Ríos (1989, 52, 162) en Sot de Ferrer, solo la primera.

419. En Nebot (1980, 209), para las hablas del Alto Mijares y el Alto Palancia, *genio aprisquillao* 'íd.'. En Sarrión López (1992, 15) recoge *aprisquillau*, «persona de mal carácter o poco cariñosa». Y dichos testimonios son afines al valenciano del Maestrazgo que atestigua el DCVB (s. v. *abresquillat, -ada*): «Aspre, rude de caràcter o de maneres» (2.ª ac.).

420. Véanse al respecto los *Orígenes del español* de Menéndez Pidal (1980⁹ [1950], 393): «el área de *prunum, pruna* extendida antes por el Norte de la Península, aparece hoy rota en dos áreas muy desiguales, en medio de las cuales se extiende el área de *cereola*».

421. En la Puebla es recogida por Monte y Gil (2000, 33) y Salvador (2001, 212); en Campos de Arenoso, por Pérez (2000: 45); en Fuente la Reina, por Moliner y Vázquez (2012, 137). En el Alto Mijares y el Alto Palancia, por Nebot (1990, 143); y más concretamente en Ludiente, por Alba (1986, 147). En Sarrión, por López (1992, 71).

422. En Fuente la Reina, Moliner y Vázquez (2012, 147) y Moliner (2015, 137); en el Alto Mijares y el Alto Palancia, Nebot (1990, 143) registra *pruñón*, «ciruela redonda y gruesa de color morado, amarillo o rojo»; y en Ludiente, Alba (1986, 148).

423. Recoge *semo* en la Puebla Monte y Gil (2000, 127); y *semar*, Salvador (2001, 212). Tanto *semo, sema*, como el correspondiente verbo *semar*, Nebot (1988, 94), en el Alto Mijares y el Alto

Párrafo aparte merece el testimonio de la voz *esperiega*, y en especial su variante *espariega*, en referencia a la conocida manzana de la vega del Turia, de Ademuz y otros pueblos ribereños de la comarca del Rincón. Me explica mi padre que don Jesús Blasco Aguilar, originario de uno de esos pueblos (Casas Bajas) y sacerdote durante varios años en la Puebla (fue quien me bautizó en 1960), habría sido un efectivo difusor de dicha variedad de manzana, con su nombre, en la Puebla.[424]

De *basquet*, que Nebot (1990, 151) registra en el Alto Mijares y el Alto Palancia como «especie de cuévano para transportar la fruta, hecho de madera de mimbre», traté en cierto trabajo (Gargallo 1993a) derivado de mi tesis doctoral sobre el Rincón de Ademuz (1987). Allí dejé mi hipótesis sobre un préstamo reciente del francés, lengua en que habría sido antes un anglicismo. El uso de *basquet* se halla aún vivo en las tierras del Ebro catalán, y por buena parte del ámbito administrativo valenciano, tanto el valencianohablante como el de habla castellana. Y se articula sin la -*t*, tierra adentro, lejos de la frontera lingüística: así, en el Rincón de Ademuz (Gargallo 2004a, 52).[425]

El gusano de la fruta se llama *cuca*: *le ha entrao la cuca*; y el verbo correspondiente, *cuca(r)se* ('agusanarse'); *cuca* pertenece a una familia de voces de creación expresiva entre las cuales se cuentan el castellano *cuco* (DCECH) y el catalán *cuc* (DECat), del que deriva también *cucar-se*. Recoge *cucarse* en la Puebla Salvador (2001, 207); *cuca*, como «insecto perjudicial al olivo y la enfermedad que produce», y *cucase* 'agusanarse', Nebot (1990, 105, 150) en las comarcas del Alto Mijares y el Alto Palancia; en Ludiente, Alba (1986, 121) registra *cucarse*; y *cucar* en La Iglesuela del Cid, Julián (1998, 31). Por fin, se dice *grilla(r)se*, como en castellano común (DLE), de 'sacar grillos las patatas u otros tubérculos'; y del grillo correspondiente, *grillón*, voz aragonesa de que se hacen eco el EBA y el DCECH (s. v. *grillo*), también el ALEANR (mapas 1544: *Brote(s) de las patatas*; y 1545: *Brote(s) de una planta*), así como Aurora Monte en su

---

Palancia; Alba (1986, 152) en Ludiente, *semarse*, *semo*; López (1992, 37, 80), *semo* y *semar* en Sarrión.

424. El *DLE* remite *esperiega* a *manzana asperiega*, que define (s. v. *manzana*) como «de forma bastante aplastada, carne granulosa y sabor agrio, que generalmente se emplea para hacer sidra». En cualquier caso, pasa por ser típica del Rincón de Ademuz (Gargallo 2004a, 211-212). El DCECH deriva *asperiega*, como variante primitiva, de *áspero*. Y otra variante *espedriega*, propia del Rincón, se habría visto influida por *piedra*, por ser de carne dura.

425. No, en cambio, si hacemos caso de la transcripción de las fuentes, en la Serranía del Turia, río abajo, y en el Villar del Arzobispo, donde Llatas (2014 [1959]) registra *basquet*; tal como Julián (1998, 20) en la población rayana de La Iglesuela del Cid.

blog sobre nuestra Puebla, y Natividad Nebot (1990, 127) en el Alto Mijares y el Alto Palancia.

4.4. ANIMALES SILVESTRES

4.4.1. Insectos y otros animales de pequeño tamaño

La polilla recibe el nombre de *arna*, como en Sarrión (López 1992, 15) y en catalán, y de esta lengua podría ser proyección hacia el interior. Por sugerente imagen popular, *candil* es la designación para la libélula.[426] Se llama *voligana* (también registrada con la grafía de *boligana*) a la «mariposa o polilla de los alimentos»; *se mueve como una boligana*; *pesa como una boligana*; testimonio, definición y ejemplos que tomo del blog de Aurora Monte. Se trata de un derivado de *volar*,[427] que continúa el área del catalán *voligana* (DCVB; PALDC, mapa 1003: *La papallona (Papilio)*).[428] Con *palomica* se nombra de manera genérica la mariposa;[429] como en catalán occidental y valenciano *palometa* (DCVB).

Sobre *tabano* y su acentuación llana, frente al *tábano* de la lengua normativa, he tratado en 2.1.3.3. La mantis religiosa recibe nombres populares humanizadores, como el de la *santateresa* que registra el DLE, con remisión a *mantis*. Otro es el nombre de mujer que recibe en la Puebla: *maría*; y en algunos hablantes, *marialuisa*; comparable a la *mariadelaó* (*María de la O*) que el ALEANR (mapa 418: *Santateresa*) anota en Bejís (Cs 302). Algunos ancianos me contaban que, de niños, solían tocar con un «palico» a este animal al tiempo que decían: «María, plega las manos»; y conseguían que plegase o encogiese las extremidades anteriores en actitud defensiva. De esta costumbre vienen desig-

---

426. Así también, Moliner y Vázquez (2012, 138) y Moliner (2015, 133) en Fuente la Reina; el ALEANR (mapa 413: *Libélula*), en Olba (Te 601), Arañuel (Cs 300) y Bejís (Cs 302), en tanto que el diminutivo *candileta* en Segorbe (Cs 301). Nebot (1980, 199) recoge asimismo *candil* en el Alto Mijares y el Alto Palancia; y más concretamente en Torralba, Villamalur y Ayódar, en otra obra (1994, 159); Alba (1986, 116), en Ludiente; Llatas (2014 [1959]), en el Villar del Arzobispo.
427. Por ello es más pertinente la grafía *v-*.
428. Atestiguan asimismo *voligana* en Fuente la Reina Moliner y Vázquez (2012, 134) y Moliner (2015, 139).
429. Moliner y Vázquez (2012, 145) registran en Fuente la Reina *palometa* (mariposa del gorgojo, mariposa pequeña). Y esta misma forma *palometa* («mariposa de la polilla o de los graneros») la recoge Nebot (1985a, 477) en el castellano-aragonés del interior valenciano. Alba (1986, 42, 142), en Ludiente, junto con *paloma*. Además, esta última forma la anota en el Alto Mijares y el Alto Palancia Nebot (1980, 202).

naciones como *plegamanos* (en Arañuel, según el citado mapa 418 del ALEANR) o el catalán *plegamans* (PALDC, mapa 1012: *El pregadeu (Mantis religiosa)*).[430] La *chicharra* (cast. *cigarra*; *vid.* 2.2.4) comparece en una delicada canción popular que mi abuelo Pedro ponía en boca de una muchacha que sufre por su amante labrador: **Cuando la chicharra canta, madre mía, ¡qué calor!, estoy a la sombra y sudo, ¿qué será mi amante al sol?**

La luciérnaga concita nombres de motivación lumínica en las hablas populares del ámbito románico (Hernández y Molina 2010); entre ellas, *linterna* o **gusano de luz** en la Puebla.[431] La tela que teje la araña, la telaraña, recibe varios nombres, que anoto por orden aproximado de uso: *tarallana*,[432] *telaraña* (como en castellano) y *terañina*; esta última se habrá tomado del catalán *teranyina* (< *tela aranyina*). A la denominación de *arraclán*, variante del arabismo *alacrán* (*vid.* 2.2.7) que se da asimismo en la vecina Olba (según el ALEANR, mapa 435: *Alacrán*), cabe añadir ahora la que nos proporcionó uno de los encuestados: **arraclán de la estevica alta**, sin niguna duda por la semejanza de su cola levantada con la esteva del arado (cf. 4.1.1); y responde a idéntica motivación el *estevau* (con elipsis de *arraclán*) que el ALEANR (*ibidem*) anota en Arañuel (Cs 300). Otra motivación es la del castellano *ciempiés* (en cambio, *mille-pattes*, en francés), en la que se sustentan nuestros **gusano de cien patas** (como en Arañuel, según el ALEANR, mapa 434: *Ciempiés*) o **cuca de cien patas**, que a su vez recuerda al catalán *cuca de cent cames* (DCVB); también el *ciengarras*[433] de Segorbe (ALEANR, *ibidem*) y el *ciempatas* del Alto Mijares y el Alto Palancia (Nebot 1994, 166). Parásito muy frecuente en el ganado es la **caparra**; forma que el DLE localiza en Aragón[434] y remite a *garrapata*; ambas descienden de un étimo prerromano (DCECH). Nuestra *caparra* figura asimismo en el blog de Aurora Monte y en el libro de Monte y Gil (2000, 125).[435] De *caparra* viene *escaparrar* ('quitar las caparras al ganado': *vid.* 3.2.2); **mandar (a alguien) a**

---

430. Sobre motivaciones en los nombres romances de la mantis, remito a Pilar García Mouton (2001).

431. Son afines las designaciones recogidas por el ALEANR (mapa 426: *Luciérnaga*) en Olba (Te 601: *gusanico de luz*), Bejís (Cs 302: *gusano de luz*) y Arañuel (Cs 300: *lenterna*).

432. El ALEANR (mapa 432: *Telaraña*) registra *terallana* en Olba (Te 601) y Arañuel (Cs 300). También Ríos (1989, 36, 170) en Sot de Ferrer; y Nebot (1985a, 420) en el castellano-aragonés del interior valenciano.

433. Sobre el valor de *garra* 'pierna' y 'pata', en la Puebla y otras hablas próximas, véase 4.7.3.

434. Figura, además, en el repertorio aragonés EBA.

435. Y en hablas próximas: cf. Nebot (1980, 75) en el Alto Mijares y el Alto Palancia; y en Ludiente (Alba 1986, 116).

escaparrar significa 'mandar al cuerno, a hacer puñetas'; expresión que recoge el blog de Aurora Monte en la Puebla; y no lejos de esta, otras obras.[436] Por fin, la *vaqueta* es un caracol, no de huerto, como el más común, sino de monte, con cáscara de color pardo muy claro, casi blanco, y muy apreciado por sabroso y escaso. Atestigua su uso en la Puebla Salvador (2001, 134, 206), y su área abraza otras áreas próximas,[437] en continuidad con el catalán y valenciano *vaqueta* ('íd.'), que el *DCVB* localiza en Tortosa y Liria.

4.4.2. Reptiles

Se llama *escurzón* al lución o serpiente de agua, reptil sin patas que se pone rígido y al cual se le rompe con facilidad la cola (de ahí el nombre científico de *Anguis fragilis*): es designación aragonesa (*DCECH*, s. v. *escuerzo*), que recoge el *EBA*;[438] vinculada por su etimología (latín vulgar *EXCŪRTIŌNE*) al catalán *escurçó* 'víbora'. Con *dragón* se nombra la salamanquesa, como en los testimonios del *ALEANR* (mapa 438: *Salamanquesa*) para las localidades de Olba (Te 601), Arañuel (Cs 300), Segorbe (Cs 301) y Bejís (Cs 302), así como para buena parte de Aragón;[439] presenta continuidad con el catalán *dragó* ('íd.'). Siguen el *hardacho* (tratado ya en 2.2.1.1) y la *sargantana* 'lagartija'; esta forma se registra como propia de Aragón en el *DLE*, que remite a *lagartija*; el *ALEANR* (mapa 441: *Lagartija*) anota *sargantana* en los tres puntos de la provincia de Castellón (Arañuel, Segorbe y Bejís), así como en la vecina Olba; su uso en esta área de habla castellano-aragonesa[440] muestra continuidad con la *sargantana* del catalán, de la que muy probablemente procede (*DECat*, s. v.). Además, deja rastro onomástico en el *Molino (de) Sargantana* (*vid.* 4.2.4).

---

436. López (1992, 35), en Sarrión; y Julián (1998, 61), en La Iglesuela del Cid; en el Villar del Arzobispo, Llatas (2014 [1959]); en el Rincón de Ademuz, Gargallo (2004a, 213).
437. Las comarcas del Alto Mijares y el Alto Palancia (Nebot 1994, 168), y la del Rincón de Ademuz (Gargallo 2004a, 217).
438. También propia del castellano-aragones de nuestra zona: además de Salvador (2001, 208) en la Puebla, la testimonia el *ALEANR* (mapa 436: *Lución*) en Olba (Te 601) y Arañuel (Cs 300); Pérez (2000, 95), en el desaparecido Campos; López (1992, 36), en Sarrión; Julián (1998, 32), en La Iglesuela del Cid.
439. Lo registra asimismo, en el Alto Palancia y el Alto Mijares, Nebot (1994, 172).
440. La consignan también Nebot (1994, 173) en Torralba del Pinar, y Alba (1986, 152) en Ludiente.

4.4.3. Pájaros y aves pequeñas

Se llama *caganidos* al último pájaro de una nidada. También por extensión se suele decir del último hijo de una familia (4.12). La motivación semántica es transparente (*caga* + *nidos*), como fácilmente explicable es el tránsito de 'pájaro' a 'persona'. El DLE registra *caganidos* y también la variante *caganido*, con la notación de *poco usado* en las tres acepciones que registra: «Último pájaro nacido en la pollada»; «Hijo último de una familia»; y «Persona enclenque o raquítica» (esta última, ajena a nuestra habla). Compárese con el compuesto afín del catalán *caganius* o *caganiu*, que presenta nuestras dos acepciones y alguna otra (DCVB).

El *petirrojo* recibe en la Puebla el nombre de **pichirroyo**. Según el DCECH (s. v. *pecho*), las formas compuestas *pechirrojo* (que el DLE remite a *pardillo*) y *petirrojo* se habrían tomado del catalán *pit-roig* o del aragonés. En el caso de *pichirroyo*, parece claro que resulta de *pechirroyo*, con cierre de la primera vocal por asimilación vocálica (*e-i* > *i-i*), y dicho compuesto lo integran *pecho* (*pech-*) y el adjetivo *royo*, que, a diferencia de *rojo* (< RŪSSEU), proviene de RŪBEU y es forma propia del ámbito aragonés (2.2.5.2.4). Más particularmente en nuestras hablas castellano-aragonesas se atestigua este *pichirroyo*, además de en la Puebla (Salvador 2001, 211), en Olba (Te 601), Segorbe (Cs 301) y Bejís (Cs 302), según el mapa 448 (*Petirrojo*) del ALEANR.

El *cuco* canta emitiendo un monótono *cu-cú*, de donde le viene el nombre, creación onomatopéyica como en otras hablas y lenguas (entre ellas, el catalán *cucut*). Según la información que obtuve, pone sus huevos en los nidos de otras aves, con lo que se evita el trabajo de incubarlos. Que despierta cierta aversión lo revela el siguiente dicho: ***Cuco, mal ave: cantas y no sales***. El DLE remite *cuco* en su cuarta acepción a *cuclillo*. Y diversas obras de nuestro entorno ofrecen testimonios de *cuco*: Nebot (1994, 176), en el Alto Mijares y el Alto Palancia; el ALEANR (mapa 449: *Cuclillo*), en la vecina Olba (Te 601) y los tres puntos de encuesta de la provincia de Castellón: Arañuel (Cs 300), Segorbe (Cs 301) y Bejís (Cs 302).

El **verderol** es pájaro parecido al gorrión. El DLE da preferencia a *verderón* sobre la variante *verderol*, que es la recogida también por el ALEANR (mapa 451: *Verderón*) en puntos próximos a la Puebla. En **vencejo**, forma del castellano común, tenemos una alteración del antiguo *oncejo* (de *hocejo*, derivado de *hoz*, por la forma de sus alas); y de esta misma debe de proceder nuestra otra variante, más «dialectal», **ancejo**. Según el DCECH, «se dice todavía en partes

131

de Aragón»; y en efecto, su uso lo documenta en Sarrión, de la provincia de Teruel, López (1992, 65); y tiene continuidad, por la de Castellón, en Segorbe (Cs 301), donde el mapa 454 (*Vencejo*) del ALEANR registra *onsejo* (con seseo). Esta misma obra anota *ancejo* en Olba (Te 601) y Arañuel (Cs 300). El *engaña-pastor* o *pájaro sembrador* corresponde al castellano *aguzanieves*. De entre las múltiples denominaciones de esta ave, el compuesto *engañapastor* lo registra en Bejís (Cs 302) el mapa 458 (*Aguzanieves*) del ALEANR; y con el valor de 'chotacabras' lo consignan Nebot (1985a, 492) en el castellano-aragonés de tierras valencianas y, más localmente, Alba (1986, 125) en Ludiente. Concuerdan estas fuentes con el *engañapastores* que el DLE remite a *chotacabras*, y con el *enganyapastors* del catalán (DCVB). Pero la correspondencia del nuestro con la aguzanieves viene corroborada por la motivación «nívea» de los testimonios del ALEANR (*Aguzanieves*) en Arañuel (Cs 300: *Pajarica de la nieve*) y Bejís (Cs 302: *Navatero*, como segunda respuesta). Con las formas onomatopéyicas *pulput* y *pulputa* (esta última, menos frecuente) se designa la abubilla.[441] Para el 'jilguero' concurren en la Puebla dos formas, *cardelina* y *cadernera*. Por más que el diccionario académico no consigna localización y remite *cardelina* a *jilguero*, aquella es forma propia del ámbito aragonés o del oriente peninsular, en que se inscriben tanto nuestra *cardelina* (registrada asimismo en el blog de Aurora Monte, en el libro de Monte y Gil 2000, 125 y en el de Salvador 2001, 206) como la atestiguada por Alba (1986, 117) en Ludiente y por López (1992, 23) en Sarrión. En cuanto a *cadernera*, además de la anotada en el blog de Aurora Monte sobre la Puebla, tenemos la del vecino y desaparecido Campos (Pérez 2000, 154). Se trata, sin duda, de una prolongación hacia el interior del catalán *cadernera*.[442] La *buscareta* (cast. *curruca*) es un pájaro pequeño y muy vivo, lo que justifica que se utilice para designar al niño que es revoltoso, movido, espabilado, o también a una mujer; por ello, se utiliza tanto en masculino como en femenino: *un* o *una buscareta*.[443] Concuerda con el catalán *busquereta*

---

441. Testimonia *pulput* en el castellano-aragonés del interior valenciano Nebot (1985a, 445); *pulputa*, en Fuente la Reina, Moliner (2015, 445); y en Ludiente, Alba (1986, 148). Leves variantes sobre esta base, como *purputa* en Olba (Te 601), *porput/porpú* en Segorbe (Cs 301), *pulput* en Bejís (Cs 302), las recoge el mapa 459 (*Abubilla*) del ALEANR, que registra por todo Aragón formas similares (*bubuta, bubut*, etc.).

442. El PALDC (mapa 1046: *La cadernera (Carduelis carduelis)*) atestigua en el espacio valenciano *cadernera* y, con mayor profusión, la variante *cagarnera* (influida por *cagar*).

443. Hallamos testimonio tanto del valor referido a los pájaros como a las personas: 'curruca' en el Alto Mijares y el Alto Palancia (Nebot 1980, 182); y en Ludiente (Alba 1986, 114). Además, Nebot (1985a, 206) recoge en las comarcas antedichas *buscareta* 'mujer de estatura pequeña,

(*buixquereta*, en valenciano: DCVB). El **perdigacho** es la perdiz macho; y **perdi-gana**, la perdiz nueva; uno y otra son derivados de la familia léxica de *perdiz* (latín PERDIX);[444] y la segunda tiene también el valor traslaticio de 'niña joven, avispada y vivaracha' (como registra en las comarcas del Alto Mijares y el Alto Palancia Nebot 1980: 206). La designación para 'urraca' es **picaraza**, voz que el DLE remite a *urraca* sin localización, por más que aquella sea del oriente peninsular.[445] Para designar el 'búho' se usa el onomatopéyico **bu**, del que hay también registro en lugares próximos.[446] Se llama **vizco** a la liga para cazar pá-jaros: untado sobre la rama de un árbol, cuando un pájaro se posa en ella, se le impregna en las alas impidiéndole el vuelo. Se trata de una variante del caste-llano *visco* (descendiente semiculto del latín VĪSCUM: DCECH).[447] Recoge también *vizco* en Arañuel (Cs 300) el ALEANR (mapa 498: *Liga para cazar pájaros*); y en el castellano-aragonés de tierras valencianas, Nebot (1985a, 411); en sintonía con múltiples variantes de nuestro entorno (*bisque, besque, guizque*) en las que no me detendré. Por último, **palomo turco** o **turcazo** es nombres para la paloma torcaz; la segunda designación es recogida en Olba (Te 601) y Arañuel (Cs 300) por el mapa 715 (*Paloma torcaz*) del ALEANR. Se trata de una forma vigente hoy en aragonés (DCECH, s. v. *torca*, y EBA).

---

vivaracha, ágil y entrometida'. Por otra parte, en Olba existe una peña de amigos y fiestas con el nombre de *Los Buscaretas*.

444. El primero se da en aragonés (EBA) y penetra como producto del adstrato en el catalán de la comarca del Matarraña y Els Ports de Morella (PALDC, mapa 1033: *El perdigot*). Además, lo tes-timonia en la Puebla Salvador (2001, 211); y en Fuente la Reina, Moliner y Vázquez (2012, 141) y Moliner (2015, 137); en el Alto Mijares y el Alto Palancia, Nebot (2002-2004, 1598); en Ludiente, Alba (1986, 60, 144); y en Sarrión, López (1992, 69). En cuanto a *perdigana*, el DLE localiza esta voz en Aragón y La Rioja.

445. Cf. García Mouton y Molina (2018, 147): «*picaraza*, voz marcadamente oriental que se extiende desde el Pirineo hasta Valencia, pasando por Logroño, Soria, y todo Aragón». En nuestro pueblo la recoge Salvador (2001, 211); y en el contiguo y desaparecido Campos, Pérez (2000, 158). En Fuente la Reina, Moliner y Vázquez (2012, 147). En Torralba del Pinar, Nebot (1994, 183). En Sarrión, López (1992, 69). Por otra parte, nótese la afinidad con el valenciano *picarassa* (DECat, s. v. *piga*, nota 4).

446. El ALEANR (mapa 462: *Búho*) lo anota en Olba (Te 601), Arañuel (Cs 300) y Bejís (Cs 302), así como en múltiples puntos de la provincia de Teruel. Nebot (1994, 185), en Torralba, Villamalur, Ayódar y Almedíjar; Alba (1986, 113), en Ludiente.

447. Forma hermana del catalán *visc*, que alterna en el espacio dialectal de esta lengua con *vesc* (DCVB).

133

4.4.4. Otros animales

El murciélago se llama **rata pelada**, seguramente alteración de un tipo *rata penada* que sintoniza con el valenciano *rata penada* o *penà* (DECat, s. v. *rata*; PALDC, mapa 1059: *La ratapinyada*), con equivalencia acústica *n/l* o interferencia de la idea de 'pelo'. Adoración Salvador (2001, 212) registra en la Puebla la variante *rata pena*, que el ALEANR (mapa 467: *Murciélago*) anota, junto a *rata penà* y *rata pelá*, en Arañuel (Cs 300); esta obra ofrece variantes similares al este de la provincia de Teruel. Forman parte del mismo tipo denominativo la *rata peñada* de Fuente la Reina (Moliner 2015, 133), la *rata paná* de Ludiente (Alba 1986, 149), la *rata penada* de La Iglesuela del Cid (Julián 1998, 39) y la *rata pelá* de Alcublas y Chelva (Llatas 2014 [1959]).

Denominan **cuchareta** al renacuajo, por su parecido con una cuchara pequeña; contiene el diminutivo femenino *-eta*, como diversas voces dialectales (cf. 3.2.1); la *cuchareta* de la Puebla asoma en el blog de Aurora Monte y en el libro de Adoración Salvador (2001, 207), y encuentra espacio en la entrada correspondiente del DLE *cuchareta* (4.ª ac.) como propia de Aragón; su área se extiende por el oriente peninsular[448] y tiene continuidad en la del catalán (valenciano incluido) *cullereta* (PALDC, mapa 1053: *El capgròs*). El tejón recibe el nombre de *tejudo*, posible variación sobre formas como *tejugo*, *tajugo* (ambas, de Aragón, según el DCECH, s. v. *tejón*),[449] *tesugo* («en partes de Burgos y de Ávila», según esta misma obra). El sufijo *-ugo*, quizá rehecho en *-udo* para nuestra forma, habrá sustituido al del *tejón* castellano, resultante del latín TAXŌNE. La comadreja, cuyo nombre común en castellano es un derivado de *comadre*, por una de tantas designaciones humanizadoras del animal (*vid.* Rohlfs 1979: 70-72, 117-121), se llama en nuestro pueblo **paniquesa**;[450] designación cuya área se extiende por el ámbito castellano-aragonés (EBA), de Aragón y lugares próximos del interior

---

448. La testimonian en Fuente la Reina Moliner y Vázquez (2012, 151) y Moliner (2015, 134); en Sarrión, López (1992, 26); en Ludiente, Alba (1986, 121); en las comarcas del Alto Mijares y el Alto Palancia, Nebot (1994, 171); y Llatas (2014, 1959]), en el Villar del Arzobispo.

449. El DLE localiza *tajugo* en Aragón, y remite a *tejón*. Dicha forma es registrada por el ALEANR (mapa 471: *Tejón*) en Segorbe (Cs 301); y esta misma obra consigna *tajudo* en Olba (Te 601), Arañuel (Cs 300) y Bejís (Cs 302).

450. Mucho se ha debatido sobre su posible etimología: desde la idea clásica del compuesto *pan y queso*, por el color pardo en el lomo y blanco en la pechuga (Menéndez Pidal 1980⁹ [1950], 397, § 84 bis. 3), o bien por la creencia de que dándole pan y queso se conjuraba su carácter maléfico para con los animales de corral (Rohlfs 1979, 119-120), hasta la propuesta corominiana, en mi opinión nada convincente, de una base PICQUINELLA 'pequeñita' (DCECH, s. v. *cibiaca*; DECat, s. v. *paniquella* o *paniquera*).

valenciano.[451] Más al litoral ya encontramos la forma *mustela*[452] en continuidad con el catalán *mostela* (< MŪSTELA), posiblemente préstamo de este. Similar a la paniquesa es la *güina* ('garduña'), de la que he tratado en 2.2.1.1. La zorra, llamada *rabosa* en lugares próximos como Ludiente (Alba 1986, 148), y posiblemente en otros del Alto Mijares y el Alto Palancia (Nebot 1994, 188), deja un eco de su nombre en el adjetivo *raboso, -a*, que se aplica a alguien muy astuto, y particularmente a los niños muy espabilados; *zorra* es lo que consigna el ALEANR (mapa 477: *Zorra*) en Olba (Te 601), Arañuel (Cs 300) y Bejís (Cs 302); en cuanto a *rabosa*, derivado de *rabo* por lo visible de esta parte de su cuerpo, es forma conocida por el castellano de otro tiempo (alterada en *raposa* por influencia de *rapiña* y su familia léxica: DCECH, s. v. *raposa*) y sigue viva en Aragón (EBA),[453] en continuidad con el catalán, que conoce *rabosa*, entre otras denominaciones (PALDC, mapa 1061: *La guineu (Vulpes vulpes)*). El arabismo *jabalí* convive con su variante *jabalín*. El DLE remite esta última forma a *jabalí*, con la localización de Andalucía y Salamanca; y se registra asimismo en nuestras comarcas valencianas de interior: Alto Palancia y Alto Mijares (Nebot 1983, 81); de manera más local, en el pueblo altomijarense de Ludiente (Alba 1986, 135); y asimismo en el Rincón de Ademuz (Gargallo 2004a, 193). El *mejillón* del castellano llega de la mar de poniente: del portugués *meixilhão* (< MUSCELLIŌNE, derivado de MUSCELLUS; del clásico MUSCULUS); de otra mar y a través del catalán *musclo*, nos llega el *musclo* de la Puebla, del que he tratado ya en 2.2.5.2.1. Ambos remiten a la idea de *mus* o 'ratón' en diminutivo ('ratoncillo'), como el cultismo *músculo*. La concha o el caparazón de este molusco, así como de otros animales, y también la cáscara en sentido genérico, se denominan *clasca*, forma quizá de origen onomatopéyico, por el ruido al romperse, y en todo caso afín a la catalana *clasca*, variante de *closca*.[454] El huevo de cáscara tierna, propensa a romperse, se llama *clasquitierno*. Se denomina *caracola* al «caracol de

---

451. En Sarrión (López 1992, 67) y nuestra vecina Fuente la Reina (Moliner y Vázquez 2012, 140; Moliner 2015, 137). El ALEANR (mapa 472: *Comadreja*) la registra en Olba (Te 601) y Arañuel (Cs 300). En el Rincón de Ademuz, Gargallo (2004a, 217).
452. Así, *mustela*, en Segorbe y Bejís, según el mapa 472 del ALEANR que cito en la nota anterior.
453. El ALEANR (mapa 1486: *Jabalí*) muestra la extensión de esta variante con -*n* en las tres regiones de su estudio.
454. Otros testimonios de *clasca*: en Fuente la Reina (Moliner y Vázquez 2012, 143; Moliner 2015, 134); en el Alto Mijares y el Alto Palancia: *clasca/cascla* 'parte dura de la almendra y de la nuez' (Nebot 1990, 140); en Ludiente (Alba 1986, 118) y en La Iglesuela del Cid (Julián 1998, 43).

pequeño tamaño» (Salvador 2001, 206).[455] Se designa *cavo* el refugio de ciertos animales, particularemente conejos y liebres; forma hermana del *cau* catalán (< latín CAVU).[456] Más específica de los conejos es la *gachapera*, que convive con la forma castellana *gazapera* (*DLE*); es una palabra muy de nuestro terreno, que registran también Salvador (2001, 209) en la Puebla y Pérez (2000, 155) en el desaparecido Campos de Arenoso, así como otras obras del entorno.[457] Como no tenemos un *gachapo* del que pueda proceder nuestro derivado *gachapera*,[458] a la manera del castellano *gazapo* 'conejo nuevo' → *gazapera*, pienso en una extensión desde el valenciano *gatxapera/catxapera*, derivado de *catxap* (*DCVB*, *DECat*; *PALDC*, mapa 913: *Els conillets*). La *gavia* atestiguada en la Puebla es una jaula específica de conejos; no tiene valor genérico. Un *ratolín* es un ratón pequeño,[459] seguramente adaptación a partir del catalán *ratolí*; y una *rata techera*, la que suele andar por los techos, de considerable tamaño; comparable a la *rata de teulada* o *rata teuladina*, que el *DCVB* (s. v. *rata*) localiza respectivamente en Mallorca y Valencia. La trampa que se usa para cazar ratones se llama *ratera*.[460] Y concluye este apartado con dos expresiones paralelas: *ir de cacera* ('ir de caza') e *ir de pesquera* ('ir de pesca'), ambas afines a los derivados del catalán *cacera* y *pesquera* (*DCVB*); y ambas documentadas asimismo en nuestro entorno.[461]

---

455. El *DLE* (s. v. *caracola*) localiza en Aragón la ac. 3.ª: «Caracol terrestre de concha blanca». Y en el vecino Sarrión, de la provincia de Teruel, López (1992, 23) registra *caracola* como 'caracol pequeño con cáscara blanca'.

456. La recoge en el castellano-aragonés de tierras valencianas Nebot (1990, 448); con la grafía *cabo*, Alba (1986: 118) en Ludiente, y López (1992, 21), junto a la variante de filiación aragonesa *cado*, en Sarrión. El *ALEANR* (mapa 493: *Madriguera*) registra asimismo *cabo* en los tres puntos castellonenses del atlas (Arañuel, Segorbe y Bejís), así como en la vecina Olba, de la provincia de Teruel.

457. Nebot (2002-2004, 1596), en el Alto Mijares y el Alto Palancia; Alba (1986, 131), en Ludiente.

458. Si bien Salvador (2001, 209) registra en la Puebla *gachapón*, «cría del conejo, gazapo», tampoco podría derivar directamente de él *gachapera*.

459. Llatas (2014 [1959]) lo registra en el Villar del Arzobispo en sentido figurado: «Dícese de los niños locuaces y vivarachos».

460. Curiosamente, el *DLE* (s. v. *ratero, ra*) localiza esta acepción (la quinta) en México.

461. Ambas, en el Alto Mijares y el Alto Palancia (Nebot 2002-2004, 1588, 1602); solo *cacera*, en Ludiente (Alba 1986, 115) y en Sarrión (López 1992, 21).

4.5. GANADERÍA (ANIMALES DOMÉSTICOS, AVES DE CORRAL) Y APICULTURA

Cabe señalar que la ganadería no era, en el tiempo de mi investigación, una fuente de recursos destacable. Y aún menos ahora, en que los rebaños de ovejas son algo apenas testimonial.

4.5.1. Ganado lanar

Clasificación de las reses según su edad. Para el cordero recental, que todavía mama, hemos recogido **cordero** ('cría de la oveja', según el DLE) y **lechal** («Dicho de un animal, especialmente de un cordero: Que mama», según la primera acepción de este mismo diccionario académico), derivado de *leche*.[462] El cordero de un año se llama **borrego**, como en Olba (Te 601), Arañuel (Cs 300) y Bejís (Cs 302), según el ALEANR (mapa 595: *Cordero de un año*),[463] en tanto que la primera acepción del DLE lo define como «Cordero de uno a dos años». Y este otro valor de transición de 'cordero entre uno y dos años' lo encarna en la Puebla **primal**; según el DLE (s. v. *primal, -la*): «Dicho de una res ovejuna o cabría: Que tiene más de un año y no llega a dos», definición que inspira la de López (1992, 71) para su *primala* de Sarrión: «oveja de más de un año y no llega a dos». El cordero de tres años se llama **andosco**, tal como el ALEANR (mapa 596: *Cordero de tres años*) consigna en Olba (Te 601), Arañuel (Cs 300) y Bejís (Cs 302).[464] Y el de cuatro años, **sobreandosco**, como en Olba y Bejís (ALEANR, mapa 597: *Cordero de cuatro años*); comparable en cuanto a su formación prefijal con el *trasandosco* del DLE, que esta obra define así: «Dicho de una res de ganado menor: Que tiene algo más de dos años». Cabe concluir este párrafo con la apreciación del DCECH (s. v. *andosco, -ca*): «Los cambios de edad en denominaciones de esta clase son frecuentes».

Se llama **mardano** al morueco o carnero padre (*vid.* 2.2.2.3). Con **modorra** se designa la enfermedad del ganado lanar que se localiza en el cerebro y

---

462. El ALEANR (mapa 592: *Cordero recental*) registra *lechal* en Segorbe (Cs 301), y otro derivado de *leche* (*lechón*), en Olba (Te 601); en Bejís (Cs 302), *mamón* (derivado de *mamar*).

463. En Segorbe, la misma fuente anota *borreguet*, con diminutivo a la valenciana.

464. Cf. con el DLE (s. v. *andosco, ca*): «Dicho de una res de ganado menor: Que tiene más de uno o dos años». En Sarrión López (1992, 14) consigna el femenino *andosca* 'res de ganado que tiene dos años'.

provoca aturdimiento en los animales (ac. 8.ª del *DLE*, s. v. *modorro, rra*), tal como recogen López (1992, 58) y Nebot (1982, 86) en las comarcas del Alto Mijares y el Alto Palancia. También se dice de la somnolencia o el sopor profundos en las personas (*DLE*, ac. 5.ª). Se trata de un uso sustantivado a partir del adjetivo *modorro, -a*, dicho asimismo del ganado lanar y de las personas. Por otra parte, *estovar* (*la lana*) es mullirla. Además del de 'mullir', *estovar* ha desarrollado el sentido de 'obsequiar mucho (a alguien)'; y con dicho sentido se prefiere la variante *sostovar* (con influencia del prefijo *so-* < SŬB). Tanto *estovar* como *sostovar* son préstamos de las voces correspondientes en catalán, derivadas de *tou* 'blando' (*DECat*, s. v.). Su uso se testimonia en otras hablas castellano-aragonesas próximas a la nuestra.[465]

4.5.2. Ganado cabrío

Sigue una clasificación de las reses según su edad. A la cría de la cabra mientras mama se le llama **choto**, *-a* (*vid.* 2.2.1.7)[466] o **cabrito**, *-a* (*DLE*, ac. 3.ª); y de ambas formas encontramos registros en nuestro entorno.[467] Desde el destete hasta el año recibe el nombre de **cegajo** o **segajo**; ambas variantes se dan en hablas próximas;[468] la primera, además, es recogida por el diccionario académico (*DLE*: «Dicho de un cordero o de un chivo: Que no llega a primal»). A diferencia de la etimología que propone esta obra, un derivado de *ciego*, me inclino por la explicación del *DCECH* (s. v. *segallo, -a*): que forma parte de la familia del aragonés *segallo* y el catalán *segall* 'animal cabrío en el segundo año de su vida'; de origen incierto, quizá prerromano. Entre el primer año y el segundo recibe el nombre de **primal**, como en el caso del ganado lanar (4.5.1), y como corrobora el *ALEANR*

---

465. Alba (1986, 129, 153), *estovar* y *sostovar*, en Ludiente; ambas variantes, asimismo, en La Iglesuela del Cid (Julián 1998, 33 49). Ríos (1989, 144), en Sot de Ferrer. López (1992, 38), con la grafía *estovar* y *estobau*, en Sarrión.

466. En la Puebla, *chota* y *chotico*, según Adoración Salvador (2001, 207, 135).

467. El *ALEANR* (mapa 618: *Choto*) anota *cabrito* en Olba (Te 601) y Arañuel (Cs 300); *choto*, en Segorbe (Cs 301); y las dos, en Bejís (Cs 302). Moliner y Vázquez (2012, 136) registran *choto* en Fuente la Reina; Alba (1986, 37, 122), en Ludiente; López (1992, 29), en Sarrión.

468. El *ALEANR* (mapa 621: *Chivo - cegajo*) consigna *cegajo* en Olba (Te 601) y Bejís (Cs 302); y *segajo*, en Arañuel (Cs 300) y Segorbe (Cs 301). Nebot (1982, 78) registra *cegajo* en Torralba y Villamalur; *segajo* en Ayódar. Alba (1982, 152), en Ludiente: *segajo* 'macho cabrío'. Julián (1998, 48, 62), en La Iglesuela del Cid, ofrece un uso en sentido figurado: *segajo: ir caliente como un segajo*.

(mapa 622: *Primal*) en los puntos próximos a la Puebla (Olba, Arañuel, Segorbe y Bejís). Al semental de la cabra se le llama **buque** o **cojudo**. El primero, recogido por el ALEANR (mapa 627: *Macho de la cabra*) en Olba (Te 601) y en otros puntos de Aragón, es variante del tipo léxico *boque*, que el DLE localiza en Aragón con remisión a *buco* (DCECH), y presenta continuidad con el *boc* catalán. En cuanto a *cojudo*, que recoge el mismo mapa del ALEANR en Bejís (Cs 302), y que el DLE registra con el valor genérico de 'no castrado' y dicho de un animal, proviene de un latín vulgar *COLEŪTU, derivado de COLEU 'cojón'. Teniendo en cuenta que el *cojón* castellano es hijo del latín vulgar COLEŌNE (aumentativo con respecto a COLEU), nuestro *cojudo* vendría a representar un «cojonudo» etimológico. El **gerri** (o **jerri**), conjunto de cagarrutas del ganado lanar y cabrío, es muy bueno para el estiércol; dicha forma es variante del castellano *sirle*, con otras como el *chirle* que da lugar al compuesto *aguachirle* (que en nuestra habla se hace **aguachirri**); según el DCECH (s. v. *sirle*, *sirria* y *chirle*), es voz de origen prerromano, juntamente con el catalán *xerri* (y variantes; cf. el PALDC, mapa 920: *El xerri*). El ALEANR (mapa 637: *Cagarrutas en polvo*) registra *gerri* en Arañuel (Cs 300) y en La Iglesuela del Cid (Te 405), y formas próximas, como el *gerre* de Puertomingalvo (Te 600), así como otras que marcan el camino hacia la nuestra, tal que *sierre* (Segorbe: Cs 301), variante desde la que se explicaría muy bien *gerri* a partir de la palatalización de la *s-* propiciada por la yod contigua.[469]

4.5.3. Ganado vacuno

Clasificación de las reses según su edad: a la de menos de un año se la denomina **becerro, -a** o **ternero, -a**; voces de la lengua común. Y **novillo** (o **novilla**), a la de dos a tres años (como se define en el diccionario normativo), con este derivado de *nuevo* (< NŎVUM) tan específico del castellano. Para 'res vacuna de un año', no obtuve ninguna respuesta firme; si acaso, propuestas aproximativas como **ternero** o **novillo de un año**.

En suma, se ve por los párrafos anteriores (4.5.1, 4.5.2 y 4.5.3) que el número de designaciones para las reses según edades es mayor, y responde a una más detallada segmentación de franjas etarias, en el caso del ganado lanar. Sin duda, por su mayor arraigo tradicional en nuestro pueblo.

---

469. Añádase el testimonio de Nebot (1982, 82) en el Alto Mijares y el Alto Palancia: *jerri / serri*.

4.5.4. Ganado equino

El **macho** (como en la Puebla se llama al mulo) es el animal utilizado para distintas faenas agrícolas, como la labranza, la trilla, el acarreo, el tiro.[470] A pesar de que el diccionario académico reúne en una misma entrada el *macho* ('animal de sexo masculino', 1.ª ac.) y el que remite a *mulo* (2.ª ac.), este, según el DCECH (s. v. *macho III*), se habría tomado del portugués *macho*, antiguamente *muacho* y derivado de *muo* (hoy *mu*), que a su vez continúa el latín MŪLUS, como el *mulo* castellano. Secundo la autoridad de Joan Coromines: no se trata de un caso de polisemia (dos significados en una misma palabra de origen), sino de homonimia (dos palabras en origen distintas que han acabado pronunciándose igual). Al macho que es cruce entre yegua y burro se lo conoce como **macho yeguato** (derivado en *-ato* de *yegua* para el que remito al punto 3.2.1); y añado aquí los testimonios del ALEANR (mapa 735: *Muleto*) de *yeguato macho*, con los componentes en orden inverso, en Segorbe (Cs 301), y de *yeguato* junto a *mulata* en Bejís (Cs 302). Por su parte, el macho que resulta del cruce entre caballo y burra recibe el nombre de **macho romo**[471] o **macho burrero**. De ambos se ofrece testimonio en el mapa 736 (*Burdégano*) del ALEANR: en Olba (Te 601), *burrero* y *macho romo*; en Arañuel (Cs 300), *burrero*; en Segorbe (Cs 301), *macho romo*; en Bejís (Cs 302), *mulato burrero*. Asimismo, de alguien falto de agudeza se dice que es **romo, -a**, con el sentido que ofrece el catalán *rom, -a* (DCVB: «mancat d'agudesa mental»).

De un macho o de otra caballería caída de espaldas de modo que no se puede levantar, se dice que está **ensobinao, -a**; voz que deriva del latín SUPINUS, de donde el cultismo *supino* en castellano (DCECH); el DLE registra el correspondiente verbo *ensobinarse* en Aragón, así como *asobinarse* (sin localización). El diccionario etimológico de Coromines (DCECH, s. v. *supino*), además, registra *ensobinarse* en Murcia. Y este verbo, que se halla bien representado en nuestra zona,[472] presenta continuidad con el catalán (y particularmente valenciano) *ensobinar-se* (DCVB).

---

470. Asimismo en la Puebla, Monte y Gil (2000, 26) y Salvador (2001, 210). En el desaparecido y vecino Campos de Arenoso, Pérez (2000, 156). En Sarrión, López (1992, 55).

471. El DLE (s. v. *macho*) remite *macho romo* a *burdégano*.

472. El ALEANR (mapa 741: *Caballería caída de espaldas, que no se puede levantar*) registra *ensobinada* en Olba (Te 601) y Arañuel (Cs 300); *ensobinao*, en Segorbe (Cs 301) y Bejís (Cs 302). En Sarrión, López (1992, 35) recoge *ensobinarse*.

4.5.5. La reproducción en el ganado

Masclo (forma de la que he tratado en 2.2.5.2.1) convivia con el *macho* del castellano en el tiempo de mi cosecha. Y a propósito del sexo del ganado, *monflo-rito* o *monflorita*, formas de las que también he tratado (2.1.2.2, 2.1.2.5), se dice del animal que no es ni macho ni hembra, y además, por extensión, del hombre afeminado. También me he ocupado de *vacía* (3.2.1) y *machorra* (2.2.5.2.1), alternativas léxicas para designar la hembra estéril del ganado. El ALEANR (mapa 567: *Horra*) registra *machorra* en Olba (Te 601), el derivado *machorriza* en Arañuel (Cs 300), y *vacía* en Bejís (Cs 302); esta última forma se extiende por Aragón, y deja paso hacia el norte a la variante altoaragonesa *vaciva* (véase de nuevo el punto 3.2.1). Se llama *juta* o *seca* la hembra del ganado que ha perdido la leche; en este sentido, *juta* resulta de la especialización semántica del adjetivo genérico *juto, -a* 'seco, -a' (2.2.1.7), y cabe relacionarla con los registros de *enjuta* (Olba) y *enjugau* (Arañuel) del ALEANR (mapa 571: *Enjuta*). El uso de *salida* ('hembra en celo'), aplicado a las reses de ganado y de manera genérica a otros animales, coincide con la definición del diccionario académico (DLE, s. v. *salido, da*): «Dicho de la hembra de algunos animales: Que está en celo»; y asimismo, con la forma paralela del valenciano *eixida*. Por último, *albortín* se llama a una cría nacida muerta; como en Olba y Arañuel (ALEANR, mapa 568: *Cría nacida muerta*). A partir de *abortín*, derivado de *abortar*, nace una variante con el incremento de -*l*-, seguramente por injerencia del artículo árabe *al*-. Otras variantes como el *alborto* de Bejís y de puntos diversos de Aragón son recogidas por este mismo atlas.

4.5.6. Algunas cualidades del ganado

Se llama *casolana* la res cuidada en casa; tal como en la Serranía de Chelva (Llatas 2014 [1959]) y en el Rincón de Ademuz (Gargallo 2004a, 181). Deben de tener este mismo sentido específico los testimonios de Julián (1998, 29) en La Iglesuela del Cid (*casolano*: *estos conejos ya se nota que son casolanos*) y López (1992, 24) en Sarrión (*casolano*: «casero, que se cría o elabora en casa»). Parece adaptación, con especialización semántica, a partir del catalán *casolà, -na*, derivado de *casa* con el sentido genérico del castellano *casero, -ra*. Esta última forma se da como apodo: *el tío Enrique (el) Casero*.[473]

---

473. Tío de mi padre, al que le llegó su nombre de pila, *Enrique*. Sobre el uso de *tío*, véase el punto 2.1.3.

Se dice *furo* o *fura* del animal indómito, tal como en Sarrión (López 1992, 40). El *DLE* (s. v. *furo²*, *ra*) localiza la acepción segunda («Furioso, fiero») en Álava, Aragón y Navarra; y la tercera («Dicho de un animal: Sin domar»), en Aragón. Joan Coromines (*DCECH*, s. v. *huraño*) dice haberlo oído en Almería, de donde era su esposa. Se usa *rebordecer* y *rebordecido* con el sentido de bastardearse (un animal) y del animal bastardeado,[474] con este derivado de *borde* aplicable también a una planta (4.3.1).[475] Otra cualidad, ahora de un macho, o una caballería, es el ser *guiñoso, -a*, como también recogen, en Fuente la Reina, Moliner y Vázquez (2012, 145); y en las comarcas del Alto Mijares y el Alto Palancia, Nebot (1981, 66), junto al verbo *guiñar* 'cocear (las caballerías)'. Bajo la entrada *guiñar* (un ojo), el *DCECH* registra el valenciano *guinyós* 'coceador, zaíno', del que podría ser adaptación el del castellano-aragonés contiguo. Es *rabicurto*, y más frecuentemente *curto*, el animal que no tiene rabo, o sea, rabón.[476] Dicho *curto* (junto con su transparente compuesto *rabicurto*) presenta un vocalismo como el del catalán *curt* y es propio de Aragón,[477] así como del castellano-aragonés de nuestra comarca.[478] De un animal corpulento se suele decir que es *cuartudo, -a*; y también de las personas; tal como en la Serranía de Chelva (Llatas 2014 [1959]) y en el Rincón de Ademuz (Gargallo 2004a, 227). En contrapartida, el adjetivo *lambreño, -a*, se atribuye al animal de poco vientre, desmedrado, y asimismo a las personas. Su área léxica se extiende por Aragón y Navarra (*ALEANR*, mapa 1003: *Desmedrado*).[479] Lo atestiguan asimismo, no lejos de la Puebla: López (1992, 51), en Sarrión, y Gargallo (2004a, 227), en el Rincón de Ademuz. Y dicha área oriental peninsular tiene continuidad en el valenciano *llambrenc* 'íd.' (*DCVB*; *DECat*, s. v. *llambregar*).

---

474. Como el *rebordeser* del Villar del Arzobispo (Llatas 2014 [1959]), con su peculiar seseo. Existe un derivado paralelo en el catalán *rebordonir* (*DCVB*).

475. Curiosamente, la significación más reconocible de *borde* para el hablante de hoy en día es la que el *DLE* define para su tercera acepción, como *coloquial* y de España: «Dicho de una persona: Impertinente, antipática o mal intencionada».

476. El curioso apodo de *curtos*, que reciben los vecinos de San Agustín (de la provincia de Teruel), ignoro si tiene que ver con la motivación del animal *(rabi)curto*.

477. No es solo de Teruel, donde lo consigna el *DLE* como rural: «1. corto (‖ que tiene menor longitud de la normal). 2. rabón» (cf. en López 1992: 27 el testimonio asimismo turolense de Sarrión). También se usa en el Alto Aragón (*DCECH*, s. v. *corto*; *DECat*, s. v. *curt*). El autor del *DCECH* y del *DECat*, Joan Coromines, dice haberlo oído, además, en Almería, la tierra de su mujer.

478. Concretamente en Ludiente lo registra Alba (1986, 30, 121).

479. El *DCECH* (s. v. *lombriz*) relaciona el aragonés *lambreño* 'lambrija' con *lombriz*. Y el *DLE* asigna a *lambrija* las acepciones de 'lombriz' y 'persona muy flaca'.

4.5.7. Aves de corral

Del empollar o incubar los huevos se dice *covar*; voz que recoge en la Puebla también Salvador (2001, 134, 207); tomada del catalán *covar*, su área se adentra por el castellano-aragonés de tierras valencianas.[480] Cuando *cova*, la gallina está *culeca* ('clueca'; *vid.* 2.2.7). El lugar donde pone los huevos es el *ponedor*, derivado de *poner* cuyo sufijo tiene valor instrumental, como en *plegador* ('recogedor'; cf. 2.2.5.1); este *ponedor* ('ponedero, nidal') continúa hacia poniente el homólogo (y prácticamente homófono) catalán *ponedor*; por ejemplo, en la Serranía de Chelva (Llatas 2014 [1959]) y en el Rincón de Ademuz (Gargallo 2004a, 121). Los pollos, como otras aves y en general los pájaros, *piulan/piaulan*; *piular*, forma que el *DLE* remite a *piar* sin localización, es, como *piar*, una creación onomatopéyica; pero *piular* tiene seguramente un uso regional,[481] tomada del catalán *piular* (*DCECH*). En cuanto a la variante *piaular*, sugiero una analogía con el *miaular* de los gatos (véase el punto siguiente: 4.5.8). Del arrullar o zurear de la paloma cuando está en celo, se dice *curruquear* (pronunciado *curruquiar*, con diptongo en la última sílaba: 3.5.1.5); forma onomatopéyica recogida por el *ALEANR* (mapa 717: *Zurear*) en Olba (Te 601) y Segorbe (Cs 301), así como en puntos diversos de la provincia de Teruel. Sin duda es adaptación a partir del valenciano *corruquejar* (*DCVB*), que penetra asimismo en el Villar del Arzobispo y la Serranía de Chelva.[482] Con *ajoca(r)se* designan el retirarse de algunas aves a dormir, y por extensión el acurrucarse de las personas; forma recogida también por Aurora Monte en su blog sobre la Puebla. Se trata de un préstamo del catalán (y valenciano) *ajocar(-se)*, derivado de *jóc* 'lugar donde las aves de corral se recogen para dormir' (*DCVB*, *DECat*). Se nombra al pavo con *tito*, voz de creación expresiva (quizá por el modo de llamar al animal: *ti-ti*) que prolonga hacia el interior el *tito* del valenciano (*DCVB*; *DECat*, s. v. *tiró II*, nota 5; *PALDC*, mapa 907: *El gall dindi*); la atestiguan en la Puebla el blog de Aurora Monte y el libro a cuatro manos de Monte y Gil (2000, 127), así como otras

---

480. El *ALEANR* (mapa 710: *Empollar*) la registra en los tres puntos castellonenses del atlas (Arañuel, Segorbe y Bejís), así como en la vecina Olba (Te 601). En Ludiente, Alba (1986, 120). En la Serranía de Chelva, Llatas (2014 [1959]).

481. También recoge *piular* en la Serranía de Chelva Llatas ([2014] 1959); y Nebot (1994, 175), en el Alto Mijares y el Alto Palancia.

482. Cf. Llatas (2014 [1959]), que registra la aplicación humana del término: «Enamorar una persona a otra de distinto sexo con palabras halagüeñas».

obras sobre lugares próximos.[483] También de creación expresiva es el murciano *tito* 'pollo de gallina', mencionado por el DCECH (s. v. *tití*) y recogido en anteriores ediciones del diccionario académico, pero no en la actual (DLE). La *carcanada* se refiere al conjunto de huesos de aves como la gallina, a su esqueleto una vez sacrificada; es forma que atestigua en la Puebla Monte y Gil (2000, 125), y que es afín al catalán *carcanada* 'íd.' (DCVB). Por último, se llama *pedré* a la molleja de las aves; préstamo del catalán *pedrer* ('íd.': DCVB), del que, curiosamente, no se conserva la -*r* final, articulada en la mayor parte del espacio lingüístico valenciano.

4.5.8. El gato y el perro

El gato *maula*, *miaula* o incluso *maya*. Tres son las variantes que concurren en nuestra habla, y que menciono por orden aproximado de uso: *maular*, *miaular* y *mayar*. Su voz es un *maulido*; y *maulón* se considera el gato que maula mucho. Según el DCECH (s. v. *maullar*), la forma castellana es «alteración dialectal de *maular*, derivado de la onomatopeya *mau* de la voz del gato; la forma *maullar* se explica por influjo de AULLAR». Pues bien, *maular* es la forma originaria, que se mantiene en el Alto Aragón junto con la variante *miaular*, que puede explicarse fácilmente por la asociación con *miau*, la onomatopeya para imitar el maullido. En cuanto a *mayar*, acaso sea variante con yeísmo de un *mallar* como el que recoge el ALEANR (mapa 697: *Maullar*) en Segorbe (Cs 301); esta misma obra anota *maular* en la vecina Olba (Te 601).

La voz de llamada al gato viene a ser algo así como un «misss, misss», de donde la palabra de registro infantil *misino*, *misinico*; con su femenino *misina*, *misinica*. Cuando mi hija primogénita Emma era una criatura de entre uno y dos años, descubrí un buen día a la abuela Presentación (su bisabuela) cantándole una cancioncilla asociada a cierto juego de caricias con las manos de la criatura hacia la cara (de quien la hacía jugar): ***Misinico miau, que has papau, sopicas de leche, y a mí no m'has dau, marramiau, marramiau, marramiau.*** Mientras la cogía de las manos, se las llevaba a la cara, donde se acababan refregando

---

483. Nebot (1981, 63), junto con *tita* 'pava', en el Alto Mijares y el Alto Palancia; Alba (1986, 40, 155), en Ludiente; Ríos (1989, 171), en Sot de Ferrer.

cariñosamente en coincidencia con los tres últimos *marramiaus*.[484] La misma voz infantil *misino* se registra en lugares próximos como Olba o Bejís (*ALEANR*, mapa 696: *Modo de llamar al gato*), así como en el conjunto del Alto Mijares y el Alto Palancia (Nebot 1981, 65; junto a *misina*); el *ALEANR* anota la variante *bisino* en Segorbe y la onomatopeya *mis*, sin lexicalizar, en Arañuel. Afines a nuestro *misino* son el *michino* del diccionario académico (*DLE*) y el *mixino* de Benassal y Valencia (*DCVB*).

Para llamar al perro se dice *¡cho!* (*vid.* 2.1.2.5), o bien *¡busca!*; esta última forma la registra en Arañuel (Cs 300) el *ALEANR* (mapa 698: *Modo de llamar al perro*). Por otra parte, cuando un perro (u otro animal) se acostumbra a seguir a una persona, se dice que *se le amarina*; *amarina(r)se* (con uso pronominal) es una voz registrada, asimismo en la Puebla, por Aurora Monte en su blog; también por López (1992, 13) en Sarrión, y por Julián (1998, 40) en La Iglesuela del Cid. Aventuro una posible vinculación con el castellano *amadrinar(se)*, que el *DLE* registra con dos acepciones cercanas a la nuestra, en que se halla implicada la querencia de algún animal a andar agrupado y siguiendo a otro.[485]

4.5.9. Otros aspectos generales sobre ganadería

Ir a apacentar el ganado se dice *ir a guardar*, con uso intransitivo del verbo, que presupone el objeto directo elíptico 'ganado'; asimismo en el testimonio de Sarrión (*ir a guardar* 'ir de pastor') que registra López (1992, 47). En la Puebla, por la escasez de pastos, se solía llevar el ganado al **Reino** en invierno a *estremar*; o sea, a tierras más cálidas del territorio valenciano, con mejores pastos. Es de notar el sentido restrictivo y ajeno de *Reino* en un lugar que pertenece a este desde su fundación. Y otro tanto cabe observar del Rincón de Ademuz, donde se emplea *llevar a estremar las ovejas al Reino* (Gargallo 2004a, 181), con este verbo *extremar* (en su grafía normativa) que

---

484. A la fascinación de haber conocido dicha cancioncilla infantil se sumaba el hecho de que era muy afín a la que le cantaba a la misma criatura su madre, de Rossell (Baix Maestrat): *Mis missinet, sopetes en llet, qui se les paparà? La meua xiqueta seraaaà.*

485. La quinta, de uso transitivo, localizada en Argentina, Chile, Colombia, Ecuador, Paraguay, Perú, Uruguay y Venezuela: «Acostumbrar al ganado caballar a que vaya en tropilla detrás de la yegua madrina»; y la sexta, de uso pronominal: «Dicho de un animal: Acostumbrarse a andar con otro u otros de su misma especie, o a veces de otra, o apegarse a ellos».

me traslada ahora a otro extremo de la España peninsular; según el *DLE*, en su quinta acepción: «Dicho del ganado trashumante: Pasar el invierno en los territorios templados de Extremadura». A los pastores que realizaban estas migraciones periódicas se les llamaba *harbajantes* (*vid.* 2.1.2.2). Se dice *estajar* de separar una o varias reses de ganado; con la forma *destajar* lo atestiguan Monte y Gil (2000, 26) en la Puebla; y no muy lejos, López (1992, 38), en Sarrión, y Gargallo (2004a, 134), en el Rincón de Ademuz.[486] El pastor llama al ganado, o lo espanta, con un sonido del tipo de *rrrrk*, que recuerda la formación más lexicalizada y con apoyos vocálicos *riquia*, del Villar del Arzobispo (Llatas 2014 [1959]) y del Rincón de Ademuz (Gargallo 2004a, 104). Es propio del ganado *esbarra(r)se* ('espantarse': 2.2.2.3). Para 'ordeñar' se usa el verbo *muir*; forma que el *DLE* localiza en Aragón[487] y remite a *ordeñar*. Su área continúa, junto al sureste aragonés (así, en Sarrión: López 1992, 59), por nuestra comarca;[488] en tanto que en el castellano-aragonés más trufado de valencianismos propio del Villar del Arzobispo y su comarca, se emplea la forma de molde catalán (y valenciano) *muñir* (Llatas 2014 [1959]) < *munyir*, continuadora de un latín *MŪNGERE, que altera el clásico MŪLGERE.[489] Las ubres de las hembras del ganado, especialmente cuando están llenas de leche, reciben el nombre de *braguero*; voz que «se extiende por toda la zona aragonesa»[490] y alcanza la Alta Navarra, según el *DCECH* (s. v. *braguero*), y hasta Murcia (*DECat*, s. v. *braga*); y también el castellano-aragonés del interior valenciano.[491] Según Joan Coromines, tomada del catalán *braguer*, a través de una historia fonética singular desde el latín ŪBER: catalán preliterario **ubre* → *ubreguer* > *obreguer* > *(lo) breguer* > *braguer*.

---

486. Tipo léxico seguramente relacionado con el altoaragonés *estallar* 'dividir algo en piezas' (*EBA*).

487. Donde lo registra también Joan Coromines (*DCECH*, s. v. *esmucir*; *DECat*, s. v. *muñir*).

488. Moliner (2015, 137) registra en Fuente la Reina un *mullir* que ha de ser *muir*; y *muir* en Ludiente, junto al área lingüística valenciana, Alba (1986, 156-157).

489. En la Puebla Salvador (2001, 210) recoge la variante *muñir*, que a mí no me consta.

490. Ampliamente atestiguado por el *EBA*, con la forma *braguero* o la altoaragoneasa *brague(r)*.

491. El *ALEANR* (mapa 569: *Ubre*) lo registra en los tres puntos castellonenses del atlas (Arañuel, Segorbe y Bejís), así como en la vecina Olba (Te 601) y por todo Aragón. López (1992, 20), en Sarrión; Nebot (1982, 99), en el Alto Mijares y el Alto Palancia; Alba (1986, 113), en Ludiente; Llatas (2014 [1959]), en la Serranía de Chelva; Gargallo (2004a, 177), en el Rincón de Ademuz.

4.5.10. Algo sobre apicultura

En otro tiempo se utilizaba el tradicional *vaso* hecho de *zuro* 'corcho' (cf. 2.2.1.7 para su etimología y filiación romance; para sus significados 'corazón de la panoja o mazorca' y 'corcho', véase 4.3.2). Modernamente se usa la *caja de colmena* prefabricada. Para el homólogo *vaso* valenciano 'colmena' (*DCVB*) Joan Coromines interpreta un mozarabismo que seguramente no es tal, sino aragonesismo, pues esta forma con -*o* final conservada se extiende por todo Aragón, desde los Pirineos hasta las comarcas castellanohablantes del interior valenciano,[492] y se ha prolongado incluso hasta la variedad valenciana del catalán (*PALDC*, mapa 943: *El rusc*).

Dicho vaso es cilíndrico, de unos 60 a 80 centímetros de altura (véase la foto 4). Por uno de los lados, el superior, lleva una tapadera que es también de zuro. Por el inferior toca al suelo. En esa parte de abajo tiene un agujerillo por el que entran y salen las abejas: la *piquera*; el *DLE* registra esta forma con una primera acepción coincidente con lo que describo aquí; y el *ALEANR* (mapa 747: *Piquera*) anota la misma forma en Olba (Te 601), Arañuel (Cs 300) y Bejís (Cs 302).

En el interior del vaso, las abejas fabrican las **brescas**, formando celdillas de cera donde depositan la miel.[493] Por más que el *DLE* consigna *bresca* sin localización como 'panal de miel', dicha forma es propia del oriente peninsular (*DCECH*), junto al catalán *bresca*. Es de Aragón y del castellano-aragonés del interior valenciano.[494] Las cajas de colmena, que han sustituido por completo a los antiguos vasos de zuro, contienen láminas de cera que las abejas utilizan para crear celdillas en las que almacenan la miel.

---

492. Véase el mapa 745 (*Colmena*) del *ALEANR*, que registra *vaso* y *caja* en Olba (Te 601), y *vaso de colmena* en Bejís (Cs 302). El *vaso* 'enjambre' de Nebot (1980, 218) para el Alto Mijares y el Alto Palancia llama la atención por el sentido asignado de 'enjambre' (¿metonimia?).

493. Registra *bresca* asimismo en la Puebla Salvador (2001, 93, 141, 206).

494. De Olba (Te 601) y de Arañuel (Cs 300), según el mapa 750 (*Panal*) del *ALEANR*, que registra *bresca* por el sur de la provincia de Teruel y en otros puntos aragoneses. Nebot (1982, 99), en el Alto Mijares y el Alto Palancia; Alba (1986, 113), en Ludiente.

Foto 4. Vasos de colmena

A fin de obtener dicha miel, el apicultor recoge las brescas o las láminas de dentro de los vasos o de las cajas. Antes de abrir la colmena se queman unas boñigas en un *ahumador*,[495] con el que se insufla el humo, además de por la piquera, desde arriba por el interior de la colmena con el objeto de aturdir a las abejas, al menos de manera momentánea, y atenuar así posibles picaduras.[496] La miel se extrae con pequeñas prensas, en el caso de las brescas de los vasos, o con una especie de centrifugadores que dejan las celdillas vacías en el caso de los modernos panales.

La abeja reina se designa con el masculino *rey* o *ray* (para la segunda varian-te, con abertura de la *a* del diptongo *ei* > *ai*, véase 2.1.1.3); dicho uso masculino,

---

495. Por más que no lo registra el DLE, se trata de un derivado transparente de *ahumar* ('echar humo'), referido al recipiente en que se queman las boñigas.

496. Esa debe de ser la explicación para el apodo con que se conoce a los de Villanueva de Viver, la Villanueva: *ahumaos* o *zahumaos*; porque tenían (y tienen) muchas colmenas. Cf. la solución *zahuma(r)se* en Olba (Te 601) y otros puntos turolenses encuestados por el ALEANR (mapa 873: *Ahumarse la leche*).

con elipsis del posible sustantivo *abeja*, lo recoge el DLE (s. v. *rey, reina*) en la acepción 8.ª de esta entrada; uso que coincide con el del catalán *rei = abella reina* (DCVB, DIEC).[497] El macho de la abeja reina es el **mazarrón** 'zángano'; forma que recoge Nebot (1982, 65) en las comarcas del Alto Mijares y del Alto Palancia, y Gargallo (2004a, 188) en el Rincón de Ademuz. Desde el área castellanohablante ha podido extenderse al valenciano fronterizo de Aín *masarró* 'zángano' (DCVB). Y otro *mazarrón* es el del diccionario académico, que lo registra en Aragón y define así: «Dicho de una persona: Que defraudaba al fisco, dejando de pagar el peaje u otro derecho de pasaje». Es razonable asociar los sentidos de 'quien defrauda al fisco' y 'quien vive a costa ajena'; tal como se asocian en el *zángano* castellano las significaciones de 'macho de la abeja reina' y 'persona holgazana que se sustenta de lo ajeno' (según la 2.ª ac. del DLE, y con la notación de *coloquial*).

Un *escarote* es un *ajambre* (por *enjambre*, con cambio de prefijo) poco numeroso, y está constituido por un conjunto de abejas que abandonan la colmena, dirigidas por un rey. Y **ajambrar**, como recoge Salvador (2001, 141, 205), es encerrar un enjambre en la colmena, enjambrar. Véanse, además, los registros del ALEANR (mapa 749: *Jabardo*) para *escarote* en Bejís (Cs 302), *escalote* en Olba (Te 601) y Arañuel (Cs 300), *ajambrillo* en Segorbe (Cs 301) y *ajambre* en La Iglesuela del Cid (Te 405). Hallamos rastro de *escarote* en otros testimonios de las comarcas del Alto Mijares y el Alto Palancia.[498] En cuanto al *escarot* de Almedíjar (Nebot 1983, 152), junto a la frontera lingüística, delata la procedencia del catalán (y particularmente valenciano) *escarot* (DCVB, DECat; PALDC, mapa 791: *L'eixam*),[499] del que la variante *escarote* es adaptación con -*e* paragógica, como en **ninote** o **clote** (cf. 2.1.2.7).

El aguijón de la abeja, así como el de otros animales, se llama **guizque** o **guiz** (más frecuente la primera que la segunda variante). Y es razonable pensar que tiene relación con el verbo **enguizcar** (según el blog de Aurora Monte sobre la Puebla, también **indizcar**): «Porfiar, hostigar, molestar a alguien o burlarse de él insistentemente, irritar»; y con el derivado **enguizcador** / **indizcador**. El DLE localiza *guizque* (3.ª ac.), como 'aguijón de ciertos animales', en Andalucía,

---

497. Y *rey* y *ray* registra el ALEANR (mapa 748: *Abeja reina*) en la vecina Olba (Te 601); *rey*, con distintos grados de abertura de la vocal, en Arañuel (Cs 300), Segorbe (Cs 301) y Bejís (Cs 302).

498. Nebot (1983, 152), con el sentido de 'hato de pocas ovejas, de siete a doce', en Torralba, Alcublas, y Ayódar. Alba (1986, 33, 67, 127), con el de 'alboroto'; Ríos (1989, 29), sin definición.

499. Esta obra localiza *escarot* en la Codonyera [La Codoñera] (punto 132) y Tàrbena (punto 182).

La Mancha, Murcia, Navarra, Teruel y Zaragoza; creación expresiva a partir de un radical GIZK- (*DCECH*). La variante *guiz* es registrada por Nebot (1994, 158) en el Alto Mijares y el Alto Palancia. En cuanto a ***enguizcar***, variante del *enguizgar* del diccionario académico («Incitar, estimular»), la recogen Nebot (1981, 72), de nuevo en el Alto Mijares y el Alto Palancia, y López (1992, 34) en Sarrión. Otra leve variante, *endizcar*, la consigna en Aragón el *DCECH* (s. v. *guizque*). Y el *enguiscar* («Incitar, estimular a la baralla») localizado por el *DCVB* en el Maestrazgo, Castellón y Valencia se suma a los anteriores testimonios del oriente peninsular.

Por otra parte, era muy apreciado el ***mostillo de miel***, para el que se utilizaba el sello de la miel. Para su proceso de elaboración remito al libro de Monte y Gil (2000, 76). Y para el ***mostillo de vino***, al punto 4.2.2.

4.6. LA MATANZA DEL CERDO. OTRAS CUESTIONES DE LA ALIMENTACIÓN EN EL HOGAR

4.6.1. El *matapuerco* o *matacerdo*

Año tras año, era una especie de rito, de fiesta familiar en que participaba toda una familia, y las distintas familias, y los amigos, se ayudaban entre sí. El uso del pasado (*era, participaba, se ayudaban*), frente al presente de mi original de 1982, es de recibo, pues se trata de un hito del ciclo anual de otro tiempo. Lo que sí se ha recuperado es alguna faceta de la matanza, como la elaboración de los embutidos en algún fin de semana del invierno, o incluso en las fiestas de agosto. De la importancia de esta celebración familiar, fuente de provisiones para el resto del año, da una idea la copla paródica que ya he referido con ocasión del *sacacubo* (*vid.* 4.2.2): ***Tres fiestas hay en el año que no las predica/ manifiesta el cura: matapuerco, sacacubo y el día de la fridura***. Curiosamente, junto al *matapuerco* y el *sacacubo*, completa la tríada de fiestas otra que resulta de la conserva de productos del cerdo, el estreno de la ***fridura*** (4.6.3). Para esta he oído también ***el frito***, con uso sustantivado del participio de *freír*.[500] Y queda

---

500. El *DLE* (s. v. *frito, ta*) recoge como primera acepción del masculino *frito* la de «comida frita».

en el recuerdo la *jarra* (o *jarrica*) *del frito* que preparaba cada año la abuela Presentación.[501]

De entre los numerosos nombres del cerdo, nuestra habla ha optado por el de *puerco*, de donde el compuesto *matapuerco*, que convive con el menos vivo de *matacerdo*.[502] El primero es atestiguado por otras obras en el entorno de la Puebla; y algo menos, el segundo.[503]

Una vez sacrificado el animal y degollado para la extracción de la sangre, que se aprovechará en la elaboración de las morcillas, la piel del cerdo se socarra con *toliagas* ('aliagas': *vid.* 4.3.3), y después se raspa, con cuchillos primero, y al final con tosca, un tipo de piedra caliza, porosa y ligera, que resulta muy áspera.

4.6.2. La elaboración de los embutidos

Una vez abierto el animal, se extrae el conjunto de las tripas: el *mondongo* (como en castellano: DLE), los *budillos* o *estentinos*; esta última forma puede aplicarse también a las tripas humanas, en tanto que *budillos* se reserva para los animales, y particularmente el cerdo; se utiliza en plural y comparte área léxica y etimología (de BOTĚLLU) con el catalán *budell(s)* (*vid.* DCECH, s. v. *botiellu*; DECat, s. v. *budell*). Los *budillos* de la Puebla, atestiguados también por Aurora Monte en su blog, por Monte y Gil (2000, 125) en su libro y por Adoración Salvador (2001, 206) en el suyo, se encuadran dentro de esta área léxico-semántica del oriente peninsular, de la que ofrecen testimonio muchas otras obras.[504]

---

501. El *ALEANR* (mapa 853: *Orza (o sustitutos)*) anota *jarra* en Arañuel (Cs 300) y Puertomingalvo (Te 600).

502. Salvador (2001, 137) recoge en la Puebla *matapuerco*; Monte y Gil (2000, 33, 71, 97), *matacerdo*.

503. Registran *matapuerco*: en Fuente la Reina, Moliner (2015, 156) y Moliner y Vázquez (2012, 137). Nebot (1985a, 492), en el castellano-aragonés del Alto Mijares y del Alto Palancia. Alba (1986, 138), en Ludiente; Ríos (1989, 154), en Sot de Ferrer. El *ALEANR* (mapa 660: *Matanza*), *matapuerco* también, en Olba (Te 601) y Bejís (Cs 302); *matapuerco* y *matacerdo*, aquí y allá, por la provincia de Teruel.

504. Recoge *budillos* el *ALEANR* (mapa 766: *Nombre de las tripas en conjunto*), en Olba (Te 601), Arañuel (Cs 300) y Segorbe (Cs 301), así como en otros puntos del castellano-aragonés oriental. En Fuente la Reina, Moliner y Vázquez (2012, 142) y Moliner (2015, 133); Alba (1986, 113), en Ludiente; Llatas (2014 [1959]), en la Serranía de Chelva; y Gargallo (2004a, 186), en el Rincón de Ademuz.

La tripa más delgada (los ***budillos delgados***, de menor diámetro) va replegada, y ligados sus múltiples pliegues entre sí, de modo que forman la ***madeja*** o el ***entresijo***. De esta tripa más delgada, conducto que consta de una doble piel, se sacan, separando la piel exterior de la interior, dos tipos de budillos: los ***longanizales*** y los ***pelaos***.

Los ***longanizales***, de la piel interior de la tripa delgada, se utilizan para hacer ***longanizas*** (embutidas de carne y especias); y también ***güeñas***, que se rellenan con vísceras y desperdicios del cerdo, como trozos del riñón, del corazón o del ***lubiano*** (o pulmón: 2.1.2.2, 4.6.3), de carne sanguinolenta.

Los ***pelaos*** o ***con binza*** (para ***binza*** 'tela delgada en el cuerpo del animal', véase 2.2.5.2.9) resultan de la piel exterior de la tripa delgada. La binza que llevan a un lado está formada por el sebo que mantenía unido el entresijo. Se utilizan para hacer morcillas o ***morcas***, que suelen ser de cebolla, rellenas con dicha cebolla más sangre y manteca: ***morcillas de cebolla***.

Los budillos delgados comunican de un lado con el estómago, y de otro conducen hasta los ***budillos gordos***, de mayor diámetro. En un extremo de estos se encuentra la ***doneta***, que es la parte más gorda de los budillos y no tiene salida a ningún otro conducto (el intestino ciego). Su forma es parecida a la de un saco lleno. En el otro extremo se encuentra la ***morca cular***, que es la parte de los budillos gordos más próxima al intestino recto del cerdo. Los budillos gordos se utilizan para hacer ***butifarras*** y sobrasada.

También para hacer embutidos se utilizan los ***budillos burreros***, que suelen ser de burro o también de caballo. En especial para hacer sobrasadas y ***morcillas de arroz***; estas, hechas con sangre, manteca y arroz.

Al instrumento que sirve para embutir se le llama ***embudo de embutir***. Por otra parte, con los mismos ingredientes que para las morcillas de cebolla (recordémoslo: cebolla, sangre y manteca), pero añadiendo además harina, se hace un amasijo del que resultan los ***rollos*** (de cerdo).[505] Estos se moldean en forma circular (como los ***rollos de la caridad***: 4.2.4) y no se embuten. Por lo demás, no hay costumbre de hacer chorizos en la Puebla.

La carne del cerdo que se destina para embutidos se ***pica*** o ***capola*** (***picar***, ***capolar***). Tanto los rollos como el resto de embutidos se cuecen en agua hirviendo y luego se dejan al aire libre durante una semana aproximadamente,

---

505. Según explica Aurora Monte en su blog, se hacía «con la sangre del animal, que cuando se mataba en la calle, alguna mujer se encargaba de regirarla en un barreño mientras el animal se desangraba, para que no se formaran ***cuajerones***» [variante, esta, del normativo *cuajarones*: DLE].

hasta que se sequen. Se llama *cate* a la prueba de los embutidos; derivado de *catar* que atestiguan en la Puebla Monte y Gil (2000, 100) y, en el Rincón de Ademuz, Gargallo (2004a, 204).

Consagro la mayor parte del último párrafo de este apartado, con las oportunas notas al pie, a confrontar las formas de la Puebla con las de su entorno. El *ALEANR* (mapa 668: *Tripa delgada*) registra *budillo delgau* en Arañuel (Cs 300); y en el mapa 669 (*Tripa gruesa*), *budillo gordo* en Bejís (Cs 302) y *doneta* en Arañuel. El diminutivo lexicalizado *doneta*, del que ya he tratado en 3.2.1, proviene de la *doneta* valenciana, que el *DCVB* localiza en el Maestrazgo, con una definición que ilustra el porqué del nuevo sentido desde la idea de 'mujercita': «Part gruixuda del budell del porc, que farcida té la figura d'una dona petita»; dicha *doneta*, que recogen asimismo en la Puebla Monte y Gil (2000, 126), se extiende por el Alto Mijares y el Alto Palancia (Nebot 1980, 204).[506] En cuanto a *güeña*, el *DLE* localiza esta forma en Aragón, Cuenca, Guadalajara y Soria, con remisión a *chorizo de sábado* («Embutido que se hacía con la asadura y carne de inferior calidad del cerdo»). Según el *DCECH* (s. v. *boheña*), sería derivada de *bofe* 'pulmón'. El *ALEANR* (mapa 685: *Embutido de vísceras*) la registra en la vecina Olba y en los tres puntos castellonenses del atlas (Arañuel, Segorbe y Bejís), así como por la mitad sur del espacio lingüístico castellano-aragonés.[507] Para *morca*, probablemente emparentada con la *morcilla* del castellano (*DCECH*), aporto el testimonio de un refrán recogido en la Puebla por Monte y Gil (2000, 17): *Jueves lardero, la mejor morca, al puchero* (reproducido en 4.16.2), así como el registro de *morca* en lugares próximos.[508] A propósito de *morca cular*, el *DLE* asigna a este adjetivo, como segunda acepción: «Dicho de una morcilla o de un chorizo: Hecho con la tripa más gruesa». Cabe señalar de nuevo que *morca* sin más equivale a 'morcilla', en tanto que *morca cular* se refiere a la parte cular de las tripas. Y *morca* se dice también de aquella persona que es muy cobarde (*es un morca*), seguramente porque es inconsistente como las morcas, que se revientan con facilidad al freírlas. Para *picar* y *capolar*, cf. el mapa 672 (*Moler la carne*) del *ALEANR*, que registra en Olba (Te 601) y Arañuel (Cs 300)

---

506. En Ludiente la testimonia Alba (1986, 124).

507. Además de la *güeña* de la Puebla, registrada también por Monte y Gil (2000, 100, 103), la recogen Ríos (1989, 148) en Sot de Ferrer (1989, 148) y López (1992, 43) en Sarrión. También Llatas (2014 [1959]) en el Villar del Arzobispo y la Serranía de Chelva; y Gargallo (2004a, 204), en el Rincón de Ademuz.

508. En Fuente la Reina (Moliner y Vázquez 2012, 156; Moliner 2015, 136); en Ludiente (Alba 1986, 140), en La Iglesuela del Cid (Julián 1998, 47).

picar; y en Bejís (Cs 302), *capolar*. Esta última, atestiguada en la Puebla por Monte y Gil (2000, 125), figura en el DLE como de Aragón en el sentido de «Picar la carne para hacer picadillo» (1.ª ac.).[509] Constituye una prolongación del catalán *capolar*, según el DCECH. De la carne picada deriva también la *pelota (de) puchero* (hecha con pan rayado, huevo y otros ingredientes) típica del tiempo de Carnaval, y llamada también por ello *pelota (de) carnaval*.[510]

4.6.3. Otras partes del cerdo y aspectos conexos

Las patas delanteras del cerdo se denominan *espaldas*, como en Olba y Arañuel (según el ALEANR, mapa 688: *Brazuelos(s)*); las traseras, *perniles*. La forma *pernil* deriva de PĔRNA, y el DCECH (s. v. *pierna*) le atribuye los sentidos etimológicos de 'muslo y pierna juntos, en un animal', 'muslo del cerdo' y 'zanca, en el hombre'. Esta misma obra considera *pernil* 'jamón' como anticuado y dialectal. A pesar de que el DLE (ac. 2.ª: «Anca y muslo del cerdo») no le atribuye localización, debe de ser del oriente peninsular, donde se prefiere en lugar de *jamón*, galicismo del castellano (tomado del francés *jambon*; DCECH).[511]

Al hueso descarnado del pernil se le llama *garrón*, que también tiene el sentido de 'calcañar', parte posterior de la planta del pie. Este valor corresponde a la cuarta acepción del DLE para *garrón*, que remite a *calcañar*, en tanto que el primero se aproxima a la segunda acepción del diccionario académico: «Extremo de la pata del conejo, de la res y otros animales, por donde se cuelgan después de muertos». El mapa 687 del ALEANR (*Zancarrón del jamón*) anota en Olba (Te 601) *garrón* (junto a *güeso del pernil*), en Segorbe (Cs 301) *garrón* (junto a *güeso del jamón*); y también *garrón* en Arañuel (Cs 300) y Bejís (Cs 302), así como por buena parte del ámbito castellano-aragonés; en particular, de la provincia de Teruel.[512] En esta parte del oriente peninsular, ofrece continui-

509. La registra en Sarrión López (1992, 23).

510. Cf. la *pelota*, «albóndiga grande con receta local», de La Iglesuela del Cid (Julián 1998, 47), así como este mismo valor de *pilota* en catalán (DIEC).

511. El ALEANR (mapa 686: *Jamón*) anota *pernil* en Olba (Te 601) y Arañuel (Cs 300); y en Segorbe (Cs 301) y Bejís (Cs 302), junto a *jamón*. Además, *pernil* es la forma que predomina en todo el ámbito castellano-aragonés. López (1992, 69) la consigna en Sarrión.

512. Otros testimonios: en el Alto Mijares y el Alto Palancia (Nebot 1982, 104), 'zancarrón del jamón', 'calcañar'; en Ludiente (Alba 1986, 132), 'calcañar' o 'tobillo'; en el Villar del Arzobispo (Llatas 2014 [1959]), 'talón, calcañar'; en el Rincón de Ademuz (Gargallo 2004a, 201, 222), 'hueso descarnado del cerdo' y 'calcañar'.

dad con el *garró* del catalán (*DCVB*), que presenta asimismo acepciones relativas a los animales y al hombre.

A la carne magra del jamón se le llama **magro**. Viene a corresponder a la definición académica del *DLE* (2.ª ac.), que recibe la notación de *coloquial*: «Carne magra del cerdo próxima al lomo». Y viene a mi mente la mimología que mi abuelo Pedro explicaba del maullido manso y mimoso del gato: **maaagrooo**, como pidiendo que le diesen de esta parte del cerdo. A la correspondiente a lo alto del pecho se la conoce como **punta (de) pecho**. El *esquinazo*, *espinazo* o **gramón** es la columna vertebral; de hombres y animales en el caso de las dos primeras formas; y **gramón**, solo en el del cerdo. De entre aquellas dos primeras, la forma de base es **espinazo**, derivado de *espina* propio del castellano común (*DLE*), del que es alteración, por influencia de *esquina*, **esquinazo**;[513] comparable a la variante dialectal del catalán *esquinàs* (por influencia o derivación directa de *esquena* 'espalda': *DCVB*; *DECat*, s. v. *esquena*).[514] En cuanto a **gramón** 'espinazo del cerdo', aventuro que sea una forma muy local: solo me consta en la Puebla, donde la atestiguan también Monte y Gil (2000, 100, 104, 126), y en la vecina Fuente la Reina (Moliner y Vázquez 2012, 136). La vejiga del cerdo se denomina **bufa** o **bufeta**. Con ella hinchada de aire solían los niños jugar a pelota. Se trata de formas onomatopéyicas de la familia de **bufar** 'soplar'.[515] La primera, **bufa**, significa también 'borrachera'; ambos sentidos los recogen Monte y Gil (2000, 125) en la Puebla; y Salvador (2001, 149, 206) registra, asimismo en la Puebla, *bufa* (del puerco) y *bufa/bufeta* 'vejiga'.[516] Y todo ello concuerda con usos del catalán: *bufa* 'vejiga', 'ventosidad', 'borrachera'; *bufeta* 'vejiga', y *bufar* 'soplar'.

---

513. También recogido en la Puebla por Monte y Gil (2000, 126). En Ludiente, por Alba (1986, 129). En Sarrión, por López (1992, 38), y en La Iglesuela del Cid, por Julián (1998, 44). Por su parte, el *ALEANR* (mapa 691: *Columna vertebral*) lo registra en Olba (Te 601) y en los tres puntos de la provincia de Castellón (Arañuel, Segorbe y Bejís), así como en buena parte del ámbito castellanoaragonés.

514. Joan Coromines incluye entre los derivados de *esquena* el benasqués *esquinaço*, en el límite del catalán pirenaico con el altoaragonés, y ya en los valles vecinos de habla aragonesa, de Gistaín y Bielsa, *esquinazo*.

515. Que el *DLE* localiza en Murcia, con remisión a *soplar*. Boronat (p. 5) la recoge en Los Calpes, Nebot (1981, 68) la atestigua en el Alto Mijares y el Alto Palancia; Ríos (1989, 131), en Sot de Ferrer; López (1992, 20), en Sarrión; Llatas (2014 [1959]), en el Villar del Arzobispo.

516. *Bufa* 'vejiga del cerdo', en Ludiente (Alba 1986, 113); Ríos (1989, 130), en Sot de Ferrer. Por su parte López (1992: 20), en Sarrión: *bufa*, 'ventosidad', 'borrachera'. Llatas (2014 [1959]), en el Villar del Arzobispo: *bufa*, 'vejiga', 'borrachera' y 'ventosidad'. Véase, además, el mapa 1554 (*Vejiga del cerdo*) del *ALEANR*, que anota *bufa* en Arañuel (Cs 300), Puertomingalvo (Te 600) y La Iglesuela del Cid (Te 405).

La *careta* es el conjunto que forman el morro, las orejas y toda la piel de la cabeza del cerdo, tal como recogen para la Puebla Monte y Gil (2000, 104); corresponde a la 9.ª ac. del *DLE*: «Parte delantera de la cabeza del cerdo, salada para su conservación»; y al catalán *careta* 'íd.'. Es una de las diversas voces con el sufijo diminutivo *-eta* en nuestra habla (cf. 3.2.1). El bazo se conoce con el nombre de *melsa*, que se dice también, en sentido figurado, de la flema de las personas. Su uso en Aragón es recogido por el *DLE* con dichas acepciones: 'bazo' y la secundaria de 'flema'; ambas, recogidas también por Nebot (1983, 56) en el Alto Mijares y el Alto Palancia.[517] El tipo léxico *melsa*, con la variante más esporádica *mielsa*, se extiende desde el Alto Aragón hacia el sur, por el castellano-aragonés de tierras aragonesas y el del interior valenciano,[518] hasta Albacete y Murcia, y resulta de una extensión a partir del catalán *melsa*, de manera que el conjunto de su área léxica cubre el tercio oriental peninsular (*DCECH*, s. v. *esmalte*; *DECat*, s. v. *melsa*).

Se llama *leterola* (*vid.* 2.2.1.4) el páncreas del cerdo; y *garganchón*, la tráquea o el garguero, tanto del cerdo como de las personas (*vid.* 4.7.4). El *DLE* remite de *garganchón* a *garguero* sin indicación local, «pero no es palabra de uso común», como indica el *DCECH* (s. v. *gargajo*), cuyo autor principal, Joan Corominas, lo documenta en el norte y el este de Aragón,[519] en continuidad con el catalán dialectal *garganxó* o *gargansó* (*DCVB*; *DECat*, s. v. *gargamella*), que presuponen una base *GARGANTIŌNE derivada de GARGANTA.

El garganchón conduce hasta el *lubiano*, que es como se llaman los pulmones del cerdo y de otros animales (sobre la «levedad» etimológica de *lubiano*, véase 2.1.2.2). Al esófago se le denomina *arbero* (también al de los animales

---

517. En Ludiente, *melsa* (Alba 1986, 139); en Sot de Ferrer, *melsa* 'bazo' y *tener melsa* (Ríos 1989, 155, 82). Y ambos sentidos también, 'bazo' y 'flema', en la *melsa* de Sarrión (López 1992, 57) y en la del Villar del Arzobispo (Llatas 2014 [1959]). En el Rincón de Ademuz Gargallo (2004a, 202, 224) documenta la *melsa* ('bazo') del cerdo, y de las personas.

518. El *ALEANR* (mapa 695: *Bazo*) registra precisamente *mielsa* en la vecina Olba (Te 601); y *melsa*, en los tres puntos castellonenses del atlas, Arañuel, Segorbe y Bejís.

519. A los testimonios de la Puebla (del blog de Aurora Monte, del libro de Monte y Gil 2000, 99 y del de Salvador 2001, 209) cabe añadir los de Fuente la Reina (Moliner y Vázquez 2012, 147; Moliner 2015, 136); Ludiente (Alba 1986, 62, 132), Sot de Ferrer (Ríos 1989, 51, 147) y Sarrión (López 1992, 41). Y mencionaré aún el *garganchón* del Rincón de Ademuz (Gargallo 2004a, 201, 223), también de animales como el cerdo y de las personas. El *ALEANR* registra tanto el valor animal (mapa 692: *Garganta*) como el humano (mapa 956: *Garganta*) en numerosos puntos del ámbito altoaragonés y del castellano-aragonés.

o al del hombre).[520] El arbero comunica con el **bisbe**, el estómago del cerdo,[521] también pronunciado **birbe** (*vid.* 2.3.3). Es forma tomada del catalán, en que *bisbe*, además de mantener el sentido etimológico de 'obispo' (< EPISCŎPU), desarrolla jocosamente este otro de 'estómago del cerdo' con el que se extiende, más allá de la frontera lingüística, por el castellano-aragonés del Alto Mijares, y se documenta incluso en la turolense Olba.[522] Al tocino de la panza del cerdo se le llama **panceta**, **tripeta** o **tripero**. Además de la **panceta** mencionada a propósito de su diminutivo -*eta* (3.2.1), que es forma del castellano común (*DLE*), cabe señalar ahora esta otra **tripeta** con el mismo diminutivo femenino; y la también femenina *tripera* que el ALEANR (mapa 673: *Tocino de la panza*) anota en Bejís (Cs 302). Por otra parte, a la manteca sin derretir se le llama **sein** (con diptongo a partir del hiato castellano de *saín* < *SAGĪNU, y traslación del acento: *vid.* 2.1.3.1); como en la transcripción del ALEANR (mapa 675: *Manteca sin derretir*) para Titaguas (V 101). Esta obra consigna, en cambio, *saín* en Arañuel (Cs 300), al igual que Moliner y Vázquez (2012, 138) en la vecina Fuente la Reina. De **sein** deriva **enseinada**: pasta típica de Carnaval, hecha con **chichorritas** ('chicharrones': véase el párrafo siguiente), que se pueden considerar sobras del matapuerco hecho unos meses antes. Según el blog de Aurora Monte sobre la Puebla: «Se hacen derritiendo la manteca en rama troceada (es decir, la manteca del cerdo), luego se cuela, y queda por un lado la manteca y por otro las chichorritas».

A la corteza del tocino se le llama **cona**; y a los pedazos de tocino, **tajadas** (a menudo en diminutivo: **tajadicas**).[523] La forma *cona* se registra en lugares próximos al valenciano, como La Iglesuela del Cid (Julián 1998, 43), Arañuel (ALEANR, mapa 677: *Torrezno*; junto a *tusturrón*) y el Villar del Arzobispo (Llatas 2014 [1959]). Se trata de un préstamo a partir de la pronunciación valenciana [*kona*] del catalán *cotna* (< CŪTINA, voz relacionada con el cultismo *cutis*: *vid.* DCVB, DECat). Los residuos de la manteca una vez derretida y frita son las **chichorritas**. Se trata de una voz onomatopéyica, hermana del castellano *chicharrón* (*DLE*, ac. 3.ª: «Residuo del sebo de la manteca de algunos animales»), e imitativa del ruido (*chich-*) que produce al freírse (DCECH, s. v. *chicharrón*). Nuestro derivado se

520. Quizá relacionado con formas altoaragonesas como el *arbero* 'faringe' de Ansó o el *arbiello/arbillo* 'esófago' de otros lugares pirenaicos.

521. En la Puebla lo recogen también Monte y Gil (2000, 125).

522. En Ludiente, *bisbe/birbe* (Alba 1986, 112); en Arañuel (Cs 300), *birbe*; y *bisbe* en Olba (Te 601), según el mapa 693 (*Estómago*) del ALEANR.

523. Cf. el mapa 1510 (*Tajada de carne de cerdo*) del ALEANR.

atestigua normalmente en plural: además de las de la Puebla (Monte y Gil 2000, 71, 125), tenemos otros testimonios cercanos: en Olba, según el mapa 678 del *ALEANR* (*Chicharrones*), que da otras variantes en los tres puntos de la provincia de Castellón; *chuchorritas* en Arañuel (Cs 300), *chichorretas* en Segorbe (Cs 301), *chichorras* en Bejís (Cs 302). Los dos tipos de diminutivo, *chichorritas/ chichorretas*, se dan en el Alto Mijares y el Alto Palancia (Nebot 1983, 73).[524] El agua mezclada con sal y sangre, que despide el tocino recién salado, es la *salmorra*; como el castellano *salmuera*, es compuesto de *sal* y el descendiente del latín MŬRIA (*DCECH*, s. v. *sal*); forma propia del oriente peninsular,[525] en continuidad con el catalán *salmorra*. Por otra parte, el lomo se corta en *relonchas* 'rodajas'; *reloncha* que registra el *ALEANR* (mapa 683: *Rodaja*) en Arañuel (Cs 300), y leves variaciones de esta en Olba (Te 601) y Segorbe (Cs 301) [*redoncha*]; y en Bejís (Cs 302), donde consigna la forma masculina *reloncho*. Dicha *reloncha* ha de estar en relación con el español dialectal *rodancha* (*DCECH*, s. v. *rechoncho*), que el *DLE* localiza en Aragón, Murcia y Soria, con remisión a *roncha²*: «Tajada delgada de cualquier cosa, cortada en redondo». En suma, se trata de una forma del oriente peninsular, que se ha tomado del catalán *rodanxa* (*DCVB*). Y en el caso de nuestra *reloncha*, es significativa la afinidad con el valenciano *rellonja* (*DCVB*).

Parte de los embutidos (morcillas, güeñas, rollos) se fríe. También las tajadas de tocino, las *relonchas* de lomo, la careta y otras partes convenientemente saladas, se depositan en tinajas o jarras totalmente cubiertas de aceite para que se conserven a lo largo del año sin *florece(r)se* (o enmohecerse: 4.2.4) y para que no se echen a perder (se estropeen). Y todo ello constituye la *fridura*; esta es variante del castellano *freidura*, que el *DLE* registra en sentido genérico («Acción y efecto de freír o freírse»); y que en el de 'provisión de productos del cerdo fritos y en conserva' recogen Monte Gil (2000, 19, 33, 62, 103) y Salvador (2001, *passim*) en nuestra Puebla, así como otras obras del entorno más inmediato.[526]

---

524. En Sot de Ferrer, del Alto Palancia, *chichorritas* (Ríos 1989, 136). Asimismo, en el Villar del Arzobispo (Llatas 2014 [1959]). En el Rincón de Ademuz, *chichorritas* y la variante *chichurritas* (Gargallo 2004a, 205).

525. El *ALEANR* (mapa 679: *Salmuera*) la registra en Bejís (Cs 302), y por todo el ámbito castellano-aragonés, donde convive con la variante *salmuerra* o la *salmuera* de tipo castellano. En el castellano-aragonés del interior valenciano la recogen: Ríos (1989, 166), en Sot de Ferrer; Llatas (2014 [1959]), en el Villar del Arzobispo; Gargallo (2004a, 205), en el Rincón de Ademuz. En Sarrión, asimismo, López (1992, 79).

526. Pérez (2000, 155), en el desaparecido Campos de Arenoso; Moliner y Vázquez (2012, 155) y Moliner (2015, 135), en Fuente la Reina.

El magro u otras partes sabrosas de la fridura eran distinguidas en expresiones con el componente *de bueno*: *comer de bueno, de lo de bueno* (como en Fuente la Reina: Moliner y Vázquez 2012, 133). Un día especialmente celebrado era el del estreno de la fridura, como demuestra el dicho ya mencionado: *Tres fiestas hay en el año que no las predica/manifiesta el cura: matapuerco, sacacubo y el día de la fridura* (4.2.2). Y la fridura se estrenaba el domingo de Pascua de Resurrección, después del período de abstinencia de la Cuaresma.

4.6.4. Otros aspectos relacionados con la alimentación

Sobre *yantar* 'comer al mediodía' nos contaba en su día uno de nuestros informantes: «Sí se decía antes, pero agora ya se ha perdido el costumbre y solo lo dicen en las masías los *masoveros*» (sobre *masovero* 'habitante de una masía o aldea', véase 4.9.1). Y así era que en la relación de comidas principales a lo largo del día se sucedían *almorzar*, *yantar*, *merendar* y *cenar*. Visto desde la mirada de la lengua estándar de hoy en día, *yantar* es un arcaísmo del castellano, que en el DLE (*yantar*[1]) figura en su segunda acepción ('comer al mediodía') como *desusado*. Lo anotan en su vocabulario sobre la Puebla Monte y Gil (2000, 126);[527] Salvador (2001, 213), asimismo en la Puebla; y en Los Calpes, Boronat (p. 7), con esta glosa: «Algún anciano aún lo dice». Y yo, que no he vuelto a oír este *yantar* que me señalaban tiempo atrás como propio de masoveros, desaparecidas las masías y aquellos masoveros de otra época, tengo la sensación de que tal *yantar* se habrá extinguido del habla viva de la Puebla. Sobrevive ahora de manera libresca en descripciones como la mía, y sospecho que otro tanto se pueda decir de algunos de los testimonios sobre lugares próximos.[528] De *comer* deriva **comichear** (**comichiar**) 'comiscar, comer a menudo de varias cosas en cortas cantidades'.[529] El verbo **estrajar** 'desperdiciar, tirar, la comida', que recoge Aurora Monte en su blog sobre la Puebla, así como los trabajos de Moliner (2015, 139) y Moliner y Vázquez (2012, 135) en Fuente

---

527. Si bien con la forma ultracorrecta de apariencia lleísta *llantar*, de la que no tengo constancia.

528. Fuente la Reina (Moliner y Vázquez 2012, 150), Ludiente (Alba 1986, 157) y Sot de Ferrer (Ríos 1989, 174).

529. Asimismo recogido por López (1992, 25) en Sarrión. El DLE registra como vulgar y en Aragón *comichear*, que remite a *comiscar*.

la Reina, acaso sea formación paralela al catalán *estrallar* 'destruir' (*DCVB*). Se llama *niquitoso, -a* a la persona melindrosa en el comer.[530]

La *esculla* es una vasija ancha, como un plato pero más hondo, que se utiliza para servir el caldo; forma relacionada con la *escudilla* del castellano (< SCUTĔLLA). Aunque Coromines en su *DECat* (s. v. *escudella*) es partidario de disociar *esculla* del tipo léxico representado por la *escudilla* del castellano y la *escudella* del catalán, entiendo que la convivencia en un área próxima como el Rincón de Ademuz de *escuilla* y *esculla* (Gargallo 2004a, 49) sugiere el camino de una reducción sucesiva de *escu(d)illa* a *esculla*. Distribuir en escullas, y de manera genérica en platos, la comida se dice *escullar* (= cat. *escudellar*); y este verbo significa además, por extensión, 'descubrir un secreto o algo que no se quiere revelar'. Por otra parte, se usa la expresión *llegar a sopas esculladas*, o sea, 'llegar tarde a un sitio', que recuerda la catalana *arribar a misses dites*.[531]

El *ajaceite* es una salsa hecha con yema de huevo, aceite y ajo. Corresponde al *ajoaceite* que el *DLE* remite a *ajiaceite*; y este, a su vez, a *alioli*; catalanismo procedente de *allioli*. Además del *ajaceite* de la Puebla (Salvador 2001, 208), hallo registros de esta forma en Ludiente (Alba 1986, 34, 50, 105) y en Sarrión (López 1992, 36). De entre los dulces típicos, destaco las *almendras garrapiñadas*, cuya preparación describen Monte y Gil (2000, 69) en su libro; corresponden al *garapiñar* del castellano, que el diccionario académico (*DLE*), en su segunda acepción, define como «Bañar golosinas en el almíbar que forma grumos». Se llama *arroz trotero* al arroz blanco (Monte y Gil 2000, 39). El *hervido* es plato de notable arraigo, aún ahora. Suele ser de patata y judía (Monte y Gil 2000, 45).[532] Estas mismas autoras (Monte y Gil 2000, 125) registran *bullido*,[533]

---

530. Voz de Aragón, según el *DLE*, que figura además en el repertorio aragonés *EBA*. Alcanza a las comarcas del Alto Mijares y el Alto Palancia (Nebot 1981, 70). En Fuente la Reina, Moliner (2015, 136) anota *iniquitoso*; en Sarrión, López (1992, 61), *niquitoso*. No me consta, en cambio, el sinónimo *fetillero*, registrado en la Puebla por Salvador (2001, 208); en cualquier caso, relacionado con el *fetiller* del catalán de Tortosa y el valenciano (*DCVB*).

531. En la Puebla recogen *escullar* el blog de Aurora Monte, el libro de Monte y Gil (2000, 126) y el de Salvador (2001, 208), que incluye también *esculla*. Moliner y Vázquez (2012, 139, 147, 149) registran *esculla* y *escullar* («cotillear, divulgar cotilleos o rumores», «servir alimentos en escullas») en Fuente la Reina. Nebot (1985a, 407), *esculla* y *escullar*, en el castellano-aragonés del interior valenciano. Alba (1986, 50, 127), *escullar*, en Ludiente. Ese mismo verbo lo asigna Ríos (1989, 36, 142) a Sot de Ferrer. Y López (1992, 36) lo documenta en Sarrión.

532. El *DLE* (s. v. *hervido*) localiza la segunda acepción en Cataluña y Valencia: «Guiso de judías verdes cocidas con patatas, sazonado con aceite y vinagre». Registran asimismo *hervido* Nebot (1985a, 491) en el castellano-aragonés de tierras valencianas; y Alba (1986, 134), en Ludiente.

533. También Moliner (2015, 133) en Fuente la Reina; Alba (1986, 65, 114), en Ludiente; Ríos (1989, 52, 131), en Sot de Ferrer.

derivado del **bullir** sinónimo de *hervir*[534] que comulga con la opción valenciana de *bullit*. Las patatas del hervido, si se pasan de cocción, he oído que alguien las llama **boteras** o **modorras** (con otra de las diversas acepciones para este último adjetivo, **modorro, -a**: vid. 4.5.1).[535] Se llama **ensalada** a la lechuga, «aunque también se usa para referirse al plato formado por lechuga, tomate, etc., que sirve de entrante» (Monte y Gil 2000, 126). Por su parte, **barrecha**, a la 'mezcla de cazalla o aguardiente y moscatel';[536] adaptación del catalán (y valenciano) *barreja* 'mezcla (de licores)', con ensordecimiento de la palatal -*j*- a la manera *apitxada*.

De un alimento desabrido, falto de jugo, se dice que está **jasco**: *esta carne está mu jasca*. Forma de creación expresiva, según Nebot (1981, 77), que recoge en el Alto Mijares y el Alto Palancia *jasco, -ca*: «se aplica al fruto falto de jugo, áspero o endurecido, de la onomatopeya JASK-, imitativa de la expresión de asco que emite el que lo prueba por falta de sabor». Incluye *jasco, -a*, Aurora Monte en su blog sobre la Puebla. Y no muy lejos, Moliner y Vázquez (2012, 155), en Fuente la Reina, y López (1992, 49), en Sarrión. Por otra parte, de un alimento insípido, falto de sabor, se dice que está **disipao** o **disgustao**.[537] Ambos adjetivos presentan un valor gustativo distinto de los consignados por el diccionario académico, que son de aplicación humana, moral, espiritual: *disipado, da* («disipador»; «disoluto, libertino») y *disgustado, da* («desazonado, desabrido, incomodado»; «apesadumbrado, pesaroso»). Una comida **acorada** es aquella bien acabada, no cruda: por ejemplo, **pan acorao** 'bien cocido y sin quemarse'; precisamente con esta aplicación concuerda el testimonio de López (1992, 11) en Sarrión: *acorau*, «dícese del pan muy cocido». Es voz tomada del catalán *acorar* 'herir en el corazón', que deriva de *cor* 'corazón' (DCECH, s. v. *corazón*; DECat, s. v. *cor*). En castellano dialectal del este peninsular desarrolla acepciones diversas, como la nuestra: un «llegar la cocción (o la freidura, en el caso de otros alimentos) al corazón». El mismo valor ofrece el *acorar* del Rincón de

---

534. Recogido por Salvador (2001, 206) en la Puebla, por Moliner (2015, 133) en Fuente la Reina, por Alba (1986, 114) en Ludiente, y por López (1992, 20) en Sarrión. El diccionario académico (DLE) remite la primera acepción de *bullir* a *hervir*. Y ambas formas, significativamente, son registradas por el ALEANR (mapa 872: *Hervir*) para Olba (Te 601), Arañuel (Cs 300) y Bejís (Cs 302).

535. Cf. la 3.ª ac. del DLE: «Dicho de una fruta: Que pierde el color y empieza a fermentar».

536. Así lo recogen para la Puebla Monte y Gil (2000, 16); Nebot (1988, 101) en el Alto Mijares y el Alto Palancia; Ríos (1989, 111) en Sot de Ferrer.

537. Cf. la *desgustada* de Puertomingalvo (Te 600) y otros puntos turolenses del ALEANR (mapa 876: *(Comida) insípida*).

Ademuz (Gargallo 2004a, 168, 244). Con **laminero, -a**, se designa a la persona golosa, especialmente de cosas dulces;[538] con **goludo, -a**, a quien es glotón.[539]

El verbo **aviva(r)se** «[s]e utiliza para hacer referencia a cuando aparecen polillas en la comida (arroz, pasta, panizo...). Puede usarse también cuando crece de manera desmesurada la población de insectos o animales pequeños (*se han avivado las pulgas, las ratas*, etc.)»: así de bien lo explica Aurora Monte en su blog sobre la Puebla. Quizá sea deudor, este verbo, del uso catalán de *avivar-se* «la farina, el formatge, la fruita, etc.: criar-s'hi cucs que el fan malbé» (*DCVB*), que esta obra localiza en Tortosa y el Maestrazgo.

Sobre las comidas típicas de la Puebla, remito al libro de Monte y Gil (2000), en que se ofrece el detalle de distintas recetas y procesos de elaboración. Destaco aquí algunas de ellas. Así, la **olla**, comúnmente llamada, en diminutivo, **ollica**;[540] de invierno o de verano (Monte y Gil 2000, 47-48). Las **higas albardadas**, buñuelos fritos con higos en su interior.[541] El **mojete** ('pisto, sanfaina'), que registra Salvador (2001, 210);[542] y de ahí vendrá un *mojetero* 'entrometido' como el de Fuente la Reina (Moliner 2015, 137), con sentido figurado, que se hace **mojitero** en la Puebla. El **ajoarriero** (con variantes como **ajuarriero**, o **ajarriero**), «guiso de bacalao, condimentado con ajos y otros ingredientes» (según lo define el *DLE*, s. v. *ajoarriero*),[543] era plato habitual entre Semana Santa y Pascua (Salvador 2001, 149). Por fin, sobre **revelgas**, «sobras de comida» (Monte y Gil 2000, 127), voz que solía emplear mi madre, no hallo ecos de testimonios afines ni en torno a su procedencia. Y apenas sobre

538. El *DLE* remite *laminero*[2] a *goloso*. Propio del ámbito aragonés (*EBA*), tiene continuidad en el catalán *llaminer*. Lo registran en Fuente la Reina Moliner y Vázquez (2012, 152); en Sot de Ferrer, Ríos (1989, 52, 151); en Sarrión, López (1992, 51). Además, el *ALEANR* (mapa 1129: *Goloso*) registra *laminero* en múltiples puntos de Navarra y Aragón, así como en los tres de la provincia de Castellón (Arañuel, Segorbe y Bejís).

539. Atestiguan asimismo *goludo* Salvador (2001, 209) en la Puebla; Julián (1998, 33), en La Iglesuela del Cid.

540. También *ollica*, en Salvador (2001, 91, 211); y en el desaparecido Campos de Arenoso (Pérez 2000, 157).

541. Salvador (2001, 93, 170, 209) registra en la Puebla *higa albardá*. El *DCVB* (s. v. *figa*) localiza *figues albardades* («figues seques mullades en pasta d'ou o altre condiment») en Castellón y Valencia. En Fuente la Reina, Moliner y Vázquez (2012, 153-154) anotan *(higa) albardada*.

542. El *DLE* localiza *mojete* en Aragón, y remite a *moje* 'salsa de cualquier guisado'. Moliner y Vázquez (2012, 149) registran también *mojete* en Fuente la Reina.

543. Adoración Salvador (2001, 149) atestigua *ajoarriero* en nuestra Puebla. Nebot (1985a, 493), *ajuarriero* o *ajorriero* en las hablas castellano-aragonesas del interior valenciano.

rechichivar ('quedarse una comida sin caldo'), verbo ausente de los repertorios lexicográficos y monografías consultados.[544]

4.7. EL CUERPO HUMANO; EL VESTIDO

Examinaré aquí diversas denominaciones de partes del cuerpo, en algún caso comparadas con las correspondientes en animales; también, ciertas enfermedades y dolencias. Además, por proximidad semántica, algunos aspectos del vestir.

4.7.1. La cabeza

4.7.1.1. La boca

Si bien *quijal* se dice solamente de los dientes de los animales, *esquijalao*, *-ada*, se aplica tanto al animal como a quien se le han caído los dientes. El *quijal* del diccionario académico trae las acepciones 'cada una de las dos mandíbulas' y 'muela de la boca'.[545] Y Adoración Salvador (2001, 268) registra en la Puebla un *escajalao* 'mellado' pariente de nuestro *esquijalao*. Por otra parte, se llama *farfalloso, -a*, al tartamudo.[546] El verbo *tartir*, 'chistar, replicar, abrir la boca', es un aragonesismo; voz ampliamente documentada en el Alto Aragón (*EBA*). El verbo *mascar* es mucho más frecuente que la variante culta *masticar* (del latín MASTICARE: *DCECH*, s. v. *mascar*). Y se dice *mascahígas* (de hecho, *mascahigas*, con paso de hiato -*ahí*- a diptongo -*ahi*-; cf. 2.1.3.1) de la persona que es poco

---

544. En cierto diccionario abierto y colaborativo (https://www.significadode.org/rechichivar. htm [consulta del 20 de junio de 2019]) hallo esta explicación sobre *rechichivo*: «Resto de comida inservible, no apetecible», que se localiza en Formiche Alto, a unos cincuenta kilómetros de la Puebla, río Mijares arriba.

545. Como 'muela de la boca' asimismo lo registra Alba (1986, 148) en Ludiente. Con el sentido de 'colmillo', Ríos (1989, 162) en Sot de Ferrer. En catalán, *queixal* 'muela' (*DCVB*).

546. Voz de origen onomatopéyico, que el *DCECH* (s. v. *farfullar*) localiza en Aragón (también el *DLE*, s. v.). Presenta continuidad con el catalán *farfallós, -osa*, muy extendido en valenciano (*DCVB*, *DNV*). Registran dicho adjetivo Moliner y Vázquez (2012, 151) en Fuente la Reina, Nebot (1981, 67) en el Alto Mijares y el Alto Palancia; Alba (1986, 67, 130) en Ludiente; Ríos (1989, 53) en Sot de Ferrer; López (1992, 39) en Sarrión. El *ALEANR* (mapa 1005: *Tartamudo*) lo recoge en Olba (Te 601), Arañuel (Cs 300) y Segorbe (Cs 301), así como en otros puntos próximos de la provincia de Teruel.

clara al hablar, de razonamiento poco lúcido. Se trata de un compuesto transparente, que retrata al que «masca higas» (sobre el femenino *higa*, cf. 2.2.1.1) como alguien de habla y expresión poco claros. Las *barras* son las mandíbulas (del hombre o del animal);[547] la locución *tener barra* significa, como en catalán *tenir barra* (*DCVB*), 'ser un/-a caradura'. Y *tener buena(s) barra(s)*, 'tener buenas tragaderas', como en el testimonio de Llatas (2014 [1959]) para el Villar del Arzobispo. La *campanica* o el *vedao* es el nombre para la úvula; la primera, comparable a la *campanilla* del castellano (ac. 4.ª del *DLE*); el segundo, recogido también por López (1992, 19) en Sarrión [con la grafía *bedao*], presenta continuidad con el valenciano *vedat*, porque está vedado o prohibido el paso de otra cosa que no sea el aire a través de esa parte anterior de la laringe (véase la explicación del *DECat*, s. v. *vedar*). La voz *morros*, en plural, se refiere tanto a los labios de una persona como al hocico de un animal; usos, ambos, recogidos por el *DLE* para el castellano y por el *DCVB* y el *DIEC* para el catalán.[548] Con este sustantivo se forman expresiones como *beber a morro* (aplicando los labios al orificio del que sale el agua),[549] como en catalán *beure a morro* (*DCVB*); *estar de morros* o *hacer morros* ('estar enfadado').[550] Las *ansias* ('ganas de vomitar') parecen deudoras de las *ànsies* del catalán (*DCVB*, *DIEC*) y valenciano (*DNV*).[551] Para el concepto 'vomitar' se emplea *bosar* o *arrojar*; ambas formas figuran en el *DLE*. La primera, como *desusada*, quizá se relacione etimológicamente con *rebosar* (*DCECH*).[552]

Algunos verbos relacionados con la boca: *gustar* se usa con valor transitivo y con el sentido de 'probar (alimentos)', 'catar'; como en castellano medieval, en que mantenía el sentido y el uso transitivo del latín GŬSTARE. En siglos posteriores se introdujo en esta lengua la construcción *gustar de algo* y, más tarde, el uso intransitivo de *gustarle a alguien algo* (*DCECH*, s. v. *gusto*).[553] De *badallar* ('bostezar'), con el derivado *badallera* (2.2.5.2.2), y *gemecar*

---

547. Cf. en Sot de Ferrer *barra* 'quijada de los animales' (Ríos 1989, 127). El *ALEANR* (mapa 954: *Mandíbula(s)*) registra *barra* por todo el sur del espacio castellano-aragonés.

548. Para el catalán remito asimismo a Veny (1958-59, 120).

549. Otro tanto, en el castellano-aragonés del interior valenciano (Nebot 1985a, 522).

550. Cf. en el *DLE* (s. v. *morro*), con este mismo sentido, *estar de morro*, o *de morros*.

551. El *ALEANR* (mapa 1031: *Arcadas*; y mapa 1032: *Náuseas*) registra *ansias* en el entorno de nuestro pueblo y en general en el espacio castellano-aragonés oriental.

552. Recogen también *bosar* en Fuente la Reina Moliner y Vázquez (2012, 135) y Moliner (2015, 133).

553. Las dos acepciones con valor transtivo de *gustar* en el *DLE* no coinciden con la nuestra: «1. tr. Sentir y percibir el sabor de las cosas. 2. tr. experimentar (‖ probar)».

('gemir') [2.2.1.2] he tratado a propósito de algunos aspectos fonéticos. En cuanto a *rosigar*, presenta tres acepciones, 'roer' y otras dos, que suponen una extensión semántica con valor figurado a partir de la primera: 'murmurar entre dientes', 'pedir las cosas con insistencia'. De aquella primera deriva *rosigón* ('mendrugo': punto 4.2.4), que también reviste el sentido de 'quien refunfuña a menudo'; a saber, el *quejica* del español de España (*DLE*). Como señalé en el punto correspondiente (4.2.4), *rosigar* en sus varias acepciones es un préstamo del catalán *rosegar* 'roer' (< latín vulgar *ROSICARE; *DCECH*, s. v. *roer*).[554] El *DLE* ofrece indicios de un área léxica de tipo oriental, en continuidad con el catalán; consigna una primera acepción en Albacete, Aragón y Murcia: «Roer, cortar superficialmente con los dientes parte de algo duro»; y una segunda, como *rural*, en Aragón: «refunfuñar».[555] Por fin, *reglotar* 'eructar' y *reglote* 'eructo' son variantes históricas de los *regoldar* y *regüeldo* del castellano (*DCECH*, s. v. *regoldar*).[556] El verbo *encana(r)se* 'quedarse sin aliento una persona por la risa o el llanto', derivado de *can* según el *DCECH* (s. v.), ya aparece en la primera edición del diccionario académico (*Autoridades*, 1726-1739);[557] concuerda con el valenciano *encanar-se*: «No poder alenar, algú, especialment una criatura, per excés de riure o de plorar. *No et rigues tant, que t'encanaràs*» (*DNV*).[558]

4.7.1.2. Los ojos

Es catalanismo de nuestra zona *musol* (del cat. *mussol*, que altera un antiguo *urçol* < ORDEŎLU 'granito de cebada'), sobre cuya fonética y extensión he tratado

---

554. Véase, además, el *ALEANR* (mapa 1540: *Roer*), que atestigua *rosigar* en el sur del ámbito lingüístico castellano-aragonés.

555. En la Puebla documentan el verbo y el sustantivo con sus distintos valores Monte y Gil (2000, 127): *rosigar*: «1 roer, principalmente un hueso. 2 Quejarse, refunfuñar»; *rosigón*: «1 que rosiga. 2 Trozo de pan duro. 3 Dulce típico». En Los Calpes, Boronat (p. 7): *rosigar*, 'quejarse', 'mordisquear'. En Fuente la Reina, Moliner y Vázquez (2012, 153): *rosigar 1* 'roer'; *rosigar 2*, «hablar por lo bajo, refunfuñar»; y Moliner (2015, 138): *rosigar*, 'roer', 'refunfuñar'. En Ludiente, Alba (1986, 151): *rosigar*, 'murmurar', 'roer'. En Sarrión, López (1992, 77): *rosigar* 'roer'.

556. Atestiguadas en la Puebla por Aurora Monte en su blog, y solo el verbo, por Monte y Gil (2000, 127) en su libro. En Fuente la Reina, Moliner y Vázquez (2012, 146) registran *reglote*; y en la misma localidad, Moliner (2015, 138) *reglotar*. Nebot (1985a, 446), *reglotar*, en el castellano-aragonés de tierras valencianas. Por otra parte, el *ALEANR* (mapa 1028: *Eructar*) registra el verbo *reglotar* en diversas localidades próximas a la Puebla.

557. Véase la edición en línea <http://web.frl.es/DA.html> (consultada en junio de 2019).

558. Registra asimismo *encanarse* con este sentido Alba (1986, 125) en Ludiente.

en el punto 2.1.1.1. La forma *lagaña* se prefiere a *legaña*; su derivado *lagañoso, -a*, se documenta ampliamente por Aragón y en los puntos valencianos de habla castellano-aragonesa (*ALEANR*, mapa 1042: *Legañoso*); y como *lagañosos* se conocía popularmente a los vecinos de Campos de Arenoso. El *DLE* remite de *lagaña* a *legaña*, y *lagaña* sigue hoy siendo la forma empleada en Albacete, Cáceres, Salamanca y otros lugares del mundo hispánico, según el *DCECH* (s. v. *legaña*).[559] Se dice *aclucar*, *clucar* o *cucar* el ojo para 'guiñar (el ojo)'; la segunda y la tercera variantes se recogen en el blog de Aurora Monte sobre la Puebla; la primera, en el estudio de Nebot (1982, 72) sobre el Alto Mijares y el Alto Palancia, y en el de Alba (1986, 104) sobre Ludiente, así como en el de Llatas (2014 [1959]) sobre el Villar del Arzobispo y su serranía.[560] El *DECat* (s. v. *aclucar*) recoge esta variante y *clucar* en catalán, formas que sugieren una base fonética *CLŪCCARE quizá relacionada con CLAUDERE 'cerrar'. Según esta misma obra, el castellano *cucar*, de origen igualmente expresivo, se extiende por áreas del oriente peninsular como Aragón y Cuenca (Gargallo 2004a, 219 la testimonia en el Rincón de Ademuz), y pasa incluso al vasco *kukatu* 'guiñar'. Se dice *tener telarañas en los ojos* cuando la visión se nubla por algún motivo. Y *gañir* 'llorar insistentemente' (Salvador 2001, 209), registrado asimismo en Fuente la Reina (Moliner 2015, 136), parece importación del *ganyir* valenciano (*DCVB*: «2. Queixar-se plorant insistentment»). El uso pronominal de *ve(r)se*, con el sentido de 'tener visión', 'alcanzar a ver', recuerda el del catalán *veure-s'hi*: *no me veo*, solía decir mi abuela, y ahora mi padre (cf. cat. *no m'hi veig*).

4.7.1.3. Otras partes y aspectos relacionados con la cabeza

La forma *carunfla*, derivada de *cara* con valor despectivo y aumentativo, quizá presenta la interferencia de *inflar*. Se llama *galtas* a las mejillas, conforme a un tipo léxico del catalán, del que se habrá tomado esta forma hoy propia de diversas hablas castellano-aragonesas del interior valenciano.[561] Una *ñispla* 'bofetada' (*vid.* 2.2.1.5) resulta de la extensión semántica de una base relacionada con el

---

559. La recogen también diversas obras en nuestro entorno: Nebot (1982, 82) en el Alto Mijares y el Alto Palancia; Alba (1986, 136) en Ludiente; López (1992, 51) en Sarrión.

560. Por su parte, el *ALEANR* (mapa 946: *Guiñar los ojos*) registra *aclucar* en Olba (Te 601) y Bejís (Cs 302); *clocar*, en Segorbe (Cs 301); *cucar*, en Arañuel (Cs 300).

561. La recoge Nebot (1982, 103) en el Alto Mijares y el Alto Palancia; Alba (1986, 131), en Ludiente; Ríos (1989, 146), en Sot de Ferrer.

níspero. De un hombre con barba poblada y fuerte se dice *cerrao de barba*; como en el Villar del Arzobispo *serrau de barba* (Llatas 2014 [1959]), que este autor relaciona con el valenciano *serrat de barba*, *barba-serrat*. También es relacionable con el registro del DLE (s. v. *barba*) *barba cerrada*: «barba muy espesa que crece con fuerza». Se llaman *cañones (de la nariz)* sus agujeros;[562] y con *reventarse las narices* se denomina su sangrar.[563] Para 'sonarse la nariz' se usa un derivado de *moco*: *moca(r)se*, verbo del que a su vez deriva *mocador* 'pañuelo'.[564] Aunque el DLE recoge ambas formas sin indicación local (en el caso de *mocador*, remite a *moquero*), el DCECH (s. v. *moco*) escribe que «*mocar* [...] no es usual en castellano». Y es que tanto el verbo *mocar* como el sustantivo *mocador* son de uso preferente en el este peninsular, y desde el ámbito aragonés (EBA) y también castellano-aragonés[565] comparten área léxica con el catalán (DCVB). Derivado de *olor* es *olorar* 'oler'; también de uso oriental peninsular,[566] que continúa en el catalán *olorar*. Se dice *moño* en el sentido general de 'pelo'; no solo en el de 'rodete' (1.ª ac. del DLE). Como castellanismo, se da en catalán (DCVB), y me consta el sentido genérico de *monyo* 'pelo' en el Maestrazgo. Un *calbot* es un golpe fuerte dado con el puño cerrado (*vid.* 2.2.3.); un *boño*, el chichón que es consecuencia de un golpe (*vid.* 2.1.2.7 y 2.2.3); un *chirnete* o *chisnete* es una pequeña herida, un rasguño, normalmente en la cabeza;[567] *trenque* 'corte, herida' (testimoniado por Aurora Monte en su blog) acaso sea adaptación a partir del catalán *trenc* (de igual sentido), derivado posverbal de *trencar*.

Se usa *gurrino* para designar en lenguaje infantil el ombligo de los niños;[568] *cociente* (*queda(r)se* —), 'dolorido, resentido', es forma que recogen Aurora

---

562. Asimismo, el ALEANR (mapa 951: *Agujero(s) de la nariz*), en Arañuel (Cs 300) y Segorbe (Cs 301). Y Nebot (1980, 199) en las comarcas del Alto Mijares y el Alto Palancia.

563. Esa misma designación la recoge el ALEANR (mapa 952: *Sangrar las narices*) al sur del espacio castellano-aragonés.

564. Salvador (2001, 210) atestigua también *mocador* en la Puebla. Y el ALEANR (mapa 1055: *Pañuelo de nariz*), en puntos próximos a la Puebla.

565. Alba (1986, 139) registra *mocarse* en Ludiente. Ríos (1989, 156), en Sot de Ferrer; y López (1992, 58), en Sarrión, *mocador*. Véase también el mapa 1030 (*Limpiarse la nariz*) del ALEANR.

566. Lo registra Alba (1986, 141) en Ludiente, junto a la frontera lingüística; y Llatas (2014 [1959]), en el Villar del Arzobispo. Gargallo (2004a, 220), en el Rincón de Ademuz.

567. Formas recogidas también por Aurora Monte en su blog sobre la Puebla. La variante *chirnete* podría ser deudora de *chisnete*, por una evolución semejante a la que conduce *desde* a *derde* (*vid.* 2.3.3). Y es *chisnete* lo que registra López (1992, 26) en Sarrión. Cierto *chirnete* es asignado a Olba (Te 601) por el ALEANR, pero en un mapa (991: *Padrastro(s) del dedo*) que apunta un sentido levemente distinto. Ignoro la etimología del correspondiente tipo léxico.

568. Así lo atestiguan en la Puebla Aurora Monte en su blog y Adoración Salvador (2001, 209) en su libro. También Moliner (2015, 136) en Fuente la Reina. Y López (1992, 43) en Sarrión. El

Monte en su blog sobre la Puebla y Monte y Gil (2000, 126) en su libro; y también Moliner y Vázquez (2012, 136) en Fuente la Reina («dolorido, que escuece»); dicho escozor etimológico se debe relacionar con alguna de las acepciones ('picante', 'vivamente irritado') que el *DCVB* atribuye al homólogo catalán *coent*. De sentido próximo es la forma *estordecer*, con su participo *estordecido*,[569] que, como el homólogo del castellano común, deriva de *tordo* (latín TŬRDUS).[570] Es de notar asimismo el uso de *recocer* (el frío) 'hacer mucho frío', que atestigua también Aurora Monte en su blog.

Se designa con *rullo* o *rulla* a la persona de pelo rizado, así como el propio pelo rizado (cf. 2.2.5.2.2 y 2.1.1.2). Se dice *moño estorao* del pelo revuelto, desordenado.[571] El *pulso* es la sien; y el *DLE* remite la 4.ª ac. de *pulso* precisamente a *sien*. La voz *tozuelo* 'cerviz' es derivada diminutiva «del provincial *tozo*» (según el *DCECH*, s. v.), como *tozar* ('embestir, especialmente los animales'), *estozola(r)se* ('desnucar') [con diptongo en sus formas rizotónicas de presente: *mira que te estozuelas*], *tozolón* 'terco' y también el aragonesismo *tozudo*, hoy de uso bastante extendido en castellano. Se trata de una familia léxica propia del oriente peninsular, que ofrece continuidad en catalán (*tossar, estossolar*; esta última, de Morella y Benassal, según el *DCVB*).[572] Una *rodadera de cabeza* es un mareo repentino; la correspondiente formulación con sintagma verbal es *rodarle a uno la cabeza*; *girar la cara* se utiliza con valores como 'volver la cara para no ver (a alguien)' y 'abofetear (a alguien)'; afines a los del catalán *girar* (*DCVB*), como en el caso de *gira(r)se* 'darse la vuelta'. Se prefiere *gola* a *garganta*. A pesar de que la incluye el diccionario académico, «*gola*, en el sentido de 'garganta, parte del cuerpo humano', es voz rara», según el *DCECH*.[573] Y me aventuro a señalar que se conserva al abrigo de la *gola* del catalán (< latín GŬLA), forma común en esta lengua. También se utiliza el diminutivo *golica*, con el valor traslaticio de 'envidia', que recuerda de alguna manera al

---

ALEANR (mapa 969: *Ombligo*) anota *gurrino* en Arañuel (Cs 300).

569. Recogida asimismo por Monte y Gil (2000, 126). Véanse además los testimonios de Moliner y Vázquez (2012, 139) [*estordecer(se)*] y López (1992, 38) [*estordecido*].

570. Cf. la explicación del *DCECH* (s. v. *aturdir*): «El tordo tiene la costumbre de hartarse de aceitunas y de uvas, y en estas circunstancias se cree que pierde la cabeza».

571. Se trata de un acomodo a partir del tipo léxico catalán *estorar / astorar* 'azorar, horripilar', derivado de *astor* 'azor'.

572. El blog de Aurora Monte sobre la Puebla registra *estozolarse* y *tozolón* 'terco'. Otros testimonios próximos: en Fuente la Reina, *tozarse* (Moliner y Vázquez 2012, 138); *tozar* y *tozolón* 'terco' (Moliner (2015, 133). En Ludiente, *tozar* (Alba 1986, 155). En Sarrión, *destozolar/estozolar, tozar, tozolada, tozuelo* (López 1992, 86).

573. No lejos de la Puebla, en Sot de Ferrer, la atestigua Ríos (1989, 148).

goludo 'glotón' ya visto (4.6.4). El ***bazcuello*** es la parte posterior del cuello, el pescuezo; forma propia del Alto Mijares y del Alto Palancia (Nebot 1980, 217), que recoge también Alba (1986, 111) en Ludiente; corresponde al *baticuello* del Villar del Arzobispo y su serranía (Llatas 2014 [1959]); se halla en relación con el catalán *bescoll*, compuesto de *batre* y *coll* (> *batcoll* > *bascoll*), según el *DECat* (s. v. *bescoll*). En esta obra Coromines recoge la información de Josep Giner sobre *baticuello* y su extensión hasta la provincia de Teruel (Monreal del Campo, Caminreal). Por otra parte, ***ansa 'l cuello*** es la clavícula (véase para ***ansa*** 2.2.5.2.3), si bien, según algunos encuestados, se trata de la parte del cuello donde se unen la cabeza y el espinazo: la nuca, aproximadamente.[574] La locución ***de memoria*** 'boca arriba', que sigue a verbos como *estar*, *dormir*, *caer*, es propia de nuestra habla[575] y de otras vecinas;[576] el *DLE* (s. v. *memoria*) la registra como *rural* y de Aragón. Otra locución peculiar es ***pone(r)se*** o ***echa(r) se largo***, «estirarse, tumbarse» (Salvador 2001, 211).

4.7.2. Las manos

El dedo meñique recibe el nombre de ***curro***. Con variación de género se dice ***curro***, ***curra***, de la persona manca; y hay una familia en la Puebla conocida con el sobrenombre de ***Los Mancurros***. Pues bien, según el *DECat* (s. v. *curro*), este adjetivo, popular en todo el País Valenciano y en Aragón, se habría de interpretar como un derivado de *mancurro*, que se reinterpreta como *man-curro* 'curro de la mano'. Que en algunos lugares como Álava se diga de la mano o el dedo defectuosos (*ibidem*) puede llevarnos a la idea de 'dedo más pequeño'. En cualquier caso, el uso de *Curro* en antroponimia lo testimonia para el desaparecido Campos de Arenoso Pérez (2000, 71, 149): *Curro* (*José el* —), familia de los *Curros*. Por su parte, Nebot (1980, 219) registra *curro*, *curra*, 'persona manca', en el Alto Mijares y el Alto Palancia. Y López (1992, 27, 55), en Sarrión, *curro* 'dedo meñique' y *mancurro* 'persona que tiene seis dedos en una mano'. Se

---

574. Con el valor de 'primera vértebra cervical', Nebot (1980, 199) recoge *ansa el cuello* en las comarcas del Alto Mijares y el Alto Palancia; el mismo valor que en catalán *ansa del coll* (*DCVB*, s. v. *ansa*).

575. La atestiguan el blog de Aurora Monte y el libro de Monte y Gil (2000, 125).

576. En Sarrión, López (1992, 57). En el castellano-aragonés de tierras valencianas, Nebot (1985a, 521). En Arañuel (Cs 300), según el mapa 1213 (*Espalda*) del *ALEANR*.

llama *enemigo* al padrastro o repelón del dedo;[577] voz del aragonés, también representada en el catalán *enemic*, que resulta de la creencia en que, cuando sale dicho repelón, es porque alguien no le quiere a uno bien; e idéntica motivación explica el *padrastro* castellano (ac. 4.ª del *DLE*).[578] Se conoce como **rodiadedo** o **rodadedo** cierta inflamación alrededor del dedo; corresponde conceptualmente al castellano *panadizo*; pero, por su motivación composicional, al valenciano *rodadit* o *rodadits* (*DCVB*).[579] En catalán se dan también los compuestos *cercadits* y *voltadits*. Se llaman **crebazas** unas grietas que aparecen en las manos y en los pies, provocadas sobre todo por el frío y por el trabajo duro del campo. Dicha **crebaza**, ahora en singular, se ajusta a la etimología de CREPACEA (*DCECH*, s. v. *quebrar*; *DECat*, s. v. *crebar*), en tanto que el castellano *quebraza* (con la marca de *desusado* en el *DLE*: 1. «Grieta o hendidura ligera de la piel») supone una metátesis de *-r-*. Por otra parte, nuestras **crebazas** son afines a la *crebassa* del catalán, que registra el *DCVB* en lugares como Tortosa (pronunciada *carabassa*) o Elche.[580] En cuanto a **gobanilla** 'muñeca', es voz propia del castellano del oriente peninsular. Joan Coromines se hace eco de ella en sus diccionarios etimológicos, en continuidad con la *govanella* del valenciano (*DCVB*): en el *DCECH* (s. v. *cotobelo*, nota 1) se refiere al segorbino *gobanilla*, «que me señala la Prof. Natividad Nebot». En el *DECat* (s. v. *govanella*) aduce diversas fuentes documentales en Aragón, Murcia y Andalucía. Además de los testimonios de la Puebla, se recogen otros en lugares vecinos.[581] Se emplea el verbo **empomar** con el sentido de «coger algo que está cayendo pero todavía está en el aire, antes de que toque el suelo»;[582] sin duda, extensión del correspondiente tipo léxico catalán y valenciano *empomar* (*DCVB*).

---

577. Forma también atestiguada en la Puebla por Salvador (2001, 105, 207).

578. Véase al respecto el clásico estudio de Colón (1976), originalmente publicado en el homenaje a su maestro Walther von Wartburg.

579. Cf. el *ALEANR* (mapa 1011: *Panadizo*), que registra *rodadedo(s)* o *rodeadedo(s)* por todo el ámbito castellano-aragonés meridional.

580. Atestigua asimismo *crebazas* en el castellano-aragonés del interior valenciano Nebot (1980, 442). Véase, además, el mapa 1508 (*Grietas en las manos*) del *ALEANR*.

581. Aurora Monte en su blog y Monte y Gil (2000, 126) en su libro, Salvador (2001, 209) en el suyo. Con la grafía *govanilla*, Boronat (p. 5) en Los Calpes, y Julián (1998, 29), en La Iglesuela del Cid. Con la de *gobanilla*, Moliner y Vázquez (2012, 133) y Moliner (2015, 136) en Fuente la Reina, Ríos (1989, 147) en Sot de Ferrer y López (1992, 42) en Sarrión.

582. Tomo la definición de Aurora Monte en su blog. Recogen asimismo dicho verbo Monte y Gil (2000, 125) en su libro.

4.7.3. Las piernas

Con **garra** se designa tanto la pata del animal como la pierna humana.[583] En cualquier caso, **pierna** es hoy la forma común, en tanto que **garra** persiste solo en los sujetos más dialectalizantes, o bien se emplea, a conciencia, a manera de parodia del habla más rústica. El *DLE* remite la 5.ª ac. de *garra* a *pierna*, y la localiza en Aragón y Navarra. En catalán occidental se documenta *garra* con el valor de 'pierna desde la rodilla hasta el tobillo'.[584] Además, cabe destacar el derivado **garrear** 'mover las piernas' (pronunciado *garriar*: 3.5.1.5)[585] y los compuestos **garrilargo, -a**, que convive con **camilargo, -a**,[586] y **garricorto, -a**.[587] Con el componente **cama** 'pierna' del catalán, tenemos la formulación **tirar bajo cama**, 'golpear la pelota por debajo de la pierna', que recoge de manera similar Llatas (2014 [1959], s. v. *cama*) en el Villar del Arzobispo: *debajo cama*, «precedida de verbos como jugar, sacar y tirar». Tiene también *cama* como base el verbo *escarrama(r)se* 'abrirse de piernas, esparrancarse', que resulta de un intermedio *escamarrarse*, de origen catalán (cf. 2.2.7). No deja de resultar significativa la concurrencia histórica de tipos léxicos para la idea de 'pierna': *pierna*, *garra* y *cama*. En relación con la segunda está el **garrón** 'calcañar, parte posterior del pie', que se refiere también al hueso descarnado del jamón del cerdo (*vid.* 4.6.3).

4.7.4. Comparación sumaria con algunas partes del cuerpo en animales

Son muchas las voces que comparten una aplicación humana y animal: **garra**, por más que en franco retroceso, tiene aplicación humana ('pierna') y animal ('pata'); también **garganchón** ('tráquea, garguero'), **arbero** ('esófago'), **melsa** ('bazo'), **morros** (tanto 'labios' como 'hocico del animal') y **barras** ('mandíbulas').

---

583. Salvador (2001, 208) anota *garra* 'pierna' asimismo en la Puebla.

584. También *garra* en el Alto Mijares y el Alto Palancia (Nebot 1982, 104); en Ludiente (Alba 1986, 132); en Sarrión (López 1992, 41). En el desaparecido Campos de Arenoso: *garricas* o *garras de estufador*, 'piernas delgadas o muy esbeltas' (Pérez 2000, 156).

585. También Alba (1986, 132), *garrear*, en Ludiente. En Sarrión, *garriar* (López 1992, 41).

586. Cf. el catalán *camallarg* (*DCVB*), para el cual esta obra da el equivalente de *zanquilargo*.

587. Pérez (2000, 156) anota en Campos de Arenoso *garricorto* y *garrilarga*. En Fuente la Reina, *garrituerto* (Moliner y Vázquez 2012, 140). En el Alto Mijares y el Alto Palancia, *garrituerto* y *garrilargo* (Nebot 1982, 105).

En otros casos, como sucede en el francés *reins / rognons*, riñones del hombre y de los animales, respectivamente, tenemos significantes distintos: ***pulmones*** y ***lubiano***, ***diente*** y ***quijal***.

En alguna ocasión, de dos significantes, ambos son aplicables a los animales, pero solo uno al hombre: ***estentinos*** y ***esquinazo*** son referencia humana y animal, pero los respectivos sinónimos, ***budillos*** y ***gramón***, solo pueden aplicarse a ciertos animales.

4.7.5. La piel. Afecciones y enfermedades

Una ***borradura*** es un sarpullido o erupción cutánea; «como manchicas en la piel», al decir de algunos encuestados. Se trata de un tipo léxico de origen catalán (*borradura/gorradura*: DCVB), que desborda los linderos de esta lengua hacia hablas castellano-aragonesas del interior.[588] Nuestra ***moladura*** ('cardenal') será adaptación del catalán *moradura* (con disimilación: *r-r* > *l-r*), comparable en su motivación a ***morao***, que también se utiliza en el habla de la Puebla.[589] Una ***bambolla*** es una bolsita que se forma en la piel con la elevación de la epidermis, una ampolla. Es voz de creación expresiva, recogida en el diccionario académico (DLE) y relacionada con el catalán (*bombolla, bambolla*: DCVB), donde es muy viva. Se halla ampliamente documentada en el espacio lingüístico castellano-aragonés (ALEANR, mapa 1022: *Ampolla*).[590] Una ***burra*** es una especie de bambolla en que se acumula sangre.[591] Las burras se suelen formar en la palma de la mano a causa de golpes, pellizcos o rozaduras. Por su parte, las ***duricias*** ('callosidades') son a

---

588. Además de nuestra *borradura*, recogida en la Puebla también por Aurora Monte en su blog, cabe mencionar la de Nebot (1982, 98) para el Alto Mijares y el Alto Palancia, así como las de Llatas (2014 [1959]) en el Villar del Arzobispo y Gargallo (2004a, 224) en el Rincón de Ademuz. El ALEANR (mapa 1008: *Salpullido*) registra *borradura* en los tres puntos castellonenses del atlas (Arañuel, Segorbe y Bejís).

589. El DLE consigna *morado* como sustantivo y la notación de *coloquial*, y remite a *cardenal*. Una *moladura* ('cardenal') como la nuestra la atestigua Llatas (2014 [1959]) en el Villar del Arzobispo.

590. Nebot (1980, 221) la documenta en el Alto Mijares y el Alto Palancia. Alba (1986, 42, 110), en Ludiente. Llatas (2014 [1959]), en el Villar del Arzobispo y la comarca del Alto Turia. Gargallo (2004a, 224), en el Rincón de Ademuz.

591. Recoge *burra* en la Puebla Salvador (2001, 206). En el Alto Mijares y el Alto Palancia, Nebot (1982, 101). En Sarrión, López (1992, 20). De las comarcas interiores de la provincia de Valencia son los testimonios de Llatas (2014 [1959]) en el Villar del Arzobispo y de Gargallo (2004a, 224) en el Rincón de Ademuz. Por su parte, el ALEANR (mapas 1023: *Vejiga*; y 1024: *Vejiga de Sangre*) anota *burra* en puntos próximos al nuestro.

menudo el resultado del exigente trabajo en el campo.[592] Se llama *recalcón* a la torcedura del pie.[593] La forma *pelejo*, por *pellejo*, acaso sea deudora de la antigua aragonesa *pelello* (con disimilación entre palatales: *pellello* > *pelello*);[594] de ella deriva *espelejao*, *-ada* 'despellejado, -a', que he oído usar metafóricamente en el sentido de 'arruinado', así como *espelejadura* ('arañazo').[595] De infectarse o enconarse una herida se dice *endeña(r)se*, continuador del latín ĬNDĪGNARE, como el catalán (y particularmente valenciano) *endenyar-se*; frente a la forma culta *indignarse*, que presenta el mismo sentido en aragonés (*DCECH*, s. v. *digno*).[596] Se dice *botinchao*, *-ada*, del cuerpo o alguna parte hinchados o abotagados; seguramente adaptación del catalán *botinflat* (*vid.* 2.2.5.2.1). La *isipela* (del castellano *erisipela*, con haplología o eliminación de una sílaba semejante a otra contigua de la misma palabra: *DLE*) es una inflamación de la piel que suele acarrear altas fiebres. Es enfermedad grave, como se desprende de este refrán: *La isipela mata o pela* (*vid.* 4.16.1).[597] El verbo *ensordar* corresponde al castellano común *ensordecer*.[598] La forma dialectal *picota* ('viruela') no fue reconocida por algunos de los encuestados, y debe de ser una de las muchas que van cayendo en desuso. En cualquier caso, *picota* ha de ser alteración de *pigota*, seguramente por influjo de *picar*, a partir del catalán *pigota* (derivado de *piga* 'peca'), que se extiende al castellano-aragonés contiguo.[599] La *pasia* ('epidemia') de nuestra habla, como la de otras próximas,[600] se habrá tomado del valenciano *pàssia* 'íd.', que el *DCVB* (s. v.

---

592. También *duricia*, con el sufijo culto *-icia*, en Ludiente (1986, 125); como en catalán *durícia*. El *DLE* remite *duricia*, en su primera acepción, a *dureza*: «tumor o callosidad».

593. Forma recogida por Aurora Monte en su blog sobre la Puebla, y también por Monte y Gil (2000, 127) en su libro. Asimismo, por López (1992, 75) en Sarrión. Cf. el *recalcar(se)* del diccionario académico (*DLE*): ac. 6.ª, uso pronominal: «Lastimarse el pie, por habérselo torcido en un movimiento violento».

594. Atestigua *pelejo* en la Puebla Salvador (2001, 211); y en Sarrión, López (1992, 68).

595. Asimismo, según el *ALEANR* (mapa 1014: *Desolladura*), en Olba (Te 601), Arañuel (Cs 300) y Bejís (Cs 302).

596. El *DLE* registra *endeñar(se)* («Dicho de una herida: Infectarse, enconarse»). López (1992, 34) lo recoge en Sarrión; Gargallo (2004a, 226), en el Rincón de Ademuz.

597. Deformaciones semejantes se dan en otras hablas, como la del Rincón de Ademuz, en que Gargallo (2004a, 225) documenta las variantes *desipela* y *sipela*. El *ALEANR* (mapa 1015: *Erisipela*) recoge *sipela* en Segorbe (Cs 301) y Bejís (Cs 302).

598. El *DLE* remite a *ensordecer* y localiza en Aragón. López (1992, 35) registra *ensordar* en la turolense Sarrión. Por otra parte, dicha forma, propia del oriente peninsular, presenta una derivación afín a la del catalán *eixordar*.

599. Por ejemplo, a Ludiente (Alba 1986, 145).

600. Así, Fuente la Reina (Moliner y Vázquez 2012, 145; Moliner 2015, 137); Ludiente (Alba 1986, 143), Sarrión (1992, 68); y La Iglesuela del Cid (Julián 1998, 47). Asimismo *pasia*, en Olba (Te 601), Arañuel (Cs 300) y Bejís (Cs 302), según el mapa 1007 (*Epidemia*) del *ALEANR*.

pàssia o *passi*) registra en Benassal, Catí y Morella. La *pendis*, forma reducida de *apéndice*, con el valor de 'apendicitis', la registra también el ALEANR (mapa 1019: *Apendicitis*) en puntos próximos a la Puebla. Por fin, el adjetivo *terovero, -a*, se aplica a quien está pachucho, poco bien.[601]

4.7.6. Otras afecciones y dolencias. Aspectos diversos relacionados con el cuerpo humano

Se dice *arguellao, -ada* de la persona desmedrada, acaso por alguna enfermedad: *ser* o *estar arguellao*; y *arguella(r)se* es «[d]esmedrarse por falta de salud o mala alimentación», según la definición del *DLE*, que localiza este verbo pronominal en Aragón. Como el sustantivo del que deriva, *arguello* («Acción y efecto de arguellarse», según el *DLE*), también de Aragón, remontan a una etimología árabe (la raíz trilítera *q-l-l* 'faltar', según Joan Coromines: *DCECH*, s. v. *arguello*; *DECat*, s. v. *arguell*), y responden a un uso oriental peninsular[602] en continuidad con el catalán *arguellar-se* y *arguellat*. Se emplea *atroncaza(r)se* y *atroncazado, -a*, para referirse al «estado en el que se encuentra una persona cuando tiene fiebre» (Monte y Gil 2000, 125).

Otras voces de interés son *diarrera* y su variante *riadera* (con metátesis e interferencia de *río*: cf. 2.2.7), como en la variante vulgar *diarrera*[603] del catalán normativo *diarrea*; se llama *chepa* a la curvatura anómala de la columna vertebral (*vid.* 2.2.1.2), que se acompaña del derivado *cheperut/cheperudo* 'jorobado'; la primera de sus variantes, incorporada a partir del valenciano *geperut* (que se articula con inicial sorda, a la manera *apitxada*); la segunda, con adaptación mor-

---

601. Voz de origen enigmático, la testimonia en Los Calpes Boronat (p. 5): «*Terobera/o* = persona pachucha, débil, enferma». En Fuente la Reina, Moliner (2015, 139): *terovero (estar —)*, «no encontrarse bien». En el Alto Mijares y el Alto Palancia, Nebot (1986, 138): *terovero*, dicho del tiempo, «indeciso».

602. Aurora Monte registra en su blog sobre la Puebla *arguellar* y *arguellado*. Y añade: «Superar esta situación y volver a tener lustre es *tirar l'arguellazón*». También *arguellado*, en el libro de Monte y Gil (2000, 125). En Fuente la Reina, *arguellarse* (Moliner y Vázquez 2012, 150) y *arguellao* (Moliner 2015, 132). Por su parte, Nebot (1983, 76) registra *arguellase* (con la popular elisión de la *-r* del infinitivo seguida de clítico) en el Alto Mijares y el Alto Palancia. López (1992, 35), en Sarrión, *arguellau*. Y Turia arriba, en las comarcas interiores: Llatas (2014 [1959]) recoge *arguellase* y *arguellau* en el Villar del Arzobispo, en tanto que Gargallo (2004a, 227), *arguella(d)o*, en el Rincón de Ademuz. El ALEANR (mapa 1003: *Desmedrado*) registra *arguellao* por todo el ámbito altoaragonés y el castellano-aragonés.

603. El *PALDC* (mapa 101: *La diarrea (I)*) la consigna de manera abundante en catalán occidental.

fológica del sufijo (-*ut* > -*udo*), es recogida asimismo en la Puebla por Salvador (2001, 207);[604] *desgana* 'congoja, desmayo', voz que el DLE registra como propia de Aragón con este sentido (ac. 3.ª), que difiere de los de 'inapetencia' (ac. 1.ª) o 'falta de ganas' (ac. 2.ª);[605] *ciegalito* es derivado de *ciego*, que recoge también Moliner (2015, 133) en Fuente la Reina; una *becada* (a menudo en diminutivo: *becadica*) es una cabezada, sueño corto y ligero. Se trata de un catalanismo a partir de *becada*, que deriva de *bec* 'pico', y a partir de 'golpe dado con el pico' toma en esta lengua la deriva semántica de 'cabezada'; es también frecuente en catalán su uso diminutivo: *becadeta*, *beca(d)eta*; dicha forma se extiende desde el área lingüística del valenciano por el castellano-aragonés vecino.[606] Por último, *desficio*, 'desasosiego, desazón', es voz muy arraigada aún, como su derivado *desficioso, -a* 'desasosegado, -a'; resultan de una propagación del tipo léxico catalán *desfici* (resultante semiculto de un latín DEFECTIO, -ONIS: DECat), con el correspondiente derivado *desficiós*. Sustantivo y adjetivo se documentan en las hablas castellano-aragonesas del interior valenciano.[607] El verbo *pizcar* y su derivado *pizco* se prefieren a *pellizcar* y *pellizco*; de hecho, *pizcar* es la base del castellano común *pellizcar*, para lo que remito al DCECH. El verbo *sentir* se prefiere a *oír*; con significativa afinidad con el uso catalán (valenciano) contiguo.[608] La locución *hacer mal* ('hacer daño') parece deudora de la catalana *fer mal* (DCVB).[609]

4.7.7. El vestido

Se utiliza *bolchaca* como nombre un tanto jocoso para el bolsillo o la faltriquera. Cuando se recoge y guarda algo de dinero, suele decirse: *Eso, pa la*

---

604. Ambas, recogidas en Ludiente por Alba (1986, *passim*). Por su parte, Ríos (1989, 30) anota *cheperudo* en Sot de Ferrer; el ALEANR (mapa 998: *Jorobado*), *cheperut* en Olba (Te 601); y *cheperudo*, en Arañuel (Cs 300) y Segorbe (Cs 301).

605. La registra, en la localidad turolense de Sarrión, López (1992, 31); y en el Rincón de Ademuz, Gargallo (2004a, 226).

606. Se documenta en localidades inmediatas a la frontera lingüística: en Ludiente (Alba 1986, 61, 111), *becada*; asimismo en La Iglesuela del Cid (Julián 1998, 41). Por su parte, Ríos (1989) anota *becadica* (pp. 32, 51, 128) y *becada* (p. 51) en Sot de Ferrer.

607. Por ejemplo, *desficioso* en Nebot (1985a, 468). En Ludiente (Alba 1986): *desficio* (pp. 33, 124) y *desficioso* (pp. 67, 124); en Sot de Ferrer (Ríos 1989, 53), *desficioso*; en La Iglesuela del Cid (Julián 1998, 31), *desficio*; y en Sarrión, con grafía aragonesizante, *desfizio* (López 1992, 31).

608. Documentan *sentir* 'oír' en la Puebla Monte y Gil (2000, 127) y Salvador (2001, 145, 212); y en Los Calpes, Boronat (p. 5). Alba (1986, 153), en Ludiente; López (1992, 80), en Sarrión.

609. Como bien observa Boronat (p. 6) para Los Calpes: *Me hace mal la rodilla*.

bolchaca. Es voz registrada por el DLE con la notación de *coloquial*, localizada en Aragón, remitida a *bolsillo* y con la indicación adicional de que se usa también en sentido figurado. En el ámbito del catalán se da *butxaca* junto a variantes como la del valenciano *bolxaca* (DCECH, s. v. *burjaca*). Según el diccionario etimológico de Coromines y Pascual (*ibidem*), las variantes del tipo de *bolchaca* (aragonés y murciano) o *bolxaca* (valenciano) habrán salido de un cruce de la base primitiva *butxaca* (catalán) / *burjaca* (cast.: 'bolsa de mendigo o peregrino') con *bolsillo*. Con ***camal*** se nombra la pernera, parte del calzón o pantalón que cubre cada pierna. Es derivado de *cama* 'pierna' en catalán, de donde se habrá extendido por el castellano del oriente peninsular con valores como el señalado aquí (DECat, s. v. *cama*).[610] Se llama ***peúco*** al calcetín de lana que sirve para abrigar el pie; forma registrada por el DLE sin localizar, pero que tiene un aire oriental peninsular, como continuador del latín *PEDŪCU, del que descienden también el aragonés *peduco* y el catalán *peüc*.[611] El ***halda***, del mismo origen germánico que *falda* (< FALDA 'pliegue'; cf. con el inglés *to fold*; y con lo dicho en el punto 2.2.1.1), es el nombre para el regazo; tanto en el sentido de 'enfaldo de la saya o falda' como en el de 'parte del cuerpo donde se forma el enfaldo'. Acepciones ambas, recogidas por el DLE para su *halda* (acs. 3.ª y 4.ª), y localizadas en Aragón, Salamanca y Vizcaya. Se llamaba ***manzanillas*** a los botones.[612] El alfiler es conocido como ***auja de cabeza***, como en la *auja de cabesa* del Villar del Arzobispo, con su peculiar seseo (Llatas 2014 [1959]).[613] Una ***veta*** es una cinta; y una expresión muy común, ***tirar de veta***, 'gastar con demasía, despilfarrar'. En su blog sobre la Puebla, Aurora Monte consigna *tirar de beta*: «Gastar mucho, por ejemplo en un convite»; y, además, esta otra significación que conlleva asimismo la demasía: «Trabajar mucho y rápido cuando la faena es grande: *En la trilla tiraron de beta, porque tenían mucho grano y lo hicieron en media mañana*». Pues bien, la *veta* de nuestro pueblo y del castellano-aragonés de lugares próximos responde a una proyección, tierra

---

610. En las hablas castellano-aragonesas del interior valenciano recoge *camal* Nebot (1985*a*: 484), y más concretamente en Ludiente, Alba (1986: 115).

611. Registra asimismo *peúco* en Sot de Ferrer, junto a la frontera lingüística con el valenciano, Ríos (1989, 160).

612. Lo atestiguan en la Puebla Monte y Gil (2000, 126) y Salvador (2001, 210). Cf. el DLE (s. v.), 9.ª ac.: «Cada uno de los botones redondos y forrados de tela con que solía abrocharse la ropilla». El DCVB (s. v. *mançaneta*) la registra en valenciano con el mismo significado de 'botón'.

613. Sobre la forma *auja* (< *aguja*), véase lo dicho en el punto 2.2.2.2.

adentro, de la *veta* catalana.[614] Y la expresión *tirar de veta*, básicamente con el sentido de 'gastar excesivamente', me consta en amigos catalanohablantes como Emili Casanova (de Agullent, la Vall d'Albaida), Eugeni Perea (de Riudoms, el Camp de Tarragona) y Joan Fontana (del Vendrell, el Baix Penedès). El *apedazar* castellano ('echar pedazos, remendar', según la segunda acepción del *DLE*) se hace en nuestra habla *piazar*, sin el prefijo *a*-, con pérdida de -*d*- (cf. 2.2.2.1) y conversión de hiato (-*ea*-) en diptongo (-*ia*-) [cf. 2.1.3.2].[615] Por fin, *muda(r) se* es vestirse bien, ataviarse en días y ocasiones señaladas: por ejemplo, los domingos para ir a misa, o en las procesiones.[616]

4.8. LA VIDA PSICOLÓGICA. FACETAS HUMANAS DIVERSAS

El adjetivo *arroscante*, 'bien compuesto', 'bien acicalado', sin duda participio presente de *arroscar*, derivado de *rosca*, desarrolla cierto uso figurado del que no sé dar cuenta en otras obras consultadas. Con *buscajas*, curioso derivado de *buscar*, se llama al «buscavidas, persona diligente en buscarse subsistencia» (Salvador 2001, 206). El verbo *cascar* es común en el sentido de 'hablar mucho', no muy lejano de la acepción 6.ª ('charlar') del *DLE* (como *coloquial*). En cuanto a *chafardear* (*chafardiar*) 'cotillear' y *chafardero*, -*a* (que se dice de la persona entrometida y curiosa), son formas con amplia extensión por el oriente peninsular, tanto en altoaragonés (*EBA*) como en castellano desde Navarra hasta la Andalucía oriental; y presentan continuidad con el catalán *xafardejar*, *xafarder*, -*a*; la etimología vinculada a *safareig* 'lavadero' (*DECat*, s. v. *safareig*) es rebatida por Martines (2002, 168), quien propone una base como la del aragonés *chafarrear* 'hablar', derivado de *chafar*.[617] La forma onomatopéyica *charrar* tiene uso intransitivo: 'charlar', 'hablar por hablar', y también el genérico 'hablar'; de ahí, el posverbal *charro* ('murmullos'), que documenta Aurora Monte en su blog. Y también presenta el transitivo de 'contar algo de

---

614. Registran también *veta*: Moliner (2015, 139) en Fuente la Reina; Alba (1986, 157) en Ludiente; Ríos (1989, 173) en Sot de Ferrer.

615. El *ALEANR* (mapa 904: *Remendar*) registra *piazar* y *apiazar* en puntos del ámbito castellano-aragonés.

616. Asimismo, en comarcas interiores de la provincia de Valencia: el Villar del Arzobispo con la Serranía (Llatas 2014 [1959]) y el Rincón de Ademuz (Gargallo 2004a, 233).

617. Registra *chafardero* en Los Calpes Boronat (p. 5); López (1992, 29), en Sarrión; y Julián (1998, 29), en La Iglesuela del Cid. Alba (1986, 122), en Ludiente, *chafardear/chafardiar*.

manera indiscreta' (*alcahueta, ya lo ha charrao*).[618] En *convoy* 'mimo, regalo' y *convoyar* 'obsequiar',[619] se revela afinidad semántica con los usos paralelos que el *DCVB* registra para el Maestrazgo, y que son bien populares en buena parte del valenciano. Se llama *corrimbaldero, -a*, a quien corre mucho y en balde.[620] Para expresar cómo se llama alguien, cuál es su nombre, se emplea *decir* en tercera persona del plural más el pronombre que cumple las funciones de objeto indirecto *le/les*: *le dicen* Conrado (a diferencia de la fórmula estándar castellana *se llama Conrado*); tal como en valenciano *li diuen*.[621] Se llama *delirio* a la pasión que se pone en algo (*le gusta su pueblo con delirio*);[622] cultismo heredado del latín DELIRIUM, que comparte semantismo con la correspondiente voz patrimonial del catalán *deler*. Con *desinquieto, -a*, se nombra al intranquilo; con aglutinación (redundante) del prefijo *des-*, como en valenciano *desinquet*, que el *DCVB* consigna como *vulgar*. El adjetivo *despagao, -ada* se refiere a la persona desilusionada, disgustada.[623] Se utiliza *despartir* 'separar, divorciar' y el correspondiente participio *despartido* para el «separado o divorciado» (Monte y Gil 2000, 125).[624] El verbo *empastrar* 'hacer algo mal' y el sustantivo *empastre* 'algo mal hecho' son deudores del valenciano *empastrar* y *empastre* (*DCVB*, *DNV*).[625] El verbo *encalar* 'lanzar una cosa a lugar inaccesible', con el correspondiente uso pronominal *encala(r)se* 'quedarse una cosa retenida en lugar inaccesible', es deudor del valenciano *encalar(-se)* (*DCVB*, *DNV*).[626] Me transporta a la vivencia de

---

618. El diccionario académico (*DLE*) registra *charrar* con la acepción transitiva de «contar o referir algún suceso indiscretamente» y la intransitiva (y vulgar) de 'charlar'. Recogen *charrar* en Fuente la Reina Moliner y Vázquez (2012, 136) y Moliner (2015, 133); en Ludiente, Alba (1986, 122); y en Sarrión, López (1992, 29). Y el *ALEANR* (mapa 1119: *Charlar*), por todo el espacio altoaragonés y castellano, en continuidad con el catalán *xarrar* (que conoce también la variante *xerrar*).

619. Nebot (1981, 211) recoge *convoyar* 'obsequiar' en el Alto Mijares y el Alto Palancia. Ríos (1989, 134), *comboyar* 'obsequiar, agasajar' en Sot de Ferrer. Julián (1998, 30), *comboy* 'mimo', *comboyar* 'mimar', en La Iglesuela del Cid.

620. Salvador (2001, 207) registra *corribaldera*, «persona que se mueve mucho».

621. Sobre esta formulación en valenciano, véase Casanova (1997).

622. Asimismo, Julián (1998, 31) en la localidad de La Iglesuela del Cid, frontera con el valenciano.

623. Como en Ludiente (Alba 1986, 124). El *DLE* registra *despagar* con la notación de *desusado* y remisión a *descontentar*.

624. Cf. asimismo en Sarrión, *despartirse* 'separarse' (López 1992, 21). Véase, además, el *DLE* (s. v. *despartir*): «1. tr. desus. Separar, apartar, dividir». Y el *DCVB* (s. v. *despartir*): «Separar; allunyar una persona o cosa d'una altra».

625. Alba (1986, 125) registra *empastre* en Ludiente; y Ríos (1989, 139), *empastrar*, en Sot de Ferrer.

626. Recogen asimismo *encalar* Alba (1986, 125), en Ludiente, y López (1992, 33), en Sarrión.

haber encalado o visto encalarse muchas pelotas en el trinquete de la Puebla.[627] En su uso pronominal, ***engaña(r)se*** presenta el valor de 'equivocarse', conforme a la 7.ª ac. del *DLE*.[628] Monte y Gil (2000, 126) registran ***enrabiada*** como 'enfado'.[629] Por otra parte, es interesante la deriva semántica del catalanismo ***ensensar*** «mostrar un objeto o una cosa pequeños con el ánimo de provocar envidia en los demás, generalmente entre los niños» (según el testimonio de Nebot 1981, 71), a partir de *encensar* 'dirigir el incienso pendularmente a una persona' (cf. cast. *incensar*). El verbo ***enseña(r)se*** vale 'aprender'.[630] Me resulta enigmático el desarrollo semántico de ***escrece(r)se*** 'envidiar' como derivado de *crecer*.[631] Se llama ***esme*** al ánimo, la fuerza, las ganas de hacer algo; y, tal como señala Aurora Monte en su blog, «se suele usar mucho en negativo: *ha perdido el esme* o *no tiene esme para hacer nada*»; es forma tomada del catalán *esme* (*esma*), derivado posverbal del verbo arcaico *aesmar* (< AESTIMARE) [*DECat*, s. v. *esma*].[632] La voz ***esparamiento*** vale lo que *aspaviento*. La forma ***esvolotar*** se halla posiblemente relacionada con la catalana *esvalotar* 'alborotar' (*DCVB*). El verbo ***fascar*** significa 'hacer cuerda'[633] y, por extensión, 'trabajar con ahínco'; y es adaptación a partir del sustantivo *faixcar/feixcar* ('cudria o soguilla de esparto'). Otro verbo, ***gosar***, siempre en el contexto negativo de ***no gosar***, significa 'no atreverse'; y se ha tomado del catalán *gosar*. Tal como el castellano *osar*, desciende del latín vulgar AUSARE; su *g-* inicial se debe a la frecuencia de uso con un *no* antepuesto, que favorece el desarrollo de una consonante antihiática (*no (g)osar > no gosar*; cf. 3.5.5.6). En la locución ***hacer el ronso*** ('hacerse de rogar, hacerse esperar') se adivina el molde del catalán (y valenciano) *fer el ronso*, que el *DCVB* (s. v. *ronso*) localiza en el Camp de Tarragona, Castellón y Valencia. A diferencia del *joparse* académico (*DLE*: «Irse, escapar, hoparse»), y de la última variante citada (*hoparse*), nuestro ***jopar*** carece del incremento

---

627. *El Trinquete* (ahora como topónimo), el viejo trinquete de la Puebla, desde hace años fuera de uso, guarda entre sus cuatro paredes las vivencias de muchas generaciones. El moderno frontón, con solo una pared lateral, acoge actualmente en la parte alta del pueblo a los practicantes del juego.

628. Y con dicho uso lo registra Boronat (p. 5) en Los Calpes.

629. Asimismo *enrabiada* en catalán. El *DLE* remite de *enrabiar* a *encolerizar*.

630. Según Alba (1986, 126), en Ludiente: *enseñarse* 'habituarse'.

631. Salvador (2001, 208) lo registra en la Puebla sin el incremento pronominal: *escrecer*.

632. Se registra también *esme* en lugares próximos al nuestro: Fuente la Reina (Moliner 2015, 135) y La Iglesuela del Cid (Julián 1998, 32).

633. Según Nebot (1983, 70): *fascar*, «hacer cudria, cuerda o trencilla de esparto para las espardeñas»; en el Alto Mijares y el Alto Palancia. También se da en el Villar del Arzobispo y la comarca del Alto Turia (Llatas 2014 [1959]), así como en la del Rincón de Ademuz (Gargallo 2004a, 43).

pronominal;[634] el correspondiente tipo léxico deriva de *hopo*, cuya segunda acepción en el DLE («2. m. Rabo o cola que tiene mucho pelo o lana, como la de la zorra, la oveja, etc.») guía el rastro de la evolución semántica: de la idea de 'mostrar la zorra su cola' a la de 'salir pitando'. Se dice *palplantao*, *-ada*, de quien está plantado como si no hubiera de moverse; como en catalán *palplantat*, *-da* (DCVB). Se llama *papelero*, *-a*, a la persona que representa muchos papeles, al figurante, hasta farsante; como en catalán *paperer*, *-a* (DCVB). *El personal* (o, sin artículo y con otros determinantes: *personal*) se usa con el sentido de 'gente, personas': *En estas fiestas ha hubido mucho personal*. El adjetivo *pito*, *-a*, se aplica a alguien espabilado, saludable.[635] La familia léxica de *romances* 'cuentos, historias', *romancero*, *-a*, 'que usa de cuentos romances', y *romancear* (*romanciar*) 'venir con historias o romances', sintoniza con similares usos en valenciano de *romanços*, *romancer(o)*, *-a* y *romancejar*.[636] El verbo *rondinar* 'refunfuñar', que registran en la Puebla Monte y Gil (2000, 127),[637] se habrá tomado del catalán *rondinar*, lengua en que es de origen onomatopéyico. El adjetivo *ruin* vale como genérico para 'malo', y también como 'desmedrado', 'pequeño':[638] *Ese pariente tuyo es mu ruin*; *Esas patatas que hemos plegao son mu ruines*. Es significativa la afinidad con *roí(n)*, *roïna* 'malo, -a' del valenciano actual. 'Rociar con el hisopo o aspersorio' es lo que significa el valenciano

---

634. Asimismo *jopar* en Fuente la Reina (Moliner 2015, 137) y en Sarrión (López 1992, 49).

635. El DLE registra *pito³*, *ta*, con dos acepciones localizadas en Aragón: «1. Dicho de una persona: Tiesa, robusta. 2. Valiente». Y rastros de esos valores se hallan en Fuente la Reina (Moliner y Vázquez 2012, 153), en Sarrión (López 1992, 70) y en Ludiente (Alba 1986, 40, 146). Por otra parte, el mismo valor reviste *pito*, según el DCVB, en Tortosa, Maestrazgo y Morella; y es general en valenciano, de modo que lo acoge el diccionario normativo de esta variedad (DNV).

636. El DLE solo registra semejante uso de *romances* en su ac. 10.ª y última: «Cuentos o excusas. *Venirle con romances*». Pero de la vitalidad de dicha familia léxica en el castellano de nuestras comarcas valencianas nos hablan los testimonios siguientes: Boronat (p. 6) registra *romancear* en Los Calpes. En Fuente la Reina, Moliner y Vázquez (2012, 148): *romancear*, pronunciado *romanciar*; y en esta misma localidad, Moliner (2015, 138): *romancear, romancero*. En el castellano-aragonés de tierras valencianas, Nebot (1985a, 487) atestigua *romancero*, *-ra*. En Ludiente Alba (1986, 151) anota *romance, romancear, romancero*. Por fin, en la localidad turolense de La Iglesuela del Cid, rayana con el valenciano, Julián (1992, 62) recoge la locución *ir con romances*. Y un servidor no se resiste a evocar la respuesta de la abuela Presentación a la tía Consuelo de Torcas (*¿Y de qué da clases tu muchacho?*) en aquel lejano octubre de 1982: *Chica, no sé qué romances* (Gargallo 1994, 11).

637. Lo testimonian asimismo Nebot (1981, 67) en el Alto Mijares y el Alto Palancia, y Alba (1986, 165) en Ludiente.

638. Cf. el registro de *ruin*, «enfermo, malo o travieso», en Los Calpes por parte de Boronat (p. 5). Otros testimonios de *ruin* 'malo': en Campos de Arenoso (Pérez 2000, 168); en Sot de Ferrer (Ríos 1989, 168). En el Rincón de Ademuz, *ruin* 'pequeño, -a' (Gargallo 2004a, 90).

salpassar (*DNV*), adaptado a nuestro *salpaciar* con yod epentética (como la de *calcerio*: vid. 2.1.2.7); pero dicha forma ha ganado una acepción figurada, la de 'entrar en todas las casas de manera indiscreta'; y la solía usar mi madre. Se dice que alguien es un *teclas*, o en diminutivo, un *teclicas*, a quien se caracteriza por encontrarle pegas a cualquier circunstancia, o a quien se ve afectado a menudo por dificultades o complicaciones.[639] El valor de *templao, -ada*, dicho de la persona bien plantada, atractiva,[640] consuena con el uso del valenciano *templat, -ada*,[641] donde es castellanismo (*DCVB, DECat*). El verbo *vocear* (también pronunciado *vociar*) no solo significa literalmente 'dar voces', sino que además, a través de la idea de 'levantar la voz', llega al sentido de 'reñir, regañar' (como también recoge en su blog sobre la Puebla Aurora Monte).

4.9. LA VIVIENDA. ALGUNOS ÚTILES DEL HOGAR

4.9.1. Cuestiones generales, estructura

Los pequeños núcleos de casas, ya sea pedanías o agrupaciones de menor entidad, se nombran con el término *mas*, así como con los derivados *masía* y *masada*. Y las personas que los habitan son los *masoveros* ('masaderos'). Según el *DCECH* (s. v. *manido*), son voces regionales de Aragón, en parte tomadas del catalán,[642] y el primitivo *mas* (*Mas*: topónimo y apellido frecuentes en dicha lengua) es heredero de MANSU, participio de MANERE 'permanecer' (*DECat*, s. v. *romandre*), pues proviene de la idea de 'fijo', como es el caso de *finca*, voz pariente de la familia de *fincar/hincar* y de *hito*. *Mas* es común en la toponimia

---

639. Usos que recuerdan los del catalán general («*tenir moltes tecles*: tenir molts d'aspectes diferents, moltes dificultats»: *DCVB*) o el valenciano en particular (acepciones 5ª y 6ª del *DNV*, ambas con la notación de *col·loquial*): «Alifac, malaltia. *La meua cosina té moltes tecles: sempre està malalta*»; «Dificultat, complicació».

640. López (1992, 84) registra *templau* («listo, ágil y activo») en Sarrión, posible eco del uso altoaragonés de *templau/templato* (*EBA*).

641. Recogido por el diccionario normativo valenciano (*DNV*), que define así su segunda acepción: «Ben plantat, atractiu. *Les xiques del poble són molt templades*».

642. Cf. el *DLE* (s. v. *masía*): «1. f. Casa de labor, con finca agrícola y ganadera, típica del territorio que ocupaba el antiguo reino de Aragón». Además, el diccionario académico remite de *masada* a *masía*. Y define así *masovero, ra*: «1. m. y f. Cat.[aluña] Labrador que, viviendo en masía ajena, cultiva las tierras anejas a cambio de una retribución o de una parte de los frutos. 2. m. y f. Ter.[uel] Persona que vive en una masada o masía».

de nuestra tierra: *El Mas de Aceite*,[643] *El Mas de Rando*, *El Mas de Fornas*; *masía* y *masada* son sobre todo nombres comunes; pero de esta última procede el topónimo en diminutivo *La Masadica*, antigua masía que, como tantas otras, fue anegada y deshecha por el pantano. Además del *masovero* que recoge Aurora Monte en su blog sobre la Puebla, y de la *masada* de Salvador (2001, 21 y ss., 151, 210), anoto otros registros de lugares próximos en nota al pie.[644]

Un *casalicio* se dice de una casa grande y vieja. No se trata del significado genérico consignado por el DLE, que remite *casalicio* a *casa*, sino del propio del *casalici* catalán, de las tierras del Ebro y valencianas (DCECH y DECat, s. v. *casa*; DCVB, s. v. *casalici*). A la zanja que se abre para poner los cimientos del edificio se le llama *alizaz*; arabismo correspondiente al castellano *alizace* (DLE, como *desusado*: «Zanja, y en especial la que se abre para poner en ella los cimientos de un edificio»).[645] La forma *aljez* nos llega también a través del árabe, que adapta el grecismo del latín GYPSUM en *alǧebs*, con la característica aglutinación del artículo *al-*; en tanto que el castellano toma su *yeso* directamente del latín (DCECH). Es significativa la afinidad con el valenciano *algeps*. Y acompañan a *aljez* derivados como *aljezón* 'yesón' o *aljezar* 'yesar'. Es amplia la documentación de *aljez*, junto a tales derivados: además de su registro en el DLE, figuran en diversas obras de nuestra zona.[646] Por otra parte, hay en la Puebla una familia con el apodo de *Los Aljeceros*.

A la parte inferior de la puerta que hay a la entrada de una casa se la conoce como *mimbral* o *brimbal*, y también con el nombre de *solera* entre algunos encuestados. En cuanto a las variantes *mimbral* y *brimbal*, cabe señalar que habrán sido formalmente atraídas por *mimbre* y la variante propia de la Puebla *brimbe* (cf. 2.2.7); a partir del latín LIMINARIS, el proceso evolutivo en

---

643. *Aceite* que posiblemente descienda del nombre de Zeit-Abú-Zayd, y no del producto de la oliva, ya que esta no puede cultivarse a mil metros de altura, donde se hallaba dicha población.

644. En Fuente la Reina, *mas*, *masada* y *masovero* (Moliner y Vázquez 2012, 145, 152). En el desaparecido Campos de Arenoso, *mas*, *masía*, *masovero* (Pérez 2000, 157). En el Alto Mijares y el Alto Palancia, *masá*, *masía* (Nebot 1982, 141). En Ludiente, *mas*, *masada* y *masovero* (Alba 1986, 61, 138). Y en Sarrión (López 1992, 57), *mas*. Véase, además, la extensión de *masía* y *masada* por el sur del ámbito castellano-aragonés, según el mapa 1348 (*Finca con casa*) del ALEANR.

645. Nebot (1983, 61) recoge en el Alto Mijares y el Alto Palancia *alizaz* y variantes como *lizaz*, *lizá*, *alisar*, *alisás*, 'zanja para los cimientos de un edificio'; *alisás* también, con el seseo característico del Villar del Arzobispo, en Llatas (2014 [1959]).

646. Salvador (2001, 60, 205) atestigua *aljez* y *aljezar* en nuestra Puebla. Pérez (2000, 154), en el vecino y desaparecido Campos de Arenoso. En Fuente la Reina, Moliner y Vázquez (2012, 135, 150) registran *aljez* y *aljezón*. En el Alto Mijares y el Alto Palancia, *aljez*, *aljezón* y *aljezar* (Nebot 1983, 80, 81). En Ludiente, *aljez* (Alba 1986, 60, 106). En Sot de Ferrer, *aljez* y *aljés* (Ríos 1989, 50, 120). En Sarrión, *aljez* (López 1992, 13).

castellano de *limnar* a *limbrar* se ha reorientado a *lumbral* → *umbral* gracias a la atracción formal de *lumbre* y la familia léxica de UMBRA. Quedan ecos de esta misma familia léxica en el mapa 758 (*Umbral*) del ALEANR, entre otras respuestas obtenidas en poblaciones próximas a la nuestra.[647] Por otra parte, se usa **paleta** con el sentido de «(peón) albañil» (Monte y Gil 2000, 126); lo que concuerda con el catalán *paleta*, reducción de *mestre de paleta* (DCVB), y recuerda el registro aragonés del DLE (s. v. *paleta*), en la subentrada *media paleta*: «Oficial de albañil que sale de aprendiz y aún no gana gajes de oficial». Y se dice también **manobra** 'peón de albañil', voz de ámbito oriental peninsular (murciano, según el DCECH, s. v. *mano*), tomada del catalán.[648] Se llama **regle** el listón que usan los albañiles y los carpinteros para echar las líneas.[649] Y hablando de carpinteros, la profesión de mi abuelo Conrado y de mi padre: este aún emplea en sus evocaciones del oficio el verbo **garcea(r)se** (**garcia(r)se**) (la madera) ('alabearse, curvarse o combarse'), que parece deudor del valenciano *garsejar-se* (DCVB, DNV), de la familia del tipo léxico catalán *guerxo* (DECat);[650] y me ha hecho descubrir el nombre de cierta herramienta, el **roset** («parece catalán», intuye él, sin duda por la *-t* final: cf. 2.1.2.7). Y en efecto, ha de ser un préstamo del catalán *rosset* ('herramienta de carpintero que sirve para señalar en una pieza de madera una línea paralela a una de sus orillas'), que el DCVB hace equivalente del cast. *bramil* (en cambio, esta última voz no figura en el DLE, sino la variante *gramil*).[651]

Antes he tratado de **curriola** 'polea' (2.1.1.1), que recibe asimismo el nombre alternativo de **carrucha** (Monte y Gil 2000, 125).[652] Por su parte, **porche**,

---

647. Este atlas anota *solera* en Olba (Te 601) y Arañuel (Cs 300); *solera, lumbral* y *dindal* en Segorbe (Cs 301); *mimbral* y *tranco* en Bejís (Cs 302).

648. Voz recogida en la Puebla por Monte y Gil (2000, 126); por Nebot (1985a, 493) en el castellano-aragonés del interior valenciano; y en Ludiente, por Alba (1986, 137). El ALEANR (mapa 1240: *Peón (de albañil)*) la anota, entre otros puntos, en Olba y en las tres localidades castellonenses del atlas (Arañuel, Segorbe y Bejís).

649. Asimismo en el castellano-aragonés de tierras valencianas (Nebot 1985a, 467); y, más concretamente, en el habla rayana de Ludiente (Alba 1986, 150). También se registra en distintos lugares del Alto Aragón (EBA) y del Aragón meridional oriental, como La Iglesuela del Cid (Julián 1998, 37) y Sarrión (López 1992, 76). Presenta continuidad con el catalán (y valenciano) *regle* (DCVB, DNV).

650. Dicha extravasación del valenciano *garsejar-se* alcanza también al *garcearse* de la variedad castellana de Murcia (DECat, s. v. *guerxo*).

651. El ALEANR (mapa 1527: *Bramil*) testimonia la penetración de ese catalanismo, en general adaptado como *rosete* (con *-e* epentética: cf. 2.1.2.7), por buena parte de Aragón. Con la forma *roset* ('gramil') lo registra asimismo Llatas (2104 [1959]) en el Villar del Arzobispo, junto a la frontera lingüística con el valenciano.

652. El DLE remite de *carrucha* a *polea*.

duplicado popular que corresponde al cultismo *pórtico*, nos llega a través del catalán *porxe* (*DCECH*, s. v. *puerta*). Dicha voz está muy presente entre los hijos de la Puebla, como nombre de lugar (topónimo), en **El Porche** que ocupa la parte inferior del ayuntamiento de la Puebla: «Espacio cubierto adosado a la fachada de un edificio», como define el *DLE* la entrada correspondiente. **El Porche** de la Puebla lo delimitaba una fuente que hasta hace pocos años ocupaba el lugar central de uno de los tres lados de la plaza de la iglesia; dicen que la única triangular del territorio valenciano. Hay quien, como mi padre, lo llama **El Pórchel**, con una -*l* adventicia que recuerda casos como los del catalán *cérvol*, *bonítol* o *nínxol*. Por su parte, Salvador (2001, 211) registra en la Puebla **porchado**, «porche, lugar cubierto». Con **picaporte** se designa el llamador o aldaba de una puerta; voz que «se halla en América y en dialectos españoles», según el *DCECH* (s. v. *puerta*), que explica su procedencia del catalán *picaportes*, con un componente en plural *portes* 'puertas' del que se extrae analógicamente la forma sin -*s*.[653] La voz **falca** 'cuña' y su derivada **falcar** 'asegurar con cuñas' las localiza el *DLE* en Aragón y Murcia; presentan continuidad con las homólogas catalanas *falca* y *falcar*.[654] El **ráfil** es el alero de un tejado (forma registrada asimismo en la Puebla por Monte y Gil 2000, 126); se trata de un arabismo afín al catalán *ràfel* (y variantes: *DCVB*) y bien documentado en nuestras comarcas de interior.[655] Y nuestra **canalera** responde a las dos acepciones que el *DLE* atribuye a la suya, como voz localizada en Aragón: «1. f. Ar. Canal del tejado. 2. f. Ar. Agua que cae por una canalera cuando llueve». Pero el uso de *canalera* desborda Aragón y se extiende a las comarcas valencianas de habla castellano-aragonesa.[656] Se llama **cabirón** el madero que sirve de soporte en el tejado (*vid.* 2.2.3); y **vueltas** (con la pronunciación de **güeltas**), las bovedillas que se forman en el techo entre viga y viga; el *DLE* (s. v. *vuelta*)

---

653. Véase además al respecto el trabajo posterior de Massanell (2002). Por otra parte, el *ALEANR* (mapa 765: *Llamador*) registra *llamador* en Olba (Te 601), *picaporte* en Arañuel (Cs 300) y *aldaba* en Bejís (Cs 302).

654. Otros testimonios: Monte y Gil (2000, 126), *falcar*, en la Puebla; Nebot (1990, 156, 157), *falca* y *falcar*, en el Alto Mijares y el Alto Palancia; también ambas, Alba (1986, 129) en Ludiente; Ríos (1989, 145), en Sot de Ferrer, *falcar*; y López (1992, 39), *falca*, en Sarrión.

655. Nebot (1983, 62), en el Alto Mijares y el Alto Palancia: *ráfil*, con las variantes *ráfel* y *rafe*. Llatas (2014 [1959]), *ráfel*, en el Villar del Arzobispo y su comarca. Gargallo (2004a, 236), *rafe*, en el Rincón de Ademuz. El *ALEANR* (mapa 936: *Alero*) anota *ráfil* en Olba (Te 601), Puertomingalvo (Te 600), Arañuel (Cs 300) y Bejís (302).

656. Desde el vecino Aragón (López 1992, 22 la anota en la localidad turolense de Sarrión) sigue su área por el Alto Mijares y el Alto Palancia (Nebot 1980, 218); y la recoge en Ludiente Alba (1986, 132). Llatas (2014 [1959]) la testimonia en el Villar del Arzobispo. Gargallo (2004a, 234), en el Rincón de Ademuz.

localiza en Aragón, y con la marca de *rural*, la ac. 29.ª: «Bóveda, y, por ext., techo»; y el ALEANR (mapa 811: *Formas de los techos*) registra *vueltas* o *güeltas* en puntos próximos,[657] en lo que sería uno de tantos casos de continuidad con el catalán (*voltes*, en este caso: DCVB). El **tabique** del castellano convive con **barandau** 'pared delgada que separa dos habitaciones' (*vid.* 2.2.3.). La **barbacana** es el «ventanal grande en el último piso de las casas utilizado como secadero» (según registra Salvador 2001, 59, 206).[658] Un **chambao**, según Salvador (2001, 207), es un «cobertizo, lugar techado rústico para resguardarse».[659] Y **sequero**, el lugar en que se secaban las *higas* (Salvador 2001, 59, 213).[660] El **terrao**, la «última planta de las casas utilizada para almacenar cosechas» (Salvador 2001, 213).[661] Un **paño pared** (**paré**) se refiere a una porción extensa de fachada; como en catalán *pany* (*de paret*) (DCVB).[662] Por otra parte, se llama **rachola** al azulejo; como en Sot de Ferrer (Ríos 1989, 148); como la *rechola* del Villar del Arzobispo (Llatas 2014 [1959]) o la del Rincón de Ademuz (Gargallo 2004, 57), se ha tomado del catalán *rajola* (DCVB); y es sabido que es también una forma característica del castellano hablado en Cataluña. Se llama **bado** o **bada** a la grieta, hendidura alargada que se hace en la tierra o en cualquier cuerpo sólido; **badao** y **bada(r)se** son el participio y el infinitivo correspondientes. Y dicha familia léxica parece deudora de la catalana de *badar* 'abrirse una cosa sin separarse completamente sus partes' (DCVB).[663] Existe, además, el valor de **badar** como 'estar distraído' (Monte y Gil 2000, 125), que responde a la idea de 'abrir la boca', y es asimismo deudor del catalán (DCVB).[664] Por fin, el referente más emblemático de la Puebla, como el de

---

657. En Olba (Te 601), *vueltas*; en Arañuel (Cs 300), *güeltas*; en Segorbe (Cs 301), *techo de vueltas*; en Bejís (Cs 302), *de vueltas*. También *vueltas* en Sarrión (López 1992, 91); y *güeltas* en el Alto Mijares y el Alto Palancia (Nebot 1980, 208).

658. Con el valor de 'buhardilla' registra dicha forma Pérez (2000, 154) en el desaparecido Campos de Arenoso. Y como «pared que impide el paso de una parte a otra, situada en un desnivel de terreno [...]», Nebot (1983, 97) en el Alto Mijares y el Alto Palancia.

659. Forma que recoge asimismo Gargallo (2004a, 234) en el Rincón de Ademuz.

660. Como en catalán *sequer* (DIEC), que el DCVB localiza en Mallorca.

661. Se trata asimismo del *terrau* que testimonia el ALEANR (mapa 809: *Solana de la casa*) en Olba (Te 601). Sentido distinto al que registra el DLE, que envía de *terrado* a *terraza*.

662. Hay ecos de nuestro uso en Nebot (1986, 154), que registra en el Alto Mijares y el Alto Palancia *paño paré*, «porción de calle no interrumpida por travesía»; y en Alba (1986, 44, 159), que anota la misma forma en Ludiente.

663. El ALEANR (mapa 937: *Grieta en la pared*) consigna *bado* en Arañuel (Cs 300) y Puertomingalvo (Te 600); y *bada*, en puntos nororientales de la provincia de Teruel.

664. Cf. en Fuente la Reina *badarse* 'agrietarse' (Moliner y Vázquez 2012, 142); en Ludiente, *badarse* 'despistarse, estar en babia' y 'agrietarse' (Alba 1986, 110); en Sarrión, *badar* 'agrietar' (López 1992, 17); en La Iglesuela del Cid, *badar* 'resquebrajarse' (Julián 1998, 28).

muchos otros pueblos, es el *campanar* de la iglesia; derivado de *campana*, se prefiere al cultismo *campanario*. Se da tanto en catalán (y valenciano: *Campanar* es el nombre de un agregado municipal de la ciudad de Valencia) como en altoaragonés, donde coexiste con *campanal* (DCECH, s. v. *campana*; EBA).[665]

4.9.2. El dormitorio y su mobiliario

Ya he tratado de *almario* (2.2.9), así como de *mejer* (variante de *mecer* 'remover el orujo': 2.2.5.2.5), del que ahora señalo el sentido de 'acunar'. También he observado la voz *marcega* 'jergón', que presenta diversos aspectos de interés fonético (2.1.3.3; 2.2.10), y un testimonio como el nuestro en la vecina Olba (ALEANR, mapa 798: *Jergón*).[666] Se llama *cubre* al cubrecama, con elisión del componente *cama*; tal como en puntos próximos del Aragón meridional y en otros lugares valencianos de habla castellano-aragonesa; según el ALEANR (mapa 803: *Colcha*), en Bejís, Segorbe (de la provincia de Castellón) y Titaguas (de la de Valencia); según Gargallo (2004a, 237), en el Rincón de Ademuz. En cuanto a *ensoñar*, que el diccionario académico define como «tener ensueños», convive con *soñar*.[667]

4.9.3. El fuego

Las *estraudes* han merecido atención a propósito de su vocalismo (*estreudes* > *estraudes*: 2.1.1.3) y su sílaba inicial *es-* (3.2.2), que, entre otros cambios (*estrebdes* < *trébedes* < TRĪPEDES), desfiguran su motivación y significación originales de 'trípode', aro o triángulo de hierro y con tres pies. Con *misto* se designa la cerilla o fósforo; forma que el DLE remite a *mixto*, que en su 3.ª ac., a su vez, reenvía a *cerilla*. Y también *misto* es la forma consignada por el ALEANR (mapa 815: *Cerilla*) en la vecina Olba y en los tres puntos castellonenses del atlas (Arañuel, Segorbe y Bejís). La *teda* de nuestra habla, en afinidad con la aragonesa, conserva la *-d-*, a diferencia

---

665. El ALEANR (mapa 1143: *Campanario*) lo recoge en la vecina Olba (Te 601) y, Mijares abajo, en Arañuel (Cs 300).

666. Y variantes afines en puntos próximos: *márfega* en Arañuel, *márcega* en Bejís; ambas formas, en Segorbe. Todas ellas avalan aspectos abordados en los susodichos puntos.

667. El uso de *ensoñar* lo testimonia el ALEANR (mapa 804: *Soñar*) por el sur de Aragón, y más concretamente en Olba (Te 601), así como en dos de los puntos castellonenses del atlas: Arañuel (Cs 300) y Bejís (Cs 302).

de la *tea* común del castellano. El galicismo *chimenea* (< fr. *cheminée*) se moldea con interferencia del sufijo -*era* en **chiminera**. El *DCECH* se refiere a variantes como esta y la *chaminera* de Aragón; y otras obras ofrecen asimismo *chiminera* en nuestro entorno.[668] Por otra parte, la forma **chiminera** aparece en cierta cancioncilla popular: *Ya no tienes **chiminera** / ni por donde salga el humo, / y ahora te quieres casar, / mocita de tanto rumbo*. El **allar**, 'hogar, lugar donde se enciende el fuego' (2.1.3.2), aviva en la memoria tiempos pasados. Como el **rescaldo**,[669] que el *DLE* remite, como *desusado*, a *rescoldo*. Con **purna** o **espurna**[670] se nombra la chispa; tipo léxico de origen catalán que desborda los linderos de esta lengua hacia poniente, tal como recoge el *DECat* (*espurna*, «antigament també *purna*»). Nuestras obras de referencia la documentan en lugares próximos.[671] Una **bolisa** es una mota o partícula que se desprende del fuego. El *DLE* remite *bolisa* a *pavesa* y da la localización de Aragón, Navarra y Sevilla.[672] Según el *DCECH* (s. v. *pavesa*), tanto esta forma como la dialectal *bolisa* descienden, por caminos divergentes, de un latín vulgar *PŪLVISIA. Finalmente, el **bufador** es un «tubo metálico de algo más de un metro de largo, aplastado por una punta», según lo define Aurora Monte en su blog sobre la Puebla.[673] Recuerda acepciones del catalán *bufador*, derivado también de *bufar* (*DCVB*). Y acaba el párrafo con **humacera**, nombre para la humareda.

4.9.4. Otros útiles, partes y aspectos de la vivienda

La abundancia de nombres para la pocilga, el lugar a cubierto en que se recogen los cerdos, habla de la importancia de este animal en la cultura tradicional de nuestro pueblo: **porcatera**, **porquera**, **corraleta**, **corte**. Los dos primeros

668. El *ALEANR* (mapa 825: *Chimenea*) da *chiminera* en Olba (Te 601) y *chuminera* en Bejís (Cs 302). Nebot (1985a, 402, 416) registra *chiminera* en el castellano-aragonés del interior valenciano; Llatas (2014 [1959]), en el Villar del Arzobispo; Gargallo (2004a, 119), en el Rincón de Ademuz.

669. También consignado por el *ALEANR* (mapa 819: *Rescoldo*) en Olba (Te 601), Arañuel (Cs 300) y Bejís (Cs 302). Asimismo en Sarrión, por López (1992, 7).

670. La variante *espurna* es recogida por Monte y Gil (2000, 126) en la Puebla, por Moliner y Vázquez (2012, 138) en Fuente la Reina, y por López (1992, 38) en Sarrión.

671. El *ALEANR* (mapa 817: *Chispa*) registra *purna* en Olba, Arañuel y (junto a *chispa*) en Bejís. Moliner (2015, 137), en Fuente la Reina; Nebot (1985a, 443), en las comarcas valencianas de habla castellano-aragonesa; López (1992, 71), en Sarrión; Julián (1998, 36), en La Iglesuela del Cid.

672. Otras localizaciones para *bolisa*: Arañuel (*ALEANR*, mapa 818: *Pavesa*), Sarrión (López 1992, 41) y La Iglesuela del Cid (Julián 1998, 41).

673. Recoge asimismo *bufador* el *ALEANR* (mapa 816: *Procedimientos para atizar la lumbre*) en la vecina Olba (Te 601) y en los tres puntos de la provincia de Castellón (Arañuel, Segorbe y Bejís).

derivan del tipo léxico PŏRCU (*porcatera* lo he oído, también, con el sentido de 'lugar muy sucio'); la tercera es derivada de *corral* con el sufijo *-eta*, peculiar de muchas otras voces (cf. 3.2.1); en cuanto a *corte*, desciende del latín COHORS, COHORTIS, con una deriva semántica como la que sugiere el diccionario académico (*DLE*, s. v. *corte²*) en sus acepciones 4.ª «Corral o establo donde se recoge de noche el ganado» y 5.ª «Aprisco donde se encierran las ovejas». Además, es significativa la afinidad con la voz homóloga del catalán *cort*, que cuenta entre sus significados con los de 'establo' y 'pocilga' (*DCVB*).[674]

La *gamella* (cf. 2.2.1.6), así es como se llama el recipiente, normalmente un tronco vaciado, en que se pone de comer a los cerdos. Con *safa* o *palancana* se nombra la jofaina; la primera forma se toma del arabismo catalán *safa*, muy vivo en el ámbito lingüístico valenciano, desde el que se extiende hacia el interior.[675] En cuanto a *palancana*, es variante de *palangana* muy difundida por la península (*DCECH*, s. v. *palangana*); el *DLE* remite dicha variante a *jofaina*.[676] Se prefiere *pozal* a su sinónimo *cubo*; *pozal* que deriva de *pozo*, y es homólogo del valenciano *poal*.[677] Se utiliza *tovalla*, que el *DLE* registra como voz desusada y con remisión a *toalla*.[678] Se llama *cocio* a un cuenco que sirve para colar la ropa, tarea en que se utiliza un saco de ceniza; es variante de *cocio* emparentada con el catalán *cossi* (*DCVB*); el *DCECH* (s. v. *cuezo*) lo da como propio del bajoaragonés y del murciano. El *ALEANR* (mapa 820: *Depósito para guardar la ceniza*) lo registra por buena parte de la provincia de Teruel, y más concretamente en

---

674. Atestigua *porcatera* y *corraleta* en la Puebla Salvador (2001: 133, 137, 133, 211). En Fuente la Reina, Moliner y Vázquez (2012, 133). El *ALEANR* (mapa 779: *Pocilga*), *porcatera* en Arañuel (Cs 300), Segorbe (Cs 301) y Bejís (Cs 302); *corraleta*, en Olba (Te 601). Por su parte, López (1992, 26) registra en Sarrión la forma «académica» *corte*. Véase además el *ALEANR* (mapa 799: *Pocilga*), que consigna *porcatera* en las tres localidades castellonenses (Arañuel, Segorbe y Bejís), y *corraleta* en la vecina Olba (Te 601).

675. El *ALEANR* (mapa 788: *Palangana*) la recoge en Olba (Te 601). Julián (1998, 36), en La Iglesuela del Cid.

676. Y la registran asimismo otras obras de nuestro entorno: el *ALEANR* (*ibidem*), en la vecina Olba (Te 601) y en los tres puntos castellonenses del atlas: Arañuel, Segorbe y Bejís. Nebot (1982, 87), en el Alto Mijares y el Alto Palancia; Alba (1986, 42, 142), en Ludiente.

677. El blog de Aurora Monte sobre la Puebla recoge también *pozal*. Asimismo en Fuente la Reina, Moliner (2015, 147) y Moliner y Vázquez (2012, 137). Y otro tanto Alba (1986, 147), en Ludiente; y López (1992, 70), en Sarrión. Asimismo, el *ALEANR* (mapa 902: *Cubo para fregar el suelo*) anota *pozal* por todo el ámbito altoaragonés y el castellano-aragonés.

678. También *tovalla* en Ludiente (Alba 1986, 155); con la variante gráfica *toballa*, en Nebot (1985a, 402, 409), para el castellano-aragonés de tierras valencianas; Ríos (1989, 175), en Sot de Ferrer; y López (1992, 85), en Sarrión. Cf. además el mapa 1451 (*Toalla*) del *ALEANR*.

nuestra vecina Olba (Te 601);[679] y la misma obra (mapa 895: *Cocio o recipiente para colar*) lo documenta, además de en Olba, en Arañuel (Cs 300).[680] La *pica* o pila, por lo general la que hay en las cocinas para fregar la vajilla, lavar la ropa y otros usos, es afín a la *pica* del catalán (*DCVB*), y se utiliza asimismo en otras hablas castellano-aragonesas de nuestro entorno.[681] El *reposte* es donde se guardan los comestibles, la despensa; voz de Aragón, según la Academia;[682] afín al catalán *rebost*, que también conoce la variante *repost* (*DCVB*). El *perol* es una vasija de metal, semiesférica; voz que participa de la expresión *estar mal del perol* ('estar mal de la cabeza'), con la habitual metáfora que en su siglo facilitó la transición de la idea de 'tiesto' a la de 'cabeza' en la TESTA del latín vulgar, origen de la *testa* italiana y de la *tête* del francés. La *alacena* (también llamada *lacena*, con aféresis) es un armario empotrado en la pared, con puertas y estantes. El *DLE* recoge ambas variantes, con prioridad para la primera; y también registra la variante aferética *lacena* Nebot (1985a, 443) en el castellano-aragonés de tierras valencianas; pero solo mi memoria retiene la imagen de la *lacena* de casa de la abuela Presentación. Como la de su *recocina*: «Cuarto que se situaba contiguo a la cocina, para desahogo de ella», según el diccionario académico. Es voz paralela con respecto al catalán *recuina*, cuya re- es contracción de *rere-cuina* ('detrás de la cocina', 'cocina de detrás'), como en castellano *trascocina* (*DLE*) o en italiano *dietrocucina* (*DECat*, s. v. *cuina*). El *aparador* corresponde al *vasar* castellano.[683] Por otra parte, *emblanquinar* es blanquear, enjalbegar las paredes.[684] Con *ciscla* se designa el «salvamanteles, hecho generalmente con boga [enea], trenzado, para darle una forma artística», según definición del blog de Aurora Monte sobre la Puebla; esta forma es recogida asimismo en el libro de Monte y Gil (2000, 125) y en el de Salvador (2001, 207), así como

---

679. También lo recogen: Moliner y Vázquez (2012, 143) en Fuente la Reina; López (1992, 25), en Sarrión; y Julián (1998, 43), en La Iglesuela del Cid.

680. Cf. además el mapa 1412 (*Cuenco*) de esta misma obra.

681. En Sarrión (López 1992, 69), Ludiente (Alba 1986, 145), Sot de Ferrer (Ríos 1989, 160), el Rincón de Ademuz (Gargallo 2004a, 238) y el Villar del Arzobispo (Llatas 2014 [1959]).

682. Anotada en Sarrión por López (1992, 76). El ALEANR (mapa 887: *Despensa (o sustitutos)*) recoge *reposte* en Segorbe (Cs 301) y Puertomingalvo (Te 600); *reboste*, en Bejís (Cs 302) y Titaguas (V 101).

683. El *DLE* remite la sexta acepción de *aparador*, como de Aragón, a *vasar*, que define así: «Estante de fábrica u otra materia que, especialmente en las cocinas y despensas, sirve para poner la vajilla». Registra asimismo *aparador* en Sarrión López (1992, 14); y el ALEANR (mapa 837: *Aparador*), en puntos diversos del ámbito castellano-aragonés.

684. Forma identificable con el homólogo *emblanquinar* del catalán; la atestiguan en la Puebla Monte y Gil (2000, 126), así como varias obras en lugares próximos al nuestro: Fuente la Reina (Moliner 2015, 134), Sot de Ferrer (Ríos 1989, 138), el Rincón de Ademuz (Gargallo 2004a, 235).

en diversas obras sobre hablas próximas.[685] En cuanto a *enruna* 'escombros, cascotes', asociada al verbo *enrunar* 'derrocar, arruinar', 'tapar con tierra', y a su antónimo *desenrunar*, responden a una familia léxica del oriente peninsular, del ámbito aragonés, albaceteño y murciano (según Joan Coromines: DCECH, DECat),[686] en continuidad con el catalán. Por cierto, entristece ver (diría que hasta adivinar) hoy tantas masías con sus casas enrunadas (y entristece casi tanto como las que desaparecieron bajo el pantano).

4.10. EL TIEMPO METEOROLÓGICO

4.10.1. Cuestiones generales

La voz *oraje*, con el valor de 'tiempo atmosférico', solía usarse en el contexto de *hacer buen* o *mal oraje*. Ya en el tiempo de mi investigación, los encuestados decían haberla oído, pero ni siquiera entonces era usual (no digamos ahora). La preferencia por un uso relativo al *mal oraje* se manifiesta en formulaciones como *¡qué oraje!*, en que se sobrentiende que es malo. Justo al revés que en el castellano común *¡qué suerte!*, se supone que buena. Dicha voz, como todas las que presentan el sufijo *-aje*, no es de origen castellano. En este caso, *oraje*, que el diccionario académico define con las acepciones 'estado del tiempo, temperatura, etc.' y (como *desusada*) «borrasca (‖ temporal en tierra)», proviene según el DCECH del catalán *oratge*, que presenta, entre otros, el sentido genérico de 'tiempo atmosférico', de gran vitalidad en tierras valencianas.[687] Con la forma *oraje*, y a veces con la grafía de *orage*, se registra en hablas próximas a la nuestra.[688] Joseph Gulsoy, incansable colaborador de Joan Coromines en el

---

685. Moliner y Vázquez (2012, 154) y Moliner (2015, 134), en Fuente la Reina; Alba (1986, 118), en Ludiente.

686. Además del testimonio de *enrunar* ('tapar con tierra') en la Puebla, de Monte y Gil (2000, 126), remito a los de Moliner (2015, 134: *enruna*), Nebot (1986, 154, 155) [*enruna, enrunar, desenrunar*] en el Alto Mijares y el Alto Palancia, Alba (1986, 126) [*enruna, enrunar*] en Ludiente, Ríos (1989, 139, 140) en Sot de Ferrer [*enruna, enrunar*] y López (1992, 31, 35) [*enruna, enrunar, desenrunar*] en Sarrión.

687. Seguramente por ello la televisión autonómica valenciana ha preferido *oratge*, como voz distintiva con respecto a *temps*, para designar los espacios sobre información meteorológica: *L'Oratge*.

688. Boronat (p. 5) anota *orage* como 'tiempo atmosférico' en Los Calpes; Nebot (1986, 128), en el Alto Mijares y el Alto Palancia. Ríos (1989, 157), *oraje* 'mal tiempo' en Sot de Ferrer; López (1992, 65), *oraje* 'tiempo atmosférico' en Sarrión.

DECat, señala bajo la entrada *orat*, como redactor, haber oído *oraje* el 1965 en toda la zona de Énguera y la Canal de Navarrés (área lingüísticamente rayana, de notable hibridismo, de la provincia de Valencia). Además, el gran estudioso canadiense de origen armenio exhibe su conocimiento de las hablas churras con la mención del *orage* de Llatas (2014 [1959]) para el Villar del Arzobispo. Por su parte, Gargallo (2004a, 250) escribe sobre el Rincón de Ademuz: «*oraje* me consta con el valor de 'aire frío', así como con el de 'estado del tiempo' en el contexto **hacer buen o mal oraje**».

La Puebla no es lugar particularmente ventoso, pero sí que hace **aire**, cuando hace; y esta es voz genérica preferida a *viento*, tal como observa Nebot (1986, 129) en las comarcas del Alto Mijares y el Alto Palancia.[689] También se utiliza *¡aire!* (*vid.* 3.6.1) para incitar a alguien a mayor actividad o energía (asimismo en Sarrión, según López 1992, 12). La rosa de los vientos ofrece designaciones más específicas relacionadas con la procedencia de cada uno. Se conocen los opuestos de **aire d'arriba** y **aire d'abajo** (del norte y del sur, respectivamente).[690] Del norte también sopla el **batecasas** o **tortosano**;[691] virulento, puede causar destrozos (abate casas) y sugiere en la segunda forma procedencia de Tortosa, con un sufijo *-ano* distinto del *tortosino* recogido por el diccionario académico.[692] Por cierto, llama la atención la referencia a una ciudad tan distante como es Tortosa, de la que aún queda más lejos el *tortosà* de Olocau de Carraixet (véase la nota previa). Del este, del mar, sopla la **mareta** o **marina** (denominación esta, menos frecuente), viento fresco y húmedo que llega a la Puebla a partir del mediodía.[693] Del sur, el **morisco**, que respira el poso acumulado por la historia peninsular.[694] El **poniente** ('viento del oeste', según la tercera acepción del *DLE*) viene de donde se pone el sol, es cálido y en verano

---

689. Y asimismo *aire* se prefiere a *vent* en buena parte del valenciano, así como en el Aragón de lengua catalana (la Franja), según los datos del *PALDC* (mapa 416: *El vent*).

690. También registrados por Nebot (1986, 129-130) en las dos comarcas castellanohablantes de la provincia, el Alto Mijares y el Alto Palancia.

691. Llatas (2014 [1959]) anota en el Villar del Arzobispo *baticasas* («Viento nornoreste») y *tortosano*. Gargallo (2004a, 251), *tortosano*, en el Rincón de Ademuz. El *ALEANR* (mapas 1301: *Viento del sur*; y 1308: *Viento fresco*), en Arañuel (Cs 300).

692. Cf. con el *tortosà* «Vent que ve de la banda de Tortosa» que el *DCVB* asigna a Olocau [de Carraixet], localidad valenciana.

693. También llega *mareta* a Fuente la Reina (Moliner 2015, 137). Y Nebot (1986, 30) registra *mareta* en Torralba, Alcudia, Ayódar y Almedíjar, en tanto que el masculino *mareto* en Ayódar.

694. Registrado asimismo por López (1992, 58) en Sarrión, como 'viento del sur'. Como 'viento del sudeste', por Llatas (2014 [1959]) en el Villar del Arzobispo. Como 'viento del sur' en el Rincón de Ademuz (Gargallo 2004a, 251). El *ALEANR* (mapa 1301: *Viento del sur*) registra *morisco* en Segorbe (Cs 301), Puertomingalvo (Te 600) y La Iglesuela del Cid (Te 405). En el área lingüísti-

suele traer bochorno. Por fin, se llama *brisaña* a un fresco helado (asimismo, en Ludiente: Alba 1986, 62, 113), que parece adaptación de la *brisaina* que el DCVB registra como «ventet molt fred que bufa en les matinades d'hivern» en el Maestrazgo.

4.10.2. Nubes y precipitaciones. El cielo

Con *boira*, forma a la que me he referido tangencialmente a propósito del topónimo de *La Huerta Guaira* (2.1.1.2), se nombra la 'niebla'. Según el DCECH, es palabra aragonesa tomada del catalán *boira* ('íd.'), que a su vez proviene del latín BOREAS 'viento norte'.[695] De la muy próxima a la tierra se dice *boira terrera*; y de ella se hace eco en nuestra Puebla tanto el blog de Aurora Monte como el libro de Monte y Gil (2000, 125); este, junto al genérico *boira*. Y *boira* también, junto a *boiraterrera* [sic], son testimoniadas en el Alto Mijares y el Alto Palancia por Nebot (1986, 134).[696]

Otros tipos de nubosidad: *barda* es el «nubarrón oscuro y alargado que sobresale pegado al horizonte» (Monte y Gil 2000, 125); su derivado *bardal* es el conjunto de nubes negras, sueltas, acompañadas de mucho aire, que suelen preceder a una tormenta;[697] se dice *abrir ventana* cuando se abre un claro entre nubes.[698] Muy actual aún es el *nublo* (por *nublado*: vid. 3.5.3) de quien mira al cielo. Un *batojón* o *batajón* (forma, esta última, explicable por disimilación con respecto a la *ó* tónica, a la vez que asimilación con la *a* precedente) es un aguacero, lluvia repentina, fuerte y de poca duración. Pertenece a la familia de *batoja* ('vara') y *batojar/abatojar* ('varear'), de la que he tratado en el punto 2.2.5.2.2. Se llama *cejo* la cortina de agua que a lo lejos se divisa bajo una tormenta. Tal como la primera acepción del DLE para su *cejo* («Niebla que

---

ca valenciana, el DCVB registra *morisc*, ya con el valor de 'viento del sudoeste', ya con el de 'viento del sudeste'.

695. El DLE remite de *boira* a *niebla* sin indicación local.

696. Otros registros de *boira*: Alba (1986, 112) en Ludiente; Ríos (1989, 128) en Sot de Ferrer; López (1992, 19) en Sarrión. Remito además al mapa 1337 (*Niebla*) del ALEANR, así como al más específico de *(Niebla) baja* (mapa 1338), que transcribe *terrera* en Olba (Te 601) y Arañuel (Cs 300).

697. Cf. con el *bardal* del Villar del Arzobispo, que Llatas (2014 [1959]) define así: «Barda, nubarrón oscuro, alargado y de mal aspecto».

698. Como en el testimonio de Nebot (1986, 134) de *aubrir ventana* en el Alto Mijares y el Alto Palancia. En Llatas (2014 [1959]), *ventana* 'pequeño espacio sin nubes', del Villar del Arzobispo. Y también del Rincón de Ademuz, según Gargallo (2004a, 255).

suele levantarse sobre los ríos y arroyos después de salir el sol»), resulta de una humanización del entorno semejante a la del catalán *cell* ('nube alargada que se ve en el horizonte': DCVB). Se dice **matacabra** (o **matacabras**) del granizo menudo que cae cuando truena o llueve; según los pastores, porque espanta a las cabras. No concuerda en el sentido con el *matacabras* del DLE («Viento norte fuerte»), sino con el catalán *matacabra* ('granizo pequeño': DCVB), así como con otros testimonios de nuestra zona.[699] Una **rujiada** se llama al golpe de lluvia fina, ligera borrasca, y vale también como 'acción de regar, rociar': responde a un tratamiento fonético propio del oriente peninsular (*vid.* 2.2.5.2.5). Por otra parte, *llover* **amorosico** 'suavemente', con este derivado en -*ico* de *amoroso* con valor adverbial, es un uso registrado por Aurora Monte en su blog sobre la Puebla. En cuanto a **espurnear** (**espurniar**) 'lloviznar',[700] es derivado de **purna** 'chispa'; y presenta una formación derivativa semejante a la del catalán *espurnejar*, registrado en Tortosa con este sentido por el DCVB. Son variantes del común *lloviznar* nuestros **llovisnear** y **llovisnar** (como los registra Aurora Monte en su blog sobre la Puebla), que también se pronuncian como **llovisniar**, **llovirniar** y **llovirnar** (por el cambio de -*s*- > -*r*- ante consonante sonora señalado en 2.3.3). También le oí en alguna ocasión a mi abuela un sinónimo **espijorrear** (**espijorriar**), derivado de la base *pij*- referida al 'mear', como en **El Pijer** (masía de la Puebla).[701] Las **arabogas** son, según Monte y Gil (2000, 125), «copos de nieve que trae el aire»; sin duda presentan identidad con *arabogues* (plural de *araboga*), forma característica del Maestrazgo y Morella (según el DECat, s. v. *aire*).[702] Por otra parte, se dice **ir de blandura**,

---

699. Empecemos por la Puebla, con los del blog de Aurora Monte (*matacabra*, «granizo no muy grande») y de esta misma autora en colaboración con Ana Gil (Monte y Gil 2000, 126): *matacabra*, «granizo pequeño». Sigamos con la vecina Fuente la Reina: *matacabra*, «granizo muy fino o mezclado con agua, aguanieve» (Moliner y Vázquez 2012, 140) y *matacabras*, «nieve en copos pequeños» (Moliner 2015, 137). Significados próximos se atestiguan para *matacabra* en el Alto Mijares y el Alto Palancia (Nebot 1986, 137), *matacabras* en Ludiente (Alba 1986, 138) y *matacabra* en Sarrión (López 1992, 57). En la provincia de Valencia: *matacabras* en el Villar del Arzobispo y la Serranía (Llatas 2014 [1959]); *matacabra(s)* y *matacabrada*, en el Rincón de Ademuz (Gargallo 2004a, 254).

700. Registrado con esta forma o con la de *espurniar* por Aurora Monte en su blog sobre la Puebla; por Alba (1986, 149) en Ludiente y por López (1992, 76) en Sarrión.

701. Sobre **El Pijer**, véanse las referencias de Nebot (1991, 421) y Gargallo (2017, 437, nota 35).

702. El ALEANR (mapa 1324: *Lluvia de corta duración*) ofrece testimonios de *araboga*, significativamente contiguos al valenciano, en Puertomingalvo (Te 600) y La Iglesuela del Cid (Te 405). Cf. además el registro del DCVB (s. v. *araboga*): «1. Pluja fina d'aigua mesclada amb neu (Morella, Benassal, Alcalà de X[ivert]) [...]. 2. pl. Intermitències de pluja menuda i breu (Benassal)».

locución a la que Aurora Monte asigna en su blog esta definición: «subir la temperatura de modo que el hielo se regala ('derrite')»; con un derivado de *blando* semánticamente afín al registro del DLE para *blandura*: 'relente, rocío', acepción que esta obra localiza en Andalucía. Y *regalar*, como se ve en el pasaje recién citado, significa 'derretir'.[703] Se dice **mojadina** de la mojadura; como testimonia también el ALEANR (mapa 1328: *Mojadura*) en otras localidades de habla castellano-aragonesa.

4.10.3. Otros aspectos

Como el uso de **estar abrigo**, con este valor participial de **abrigo** ('abrigado') a que me he referido más arriba (3.5.3); significa 'estar en un sitio abrigado, resguardado del frío o de la intemperie'; **rosada** es el rocío de la noche congelado, la escarcha. Aurora Monte y Ana Gil (2000, 19) transcriben una delicada estrofa del canto de la Aurora por Pascua en la Puebla: «El rosario de la madrugada / Es para los pobres / que no tienen pan / Que los ricos están en la cama / Para que la rosada / No les haga mal». Por más que el diccionario académico registra *rosada* como «rociada, escarcha» y sin localización, ha de tratarse de una forma del oriente peninsular, que continúa el catalán *rosada* (DCVB).[704] Derivado de **rujiar** 'rociar' (4.10.2) es **rujío**, del que me he ocupado antes (2.2.5.2.5). La **calorina** del DLE («calor fuerte y sofocante») es también propia de la Puebla. López (1992, 22) la consigna también para Sarrión. El **girar** de la luna se expresa con este verbo; como en catalán *girar la lluna* (DCVB), 'cambiar de fase lunar'.

---

703. Según el DCECH (s. v. *regalar II*), «palabra hoy sólo catalana, y dialectal en castellano, pero antigua en ambos idiomas». Registrada por el DLE, que remite a *derretir*. La registran además: Aurora Monte en su blog sobre la Puebla, Alba (1986, 149) en Ludiente y López (1992, 76) en Sarrión. El ALEANR (mapa 1692: *(La nieve ya se ha) derritido*) la consigna al sur del ámbito castellano-aragonés.

704. El EBA testimonia *rosada* en variedades de aragonés y altoaragonés. Alba (1986, 151), en Ludiente; López (1992, 77), en Sarrión; Julián (1998, 37), en La Iglesuela del Cid. Más al sur, cabe mencionar la *rosá* del Villar del Arzobispo (Llatas 2014 [1959]) y la *rosada* del Rincón de Ademuz (Gargallo 2004a, 254). El ALEANR (mapa 1341: *Escarcha*) muestra la extensión de *rosada* desde el Pirineo hasta el confín meridional del atlas.

4.11. LAS FIESTAS, LOS JUEGOS

4.11.1. La preparación de las fiestas

Con *cabecero*, en su origen voz referida al jefe de cuadrilla en la siega, se designa modernamente a los encargados de organizar de año en año las fiestas patronales, por San Mateo (21 de septiembre), y las de agosto en la primera semana de mes.[705] La *caridad* (*caridá*; para la pérdida de la -*d*, cf. 2.2.3) es el rollo bendecido que se reparte en fiestas señaladas como la Virgen de los Ángeles, el día 2 de agosto, que es la de la romería a la ermita situada en el castillo de la Viñaza; o en la *Pascua (de)l Rollo*, segunda Pascua o Pascua de Pentecostés (véanse otros detalles en 4.2.4). Los encargados de preparar el *rollo de la caridad* bendecido se llaman *caridadores*.[706]

4.11.2. Los toros y las vaquillas

Han sido un elemento caracterizador de la fiesta en este y otros pueblos del Alto Mijares y el Alto Palancia, algo que trasciende a las localidades vecinas de la provincia de Teruel, como Olba o Rubielos. De los pormenores del «toro de fuego», el *toro embolao*, se ocupó Natividad Nebot Calpe (1985b), a cuyo estudio remito.[707] De la Puebla cabe decir que persisten los días de vaquillas, con prueba a mediodía, tarde entre las seis y las nueve, y uno o dos toros embolados en torno a la medianoche. En la actualidad dicha tradición se integra

---

705. Recoge el primer sentido Salvador (2001, 187); y el segundo, el libro de Monte y Gil (2000, *passim*). En Sarrión, *cabecero* 'inquilino principal de una casa', 'ganadero principal de un rebaño' (López 1992, 21). El DCVB registra valores semejantes en el catalán *cabecer*.

706. Asimismo *caridad* y *caridador*, en el libro de Monte y Gil (2000, 21) sobre la Puebla; y en el de Salvador (2000, 206). Pérez (2000, 137) recoge *rollicos de caridad* en el recuerdo del desaparecido Campos de Arenoso. Y el diccionario académico (DLE) asigna a *caridad* esta tercera acepción: «Refresco de vino, pan y queso u otro refrigerio, que en algunos lugares dan las cofradías a quienes asisten a la fiesta del santo que se celebra».

707. Nuestro *embolado* de tierras castellanohablantes concuerda con el *embolat* de las de habla valenciana: cf. el DCVB (s. v. *embolar*): *Bou embolat*: «espectacle festós consistent en fer córrer per la vila un brau amb dues boles de pega enceses a les puntes de les banyes, lligat a una corda molt llarga, i els fadrins el punxen amb bastons des de darrera els reixes (Plana de Castelló)». En cualquier caso, se trata de un sentido distinto del que consigna el DLE para su *embolar* (1.ª ac.): «Poner bolas de madera en las puntas de los cuernos del toro para que no pueda herir con ellos». Véase, además, para la Puebla, Monte y Gil (2000, 27) y Salvador (2001, 162, 213).

en las fiestas de agosto, las de los «veraneantes», con motivo de la celebración de Nuestra Señora de los Ángeles (2 de agosto), así como en las fiestas patronales, «las de setiembre», cuya leve movilidad oscila entre San Mateo (21 de septiembre), patrón del pueblo (junto a la Virgen de Loreto, celebrada el 10 de diciembre), y la Virgen de de la Merced (24 de septiembre). Y es que esta otra fecha, festiva en Barcelona, facilita que acudan numerosos residentes en esta ciudad vinculados a la Puebla.

Las *barreras* o *barrenas*,[708] de madera, requerían de una trabajosa elaboración (hoy son metálicas, y más seguras). El *embolador* tiene por oficio *embolar* al «toro de fuego», el *toro embolao*, para lo que debe preparar unas bolas específicas que se le colocan al toro una vez arrimado al *pilón*. Dicho pilón se coloca, de manera estratégica, en el centro de la plaza. Una vez encendidas las bolas, estas lo acompañan al animal por las calles, y sin duda lo mortifican. En algunos pueblos había un *entablao* para que la gente toreara subida a él, pero el hecho de que la plaza de nuestro pueblo sea triangular, y las calles estrechas, no facilita que haya tal suelo elevado y formado de tablas.[709] Sí había, en cambio, unos *burladeros* junto a la pared de la iglesia. El *punchón* (cf. 2.2.5.2.9) de que trata Nebot (1985b, 117), con el que se aguijoneaba al animal, ha pasado (afortunadamente) a la historia. Entre vaca y vaca, o en otras celebraciones festivas, eran frecuentes las *barrideras* o 'cohetes borrachos' (ahora queda el recuerdo de su errático «barrer»).[710]

4.11.3. Las *albadas*

Se llama *albada* a cierto tipo de canción que se canta por la noche y al aire libre a la puerta de la casa de alguien. Solía hacerse para festejar o ridiculizar a determinadas personas o para conmemorar algún acontecimiento, como, por ejemplo, las vísperas de una boda en la casa de ambos novios. Según Aurora Monte y Ana Gil (2000, 30):

---

708. Véase Nebot (1985b, 116) para esta segunda forma, *barrenas*, más popular.

709. Modernamente se monta un entablado para las orquestas o discomóviles en la *Era (de) la Villa*, lugar mucho más espacioso.

710. Monte y Gil (2000, 25) registran *barridera*; y también Nebot (1985b, 117). Alba (1986, 111), en Ludiente, *cuetes de barridera*.

Desde Santa Catalina (25 de noviembre) hasta Navidad, los jóvenes y no tan jóvenes salían en cuadrillas los fines de semana a cantar albadas.[711] Las albadas eran canciones para conquistar a las mozas o para contar algo que le había pasado a algún vecino.

Otro testimonio de la albada en la Puebla y sus aldeas es el de Salvador (2001, 170): «la víspera de los Santos Inocentes era costumbre salir a cantar *albadas* los hombres casados o mayores». Con el de Sarrión para sus albadas (de López 1992, 12), tenemos diversos testimonios de una voz que deriva de *alba*, por el anticipo nocturno del albor del día, como sugiere la *albada* que el DLE localiza en Huesca: «alborada (‖ música al amanecer y al aire libre)». En cualquier caso, la nuestra se halla más próxima, en el sentido, a la *albada* del valenciano: «Música o cançó que fan a la porta d'una casa, a punta d'alba o en la nit, per obsequiar qualcú» (DCVB).

4.11.4. Los juegos y el jugar

Se usa el participio **enjugazado, -a**, para aludir al «estado en que está un niño que se pasa el día jugando o pensando en el juego y que no estudia» (definición que tomo de Monte y Gil 2000, 126); esta palabra proyecta la mirada de los mayores sobre el niño, y sintoniza con el tipo léxico del catalán *enjogassar* (DCVB, DIEC).[712] El derivado **bordear** (**bordiar**), de *borde*, se refiere al jugar, particularmente de los niños (así lo recogen Monte y Gil 2000, 125 en su libro sobre la Puebla, y Aurora Monte en su blog). En la plaza los críos solían **jugar al rolde** (Monte y Gil 2000, 20; Salvador 2001, 94) [para *rolde* 'corro', véase 2.2.5.2.2]. El juego de las **birlas** (los bolos) era común en otro tiempo.[713] Se llama **rebaileta** a la peonza o trompo; con este derivado de *bailar* transparente en su estructura y en su motivación.[714] Se designaba **relincha** el juego del aro, según información

---

711. En el Rincón de Ademuz las albadas se cantan por Nochebuena (Gargallo 2004a, 275).

712. Recoge *enjugazado*, en Fuente la Reina, Moliner (2015, 138); y en Ludiente, *enjugazao*, Alba (1986, 134).

713. Consigna el nombre Aurora Monte en su blog sobre la Puebla. El diccionario académico localiza *birla* en Aragón y remite a *bolo*. Moliner (2015, 130) registra *birlo* y *birla* en Fuente la Reina; y en Olba (Te 601), el mapa 1175 (*Bolos*) del ALEANR. Con semejante pronunciación se da *birla* en el catalán de Tortosa y en valenciano (DCVB, s. v. *bitlla*).

714. Atestiguan asimismo *rebaileta*: el blog de Aurora Monte en la Puebla, Moliner (2015, 138) en Fuente la Reina, Nebot (1980, 220) en el Alto Mijares y el Alto Palancia; y Alba (1986, 149) en Ludiente. El ALEANR (mapa 1165: *Perinola*) registra dicha forma en el entorno de la Puebla.

de Aurora Monte en su blog. Se dice *garabito* del niño que no para de ir de un sitio a otro (como en el testimonio de Moliner 2015, 137 para Fuente la Reina); y también *garabitero*. Para Carnaval, los chicos mojaban a las chicas con *estufaderas* (*estufadera*, «especie de jeringuilla hecha con caña», según Monte y Gil 2000, 17),[715] las *harinaban* y las *mascaraban* (*ibidem*); *harinar* es un derivado de *harina* que no figura en el DLE (sí, *enharinar*); *mascarar* «manchar la cara, con hollín o carbón especialmente, tiznar» (según la definición del DLE, que localiza dicha forma en Aragón), comparte tipo léxico con el catalán *mascarar* (DCVB).[716] Se llama *trapilijuego* al tropel o algarabía; forma seguramente compuesta de *tropel* y *juego*, como aventuré para el *trapilijuego* (y su variante *trapilifuego*) del Rincón de Ademuz (Gargallo 2004a, 276).[717] Se dice *valsear* (*valsiar*) del bailar agarrados, con lo que parece un derivado de *vals*.[718]

4.12. LA FAMILIA

Se dice *festear* del trato propio del noviazgo tradicional.[719] La forma *novensano, -a* 'recién casado/a', que atestiguan Monte y Gil (2000, 126) en la Puebla, así como Pérez (2000, 157) [*novensanos*, «recién casados»] en el desaparecido Campos de Arenoso, adapta más acá de la frontera lingüística el valenciano *novençà, -ana* (DECat, s. v. *nuvi*). Según el autor de esta obra (Joan Coromines), Vicente Llatas lo registra en el Villar del Arzobispo,[720] y el mismo Coromines dice haber oído *novensano* (y *novenzano*, con -ө-) en Énguera y la Canal de

---

715. Cf. con el *estufador* («Émbolo de caña con el que se mojaba a la gente») de Fuente la Reina (Moliner 2015, 136).

716. Registran *mascarar* en la Puebla Monte y Gil (2000, 15, 17) y Salvador (2001, 148, 210). En Fuente la Reina, Moliner (2015, 152). Nebot (1981, 91), *mascara* 'tizne' y *mascarar*, en el Alto Mijares y el Alto Palancia. Y esas dos mismas formas, en Ludiente, Alba (1986, 138).

717. Compárense con el *trapelijuebo* de Llatas (2014 [1959]) en el Villar del Arzobispo y el *triplijuego* de Alba (1986, 156) en Ludiente.

718. El ALEANR (mapa 1200: *(Bailar) agarrados*) lo testimonia en puntos próximos de la provincia de Teruel, así como en Arañuel (Cs 300) y Segorbe (Cs 301).

719. Voz que el DLE remite a *festejar*, y localiza en Murcia y Valencia. Según el DCECH (s. v. *fiesta*), la variante *festear*, empleada hoy en Aragón, Murcia y Valencia, es adaptación del catalán *festejar*. Registran en la Puebla *festear* ('tener novio/a') Monte y Gil (2000, 126); y en Los Calpes, Boronat (p. 5): «*festear con* = salir con, ser novio/a de». Nebot (1985a, 413), en el castellano-aragonés de tierras valencianas. En Ludiente, Alba (1986, 130); y en el turolense Sarrión, López (1992, 39).

720. En efecto, Llatas (2014 [1959]) localiza esta forma no solo en el Villar, sino en diversas localidades de la Serranía.

Navarrés. Por otra parte, era bastante común que la esposa dijera *hombre* (*mi hombre*) en lugar de *(mi) marido*.[721] Se llamaba *mozo* y *moza* al soltero y la soltera, o al solterón y la solterona. También existen las formas compuestas *mozoviejo* y *mozovieja*.[722] El *DLE* refrenda la acepción (2.ª) «soltero, célibe» para *mozo*,² *za*; pero no registra *mozoviejo, -a*. Sí lo recoge Alba (1986, 186) en Ludiente. Y López (1992, 59), en Sarrión: *mozo* 'joven', 'soltero'.

Es eufemismo por 'dar a luz' *desacupar*; una de aquellas voces ya desusadas que muchos informantes atribuían a gente de las masías, de otro tiempo. Es variante de *desocupar*, que el *DCECH* (s. v. *caber*) asigna al aragonés, y que es también propia del catalán (*DCVB*). El *caganidos*: así se llama al pájaro más pequeño de una nidada (4.4.3) y al hermano más pequeño, especialmente en caso de familias numerosas.[723] También ofrece diversas acepciones *borde*: dicho de una planta, por ejemplo (4.3.1), o de un hijo bastardo, nacido fuera del matrimonio (ac. 2.ª del *DLE*, s. v. *borde²*). Un *bezón* es un gemelo o mellizo; y aún hay quien dice de los hermanos *Rabaleros*, Enrique y Miguel Collado, que son *bezones*; de hecho, *los bezones* (no hay otros). Se trata de una prolongación hacia el interior del tipo léxico catalán *bessó*, *bessons*; un tipo que, según el *DECat* de Joan Coromines (s. v. *bessons*), no se puede decir que sea propiamente aragonés. Además del testimonio de la Puebla (también el de Monte y Gil 2000, 125), podemos aducir otros en los linderos de la frontera lingüística con el valenciano.[724] Por otra parte, entre los hablantes más genuinos se usa llamar *zagal, -a*, al niño o la niña.[725] La voz *maño* 'hermano', y particularmente en el contexto de *mi maño*, la usaba mi abuela Presentación para nombrar a su

721. El tratamiento lexicográfico del diccionario académico para la ac. 5.ª de *hombre* ha variado entre la edición consultada en mi trabajo original (la de 1970, la 19.ª) y la actual: lo que era «entre el vulgo: *marido*» ha pasado a ser «coloq. Marido o pareja masculina habitual, con relación al otro miembro de la pareja». Cambian los tiempos, y los diccionarios.

722. Dichas formas compuestas se hallan ampliamente atestiguadas por el *ALEANR* (mapa 1102: *Solterón*) en todo el ámbito castellanohablante del atlas. La femenina muestra el grado de cohesión del compuesto: *mozovieja*, no *moza vieja*.

723. Cf. el *caganido* del *ALEANR* (mapa 1101: *Hijo nacido tardíamente*) en Arañuel (Cs 300).

724. Nebot (1982, 97) registra *bezón* (en Ayódar, Torralba, Villamalur) y la variante con seseo *besón* (en Alcudia, Almedíjar). Alba (1986, 66, 112), *bezón*, en Ludiente; y otro *bezón* consigna Julián (1998, 28) en La Iglesuela del Cid. El *ALEANR* (mapa 1079: *Gemelos*) anota *bezones* en Olba (Te 601), Arañuel (Cs 300) y Bejís (Cs 302); en tanto que *besones*, con seseo, en el punto Cs 301 (Segorbe); *bezones* en La Iglesuela del Cid (Te 405).

725. Así lo recoge Salvador (2001, 213) en la Puebla, conforme a la acepción cuarta de *zagal, la* en el *DLE*, localizada en la España oriental y con remisión a *niño*. Nebot (1983, 88) registra *zagal, -la* 'muchacho o muchacha que ha llegado a la adolescencia' en el Alto Mijares y el Alto Palancia.

hermano Manuel.[726] Veamos por último *lizaga*, especialmente en el contexto de *ser de una lizaga* ('ser de una raza, de un mismo linaje'); es voz que atestigua Nebot (1983, 85): *lizaga/lisaga* 'casta, raza, linaje, origen o calidad de los animales o personas'; y que se da en otras variedades castellanas del interior valenciano, como el Villar del Arzobispo (Llatas 2014 [1959]) con su *lisaga*, o el Rincón de Ademuz (Gargallo 2004a, 186, 268) con su *lizaga*. Es voz emparentada con el catalán *nissaga*.[727]

4.13. TERRITORIO. ACCIDENTES GEOGRÁFICOS

Un *picayo* o *morritón* se dice de un pico bastante prominente en una montaña; *picayo* es derivado de *pico* que atestigua asimismo en la Puebla Salvador (2001, 211); *morritón*, de *morro* (a través del diminutivo *morrito*).[728] *Morrón* es de la misma familia,[729] y tenemos en la toponimia de nuestro entorno *El Morrón de Campos* (hoy, en el término de Montanejos), que se asomaba al desaparecido Campos de Arenoso, y *El Morrón de Olba*, que mira a levante la Puebla y hacia poniente Olba, así como el río que las une. *Cabezo* 'cerro' es otro caso de humanización del territorio. *El Cabezo* del término de la Puebla que se divisa desde lo que fue Campos de Arenoso es mencionado por Pérez (2000, 53, 138); un tipo léxico, este *cabezo*, que, pese a no llevar marca geográfica en el *DLE*, se halla más vivo en ámbitos como el aragonés (y castellano-aragonés) y el murciano (*DCECH*, s. v. *cabeza*).[730] De la raíz *chorr-* procede la familia de *chorrar* ('chorrear') y de los topónimos *El Chorrador de la Umbría [Ombría:*

---

726. Alba (1986, 138) consigna *maño* 'hermano' en Ludiente. Probablemente se trata del mismo tipo léxico que el *maño* 'aragonés' del *DLE*, así como del que este mismo diccionario académico, en la 3.ª ac., localiza en Aragón como expresión de cariño entre personas que se quieren bien.

727. Así lo recoge el último volumen (X), póstumo (2001), del *DECat* de Joan Coromines, en la entrada *nissaga* (p. 34) incorporada en el *Suplement* (pp. 1-51) del gran diccionario etimológico catalán.

728. Llatas (2014 [1959]) recoge *morritón* en el Villar del Arzobispo; Gargallo (2004a, 247), *morrita* y *morritón*, y *picayo* junto con las variantes *picarcho* y *picarzo*, en el Rincón de Ademuz.

729. Consignan *morrón* Nebot (1986, 142) ['peñasco en la ladera de una montaña'] en el Alto Mijares y el Alto Palancia; y Julián (1998, 47) en La Iglesuela del Cid. Tal derivado aumentativo de *morro* es registrado por el *DLE*, pero con otros sentidos: 1: «golpe, porrazo»; 2: «pimiento morrón».

730. Lo recoge como apelativo (*cabezo*: 'cerro alto') en Sarrión López (1992, 21); y en Ludiente, Alba (1986, 114), con esta indicación: «monte de cima redondeada o como topónimo». El *ALEANR* (mapas 1358: *Cerro*; y 359: *Cerro cónico*) anota *cabezo* en Puertomingalvo (Te 600).

vid. 2.1.2.4] (en la parte umbría situada al sur de la Puebla), *El Chorrico* (fuente y antigua masía hoy asolada al oeste del pueblo) y *La Chorrera* (lugar donde confluyen las aguas de lluvia del núcleo municipal de la Puebla), de los que me he ocupado en Gargallo (2017, 434).[731] Un *aguamanal* o *aguamol* se dice de un manantial, o bien de un terreno con agua estancada en la superficie; la primera forma es documentada en el Alto Mijares y el Alto Palancia por Nebot (1986, 144);[732] la segunda, con la forma *aguamoll*, la registra Julián (1998, 27) en La Iglesuela del Cid, y cabe señalar su mayor proximidad gráfica, seguramente pronunciada con palatal lateral -*ll*, al valenciano *aiguamoll*, del que procede. La forma *almajal*, junto a la variante con disimilación *armajal*, designa asimismo un terreno cenagoso, del que mana agua abundante. Con este nombre, *El Almajal*, se conoce un paraje umbrío en que se halla la fuente del *Almajal*; un topónimo emblemático del que tomó su nombre la *Asociación Almajal*, editora del libro de Monte y Gil (2000); un arabismo que resuena, sin el articulo aglutinado *al-*, en el catalán *marjal* (particularmente en valenciano y balear: DCVB) y en el *marjal* del castellano.[733] Una *clocha* es un hoyo algo mayor que un *clote* (*vid.* 2.2.5.1), y se halla representada en la toponimia de la Puebla. La forma *reser* 'resguardo', en el contexto de *estar a reser*, parece deudora del catalán *recer*; como el *resés* del Villar del Arzobispo y su serranía lo es de la variante *recés* (DCVB). Una *rocha*, una de las que tanto abundan en nuestro terreno *enrochao*, es una pendiente; voz ampliamente atestiguada en la zona, donde es común que se la tome por una de aquellas palabras emblema de la propia habla.[734] También

---

731. Salvador (2001) anota en la Puebla *chorrar* (pp. 115, 207) y *chorrador* (pp. 207, 217). Moliner y Vázquez (2012, 143), en Fuente la Reina, *chorrador*. Alba (1986, 63, 122), en Ludiente, *chorrador* y *chorrar*.

732. Y el ALEANR (mapa 1380: *Ciénaga*) recoge el plural *aguamoles* en la vecina Olba (Te 601).

733. El mapa 1388 (*Terreno cenagoso*) del ALEANR transcribe la variante avalencianada *armachal* en Olba (Te 601) y Arañuel (Cs 300).

734. La recoge Aurora Monte en su blog sobre la Puebla: *rocha, rocha arriba, rocha abajo*; *enrochado*; Salvador (2001, 66, 128; 94, 212), asimismo en la Puebla, *enrochado* y *rocha*; y también Boronat (p. 5) en Los Calpes. A su lado, el testimonio de Fuente la Reina: *rocha* y *enrochado, -da* (Moliner y Vázquez 2012, 148, 155; Moliner 2015, 137). La *Rochica del Horno* de Campos de Arenoso (Pérez 2000, 26) quedó olvidada bajo el pantano, pero se hace presente en el mapa informativo que el Ayuntamiento de Montanejos ha colocado en el mirador del embalse. Y también asoman en el libro de Pérez (2000, 158) las voces camperas *rocha* y *rochica*. Recoge asimismo *rocha* Nebot (1985a: 438) en su trabajo sobre el castellano-aragonés de tierras valencianas. Por fin, el ALEANR (mapa 1362: *Cuesta de un monte*) anota *rocha* en Manzanera (Te 503) y Titaguas (V 101); y el mapa 1519 (*Terreno inculto y costanero*) de la misma obra, *enrochau* en Arañuel (Cs 300) y Puebla de Valverde (Te 501).

caracterizan nuestras montañas el *cinglo* y la *cingla* 'peñón, despeñadero, risco'; voces que humanizan la mirada a la montaña, pues la etimología de CĪNGULU 'cincho, cinturón' refleja la imagen de un ceñidor humano, de un cinturón. En cualquier caso, *cinglo* (y su variante *cingla*, menos común) obedece(n) a un tratamiento fonético propio del aragonés (*cinglo*) y del catalán (*cingle*), y especialmente *cinglo* es muy común en el paisaje lingüístico y toponímico de esta área dialectal castellano-aragonesa en que se inscribe nuestra habla (*vid.* 2.2.5.2.1). También es característica de nuestro terreno la *sunsida* ('desprendimiento de tierra': 2.2.10), con reflejo en la toponimia (*Sunsida*). Un *terrero* es un depósito de tierras acumuladas por la acción de las aguas; en toponimia, *Los Terreros*. Un *puntal* es una prominencia en el terreno con forma de punta (acepción 2.ª del *DLE*).

El sol ilumina los diversos topónimos que le deben su motivación, por contraste, en un núcleo municipal en que abundan las umbrías: *La Solana, La Solaneta* (con el sufijo -*eta*: 3.2.1), *El Solanar*,[735] calle que desde la plaza rodea la iglesia y se asoma al primer sol de la mañana; y la umbría más emblemática del pueblo, que alumbra nombres como *la Fuente (de) la Ombría, el Chorrador (de) la Ombría* y *la Balsa (de) la Ombría* [sobre la pronunciación de *ombría*, por *umbría*, véase 2.1.2.4]. Sobres estos y otros topónimos de la Puebla, remito a Gargallo (2017, 434-435).

Por otra parte, Adoración Salvador (2001, 81, 145, 175, 212) recuerda reiteradamente el *puntarrón*, de hecho *El Puntarrón*,[736] que en otro tiempo servía para pasar el río entre los Arcos y la Rambla Alta, masías que anegó el pantano. *Recuerdos de un pasado*, como reza el título de su libro.

4.14. VOCABULARIO GENERAL

El verbo *acatolar*, 'acabar con algo', es variante del tipo léxico aragonés *acotolar* (*EBA*), tomado del catalán *acotolar*, que parece a su vez derivado de *acotar* 'cortar a un árbol las ramas por la cruz' (*DCECH, DCVB*); *aclosar*, 'acoplar, encajar un objeto en otro', es voz de la que no hallo reflejo sino en la vecina Fuente la Reina (Moliner 2015, 132); acaso un derivado popular del latín CLAUSUS, participio de CLAUDERE 'cerrar'. El adjetivo *agro, -a*, se oye aún, en

---

735. El *DLE* localiza *solanar* en Aragón, y remite a *solana*.
736. Como en catalán *pontarró* (*DIEC, DCVB*).

lugar del hoy común en castellano *agrio, -a*, alterado a partir de aquel por influencia de *agriar* (*DCECH*, s. v. *agrio*).[737] El verbo **amanecer** tiene, entre otros, el sentido de 'llegar, aparecer, presentarse una persona en un sitio, en cualquier momento del día'. Según la ac. 5.ª del *DLE*: «Aparecer o presentarse, especialmente de modo inesperado». En cuanto al adjetivo **amanoso, -a** 'manejable', es derivado de *mano*, y quizá se toma del correspondiente catalán *amanós* (*DCVB*).[738] Por otra parte, el verbo **amerar** 'empapar' participa de un área oriental peninsular (aragonés, castellano-aragonés, murciano, catalán) que señala el *DCECH*.[739] El verbo **amprar** cubre el concepto de 'tomar prestado', para el que el castellano común no dispone de una voz específica. Es de Aragón y Valencia, según el *DLE*, que define «Pedir o tomar prestado», y se adopta del catalán *emprar/amprar* (*DECat*).[740] Un **arguilando** es variante incrementada (con *-r-* epentética) de *aguilando*,[741] que el *DLE* remite a *aguinaldo*; esta última proviene del estribillo cantado por Año Nuevo en latín HOC IN ANNO (*DCECH*). Por otra parte, al decir de mi padre, solía usarse la voz **bencina**,[742] en lugar de *gasolina*. Nuestra **bromera**, como la de otros lugares próximos,[743] será extensión de la del catalán. El verbo **coger** presenta el valor intransitivo de 'caber', que el *DLE* (ac. 30.ª) registra como *vulgar*, y experimenta la misma evolución que el latín CAPERE 'tomar' de cara a su continuador romance *caber*. Una **colla** es un grupo de personas; voz tomada del catalán, que llega también al Villar del Arzobispo y la Serranía (Llatas 2014 [1959]), así como al Rincón de Ademuz (Gargallo

---

737. Se hace eco del plural femenino *agras* en Los Calpes Boronat (p. 14). Véase, además, el mapa 1746 (*Agrio*) del ALEANR.

738. Se registra en hablas rayanas con el valenciano: en Ludiente (Alba 1986, 67, 107) y en La Iglesuela del Cid (Julián 1998, 26). Pero, al decir de Joan Coromines, se da asimismo en «parlars castellans extrems»; concretamente en el Bierzo (entiendo que en su variedad castellano-leonesa) y en Murcia.

739. En la Puebla lo registran Monte y Gil (2000, 125). En Ludiente, Alba (1986, 107); en Sot de Ferrer, Ríos (1989, 121).

740. Lo atestiguan asimismo Moliner (2015, 132) en Fuente la Reina, Alba (1986, 107) en Ludiente, López (1992, 14) en Sarrión; y el ALEANR (mapa 1109: *Tomar prestado*), por todo el espacio castellano-aragonés.

741. Salvador (2001, 145, 169, 205) recoge en la Puebla *alguilando*. Y tanto *arguilando* como *alguilando*, Nebot (1985a, 416, 417) en el castellano-aragonés del interior valenciano.

742. El *DLE* remite de *bencina* a *gasolina*.

743. Registra asimismo *bromera* en la Puebla Salvador (2001, 206). Nebot (1982, 144), en el Alto Mijares y el Alto Palancia. Por su parte, Julián (1998, 29) anota en plural *bromeras* 'espuma de la boca' en La Iglesuela del Cid.

2004a, 275).[744] Se dice **comprero** del *comprador* (Salvador 2001, 134, 207).[745] La voz patrimonial **convidar** se prefiere al cultismo *invitar*; quizá haya obrado su efecto la afinidad con el catalán (y valenciano) *convidar*, tal como sugiere para Los Calpes Boronat (p. 5). El verbo **corca(r)se** 'carcomerse' se adscribe a un uso peninsular oriental en castellano,[746] que tiene continuidad en catalán (*DCVB, DECat*); **corcón** es el animal que carcome (Monte y Gil 2000, 125); el uso figurado de 'persona que no deja descansar a los demás', que atestigua Julián (1998: 63) en La Iglesuela del Cid, sintoniza con el del *corcó* catalán (*DCVB*). El **día de hacienda** es el laborable, como en el Rincón de Ademuz (Gargallo 2004a, 275-276); el *DLE* (s. v. *día*) remite de *dia de hacienda* a *día de trabajo*, con la notación de *poco usado*; y conviene recordar que *hacienda* (del latín FACIENDA, 'lo que se ha de hacer') es homólogo del catalán *faena* y *feina*, de donde *dia feiner*. A propósito, **faena**, antiguo catalanismo del castellano, se usa como sinónimo de *trabajo* (**tengo mucha faena**). **(Los) dineros**, en plural, se usa por el singular *(el) dinero* (*Le duelen* **los dineros**); como en catalán *els diners*. El verbo **embolicar** 'liar, envolver', junto con su antónimo **desembolicar** 'desenvolver' y el sustantivo **embolique** 'lío' en sentido figurado, forman parte de una familia léxica deudora del catalán *embolicar, desembolicar* y *embolic* (*vid.* el *DECat*, s. v. *bolic*).[747] El verbo **embozar** 'obstruir un conducto', con su antónimo **desembozar**, presenta un área léxica aragonesa (*EBA*), en continuidad con el catalán dialectal *embossar* y *desembossar*.[748] El verbo **embruta(r)se** 'ensuciarse', que recoge Boronat (p. 7) en Los Calpes, ha de ser catalanismo (a partir de la variedad valenciana). Los verbos **enreligar** 'liar, embrollar, enredar' y **desenreligar** 'desenredar' forman parte de un área léxica que se extiende por el ámbito aragonés y castellano-aragonés (*EBA*); además de en la Puebla (blog de Aurora Monte, libro de Monte y Gil 2000, 125), *enreligar* se registra

---

744. El *DLE* asigna a *colla²* esta tercera acepción: «Cuadrilla de jornaleros de los puertos».

745. Nebot registra asimismo *comprero* en el castellano-aragonés de tierras valencianas. Y el diccionario académico (*DLE*) localiza en Aragón *comprero, ra*, y remite a *comprador*.

746. El *DLE* remite dicho verbo a *carcomer*, y localiza en Aragón y Murcia. En la Puebla lo registran Monte y Gil (2000, 125) y Salvador (2001, 105, 207). Otros testimonios de áreas vecinas: en Fuente la Reina (Moliner y Vázquez 2012, 151; Moliner 2015, 134); en Ludiente (Alba 1986, 120); en Sarrión (López 1992, 25); en La Iglesuela del Cid (Julián 1998, 31). Por su parte, el *ALEANR* (mapa 1258: *Carcoma*) atestigua *corca* en el entorno de la Puebla.

747. Además del testimonio de Monte y Gil (2000, 126) en la Puebla, remito a los de Alba (1986, 23; 33, 40, 125) en Ludiente [*desembolicar, embolicar, embolique*], Ríos (1989, 138) en Sot de Ferrer [*desembolicar*], y López (1992, 31, 33) en Sarrión [*embolicar, desembolicar, embolique*].

748. El *DLE* (s. v. *embozar*) registra en su 3.ª ac., como propia de Aragón: «Obstruir un conducto». Asimismo López (1992, 33) anota *embozar* en Sarrión.

en Fuente la Reina (Moliner 2015, 134); y *enreligar*, junto a *desenreligar*, en Sarrión (López 1992, 31, 34). Acaso ***escachufla(r)se***, 'romperse, destrozarse' (como en el testimonio de Alba 1986, 127), sea deturpación de *escacharrarse* o (*DLE*), o quizá de *escachifollar*, que el diccionario académico remite a *cachifollar* ('estropear'). El verbo ***esclafar***, onomatopéyico, es pariente de *chafar*; el *DLE* (s. v. *esclafar* 'quebrantar, estrellar') localiza dicha forma en Aragón, Cuenca y Murcia, regiones del oriente peninsular que ofrecen continuidad con el *esclafar* del catalán (*DCVB*).[749] El verbo ***espolsar*** 'sacudir' se toma del catalán; su área desborda la frontera de esta lengua hacia el interior.[750] Como se ha visto (2.2.5.1, 4.3.1), ***plegar*** presenta significados como 'doblar', 'recoger', 'acabar'. Por su parte, ***principiar*** es más frecuente y característico que sus sinónimos *comenzar* o *empezar*. El ***rebuch***, sobre el que he tratado (2.1.2.7, 2.2.3), es la parte desechable, la más mala de una mercancía o de cualquier otra cosa. El verbo ***regirar*** 'remover'[751] continúa hacia el interior el catalán *regirar* (*DCVB*); y su sinónimo ***remenar*** (tomado del catalán) lo recoge Salvador (2001: 212). El verbo ***restribar*** 'apoyarse o empujar con fuerza', que Salvador (2001: 212) registra como ***restribir***, halla eco en el trabajo de Nebot (1986): *restribar* (en la labranza) [p. 178]; *restribase*, «sujetarse o apoyarse en una pared para hacer fuerza y mover una cosa pesada» (p. 184). Una ***taca*** es una mancha, como en catalán y en castellano dialectal.[752] El verbo ***taquinear*** (***taquiniar***), 'tentar o tocar repetidamente un objeto mecánico con el propósito de arreglarlo', parece voz de creación expresiva, conforme a la interpretación de Nebot (1981, 70), de quien tomo su definición para el *tiquinear* del Alto Mijares y el Alto Palancia.[753] El verbo ***triar*** 'elegir' alterna con la variante ***estriar***; es voz ajena al castellano;

---

749. Además del registro de Monte y Gil (2000, 126) en la Puebla, remito a los de Moliner (2015, 135) en Fuente la Reina; Nebot (1981, 70) en el Alto Mijares y el Alto Palancia; Alba (1986, 127) en Ludiente; Ríos (1989, 141) en Sot de Ferrer; y López (1992, 36) en Sarrión.

750. Junto a los testimonios de Monte y Gil (2000, 126) y Salvador (2001, 127) en la Puebla, señalamos los de López en Sarrión (1992, 37) y Julián (1998, 32) en La Iglesuela del Cid. Llatas (2014 [1959]), en el Villar del Arzobispo; Gargallo (2004a, 135), en el Rincón de Ademuz. Dicho tipo léxico alcanza a buena parte de la provincia de Teruel (*ALEANR*, mapa 899: *Sacudir*).

751. Lo registran asimismo en la Puebla Monte y Gil (2000, 127) y Salvador (2001, 212); Alba (1986, 150), en Ludiente.

752. Según el *DLE*, propia de Aragón y de Asturias. En nuestro entorno la consignan: Boronat (p. 7) en Los Calpes; Nebot (1983, 58) en las comarcas del Alto Mijares y el Alto Palancia. Además, en Ludiente, Alba (1986, 154); y en Sot de Ferrer, Ríos (1989: 170). Asimismo, en el Villar del Arzobispo y la Serranía del Turia, Llatas (2014 [1959]); y en el Rincón de Ademuz, Gargallo (2004a, 233).

753. Recoge asimismo *taquinear* («maquinear») en Sarrión López (1992, 83).

según el *DCECH* (s. v. *triar*), tomada del catalán *triar*.[754] Por otra parte, **volver** se usa, además de con el valor común de 'regresar', con el de 'devolver'. Por fin, **zorojar** 'agitar', con su derivado posverbal **zorojete**,[755] parece emparentar con el tipo léxico catalán *sorollar* 'menear, remover' (*DCVB*).

4.15. EXPRESIONES, LOCUCIONES, PERÍFRASIS Y OTRAS FÓRMULAS FIJAS

Además de las que ya han sido tratadas a lo largo del texto previo, aporto un buen manojo de ellas en este apartado, que viene a ser una especie de cajón de sastre. Alfabetizo en unos casos de acuerdo con la que considero palabra clave, y en otros por el primer elemento; ocasionalmente incluyo ejemplos de uso entre paréntesis: **dar agonía**, 'hacer estar en ascuas a alguien' (*este crío come tan despacio que* ***da agonía*** *verlo*); **mirar las agüitardas**, 'estar distraído, estar en la inopia';[756] **dar avío** (*a algo*), 'resolver algo, acabar con algo' (*ya le* ***he dado avío*** *a la comida*); **dar un batán**, 'dar una paliza', ya que el batán es una máquina con grandes mazos que se utilizan para golpear los paños; y hubo uno en la fábrica de hilados de la Monzona, junto al río Mijares, de la que hoy apenas queda rastro; **dar la baya** es 'dar la razón (a alguien)'; solía decirlo mi abuela Presentación; **dar escuela**, 'enseñar (los antiguos maestros)' (Salvador 2001, 67). La expresión **dar pena** equivale a 'molestar';[757] con la misma palabra clave: **pasar pena**, "preocuparse por algo, tener intranquilidad, temor, angustia o inquietud ante algo que ha ocurrido o va a ocurrir" (definición literal que tomo del blog de Aurora Monte);[758] **¡de cuándo acá!** Es expresión para manifestar extrañeza (***De cuándo acá***, *que tengas ganas de trebajar*). La locución **hacer cuenta de** ('tener idea o intención de')[759] es significativamente homóloga de la valenciana *fer compte de*; **escafaña** (**hablar de / hacer la** —), '(hablar) haciendo la burla', 'hacer la burla'; **estar con** (alguien), 'hablar con alguien, entrevistarse con (alguien)' (***Toño ha venido***

---

754. Monte y Gil (2000, 127) atestiguan *triar* y *estriar* en la Puebla. Ríos (1989, 172), en Sot de Ferrer; Gargallo (2004a, 136), *estriar*, en el Rincón de Ademuz.
755. Ambos, en el impagable blog de Aurora Monte. El verbo *zorojar* lo recoge también Moliner (2015, 139) en Fuente la Reina.
756. Así definido por Salvador (2001, 205). La forma *agüitarda* es variante del castellano *avutarda*, cierta ave.
757. Igual que en el Villar del Arzobispo (Llatas 2014 [1959]) y en el Rincón de Ademuz (Gargallo 2004a, 110).
758. Como en catalán *passar pena*, que el *DCVB* (s. v. *pena*) localiza en Mallorca y Menorca.
759. Recogida por Boronat (p. 14) en Los Calpes.

a estar con tú); **estar en algo** presenta sentidos como 'hacer caso, prestar atención' (*No **estás en** lo que te dicen*) y 'creer, estar convencido de algo' (*yo **estoy en** que no dice la verdad*); **hacer bondá** (para la pérdida de la -*d*, cf. 2.2.3) 'portarse bien';[760] **hacer frau**, 'engañar', acaso no sea más que un hápax, pues se la oí solo a mi madrina (*frau* es, en cualquier caso, la forma catalana correspondiente a *fraude*);[761] **hacer gozo**, 'apetecer', 'tener buen aspecto' (*no me **hace gozo** la comida*; *esta chica **hace mucho gozo***), como en catalán *fer goig* (*DCVB, s. v goig*)[762] y en altoaragonés *fer goy* o *goyo* (*EBA*), lo que sugiere uno de tantos casos de continuidad de área (en este caso locucional) en el oriente peninsular; **parar bien** y **parar mal**, con el sentido de 'quedar bien' o 'quedar mal' (un vestido), coinciden significativamente con el catalán *parar bé* o *parar malament* (*DCVB*); el mismo verbo *parar* forma parte de las locuciones **parar la mano** ('extenderla'), como en catalán *parar la mà* (*DCVB*), y **parar cuenta** ('prestar atención'), que se registra en el ámbito altoaragonés (*EBA*) y corresponde al catalán *parar compte* (*DCVB*). De otra parte, **por mal de pecao**, 'por casualidad, por una de esas casualidades' (*Ves con él, no sea que **por mal de pecao** se perdiera o le pasara algo*) es expresión que denota el poso de lo religioso en nuestra habla (solía emplearla mi madre); **saber (algo) bueno** o **malo**, 'saber (algo) bien o mal', con el uso de dichos adjetivos antónimos (*bueno*, *malo*) en lugar de los respectivos adverbios (*bien*, *mal*) [*le **sabe malo** que la miren*]; **ser aparente**, 'ser apropiado' (vendría a corresponder a la 2.ª ac. del diccionario académico: «2. adj. Conveniente, oportuno, adecuado»); **¿será capaz (que)…?** ('será posible (que)…?') (*¿**Será capaz** que me ganes?*);[763] **ser sabedor**, 'estar enterado' (*Te lo digo pa(ra) que **seas sabedor***); **tener apaño**, 'arreglárselas'; **tener buen arreglico** es, entre la gente anciana sobre todo, 'tener lo suficiente para vivir de manera desahogada'; **tener (buena** o **mala) traza**, 'darse o no maña en algo'. Según el blog de Aurora Monte, **tirar un espunte** es «lanzar una indirecta», expresión en que *espunte* muestra la variante popular del *despunte* castellano.[764] Por otra parte, se dan en nuestra habla dos perífrasis no usuales en la lengua común:

---

760. Llatas (2014 [1959]) registra en el Villar del Arzobispo *bondá (haser —)*, 'hacer estada', con el seseo típico de este lugar. Gargallo (2004a, 109), *bondá (hacer —)*, 'portarse bien, detenerse en un sitio sin causar problemas', en el Rincón de Ademuz.

761. Llatas (2014 [1959]) registra asimismo *frau* 'fraude, engaño' en el Villar del Arzobispo.

762. Ambas acepciones son recogidas por Aurora Monte en su blog sobre la Puebla. También por Pérez (2000, 156), en el desaparecido Campos de Arenoso.

763. El *DLE* localiza en América y como *coloquial* la acepción 7.ª de *capaz*: «Posible o probable. *Es capaz que llueva*». Y el *DCVB* (s. v. *capaç*) registra la expresión paralela (con el ejemplo *Està molt ennivolat; és capaç de ploure*) en Mallorca y Menorca.

764. Teniendo en cuenta que *despunte* es derivado verbal de *despuntar*, funciona aquí la frecuente correspondencia entre el prefijo castellano *des*- y nuestro *es*- (vid. 2.2.1.8).

mover a + infinitivo, 'empezar a' (*parece que **mueve a** llover*), con un valor de *mover* que recuerda el de 'comenzar a brotar las plantas'; ***estar de mal teque*** 'estar de mal humor, de mal genio'; como en Sarrión (López 1992, 84); ***ver de*** + infinitivo, 'intentar, procurar'. La expresión interjectiva *¡eso ray!* sugiere un mal menor, una relativa conformidad (*¿Está lloviendo? **¡Eso ray!** Peor sería que apedreara*).[765] Por otra parte, en muchos casos se utiliza para exhortar a alguien a hacer algo, normalmente con premura, y en imperativo: ***veas*** [tú] / ***ver*** [vosotros] *de limpiar eso*.

Otro es el caso de ***parecer (alguien) el puerquico (de) Sant Antón***: se dice de quien va de casa en casa dejándose invitar, y recuerda una tradición de otro tiempo, que consistía en dar de comer en donde se presentaba a un puerco que andaba suelto por la calle, y que se acababa sacrificando el día de San Antonio Abad (17 de enero); tradición que mi padre, nonagenario, me dice no haber conocido, pero sí oído relatar.[766]

Y también peculiar es la fórmula ***i(r)se solo, -a***, dicha de una criatura que se suelta a andar. Fui muy sensible a ella cuando la abuela Presentación, en agosto de 1996, la decía (***Ya se va sola***) de Emma, mi hija primogénita.

Completo este punto misceláneo con la referencia a la ***prosa***, objeto de recitación y canto en días señalados como el de la Virgen de Loreto (10 de diciembre), copatrona del pueblo junto a San Mateo (21 de septiembre), o Santa Bárbara (4 de diciembre), que en los últimos tiempos se agrupan en torno al puente de la Purísima. Los ***clavarios*** o las ***clavariesas***, elegidos por el ayuntamiento, se ocupaban de organizar las fiestas correspondientes.[767]

4.16. REFRANES[768]

4.16.1. Refranes de ámbitos temáticos diversos

- ***Carne que crece no puede parar***; con idéntico registro (Julián 1998, 52), en La Iglesuela del Cid. Se refiere a los niños inquietos, que no paran de moverse. Es refrán que solía decir mi madre.

---

765. Uso propio del catalán (*això rai!*: DECat, s. v. *rai II*) y del altoaragonés (*Ixo rai*: EBA).

766. Otro tanto se recoge en el Rincón de Ademuz bajo la fórmula *parecer/ser como el gorrino (de) San Antón* (Gargallo 2004a, 280). Asimismo *Parecer el puerco de San Antonio* en La Iglesuela del Cid (Julián 1998, 62).

767. Véanse otros detalles en el libro de Monte y Gil (2000, 28).

768. Algunos remiten al apartado en que previamente han aparecido.

- **Cielo a montonicos, (el) agua a capacicos**. Alude al cielo aborregado, que augura lluvia pronta y bien caída. De entre los muchos refranes afines, tomo el homólogo del Rincón de Ademuz: *Cielo a montonicos, agua a capacicos* (Gargallo 2011, 147);[769] y el de Ríos (1989, 82) en Sot de Ferrer: *Sielo a montonicos, agua a capasicos* (con el típico seseo de su habla rayana con el valenciano).
- **Con el pecado va la penintencia** (lo solía decir mi madre). En el *Refranero multilingüe* del Centro Virtual Cervantes (cvc):[770] *En el pecado lleva la penitencia*; y la glosa siguiente: «Se advierte [de] que cada cual pagará las consecuencias de sus actos».
- **El pan blando y la leña verde: la casa pierde**. Recogido por Boronat (p. 13) en Los Calpes; con esta explicación: «Del pan blando se come y se gasta mucho y la leña verde no arde, así que también se gasta más; por tanto: en la casa hay pérdidas. Refleja el escaso nivel económico de la gente y el hecho de tener que ahorrar por necesidad».
- **El que a los suyos se parece honra merece**; también oído con la variante **premio merece**. No precisa comentario (véanse, más abajo: *Los tiestos se parecen a las ollas*; *No lo compras, que lo heredas*).
- **El que come fuerte y pede fuerte, que no tenga miedo a la muerte**. Nótese la pronunciación de **pede**, y no *pee* (*peer*), propia del **peder** de nuestra habla (*vid*. 2.2.2.2).
- **El que come, resiste**; comparable a este otro: **La cabeza, el comer la endereza**. Uno y otro los solía decir mi abuela Presentación. En cuanto al segundo, compárese con el registro del *Refranero multilingüe* del cvc: *Al dolor de cabeza, el comer le endereza*.
- **El que (quien) toma, a dar se obliga**; solía decirlo mi madre. En el *Refranero multilingüe* del cvc: *Quien toma, a dar se obliga*; con la siguiente explicación: «Advierte [de] que quien acepta algo prestado o la ayuda de alguien, tarde o temprano deberá devolver lo prestado o el favor, y puede que con creces, por lo que recomienda evitar esta dependencia».
- **Escuchiches en reunión, falta de educación**. Tanto el derivado **escuchiches** como el refrán en cuestión los he oído (y escuchado) en el Rincón de

---

769. Un rastro de este refrán, el sintagma *a montoncicos*, es lo que suscita la pregunta del mapa 1311 (*Cielo emborregado*) del ALEANR en Ademuz (V 100).

770. <https://cvc.cervantes.es/lengua/refranero/>. La consulta para este refrán y los otros que cito de la misma fuente es del 29 de diciembre de 2019.

Ademuz (Gargallo 2004a, 131); y otros dos derivados afines, *escuchichase* ('hablarse al oído') y *escuchicheo* ('lo que se dice al oído en voz baja'), los registra Llatas (2014 [1959]) en el Villar del Arzobispo. Me resulta verosímil que hayan experimentado la influencia de *cuchichear* y *cuchicheo*, que el DCECH señala como formaciones onomatopéyicas. Morant y Peñarroya (1995, 144) recogen en valenciano *Escoltetes en reunió, falta d'educació*.

- **Haz bien y no hagas mal, otro sermón no te cal.** Lo tomo del libro de Adoración Salvador (2001, 107) sobre las aldeas ribereñas de la Puebla (Los Arcos de Arriba y de Abajo, La Rambla Alta). El contenido del refrán no precisa comentario. Es homólogo del conocido *Haz bien y no mires a quién*. En cuanto al uso negativo de **cal** 'es necesario', o sea **no cal**, remito al punto 3.5.5.6.

- **La carne en calceta, pa quien la meta**; o **pal que la meta**. Son muchos los resultados que devuelve la búsqueda de este refrán en *Google*. Según cierta web,[771] bajo la forma *Carne de calceta, para quien la meta*: «Alude al embutido, cuya composicion, tan fácil de adulterar, se hace sospechosa a todos, salvo a los que lo elaboran. En general, se refiere a aquellos alimentos de los que se desconfía».

- **La isipela mata o pela**; por el riesgo para la salud que se le atribuye a la erisipela, llamada en nuestra habla **isipela** (*vid.* 4.7.5).

- **La tierra donde nací, por madre la conocí.** Boronat (p. 13) anota para Los Calpes una leve variante: *La tierra en que yo nací por madre la conocí*.

- **Los besos no hacen hijos, pero tocan a vísperas**; en el *Refranero multilingüe* del CVC: *Besos y abrazos no hacen chiquillos, pero tocan a vísperas*. En La Iglesuela del Cid: *Los besos no hacen chicos, pero tocan a vísperas* (Julián 1998, 56).

- **Los tiestos se parecen a las ollas**; tal como en el testimonio de Julián (1998, 56) para La Iglesuela del Cid. Se suele decir de los hijos que se parecen a los padres.

- **Más vale rodar que redolar**; también oído con la variante **que no redolar**. Previene sobre la dificultad de atajar en un camino a pie, por el riesgo que entraña de 'caer rodando'. Mejor rodear. En Sot de Ferrer, Ríos (1989, 82) ofrece una variante de este derivado de ROTULARE: *Más vale rodar que*

---

771. http://www.escuelapedia.com/refranes/carne-de-calceta-para-quien-la-meta-alude/ [consulta del 29 de marzo de 2019].

rodolar; y Joan Coromines recoge en su DECat (s. v. *roda*) el testimonio del pueblo fronterizo de Olocau del Rey (adscrito a la comarca de Els Ports de Morella, pero de habla castellano-aragonesa): *Más vale rodar que no redolar*. Por otra parte, el área léxica de *redolar/rodolar* continúa en catalán con ambas variantes de la vocal átona inicial.

- *No comer por haber comido, no hay nada perdido*. En el *Refranero multilingüe* del CVC: *No comer por haber comido no es tiempo perdido*.

- *No lo compras, que lo heredas*. Se dice de algún hábito de un hijo que se reconoce en sus padres. Por lógica, suele decirlo alguien de cierta edad, que ha conocido bien diversas generaciones de una misma familia.

- *Pedricar en desierto[,] sermón perdido*; lo tomo del libro de Adoración Salvador (2001: 107). Es de notar la variante metatética *pedricar* (< *predicar*; vid. 2.2.7).

- *Quien puede comer después de harto, puede trabajar después de cansau*. Registrado por Boronat (p. 13) en Los Calpes. Con la explicación siguiente: «Este dicho deja entrever la valoración e importancia que le conceden al hecho de trabajar duro».

- *Todo ripio hace pared*. Es variante de *Toda piedra hace pared*, que presenta una correspondencia exacta con el muy conocido refrán valenciano *Tota pedra fa paret*. Se dice para indicar que cualquier cosa puede ser útil (*DCVB*). Me recuerda, no en la forma pero sí en el fondo, el refrán castellano *Muchos pocos hacen un mucho*, uno de los muchos que trae el *Quijote*, y que el *Refranero multilingüe* del CVC glosa meridianamente: «No se debe[n] desechar las ganancias cortas por insignificantes que puedan parecer, pues son elevadas si se las reúne. Lo mismo se puede afirmar de los desperdicios cortos, porque pueden causar gran daño, si son continuados».

- *Un grano no llena el granero, pero ayuda al compañero*. Es variante del conocido *Un grano no hace granero, pero ayuda al compañero*. El *Refranero multilingüe* del CVC lo glosa de este modo: «Enseña la importancia de la economía continuada, aunque se trate de cosas pequeñas».

- *Una mano lava la otra, y las dos se secan*; con la variante *y las dos, la cara*. En el *Refranero multilingüe* del CVC: *Una mano lava a la otra, y ambas la cara*.[772]

---

772. En la *Paremiologia catalana comparada digital* (<https://pccd.dites.cat/>) de Víctor Pàmies se recoge un buen haz de variantes de este paremiotipo en catalán, encabezadas por *Una*

4.16.2. Refranes del ciclo del año

Comienzo por una tríada que expresa de manera sencilla e imaginativa el crecer de los días tras el solsticio de invierno.[773] En los dos primeros refranes, la primera parte de la estructura bimembre indica fecha de referencia, en tanto que la segunda señala pasos crecientes de cierto animal. En el tercero se recurre a la fórmula de «una hora con sol».

- *Pa Nadal, un paso (de) pardal*; de hechura catalana (o valenciana), pues ni *Nadal* ('Navidad') ni *pardal* (en el sentido de 'gorrión') son formas de nuestra habla. Sin duda se trata de la adaptación a partir del catalán (o valenciano) *Per Nadal, un pas de pardal* ['Para Navidad, un paso de gorrión']; como en *Si la Candelera plora... (vid. infra)*.[774]
- *Pa Reyes, un paso (de) bueyes (güeyes)*. Sigue creciendo el día.
- *Pa San Antón, una hora con sol*. Solía decirlo la abuela Presentación, que al cabo de pocos días evocaba otros dos de principios de febrero (los que siguen).
- *El primero no hace día, el segundo Santa María, el tercero San Blas, y Santa Águeda detrás*; enumeración que recoge, entre otros, Martínez Kleiser (1945: 191);[775] se refiere a los días 1, 2, 3 y 5 de febrero.

Y precisamente el 2 de febrero, la *Candelera*,[776] motiva otro refrán de la cosecha de mi abuela: *Si la Candelera plora, el ivierno está fora*; con esta forma *ivierno* más próxima a su étimo (< lat. HIBERNU) y de la cual es subsidiario el *invierno* de la lengua común.[777] Su estructura y motivación («Candelaria llora»

---

mà renta l'altra i, totes dues, la cara. Por otra parte, Joan Veny me regala el refrán que solía decir su madre: *Una mà renta s'altra* (con el característico artículo «salat» de su habla materna mallorquina).

773. Sobre refranes romances alusivos al crecer y al decrecer de los días, remito a Gargallo (2002b).

774. Es una de las paremias que transcienden la frontera lingüística hacia tierras de interior (Gargallo 1993b, 416-418).

775. Con leve variante: *El primero no hace día; el segundo Santa María; el tercero San Blas, y Santa Águeda detrás*.

776. Forma de la Puebla, con la terminación popular (*-era*) que también presenta el catalán (*Candelera*), a diferencia de la *Candelaria* semiculta del castellano. La variante *Candelera* se halla extendida por todo el espacio que estudia el ALEANR (mapa 1148: *La Candelaria*): Navarra, La Rioja, Aragón (también el de lengua catalana) y nuestro interior valenciano.

777. El ALEANR (mapa 1288: *Invierno*) anota *ivierno* en puntos dispersos del sur del dominio; por ejemplo, en Segorbe (Cs 301).

→ «invierno fuera») es de molde catalán, lengua en que son genuinas las formas *plora* y *fora*, que procuran la rima. El tipo *Si la Candelera plora, l'hivern és fora* presenta infinidad de variantes en esta lengua.[778] En suma, conforme a la creencia popular en una predicción inversa, si llora la Virgen de las Candelas (llueve), se acaba el tiempo de invierno (Gargallo 2004b).

* ***Cuando el prisquero flure y madura, la noche y el día van por mesura*** (de Aurora Navarro Collado, madre de Aurora Monte, que lo recoge en su blog). Alude al igualarse de noches y días por los equinoccios de primavera y de otoño. Compárese con el catalán: *Quan el presseguer floreix i madura, el dia i la nit són d'una mesura* (*DCVB*, s. v. *presseguer*). Y nótese la forma *flure*, que sugiere un *florir* ('florecer') como el del catalán.

En el último bloque del apartado, un primer refrán alusivo al conjunto del año da paso a una serie ordenada cronológicamente según meses y fechas fijas o movibles. Completan este punto dos refranes paralelos: uno, sobre los tres jueves relucientes del calendario litúrgico; el otro, réplica pagana y paródica del anterior, sobre tres fiestas especiales en el curso del año.

* ***Año de higas[,] pocas hajinas***; lo tomo del libro de Adoración Salvador (2001, 106), y restituyo la *h-* ortográfica inicial de ***hajinas***. Además de la creencia en la relación que se da entre la abundancia de higas (higos) y la escasez de hacinas, cabe señalar la forma femenina de ***higa*** (*vid.* 2.2.1.1) y el tratamiento consonántico de ***hajina***, así como el de ***haje*** 'haz', del cual deriva (*vid.* 2.2.1.1 y 2.2.5.2.5).
* ***Si truena en enero[,] apuntona el granero***; tomado también de Adoración Salvador (2001, 106), que registra el verbo ***apuntonar*** como 'poner puntales, apuntalar'. Gomis (1998, 185) lo atribuye a Olba, con la variante gráfica *apontona*, que vendría a ser como *apuntala*, por lo lleno que está el granero. Se trata, pues, de un buen augurio para la futura cosecha.
* ***Por San Matías, el sol por las ombrías***.[779] San Matías se celebraba el 24 de febrero (o el 25 en los años bisiestos) hasta que se trasladó modernamente (1969) al 14 de mayo (Cantera, Cantera y Sevilla 2002, 55). Pero en

---

778. Véase, entre otras fuentes, el *DCVB* (s. v. *candelera*).
779. Sobre la pronunciación popular de ***ombría*** por *umbría*, véase 2.1.2.4.

la cultura popular persiste el relacionarlo con el reentrar del sol en lugares poco antes umbríos (Correas y Gargallo 2002).

- **Jueves lardero, la mejor morca, al puchero.**[780] Se dice a propósito de la **morca** o morcilla, que se puede meter en el puchero ese jueves (lardero) que precede a los días de Carnaval (*vid.* 4.6.2).
- **Marzo airoso, abril lluvioso, sacan a mayo florido y hermoso.** Refrán bastante conocido en castellano, bajo esta u otras variantes.
- **El que no estrena el día de Ramos, no tiene ni pies ni manos.** Recogido por Aurora Monte en su blog. El domingo de Ramos es una fecha movible que da paso a la Semana Santa. La inmediatez de la Pascua invita al deleite del estrenar, y las **manos** se prestan al servicio de la rima consonante.
- **Si llueve el día de san Marcos, cuarenta días de charcos**; escrito en su cuenta de *Facebook* por Aurora Monte el día de San Marcos (25 de abril) de 2019.[781] La rima consonante entre *Marcos* y *charcos* propicia refranes similares, con estos dos componentes, en castellano: *San Marcos, rey de los charcos*; *Por San Marcos, agua en los charcos*; *Por San Marcos, en el suelo hay charcos* (Correas y Gargallo 2003, 152). Por otra parte, sobre la cuarentena de días de predicción popular en distintos refranes del calendario, véase Gargallo (2018b).
- **Agua de mayo, bendición del cielo.** Recuerda el castellano, muy conocido, *Agua de mayo, pan para todo el año.*
- **Por / pa la Ascensión, cerecicas a montón.** Con esta posible extensión del refrán: **en el Reino de Valencia, pero no en el de Aragón.** La Ascensión es una festividad movible que cae allá por mayo,[782] tiempo en que ya van madurando las cerezas. Su madurar progresivo, que asciende desde las tierras bajas a las más altas, se expresa con magistral sencillez en la extensión del refrán. Esta apunta al Reino de Valencia, pero aún no al de Aragón, y se beneficia de la rima consonante entre *montón* y *Aragón*. Por otra parte, dicho refrán halla una réplica deliciosa en otro de mis pueblos, Rossell

---

780. El jueves lardero de 2020 (20 de febrero), mientras reviso mi texto por cuarta vez, me regala justamente este refrán la página de Facebook *La Puebla se Mueve*.

781. Esa misma idea transmite Salvador (2001, 105) en la Puebla: «Se creía que si el día de San Marcos, el 25 de abril, llovía, durante cuarenta días, poco o mucho llovía».

782. Su fecha tradicional era el jueves, cuarenta días después de Pascua de Resurrección, pero ha sido trasladada en el calendario litúrgico al domingo siguiente (Cantera, Cantera y Sevilla 2002, 157).

(Baix Maestrat): *A l'Ascensió, cireretes a muntó; a la plana sí, a la serra no* (Gargallo y Pradilla 1997, 59).

- *Hasta el 40 de mayo no te quites el sayo*; muy popular asimismo en castellano, juega con el simbolismo de las cuarentenas, a la vez que aconseja no aligerarse de ropa antes de tiempo (Gargallo 2007, 2018b).
- *En agosto, frío al rostro.* Refrán favorecido por la rima asonante entre *agosto* y *rostro*, así como por la posibilidad de fríos tempranos (Correas y Gargallo 2003, 231).
- *Pa San Mateo las nogueras a porreo.* San Mateo es el 21 de septiembre, y ya es tiempo de varear las *nogueras*, los nogales (*vid.* 3.2.1).
- *Pa Todos Santos, nieve en los altos; pa San Andrés, nieve en los pies*; primero y último día del mes de noviembre, en que la nieve va (¿iba?) bajando progresivamente de cota. Refrán que atestiguo asimismo en el Rincón de Ademuz (Gargallo 2011, 14).
- *Tres jueves hay en el año que relucen más que el sol, Jueves Santo, Corpus Christi y el día de la Ascensión* (*vid.* 4.2.2), que recoge también Martínez Kleiser (1945, 321). Tres jueves movibles:[783] el del corazón de la Semana Santa (Jueves Santo), que rige la primera luna llena de la primavera; el del Corpus, sesenta días después del Domingo de Pascua de Resurrección; y el de la Ascensión, cuarenta días después de la Pascua.
- *Tres fiestas hay en el año que no las predica el cura: matapuerco, sacacubo y el día de la fridura*; con una leve variante recogida en Los Calpes por Boronat (p. 12): *Tres fiestas hay en el año que no las manifiesta el cura: matapuerco, sacacubo y el día de la fridura*. Dichas fiestas «laicas» no tenían fecha fija: el *matapuerco* venía a coincidir con el tiempo del frío (*vid.* 4.6.1); el estreno de la *fridura*, fruto del matapuerco anterior, llegaba con el domingo de Pascua de Resurrección (*vid.* 4.6.3); y el *sacacubo*, con una nueva otoñada (4.2.2).

---

783. Sobre el jueves de la Ascensión, véase lo dicho en la nota previa.

5. CONCLUSIONES

Leo mis «Conclusiones» de 1982, y me observo interesado entonces por determinadas cuestiones, como el debate sobre los orígenes de la frontera lingüística o las hablas churras en el pasado, que en cambio ahora no me resultan prioritarias; de manera que las nuevas «Conclusiones» que ofrezco difieren bastante de aquellas originales.

Señalaré de entrada que el habla descrita corresponde a una realidad que «fue», y continúa existiendo solo de manera residual, latente, en pervivencias selectas que desafían el avance del nuevo siglo. Si observamos en conjunto a los hijos de la Puebla que aún la habitan, junto a quienes emigraron tiempo atrás pero todavía mantienen el vínculo con la tierra madre, diría que apenas unas decenas de hablantes, todos de considerable edad, se ajustan al modelo genuino que retrata este libro. Es razón bastante para que, desde la memoria del corazón, su autor haya querido preservar el correspondiente legado.

Don Manuel Sanchis Guarner, gran maestro de la filología valenciana, definió el habla del Alto Mijares como un «dialecto aragonés modernizado, castellanizado, con muchos catalanismos» (Sanchis 1967, 202). Pues bien, su concisa y acertada descripción vale en esencia también para el habla de nuestra Puebla, cuya base, en efecto, es un castellano de sabor dialectal salpicado de elementos de filiación aragonesa (*gayato*, **mardano**, **tartir**) y catalano-valenciana (*a* **caramul**, **boño**, **calbot**, **musclo**). Pero también contiene dialectalismos propios del oriente peninsular (**ababol**, **aladro**); entre ellos, voces de problemática filiación, que tanto podrían vincularse al romance aragonés como al catalán (a través de su variedad valenciana): así, en el caso de **plegar** ('recoger'), **badallar** ('bostezar'), **ansa** y **pansa** (Gargallo 1986). Hay voces como **templao, -ada**, o **convoy** ('mimo, regalo') y **convoyar** ('obsequiar'), que se ven reflejadas o hermanadas en el espejo del valenciano (*templat, -ada; convoi* y *convoiar*).

217

Hay, además, palabras específicas de nuestro entorno más inmediato, como *garreto* o *garreta* ('huerto pequeño'), *gramón* ('espinazo del cerdo') o *josca* ('pinaza'). Hay voces que nos describen el paisaje (*sunsida, rocha*); otras, que lo humanizan (*cabezo, cinglo*). Hay nombres de lugar que retratan luces y sombras (*El Solanar, La Solaneta; La Ombría*), y los hay que evocan el fluir de fuentes (*El Chorrico, El Chorrador de la Ombría, El Almajal*) y de agua de lluvia (*La Chorrera*). Hay emblemas en forma de nombre, como *La Carrasquica* o *La Cruz del Viso*.[784]

Pero, entre toda esta casuística, cabe insistir en que son tres los componentes básicos de nuestra habla: (1) una base medieval «aragonesa», fundacional, fruto de la repoblación del siglo XIII; (2) una aportación del valenciano (catalán), producto de oleadas expansivas de léxico venido del este; (3) el componente castellano, que es desde hace tiempo el prioritario.

Observemos ahora el conjunto de las llamadas hablas *churras* (*vid.* 1.), el castellano-aragonés del interior valenciano y de tierras contiguas de Teruel. No son un todo homogéneo, sino que presentan diversidad. En su día (Gargallo 2002c, 137-139) me ocupé de caracterizar distintas tipologías en este espacio dialectal en que se enmarca el habla de la Puebla. Recupero con algún ajuste dicha clasificación, en que la Puebla responde al tipo (**d**):[785]

(*a*) Hablas (con sus hablantes) de frontera lingüística, como Ludiente, Sot de Ferrer, respectivamente estudiadas por Alba (1986) y Ríos (1989), así como las de Alcudia de Veo y otras localidades descritas a fondo en los distintos trabajos de Natividad Nebot Calpe. Dichas hablas son especialmente permeables a la valencianidad lingüística, de donde llegan muchos más préstamos que los que alcanzan a otras tierras situadas más al interior. Son hablas que conocen abundantes frases hechas y refranes de molde valenciano (así, *Peñagolosa emboirá, als huit dies seca o bañá*; en Fanzara; *apud* Gargallo 1993b, 419). Sus hablantes son mucho más receptivos al contacto lingüístico con el valenciano. De entre los

---

784. De estos y otros topónimos trato en Gargallo (2017). En cuanto a la *La Cruz del Viso*, que ofrece una vista extraordinaria sobre el valle del Mijares, ha de relacionarse con el *viso* que recoge el *DLE* (ac. 1.ª: «Altura desde donde se descubre mucho terreno»), por más que he oído relatar la simpática creencia en que se llama así por una mujer que cayó cinglo abajo y se dejó enganchado el viso. Se trata de uno de tantos casos de etimología popular.

785. Para dicha clasificación sirve de guía el mapa inserto al final.

más genuinos y no viajados, abundan los que entienden y practican esta otra lengua con gente de los pueblos vecinos.[786]

(*b*) Hablas (y hablantes) situados entre la frontera lingüística (con el valenciano) y la administrativa (con la provincia de Teruel), como en la cuña que ocupa Villahermosa del Río. Esta localidad (con sus masías), aun si se halla resguardada del valenciano por medio del macizo de Peñagolosa, no queda impermeable al contacto con valencianohablantes vecinos, de Chodos, Vistabella, etc. (Monferrer 2010).

(*c*) Hablas (y hablantes) en situación doblemente fronteriza, pues se sitúan junto a la frontera lingüística en coincidencia con la administrativa. Es el caso de La Iglesuela del Cid (de la provincia de Teruel). Los habitantes de La Iglesuela tienen un sentimiento de aragonesidad que no comparten los castellonenses de Villahermosa; pero el habla de aquellos, por la vecindad lingüística con la provincia de Castellón y el valenciano, es muy afín a las del punto (*a*). Es asimismo especialmente permeable a los valencianismos, conoce refranes con sello valenciano, como *El que la entorta se la emporta* (Julián 1998, 54),[787] y acoge préstamos léxicos con menor adaptación al castellano: así, *aguamoll* ('manantial, terreno cenagoso'), frente a nuestro **aguamol** (*vid.* 4.13).

(*d*) Los de frontera administrativa, como es el caso de nuestra Puebla, en continuidad con el castellano-aragonés de la contigua provincia de Teruel (Olba, San Agustín, Fuentes de Rubielos). La distancia con respecto al área valencianohablante de la Plana ha propiciado una importación de valencianismos menor que en el caso de los lugares lingüísticamente rayanos, en particular los correspondientes a los tipos (*a*) y (*c*). Por otra parte, queda meridianamente claro que los hablantes tradicionales de la Puebla eran —son— mucho menos permeables al valenciano que los de poblaciones lingüísticamente rayanas. Por tanto, no eran —no son— bilingües (en castellano y valenciano).

---

786. Sobre la competencia en valenciano de los pueblos lingüísticamente rayanos, corroboro lo señalado por Nebot (1991, 41): «Es significativo que los pueblos de frontera lingüística donde hemos realizado encuestas sobre el habla —Alcudia, Almedíjar, Ayódar, Torralba del Pinar y Villamalur—, comprendan el valenciano, a diferencia de otros más alejados de dicha frontera —Caudiel, Viver, Begís...—». Véase aquí, a propósito, el punto (**d**), en que se halla el caso de la Puebla.

787. Que su autor glosa así: «De origen valenciano, nos da a entender que quien ha hecho el mal (quien la entuerta) debe pagar las consecuencias (se la lleva)». El modelo valenciano es recogido por el DCVB (s. v. *entortar*): *Qui l'entorta, se l'emporta.*

(*e*) Consideración aparte merece el Rincón de Ademuz, enclave administrativo de la provincia de Valencia rodeado por las de Teruel y Cuenca. En esa singular comarca, inscrita en el *continuum* del castellano oriental peninsular (Gargallo 2004a), la distancia con respecto al ámbito lingüístico valenciano es tal que sus hablantes ni siquiera son sensibles a la marca distintiva de lo *churro*.

Sobre el sentimiento de nuestra gente se ha dicho y escrito bastante. Señala al respecto Boronat (p. 13) en su estudio sobre Los Calpes, una de las pedanías de la Puebla: «Dicen que Valencia es jardín de todas las flores y yo digo que en Aragón se crían más y mejores. Da cuenta del sentimiento de la gente hacia Aragón, más que hacia Valencia».

Entre Aragón y Valencia, o viceversa, media una frontera que es trascendible, y, como todas las fronteras trascendibles,[788] trasciende y se abre a dos mundos. En nuestro caso, a lo aragonés y a lo valenciano, o viceversa también. Pero eso no debe mirarse como un inconveniente, sino como una doble riqueza. Como la doble cara de un Jano bifronte, que abre la puerta a un nuevo año, mientras contempla aún el viejo. Lejos queda aquel septiembre de 1982, desde esta aurora de enero de 2020.[789]

---

788. Invoco una vez más la autoridad de José Luis Sampedro (1991, 16), de su libro *Desde la frontera*: «Vengo diciendo, en otras palabras, que mi dios siempre ha sido Jano, el de un rostro a cada lado, el dios de las puertas y las arcadas, invocado en la antigua Roma antes que ningún otro numen, como supremo iniciador. Mis fronteras son todas trascendibles, como lo es la membrana de la célula, sin cuya permeabilidad no sería posible la vida, que es dar y recibir, intercambio, cruce de barreras [...]».

789. Aurora que evoco, cuatro años más tarde, en el otoño de 2023, en la fase de corrección de pruebas y edición de la obra.

ÍNDICE DE FORMAS MENCIONADAS

Recojo alfabéticamente formas del léxico (muy ocasionalmente, del ámbito de la morfología: así, *caendo* o *¿cuála?*) y nombres propios (básicamente, topónimos y apodos), así como una selección de locuciones y fórmulas fijas. De manera excepcional, anoto glosas orientativas sobre palabras de sentido vago o equívoco: por ejemplo, *barras* ('mandíbulas'). Añado variantes, sobre todo fonéticas y gráficas, con las oportunas remisiones internas. Al final de cada entrada indico los puntos de referencia.

ababol (4.3.3)

abatojar (var. de *batojar*) (2.2.5.2.2, 4.10.2)

abinar (2.1.2.6., 4.1.8)

a boquica noche, a boca noche (vars. de *a poquica noche*) (3.6.4)

abrigo (3.5.3, 4.10.3), *estar abrigo* (4.10.3)

abrir ventana (4.10.2)

acachar(se) (2.2.1.6)

acarreadores/acarriadores (4.1.4)

acatolar (4.14)

a chorrillo (*sembrar* —) (4.1.8)

aclosar (4.14)

aclucar (vars.: *clucar* o *cucar*) (el ojo) (4.7.1.2)

acomparar (2.1.2.6)

acorao, -ada; *pan acorao* (4.6.4)

adrento (2.2.7)

afoto (2.1.2.6)

agora (var. de *aura*) (2.1.3.1., 3.6.1)

agro, -a (4.14)

aguachirri (4.5.2)

aguacil (2.2.9.

aguamanal, aguamol (4.13)

agüelico (*abuelico*) (4.3.3)

agüelo (2.2.10)

ahi ('ahí') (2.1.3)

ahumador (4.5.10)

ahumaos (var. de *zahumaos*) (apodo para los de Villanueva de Viver, la Villanueva) (4.5.10, nota 496)

aire (4.10.1)

¡aire! (3.6.1, 4.10.1)

aire d'abajo (4.10.1)

aire d'arriba (4.10.1)

aita (2.1.3.2, 2.2.1.1, 3.3)

ajaceite (4.6.4)

ajambrar, ajambre (4.5.10)

ajarriero, ajoarriero (var.: *ajuarriero*) (4.6.4)

ajoca(r)se (4.5.7)

ajuarriero (vars.: *ajarriero,*
  ajoarriero) (4.6.4)
alacena (var. de *lacena*) (4.9.4)
Aladrero, Joaquín del Aladrero
  (apodo) (2.2.9)
aladro (2.2.9, 4.1.1)
a la mañana (3.6.3)
Alamico (*La Fuente (de)l —*) (top.)
  (3.2.1)
a la noche (3.6.3)
a la tarde (3.6.3)
albada (4.11.3)
albáitar (2.1.1.3)
albarda (4.1.4)
albercoque (4.3.5)
albortín (4.5.5)
al cabo (a)bajo (3.6.5)
al cabo (a)lante (3.6.5)
al cabo (ar)riba (3.6.5)
al cabo (a)tras (3.6.5)
al cabo'l día (3.6.5)
alcarchofa (3.2.2.)
al drecho (*ir —*) (3.6.5)
al empar (3.6.5)
alfádega (4.3.3)
alfaz, alfalce (4.3.2)
alimal (2.2.10)
al inte (3.6.4)
aljez, aljezón, aljezar; Los Aljeceros
  (apodo) (4.9.1)
allar (2.1.3.2., 4.9.3)
allegar a (2.1.2.6)
almácera (4.2.3)
almajal (var. de *armajal*); *El*
  Almajal (top.) (4.13)
almario (2.2.9, 4.9.2)
almenara (4.1.7)

almendras garrapiñadas (4.6.4)
almendrolero (3.2.1)
a lo mojor (2.1.2.2)
a lo primero (3.6.4)
al pronto (3.6.4)
amanecer ('llegar, aparecer') (4.14)
amanoso, -a (4.14)
a manta (*sembrar —*) (4.1.8)
amarina(r)se (4.5.8)
ambrazos (2.1.2.3)
amerar (4.14)
amolar (3.5.5.2, 4.2.4)
amorosico (*llover —*) (4.10.2)
amósfera (2.2.6)
amoto (2.1.2.6)
amprar (4.14)
amugas (2.1.3.2, 2.2.5.2.6, 4.1.4)
ancejo (var. de *vencejo*) (pájaro)
  (4.4.3)
ancharia (2.2.5.2.1, 3.2.1)
ancía (2.1.2.3)
ande (2.1.3.2)
andosco (4.5.1)
andrina (2.1.2.3)
andrinero (3.2.1)
anque (2.1.3.2)
ansa (2.2.5.2.3)
ansa 'l cuello (4.7.1.3)
antesdanoche (var. de
  entesdanoche) (3.6.4)
antesdayer (var. de *entesdayer*)
  (3.6.4)
antintayer (var. de *entintayer*)
  (3.6.4)
antiojeras (2.1.3.1, 4.1.4)
antonces (2.1.2.3)
anublar (2.1.2.6)

222

aparador (4.9.4)

aparecer (2.1.2.6)

a poquica noche (var. de *a boquica noche, a boca noche*) (3.6.4)

a por (3.7.1)

apostas / a postas (3.6.2)

apreparar (2.1.2.6)

aprisquillao (*tener el genio —*) (4.3.5)

a punto día (3.6.4)

apuntonar (4.16.2)

aquirir (2.2.6)

arabogas (4.10.2)

arbero (4.6.3, 4.7.4)

a reganche (3.6.5)

arguella(r)se; *arguellao, -ada* (4.7.6); *tirar l'arguellazón* (4.7.6, nota 602)

arguilando (4.14)

armajal (var. de *almajal*) (4.13)

arna (4.4.1)

arraclán (2.2.7, 4.4.1)

arraclán de la estevica alta (4.4.1)

arradio (2.1.2.6)

arrán de (3.7.2)

arreo (3.6.5)

arreplegar (var. de *replegar*) (2.2.5.1, 3.5.5.1)

arribotas (3.6.2)

arrojar (4.7.1.1)

arroscante (4.8)

arroz trotero (4.6.4)

arrozar (2.1.2.6)

artesa (4.2.4)

Artiguillas (*Las —*) (top.) (2.1.1.1)

ascape (2.1.2.5)

asoluto, -a (2.2.6)

Asomadica (*El Corral (de) la —*) (3.2.1)

aspacio, aspacico (3.6.1)

aspea(r)se/aspia(r)se (2.2.1.8)

aspro, -a (2.1.2.7)

astajo (2.1.2.5)

a surco (*sembrar —*) (4.1.8)

atroncaza(r)se, atroncazado, -a (4.7.6)

¡au! (3.6.6)

augar (2.1.3.1)

auja, aujero (var. de *bujero*) (2.2.2.2)

auja de cabeza (4.7.7)

aunir(se) (2.1.2.6)

aura (var. de *agora*) (2.1.3.1, 3.6.1)

ausiliar (2.2.6)

a veces (3.6.5)

avellanero (3.2.1)

aviva(r)se (4.6.4)

a voleo (*sembrar —*) (4.1.8)

azaite (2.1.1.3)

azanoria (2.1.3.2, 3.2.2)

azarolla, azarollo/azarollero (4.3.5)

badallar, badallera (2.2.5.2.2, 4.7.1.1)

bado o bada; badao, bada(r)se, badar (4.9.1)

bajo ('abajo', adverbio) (2.1.2.5)

bajo cama (*tirar —*) (4.7.3)

bajocas (4.3.2)

baladre (4.3.3)

ballueca (4.3.3)

Balsa (de) la Umbría (*La —*) (4.1.7, 4.13)

223

Balsa (de) la Villa (La —), Balsa (de) la Viñaza (La —) (tops.) (3.7.1, 4.1.7)

bambolla (4.7.5)

bandear/bandiar; bandeador/ bandiador (3.5.1.5)

barandau (2.2.3, 4.9.1)

barata canciones (3.6.5)

barata na (3.6.5)

barbechar (4.1.8)

barcilla (2.2.4)

barda (4.10.2)

bardal (4.10.2)

barras (del carro) (4.1.3)

barras ('mandíbulas') (4.7.1.1, 4.7.4)

barrecha (4.6.4)

barreras/barrenas (4.11.2)

barridera (4.11.2)

barrionda (var. gráfica de *varrionda*) (2.1.2.3)

barzón (4.1.2)

basquet (4.3.5)

baste (4.1.4)

batajón (var. de *batojón*) (4.10.2)

batecasas (4.10.1)

batoja (2.2.5.2.2, 4.10.2)

batojar (var. de *abatojar*) (2.2.5.2.2, 4.10.2)

batojón (var. de *batajón*) (4.10.2)

bazcuello (4.7.1.3)

beber a morro (4.7.1.1)

becada, becadica (4.7.6)

becerro, -a (4.5.3)

becicleta (2.1.2.1)

beile (2.1.1.3)

bencina (4.14)

bezón, bezones (4.12)

billortas (4.1.1)

binza (2.2.5.2.9, 4.6.2)

birbe, var. de *bisbe* (2.3.3, 4.6.3)

birlas (4.11.4)

bisbe, var. de *birbe* (2.3.3, 4.6.3)

blancor (3.1.1)

blincar (2.2.10)

boga (4.3.3)

boira (2.1.2.2, 4.10.2)

boira terrera (4.10.2)

boja (4.3.2)

bolchaca (4.7.7)

boligana (var. gráfica de *voligana*) (4.4.1)

bolisa (4.9.3)

Boné (*El* —) (top.) (2.2.3)

bonico, -a (3.2.1)

boño (2.1.2.7, 2.2.3, 4.7.1.3)

boquimón (2.2.3)

borde (4.3.1, 4.5.6, 4.12)

bordear/bordiar (4.11.4)

borinot (2.2.3)

borradura (4.7.5)

borrar ('retoñar') (4.3.1)

borrego (4.5.1)

borrón ('yema de una planta') (4.2.2, 4.3.1)

bosar (4.7.1.1)

boteras (patatas —) (4.6.4)

botinchao, -ada (2.2.5.2.1, 4.7.5)

bozo (4.1.4)

bracete (*ir del* —) (2.1.2.7)

braguero (4.5.9)

bresca (2.2.4, 4.5.10)

bresquilla (2.2.4, 4.3.5)

brimbal (var. de *mimbral*) (4.9.1)

brimbe, brimbera (2.2.7)

brin (4.3.3)

brisa (4.2.2)

brisaña (4.10.1)

bromera (4.14)

brusa (2.2.10)

bu (4.4.3)

budillos, budillos delgados, budillos gordos, budillos burreros (4.6.2, 4.7.4)

buena cosa (güena cosa) (3.6.5)

buenaz (2.1.2.7, 3.2.1)

bufa, bufeta (4.6.3)

bufador (4.9.3)

bufar (4.6.3)

bujero (var. de *aujero*) (2.1.2.5, 2.2.2.2, 2.2.10)

bullido (*vid. hervido*) (4.6.4)

bullir (4.6.4)

buque (4.5.2)

burladero (4.11.2)

burra (de la piel) (4.7.5)

¡busca! (4.5.8)

buscajas (4.8)

buscareta (4.4.3)

butifarra (4.6.2)

cabecero (4.11.1)

Cabezo (El —) (top.) (4.13)

cabirón (2.2.3., 4.9.1)

cabrito, -a (4.5.2)

cacera (ir de —) (4.4.4)

cacho, -a (2.2.1.6)

cadernera (var. de *cardelina*) (4.4.3)

caendo (3.5.4)

cagahierro (4.2.1)

caganidos (4.4.3, 4.12)

caja (del carro) (4.1.3)

caja de colmena (4.5.10)

calandario (2.1.2.2)

calbot (2.1.2.7, 2.2.3, 4.7.1.3)

calcerio (2.1.2.7)

calcigar (4.1.7)

calentor (3.1.1)

calivo (estar al —) (2.2.2.2, 3.2.1)

calor (la —) (3.1.1)

calorina (4.10.3)

calzar (la reja) (4.1.1)

cama (del arado) (2.2.5.2.6, 4.1.1)

camal (4.7.7)

camamirla (4.3.3)

camilargo, -a (*vid. garrilargo, -a*) (4.7.3)

campanar (4.9.1)

camín real (rial) (2.1.2.7)

campanica ('úvula') (4.7.1.1)

campanico (3.1.3)

Campillo (El —) (2.1.1.1)

canalera (4.9.1)

Canaleta (La —) (fuente) (top.) (3.2.1)

Candelera (la —) (4.16.2)

candil ('libélula') (4.4.1)

canto o cantico (de pan) (4.2.4)

canzoncillos (2.2.10)

cañones (de la nariz) (4.7.1.3)

cañote (4.3.2)

caparra (4.4.1)

capazo (2.2.2.1, 2.2.4)

capolar (4.6.2)

capota; Capota, Capotica (apodos) (4.3.1)

caracola (4.4.4)

caramul (a —) (2.2.3)

carántula (2.2.8)

carcanada (4.5.7)

cardelina (var. de *cadernera*) (4.4.3)

careta (3.2.1, 4.6.3)

carfolla (4.3.2)

caridad/caridá(d) (*vid. rollo de la carida(d)*) (4.2.4, 4.11.1)

caridador, -a (4.11.1)

carrasca (4.3.4)

Carrasquica (*La* —) (top.) (3.2.1, 4.3.4)

carrucha (4.9.1)

carunfla (4.7.1.3)

casalicio (4.9.1)

cascar ('hablar mucho') (4.8)

Casero (*el tio Enrique el* —) (apodo) (4.5.6)

Casetas (*Las* —) (top.) (3.2.1)

casolana (res —) (4.5.6)

castillo de la Viñaza (1.4)

cate (4.6.2)

cegajo (var. de *segajo*) (4.5.2)

ceica (var. de *zaica*) (2.1.1.3, 4.1.7)

ceica/zaica madre (4.1.7)

ceiquero (var. de *zaiquero*) (4.1.7)

cejo (4.10.2)

cencia (2.1.3.2)

ceprinar (4.1.5)

cerca(r)se (2.1.2.5)

cercillo (var. de *zarcillo*) (2.1.1.1, 4.2.2)

cércoles (4.2.2)

cerner (4.2.4)

cerrao de barba (4.7.1.3)

cevil (2.1.2.1)

chacho, chacha (2.1.2.5)

chafardear/chafardiar, chafardero, -a (4.8)

chano-chano (3.6.5)

charraire (2.2.5.2.8, 3.2.1)

charrar (2.2.5.2.8, 4.8)

charretas (3.2.1)

charro (4.8)

chaure (*ir a* —) (2.2.1.2, 3.5.2)

chavo (2.1.2.5)

chepa (2.2.1.2, 4.7.6)

cheperut/cheperudo (4.7.6)

chicharra (2.2.4, 4.4.1)

chichorritas (4.6.3)

chicuto, -a; *río Chicuto* (top.) (3.2.1)

chillito (3.2.1)

chiminera (4.9.3)

chirnete/chisnete (4.7.1.3)

Chorrador de la Umbría/Ombría (*El* —) (top.) (1.3, 4.13)

chorrar (4.13)

Chorrera (*La* —) (top.) (4.13)

Chorrico (*El* —) (top.) (3.2.1, 4.13)

¡(chu)cho! (2.1.2.5, 4.5.8)

choto, -a (2.2.1.7, 4.5.2)

chuflar, chuflete, chufleta (2.2.1.7)

chulla (2.2.1.7)

ciazo (2.1.3.1, 4.2.4)

ciegalito (4.7.6)

cieltro (var. de *fieltro*) (2.2.10, 4.1.2)

cimal (4.3.1)

cincha (2.2.5.2.1, 4.1.4)

cingla, cinglo (2.2.5.2.1, 4.13)

ciomo (2.1.3.1)

ciscla (4.9.4)

clafer (3.5.1.1)

clasca, clasquitierno (4.4.4)

clavario, clavariesa (4.15)

clavellinera (3.2.1)

clavijas, clavijeros (4.1.1)

clocha; *La Clocha* (top.) (2.2.5.1, 4.13)

clote (2.1.2.7, 2.2.5.1, 4.1.8, 4.13)

clotear (4.1.8)

Clotes (*Los* —), *El Clotico* (tops.) (2.1.2.7)

clucar (vars.: *aclucar* o *cucar*) (el ojo) (4.7.1.2)

cociente (*queda(r)se* —) (4.7.1.3)

cocio (4.9.4)

cocote (2.2.2.1)

coger ('caber') (4.14)

cojudo (4.5.2)

colla (4.14)

collera (4.1.2)

collerón (4.1.2)

collins (3.6.6)

comichear/comichiar (4.6.4)

comprero (4.14)

cona (4.6.3)

convidar (4.14)

convoy, convoyar (4.8)

conyugar (4.1.2)

corbella (4.1.5)

corca(r)se, corcón (4.14)

cordero (4.5.1)

corfa (4.3.2)

corraleta (4.9.4)

corriente (*el* —) (3.1.1)

corrimbaldero, -a (4.8)

cortafríos (4.2.1)

corte ('pocilga') (4.9.4)

costumbre (*el* —) (3.1.1)

covar (4.5.7)

Covatilla (*La* —) (2.1.1.1)

crebaza(s) (4.7.2.)

criancho, -a (3.2.1)

criango, -a (3.2.1)

criurrio, -a (3.2.1)

Cruz del Viso (*La* —) (top.) (5)

cuajerones (4.6.2, nota 505)

¿cuála?, ¿cuálas?, ¿cualo? (3.4.2.3)

cuartudo, -a (4.5.6)

cuasi (3.6.1)

cubo (del carro) (4.1.3)

cubo (lagar) (4.2.2)

cubre (4.9.2)

cuca, cuca(r)se (4.3.5)

cuca de cien patas (var. de *gusano de de cien patas*) (4.4.1)

cucar (vars.: *aclucar* o *clucar*) (el ojo) (4.7.1.2)

cuchareta (4.4.4)

cucharo (3.1.3)

cuco (4.4.3)

cuelgo (4.3.2)

cuesco (4.3.5)

cuete (2.1.3.1)

cugul (2.2.3)

culeca (2.2.7, 4.5.7)

curriola (2.1.1.1, 4.9.1)

curro, curra (4.7.2)

curruquear/curruquiar (4.5.7)

curto (var. de *rabicurto*) (4.5.6)

curtos (apodo para los de San Agustín) (4.5.6, nota 476)

custión (2.1.3.2)

dalla (4.1.5)

dar agonía (4.15)

d'aura lante (3.6.4)

dar avío (a algo) (4.15)

dar escuela (4.15)

dar la baya (4.15)

dar pena (4.15)

227

dar un batán (4.15)

de baldes (3.6.2)

de bueno, de lo de bueno (*comer —*) (4.6.3)

decirle, le dicen (para expresar el nombre de una persona) (4.8)

decisáis (2.1.3.2)

¡de cuándo acá! (4.15)

de gairón (2.2.3, 2.2.10)

delirio (4.8)

delonero (var. de *llatonero*) (2.2.1.4, 4.3.4)

Delonar (*El —*) (top.) (2.2.1.4)

de memoria (*estar, dormir, caer —*) (4.7.1.3)

dental (var. de *diental*) (4.1.1)

de por (3.7.1)

derde (2.3.3)

desa ('dehesa') (2.1.3.2)

desamorido, -a (3.5.1.1)

descolorir; descolorido, -a (3.5.1.1)

de seguida (3.6.3)

desembolicar (4.14)

desembozar (4.14)

desenreligar (4.14)

desenrunar (4.9.4)

desficio; desficioso, -a (4.7.6)

desgana (4.7.6)

desinquieto, -a (4.8)

despagao, -ada (4.8)

despartir; despartido, -a (4.8)

desplegar (2.2.5.1, 3.5.5.1)

desplega(r)se (una criatura) (2.2.5.1)

día de hacienda (4.14)

diarrera (var. de *riadera*) (4.7.6)

dica ('hasta'), *dica luego* (3.7.1)

diental (var. de *dental*) (4.1.1)

dijenda (3.5.4)

dineros (*los —*) (4.14)

disgustao (4.6.4)

disipao (4.6.4)

dispensa (2.1.2.3)

disprecio (2.1.2.4)

dispués (2.1.2.3)

dominanta (3.1.2)

doneta (3.2.1, 4.6.2)

dotor (2.2.6)

dragón (4.4.2)

drecho, -a (2.1.2.7)

duricia (4.7.5)

echa(r)se o pone(r)se largo (4.7.1.3)

eje (del carro) (4.1.3)

El Horno / L'Horno (top.) (4.2.4, nota 371)

emblanquinar (4.9.4)

embolar, embolador (4.11.2)

embolicar, embolique (4.14)

embozar (4.14)

embruta(r)se (4.14)

embudo de embutir (4.6.2)

empastrar, empastre (4.8)

empeltar, empelte (4.3.1)

empomar (4.7.2)

encalar, encala(r)se (4.8)

encana(r)se (4.7.1.1)

enclusa (var. de *inclusa*) (2.1.2.4, 2.2.5.2.1, 4.2.1)

en cuando en cuando (3.6.3)

en cuenta de (3.7.2)

endeña(r)se (4.7.5)

en día en día (3.6.3)

endolorir (3.5.1.1)

enemigo ('padrastro, repelón del dedo') (4.7.2)

engajada (*vid. torta de nueces*)
  (4.2.4)

engañapastor (*vid. pájaro
  sembrador*) (4.4.3)

engaña(r)se (4.8)

en guerra [sin artículo] (3.3)

enguila (2.1.2.3)

enguizcar, enguizcador (vars. de
  indizcar, indizcador) (4.5.10)

enjugazado, -a (4.11.4)

en par en par (3.6.3)

enrabiada (4.8)

enreligar (4.14)

enruna, enrunar (4.9.4)

ensalada (4.6.4)

enseinada (4.6.3)

ensensar (4.8)

enseña(r)se (4.8)

ensobinao, -a (4.5.4)

ensoñar (var. de *soñar*) (4.9.2)

ensordar (4.7.5)

entablao (4.11.2)

entesdanoche (var. de *antesdanoche*)
  (3.6.4)

entesdayer (var. de *entesdayer*)
  (3.6.4)

entintayer (var. de *antintayer*)
  (3.6.4)

Entiscar (*El* —) (top.) (2.2.11.,
  4.3.4)

entresijo (de las tripas del cerdo)
  (4.6.2)

equilicuá (3.6.5)

Era (de) la Villa (*La* —) (top.)
  (3.7.1, 4.1.5)

Eretas (*Las* —), *Ereta d(e) Arriba*
  (*La* —), *Ereta d(e) Abajo* (*La* —)
  (tops.) (3.2.1, 4.1.5)

esbarar (var. gráfica de *esvarar*)
  (2.2.2.3)

esbarrar(se) (2.2.2.3, 3.2.2, 4.5.9)

esbojar (3.2.2, 4.3.2)

esbordegar (4.2.2)

escachufla(r)se (4.14)

escafaña (*hablar de / hacer la* —)
  (4.15)

escalera (del carro) (4.1.3)

escaparrar (*mandar a* —) (3.2.2,
  4.4.1)

escarote (4.5.10)

escarpe o *escarpel* (4.1.5)

escarrama(r)se (2.2.7, 4.7.3)

escema (3.2.2)

esclafar (4.14)

esclatar (4.3.1)

escolgar (2.2.1.8)

escorfar (4.3.2)

escorrer (3.5.1.1)

escorrín (var. de *escurrín*) (2.2.3)

escotar las voras (4.1.8)

escrece(r)se (4.8)

escuaja(r)se (2.2.1.8)

escuela (*ir a / venir de* —) [sin
  artículo] (3.3)

esculla, escullar (4.6.4)

escurrín (var. de *escorrín*) (2.2.3)

escurzón (4.4.2)

esme (4.8)

es menester (3.5.5.6)

¡eso ray! (4.15)

espacenciar (2.1.3.2)

espaldas (del cerdo) (4.6.3)

esparamiento (4.8)

espariega (var. de *esperiega*) (4.3.5)

espartín (2.2.3, 2.2.12, 4.2.3)

espelejao, -ada; espelejadura (4.7.5)

esperiega (var. de *espariega*) (4.3.5)

espijorrear/espijorriar (4.10.2)

espinazo (var. de *esquinazo*) (4.6.3, 4.7.4)

espolsar (4.2.4, 4.14)

esporgar (4.3.1)

esportillar (2.2.1.8)

esprígol (2.2.9, 4.3.3)

esprigolear/esprigoliar (4.3.3)

espurna (var. de *purna*) (4.9.3)

espurnear/espurniar (4.10.2)

esquijalao, -ada (4.7.1.1)

esquinazo (var. de *espinazo*) (4.6.3, 4.7.4)

esquince (4.3.1)

estajar (4.5.9)

estar con (alguien) (4.15)

estar de mal teque (4.15)

estar en algo (4.15)

estarquín (3.2.2)

estenazas (3.2.2)

estentino(s) (2.2.7, 4.6.2, 4.7.4)

esteva (4.1.1)

estijeras (3.2.2)

estilla (2.1.2.3)

estituto (2.1.2.1)

estordecer; estordecido, -a (4.7.1.3)

estornillar (2.2.1.8)

estorrozar (4.1.8)

estovar, estovar la lana (*vid. sostovar*) (4.5.1)

estozola(r)se (4.7.1.3, nota 571)

estrajar (4.6.4)

estraudes (2.1.1.3, 3.2.2, 4.9.3)

estrebillo (2.1.2.1)

estremar (4.5.9)

estriar (var. de *triar*) (4.14)

estrumento (2.1.2.1)

estufadera (4.11.4)

estuto (2.1.2.3)

esvarar (var. gráfica de *esbarar*) (2.2.2.3)

esvolotar (4.8)

eszarzar (2.2.1.8)

faena (4.14)

fajo (2.2.1.1)

falca, falcar (4.9.1)

falda (2.2.1.1)

farfalloso, -a (4.7.1.1)

fartón (2.2.1.1)

fascar (4.8)

fedir (var. de *fidir*) (2.2.1.1, 2.2.10)

fenefa (2.2.10)

fermentar (el mosto) (4.2.2)

fidir (var. de *fedir*) (2.2.1.1, 2.2.10)

fieltro (var. de *cieltro*) (2.2.10, 4.1.2)

flama (2.2.5.1)

flamerada (2.2.5.1)

florece(r)se, florecido (4.2.4, 4.6.3)

floronco (2.2.7)

forcal (*labrar a* —) (2.2.1.1, 2.2.3, 4.1.1)

foter, fote(r)se (2.2.1.1)

fotudo, -a (2.2.1.1, 3.5.3)

frega, fregar (3.5.5.1)

fridura (*vid. frito*) (4.6.1, 4.6.3, 4.16.2)

frior, friorica (3.1.1)

frito (*el* —) (*vid. fridura*) (4.6.1)

¡fuch! (2.2.1.1, 2.2.3)

fuchina (*hacer* —) (2.2.1.1)

Fuentecicas (*Las* —) (top.) (3.2.1)

Fuente de la Noguera (top.) (3.2.1)

furo, -a (4.5.6)

gachapera (var. de *gazapera*) (4.4.4)

gachapón (4.4.4, nota 457)

gajo (4.2.4)

galga (del carro) (4.1.3)

gallet (*beber al* —) (2.1.2.7)

galtas (4.7.1.3)

gamella (2.2.1.6, 4.9.4)

gamellón (2.2.1.6)

gañir (4.7.1.2)

garabito, garabitero (4.11.4)

garba (4.1.6), *garbón* (4.1.6, nota 331)

garbancear (4.3.1)

garcea(r)se/garcia(r)se (4.9.1)

garganchón (4.6.3, 4.7.4)

garra ('pierna') (4.7.3, 4.7.4)

garrear/garriar (4.7.3)

garreto, garreta (4.1.8)

garricorto, -a (4.7.3)

garrilargo, -a (*vid. camilargo, -a*) (4.7.3)

garrofa (4.3.2)

garrofera (3.2.1, 4.3.2)

garrón (4.6.3, 4.7.3)

gavia (4.4.4)

gavilla (4.1.6)

gavillo (4.1.6)

gayata (3.1.3)

gayato (2.2.1.6, 2.2.2.1, 3.1.3)

gazapera (var. de *gachapera*) (4.4.4)

gemecar (2.2.1.2, 2.2.2.1, 4.7.1.1)

gerri (var. gráfica de *jerri*) (4.5.2)

girar la cara (4.7.1.3)

girar (la luna) (4.10.3)

gira(r)se 'darse la vuelta' (4.7.1.3)

gobanilla (4.7.2)

gobernanta (3.1.2)

gola (4.7.1.3)

goler (2.2.1.9)

golica (4.7.1.3)

goludo, -a (4.6.4)

golver (2.2.1.9)

gordunflo, -a (3.2.1)

gramón (4.6.3, 4.7.4)

grandaz (2.1.2.7, 3.2.1)

granilletes (4.2.2)

grilla(r)se, grillón (4.3.5)

guardiola (2.1.1.1)

guchara (2.2.1.6)

güena cosa (*vid. buena cosa*) (3.6.5)

güeña (4.6.2)

güerto (2.2.1.9)

güina (2.2.1.1, 4.4.4)

guiñoso, -a (4.5.6)

guizque/guiz (4.5.10)

gurrino (4.7.1.3)

gurrión (2.1.2.4)

gusano de cien patas (var. de *cuca de cien patas*) (4.4.1)

gusano de luz (4.4.1)

gustar (algo) [con valor transitivo] (4.7.1.1)

hacer bondá (4.15)

hacer cuenta de (4.15)

hacer el ronso (4.8)

hacer gozo (4.15)

hacer mal ('hacer daño') (4.7.6)

hacina (var. de *hajina*) (4.1.6)

haje (2.2.1.1., 2.2.5.2.5., 4.1.6)

hajina (var. de *hacina*) (2.2.1.1,
2.2.5.2.5, 4.1.6, 4.16.2)
halda (2.2.1.1, 4.7.7)
hancia (2.2.8)
harbajante (2.1.2.2, 4.5.9)
Hardachera (*La Fuente (de) la* —)
(top.) (2.2.1.1)
hardacho (2.2.1.1, 4.4.2)
harinar (4.11.4)
haz (var. de *haje*) (4.1.6)
helor (3.1.1)
Herrería (*La* —) (top.) (4.2.1)
hervido (*vid. bullido*) (4.6.4)
hervir (el mosto) (4.2.2)
hetárea (2.2.6)
hí ('sí'), var. gráfica de *jí* (2.3.2)
hiciendo (3.5.4)
hiemo (2.2.1.1, 4.1.8)
higa (2.2.1.1, 3.1.1, 4.16.2)
higas albardadas (4.6.4)
hombraz (2.1.2.7, 3.2.1)
hombre ('marido'), *mi hombre*
(4.12)
Hontanilla (*La* —) / *L'Hantanilla*
(top.) (2.1.1.1; 2.2.1.1)
horno (4.2.4)
Hoya (*La* —) (top.) (2.2.1.1,
2.2.5.2.4)
Hoyuela / *Huyola* (*La* —) (tops.)
(2.1.1.1)
hubido (3.5.3)
hubiendo (3.5.4)
Huerta Guaira (*La* —) (top.)
(2.1.1.2)
humacera (4.9.3)
icir ('decir') (2.2.1.8)

inclusa (var. de *enclusa*) (2.1.2.4,
2.2.5.2.1, 4.2.1)
indilugencia (2.1.2.7)
indizcar, indizcador (vars. de
enguizcar, enguizcador) (4.5.10)
indo (3.5.4)
inebro (2.1.2.4, 2.2.1.2, 4.3.3)
Inebrosa (*La* —) (top.) (2.1.2.4)
ir a guardar (4.5.9)
ir de blandura (4.10.2)
i(r)se solo, -a (4.15)
isipela (4.7.5, 4.16.1)
ivierno (4.16.2)
jabalín (4.4.4)
jada (var. de *zada*) (2.1.2.5,
2.2.5.2.5, 4.1.5)
jada ancha (4.1.5)
jada (o *jadica*) *de escardar* (4.1.5)
jada estrecha (4.1.5)
jada morgonera (4.1.5)
jadrea (4.3.3)
jarmiento (2.2.1.7, 4.2.2)
jarra (o *jarrica*) *del frito* (4.6.1)
jasco, -a (4.6.4)
jeja (4.3.2)
jerri (var. gráfica de *gerri*) (4.5.2)
jeta (4.2.2)
jí ('sí'), var. gráfica de *hí* (2.3.2)
jopar (4.8)
josca (4.3.4)
jovenes (2.1.3.3)
joventú (2.1.2.4, 2.2.3)
Jual Antonia (2.2.9)
juela (2.1.2.5, 2.2.5.2.5, 4.1.5)
juente (2.2.1.1)
juera (2.2.1.1)
juerte (2.2.1.1)

jugar al rolde (4.11.4)

julio (4.3.3)

juncir (var. de *yuncir* y *lluncir*)
   (2.2.1.3, 4.1.2)

juntar la puerta (2.2.1.3)

juto, -a (2.2.1.7, 4.5.5)

laboretas (4.3.3)

labrar (4.1.1)

lacena (var. de *alacena*) (4.9.4)

lagaña; *lagañoso, -a*; *lagañosos*
   (apodo para los de Campos de
   Arenoso) (4.7.1.2)

lambreño, -a (4.5.6)

laminero, -a (4.6.4)

lante (2.1.2.5)

largaria (3.2.1)

lay, layes (2.1.1.3)

leba (2.2.5.1)

leenda (2.3.1)

leendo (3.5.4)

leterola (2.2.1.4, 4.6.3)

letrera (2.2.1.4, 4.3.3)

limpiar ('podar') (4.3.1)

linde (*la* —) (3.1.1)

linterna ('luciérnaga') (4.4.1)

Lituelo (*L'Hituelo*) (top.) (2.2.11)

lladre (2.2.1.4)

llanda (2.2.1.4, 4.2.4)

llanta (del carro) (4.1.3)

llatón (4.3.4)

llatonero (var. de *delonero*) (2.2.1.4,
   2.2.2.1, 4.3.4)

llegur ('yogur') (2.2.1.4, nota 130)

llesca (var. de *yesca*) (2.2.1.4, 4.2.4)

*llovisnear, llovisnar, llovisniar,
   llovirniar, llovirnar* (4.10.2)

llugo (var. de *yugo*) (2.2.1.3, 4.1.2)

lluncideras (var. de *yuncideras*)
   (4.1.2)

lluncir (var. de *juncir* y *yuncir*)
   (2.2.1.3, 4.1.2)

llunta (var. de *yunta*) (2.2.1.3, 4.1.2)

lobada (4.1.8)

loma (2.2.5.2.6); *Loma (de) la
   Grana* (*La* —) (top.) (2.2.5.2.6,
   3.7.1)

longaniza (4.6.2)

longanizales (*budillos* —) (4.6.2)

lubiano (2.1.2.2, 4.6.2, 4.6.3, 4.7.4)

luciar (4.1.1)

macho ('mulo') (4.1.1)

macho (animal de sexo masculino)
   (*vid. masclo*) (4.5.5)

macho burrero, macho romo (4.5.4)

machorra (2.2.5.2.1, 4.5.5)

madalena (2.2.6)

madeja (4.6.2)

magro (4.6.3)

maistro (2.1.3.1)

malacatón (var. de *melocotón*)
   (4.3.5)

mallar (2.3.4, 4.2.1)

mallo (2.3.4, 4.2.1)

manchar, manchón (4.2.1)

Mancurros (*Los* —) (apodo) (4.7.2)

mandil (4.2.4)

mangrana (2.2.9, 4.3.5)

mangranera (3.2.1)

manobra (4.9.1)

mantornar (4.1.8)

manzanera (3.2.1)

manzanillas ('botones') (4.7.7)

mañana noche (3.6.4)

marcega (2.1.3.3, 2.2.10, 4.9.2)

marcir, marcido (2.2.4)

mardano (2.2.2.3, 4.5.1)

Mar de (*El* —), pronunciación popular de *El Mas de* (en toponimia) (2.3.3)

mareta (var. de *marina*) (4.10.1)

maría, marialuisa ('mantis religiosa') (4.4.1)

marina (var. de *mareta*) (4.10.1)

mas; *El Mas de Aceite*, *El Mas de Rando*, *El Mas de Fornas* (tops.) (2.3.3, 4.9.1)

masada (4.9.1)

Masadica (*La* —) (top.) (1.3, 3.2.1, 4.9.1)

masar (2.1.2.5, 4.2.4)

mascahígas/mascahigas (4.7.1.1)

mascar (4.7.1.1)

mascarar (4.11.4)

masclo (animal de sexo masculino) (*vid. macho*) (2.2.5.2.1, 4.5.5)

masía (1.3, nota 10; 4.9.1)

Masico (*el tio* —) (1.5.2)

masovero, -a (1.5.1, nota 18; 4.9.1)

más pronto ('más bien') (3.6.5)

matacabra(s) (4.10.2)

matapuerco o *matacerdo* (4.6.1, 4.16.2)

maular (vars.: *miaular* y *mayar*) (4.5.8)

maulido (4.5.8)

maulón (4.5.8)

mayar (vars.: *maular* y *miaular*) (2.3.4, 4.5.8)

mazarrón (4.5.10)

mediana ('correa que sujeta el barzón al yugo') (4.1.2)

medico (2.1.3.3)

mejer (2.2.5.2.5, 4.9.2)

melitar (2.1.2.1)

melocotón (var. de *malacatón*) (4.3.5)

melsa (4.6.3, 4.7.4)

metá (2.1.2.4)

miaja (*una* —) (2.2.2.1)

miaular (vars.: *maular* y *mayar*) (4.5.8)

mimbral (var. de *brimbal*) (4.9.1)

mirar las agüitardas (4.15)

misino, misinico; *misina, misinica* (4.5.8)

míspero, mísporo (vars.: *níspero, nísporo, ñíspero, ñísporo*) (4.3.5)

misto (4.9.3)

mocador (4.7.1.3)

moca(r)se (4.7.1.3)

modorra (sustantivo) (4.5.1)

modorras (patatas —) (4.6.4)

modorro, -a (4.5.1)

mojadina (4.10.2)

mojete (4.6.4)

mojitero (4.6.4)

mojor (2.1.2.2)

moladura (*vid. morao*) (4.7.5)

Molino Bajero (*El* —) (4.2.4)

Molino (de) en Medio (*El* —) (4.2.4)

Molino (de)l Duque (4.2.4)

Molino (de) Reinaldo (*El* —) (top.) (4.2.4)

Molino (de) Sargantana (top.) (4.2.4, 4.4.2)

molla (4.2.4)

mollete (4.2.4)

mondongo (4.6.2)

monflorito, monflorita (2.1.2.2,
   2.1.2.5, 4.5.5)

moniato (2.2.1.9)

Montico (El —) (top.) (3.2.1)

moñigo (2.2.1.9)

moño, moño estorao (4.7.1.3)

morao (vid. moladura) (4.7.5)

morca (4.6.2, 4.16.2), morca cular
   (4.6.2)

morcada (4.2.3)

morcillas de arroz (4.6.2)

morcillas de cebolla (4.6.2)

morgón (4.2.2, 4.1.5)

morisco ('viento del sur') (4.10.1)

morritón (4.13)

Morrón, El Morrón de Campos, El
   Morrón de Olba (tops.) (4.13)

morros (4.7.1.1., 4.7.4.); estar de
   morros o hacer morros (4.7.1.1)

mostillo de miel (4.5.10)

mostillo de vino (4.2.2)

mosto (4.2.2)

mover ('comenzar a brotar una
   planta') (4.3.1)

mover a + infinitivo ('empezar a')
   (4.15)

mozo, -a; mozoviejo, mozovieja
   (4.12)

mozos (del carro) (4.1.3)

mu ('muy') (3.6.1)

muda(r)se (4.7.7)

muncho (2.2.8, 3.6.1)

muela catalana, muela francesa
   (4.2.4)

muelto (3.5.3)

muir (4.5.9)

musclo (2.2.5.2.1, 4.4.4)

musol (2.1.1.1, 4.7.1.2)

namás (var. de nomás) (3.6.1)

nano (2.1.2.5)

negocianta (3.1.2)

ninote/ninot (2.1.2.7)

niquitoso, -a (4.6.4)

níspero, nísporo [nispro, nota 26]
   (vars.: ñíspero, ñísporo, míspero,
   mísporo) (4.3.5)

nisprolero (vars: ñisperero,
   ñisporero) (3.2.1)

no cal (var. de no cual) (3.5.5.6,
   4.16.1); no calía (3.5.5.6)

no cual (var. de no cal) (3.5.5.6)

no gosar (3.5.5.6, 4.8)

noguera (3.2.1, 4.3.4, 4.16.2)

nomás (var. de namás) (3.6.1)

no medio (3.6.5)

no, por cierto (3.6.5)

novillo, -a (4.5.3)

nublo (3.5.3, 4.10.2)

ñíspero (2.1.1.1), ñísporo (2.2.1.5)
   (vars.: níspero, nísporo, ñíspero,
   ñísporo, míspero, mísporo) (4.3.5)

ñispla (2.2.1.5, 4.7.1.3)

ñisperero, ñisporero (var.:
   nisprolero) (4.3.5)

oliva (4.2.3)

olivera (3.2.1)

olla, ollica (4.6.4)

olor (la —), olorica (3.1.1)

olorar (4.7.1.3)

ombría (2.1.2.4, 4.13, 4.16.2)

oraje; hacer buen o mal oraje
   (4.10.1)

orejeras (4.1.1)

orenza (4.2.4)

orujo (4.2.2)

¡ospe!, ¡óspera!, ¡osperica!,
   ¡osperanica parda! (3.6.6)

otri; trebajar pa otri, d'otri (3.4.2.5)

pa (2.2.2.3)

pacencia (2.1.3.2)

pa cuenta de (3.7.2)

paine (2.1.1.3, 3.5.8)

pajaro (2.1.3.3, 3.5.7.2)

pájaro sembrador (*vid.*
   engañapastor) (4.4.3)

pajer (2.2.5.2.5)

pajuzo; Pajuzo (apodo) (3.2.1)

pal ('para el') (3.3)

palancana (4.9.4)

paleta (4.9.1)

palomica (4.4.1)

palomo turco (o *turcazo*) (4.4.3)

palplantao, -ada (4.8)

panceta (3.2.1, 4.6.3)

pancha (2.2.5.2.9)

paniquesa (4.4.4)

panizo, panizo de rosas (4.3.2)

panoja (4.3.2)

pansa (2.2.5.2.3, 3.5.1.1, 4.2.2)

pansido, pansi(r)se (2.2.5.2.3,
   3.5.1.1)

pántano (2.1.3.3)

paño pared (*paré*) (4.9.1)

papelero, -a (4.8)

parar bien (4.15)

parar cuenta (4.15)

parar la mano (4.15)

parar mal (4.15)

pasar pena (4.15)

Pascua (de)l Rollo (4.2.4, 4.11.1)

pasia (4.7.5)

pebrera (4.3.2)

peder (2.2.2.2, 4.16.1)

pedré (4.5.7)

pedricar (2.2.7, 4.16.1)

Peiros (*Los* —), *Los Peiros de
   la Loma* (tops.) (2.2.5.2.8); *El
   Molino (de) los Peiros* (2.2.5.2.8,
   4.2.4)

pelaire (2.2.5.2.8, 3.2.1)

pelaos (*budillos* —) (4.6.2)

pelejo (4.7.5)

pelloque (2.1.2.7)

*pelota (de) carnaval, pelota (de)
   puchero* (4.6.2)

pendis (*la* —) (4.7.5)

penícula (2.2.9)

peñazo (3.2.1)

perallón (4.3.5)

perdigacho (4.4.3)

perdigana (4.4.3)

pernil (4.6.3)

perol, estar mal del perol (4.9.4)

personal (4.8)

pertiga (2.1.3.3)

pescatería; pescatero, -a (2.2.2.1)

pescuño (var. de *pizcuño* y *pezcuño*)
   (4.1.1)

pésol (4.3.2)

pesquera (*ir de* —) (4.4.4)

petillo (2.1.2.1)

peúco (4.7.7)

pezcuño (var. de *pizcuño* y *pescuño*)
   (4.1.1)

piaular (var. de *piular*) (4.5.7)

piazar (4.7.7)

piazo (2.1.3.1)

pica (4.9.4)

236

picanta (4.3.2)

picaporte (4.9.1)

picar (la carne) (4.6.2)

picaraza (4.4.3)

picayo (4.13)

pichirroyo (4.4.3)

picor (la —); picorica (3.1.1)

picota ('viruela') (4.7.5)

Pijer (El —) (top.) (4.10.2)

pilón (para embolar el toro) (4.11.2)

piñol (2.1.1.1, 2.1.2.7, 4.2.3)

pior (2.1.3.1)

piquera ('agujerillo de la colmena
por el que entran y salen las
abejas') (4.5.10)

pisazo (3.2.1)

pitera (4.3.3)

pito, -a (4.8)

pitral (2.1.1.2, 4.1.4)

piular (var. de piaular) (4.5.7)

pizcar, pizco (4.7.6)

pizcuño (var. de pescuño y pezcuño)
(4.1.1)

Planillar (El —) (top.) (2.2.5.1)

Plano (El —) (top.) (2.2.5.1)

plegador (2.2.5.1)

plegar (2.2.5.1, 3.5.5.1, 4.3.1, 4.14)

podar (4.3.1)

pol ('por el') (3.3)

polvacera (4.1.8)

ponedor (de huevos) (4.5.7)

pone(r)se o echa(r)se largo (4.7.1.3)

poniente (4.10.1)

porcatera (vid. porquera) (4.9.4)

porchado (4.9.1)

porche; El Porche / El Pórchel (top.)
(4.9.1)

por mal de pecao (4.15)

por mitá de (3.6.5)

porquera (vid. porcatera) (4.9.4)

porrate (2.1.2.7)

Portillo (El —) (top.) (2.1.1.1)

pos ('pues') (3.7.3)

pozal (4.9.4)

Pradillo (El —) (top.) (2.1.1.1)

prau (var. de prou) (2.1.1.3, 3.6.1)

prepalo (4.1.5)

preto (3.5.5.1)

primal (4.5.1, 4.5.2)

primer (la —) (fem.) (2.1.2.7)

principiar (4.14)

prisco (2.1.1.1, 2.2.7, 4.3.5)

prisquilla (var. de bresquilla) (4.3.5)

prosa (4.15)

prou (var. de prau) (2.1.1.3, 3.6.1)

pruna (4.3.5)

prunera (3.2.1)

pruñón (4.3.5)

pudor (la —) (fem.) (3.1.1)

Puente (de) la jara (El —) (top.)
(3.2.2)

puerco (4.6.1)

puga (2.2.2.2)

pulput/pulputa (4.4.3)

pulso (4.7.1.3)

punchar, puncha, punchoso, -a
(2.2.5.2.9); punchón (2.2.5.2.9,
4.1.1, 4.11.2)

punta (de) pecho (4.6.3)

puntal (4.13)

Puntarrón (El —) (4.13)

purna (var. de espurna) (4.9.3)

pusido (3.5.3)

pusiendo (3.5.4)

quema (4.3.4)

qué me sé yo, quemeseó, quemesió (2.3.1)

quesido (var. de quisido) (3.5.3)

¿quién? (con valor plural) (3.4.2.2)

quijal (4.7.1.1, 4.7.4)

quincha; Las Quinchas Salas (top.) (4.1.8)

quisido (3.5.3)

quisiendo (3.5.4)

quitao (3.7.2)

Rabaleros (apodo) (4.12)

rabicurto (var. de curto) (4.5.6)

raboso, -a (4.4.4)

rachola (4.9.1)

ráfil (4.9.1)

Ramblalta (La —) (1.3)

raspajo (4.2.2)

rata pelada (4.4.4)

rata techera (4.4.4)

ratera (4.4.4)

ratolín (4.4.4)

raudor (4.3.3); Raudoral (El —) (top.) (4.3.3, nota 404)

ray, rayes (2.1.1.3); ray (var. de rey) ('abeja reina') (4.5.10)

rebaileta (4.11.4)

rebollo (4.3.4)

rebollón, rebollones (4.3.3)

rebordecer, rebordecido (4.5.6)

rebuch (2.1.2.7, 2.2.3, 4.14)

recalcón (4.7.5)

rechichivar (4.6.4)

recincho (4.1.4)

recocer (el frío) (4.7.1.3)

recocina (4.9.4)

recrecer (la masa) (4.2.4)

redolar (3.5.5.2, 4.16.1)

redolín (2.1.2.7)

refrega, refregar (3.5.5.1)

refrior, refriorica (3.1.1)

regalar ('derretir') (4.10.2)

regalicia (4.3.3)

regar (3.5.5.1)

regar con el hilo (4.1.7)

regirar (4.14)

regle (4.9.1)

reglotar, reglote (4.7.1.1)

regüelta (var. de revuelta) (3.2.2)

Reino (El —) (top.) (4.5.9)

reja (4.1.1)

relincha (4.11.4)

reloncha (4.6.3)

remenar (4.14)

remolín (2.1.2.7)

Replaceta (La —) (top.) (3.2.1)

replega (2.2.5.1)

replegar (var. de arreplegar) (2.2.5.1, 3.5.5.1, 4.3.1)

reposte (4.9.4)

rescaldo (4.9.3)

reser (estar a —) (4.13)

restojo (2.2.5.2.2, 4.1.8)

restregar (3.5.5.1)

restribar, restribir (4.14)

resurar (2.1.2.3)

retranca (4.1.4)

revelgas (4.6.4)

revuelta (var.: regüelta); La primera revuelta; La segunda revuelta (tops.) (3.2.2)

rey (var. de ray) ('abeja reina') (4.5.10)

238

riadera (var. de *diarrera*) (2.2.7, 4.7.6)

rial (2.1.3.1)

riba (2.1.2.5)

ribazo (4.1.8)

robellar (var. gráfica de *rovellar*) (2.2.5.2.2)

rocha (4.13)

rodadedo (var. de *rodiadedo*) (4.7.2)

rodadera de cabeza; rodarle a uno la cabeza (4.7.1.3)

rodiadedo (var. de *rodadedo*) (4.7.2)

rolde (2.2.5.2.2)

rollicos de anís (4.2.4)

rollo de la caridá(d) (4.2.4, 4.11.1)

rollos (de cerdo) (4.2.4, 4.6.2)

romances; *romancero, -a*; *romancear/romanciar* (4.8)

romo, -a (4.5.4)

rondinar (4.8)

rosada (4.10.3)

roset (herramienta del carpintero) (4.9.1)

rosigar (4.2.4, 4.7.1.1)

rosigón (de pan) (4.2.4)

rosigón ('quejica') (4.7.1.1)

rosquilletas (4.2.4)

rovellar (var. gráfica de *robellar*) (2.2.5.2.2)

royo, Roya (*la tia —*) (apodo) (2.2.5.2.4)

rrrrk (4.5.9)

ruejo (2.1.1.2, 2.2.5.2.2, 4.2.3, 4.2.4)

ruin (4.8)

rujiada (2.2.5.2.5, 4.10.2)

rujiar, rujío (2.2.5.2.5, 4.10.3)

rullo, -a (2.1.1.2, 2.2.5.2.2, 4.7.1.3); *Paco el Rullo* (apodo) (2.1.1.2)

saber (algo) *bueno* o *malo* (4.15)

Sabinar (*El —*) (top.) (4.3.4)

sacacubo (4.2.2, 4.16.2)

safa (4.9.4)

sais (2.1.1.3, 3.5.8)

Sal Agustín (2.2.10)

Sal Antonio (San Antonio) (2.2.9)

salida (hembra en celo) (4.5.5)

salmorra (4.6.3)

salpaciar (4.8)

sangrijuela (2.2.12)

sargantana (4.4.2)

sarria (4.1.4)

sauquero, sauquera (3.2.1)

seca (hembra del ganado) (4.5.5)

se(d) (2.2.3)

segajo (var. de *cegajo*) (4.5.2)

segur, segureta (4.1.5)

sein (4.6.3)

semo, -a; *sema(r)se* (4.3.5)

sentir ('oír') (4.7.6)

señal (*el —*) (3.1.1)

sequero (4.9.1)

ser aparente (4.15)

serón (4.1.4)

ser sabedor (4.15)

silleta (3.2.1, 4.1.4)

si nos (3.7.3)

sobreandosco (4.5.1)

socarrín (2.2.3)

Solana (*La —*), *Solanar* (*El —*) (tops.) (4.13)

Solaneta (*La —*) (top.) (3.2.1, 4.13)

solar (del carro) (4.1.3)

solera (4.9.1)

solfatar (2.1.2.4)

sondormi(r)se (3.2.2)

sonregar (3.2.2, 3.5.5.1, 4.1.7)

soñar (var. de *ensoñar*) (4.9.2)

sostovar (*vid. estovar*) (4.5.1)

sucar, suco (2.2.2.1)

sudador (4.1.4)

sunsida, Sunsida (top.) (2.2.10, 4.13)

sunsi(r)se (2.2.10)

supido (3.5.3)

supiendo (3.5.4)

sus (3.4.1.6)

tabano (2.1.3.3, 4.4.1)

taca (4.14)

tajada, tajadica (4.6.3)

tajadera (4.2.1)

tallante (4.2.1)

tamién (2.2.5.2.6)

tanda (4.1.7)

tapaculo (4.3.3)

tape (2.1.2.7)

taquinear/taquiniar (4.14)

tarabilla (*d'espolsar*) (4.2.4)

tarallana (var. de *telaraña* y *terañina*) (4.4.1)

tarria (2.1.2.7, 4.1.4)

tartir (4.7.1.1)

tasamente (3.6.5)

teclas, teclicas (4.8)

teda (2.2.2.2., 4.9.3)

tejudo (4.4.4)

telaraña (var. de *tarallana* y *terañina*) (4.4.1)

telarañas en los ojos (*tener —*) (4.7.1.2)

telo/tel (2.1.2.7)

templao, -ada (4.8)

tenella (vars: *tenilla, trenilla, trenella*) (2.2.5.2.2, 2.2.5.2.7, 4.1.1)

tener apaño (4.15)

tener barra (4.7.1.1)

tener buen arreglico (4.15)

tener (buena o *mala) traza* (4.15)

tener buena(s) barra(s) (4.7.1.1)

tenilla (vars: *tenella, trenilla, trenella*) (4.1.1)

terañina (var. de *tarallana* y *telaraña*) (4.4.1)

terciar (4.1.8)

Tergüel (top.) (2.2.1.9)

ternero, -a (4.5.3)

terovero, -a (4.7.5)

terrao (4.9.1)

terrero; Los Terreros (top.) (4.13)

tijuelos (4.1.2)

timón (4.1.1)

tinaco (4.2.3)

tio ('tío') (2.1.3)

tirante (4.3.5)

tirar un espunte (4.15)

tito ('pavo') (4.5.7)

to ('todo') (2.2.2.1)

tobera (4.2.1)

tocadura (4.1.4)

toliaga (4.3.3, 4.6.1)

to plegao (3.6.5)

torcedor (4.2.1)

torna (4.2.4)

torno (de la almazara) (4.2.3)

toro embolao (4.11.2)

Torrocilla (*La —*) (top.) (2.1.1.1)

torroz, torrozuda (*tierra —*) (4.1.8)

torta de nueces (*vid. engajada*)
(4.2.4)

tortosano (4.10.1)

tovalla (4.9.4)

tozar (4.7.1.3)

tozolón (4.7.1.3)

tozuelo (4.7.1.3)

traendo (3.5.4)

trajón; *ser un trajón, pesar más que un trajón* (4.2.1)

tramuzo (3.2.2, 4.3.2)

trapilijuego (4.11.4)

tras ('atrás', 'detrás') (2.1.2.5)

trascolar (var. de *trescolar*) (4.2.2)

trator (2.2.6)

travesaña (del carro) (4.1.3)

trebajar (2.1.2.4)

tremolar (3.5.5.2)

trenella, trenilla (vars.: *tenella, tenilla*) (4.1.1)

trenque (4.7.1.3)

trenta (2.1.3.2)

trescolar (var. de *trascolar*) (4.2.2)

tresponer (2.1.2.4)

triar (var. de *estriar*) (4.14)

trillo, trillar (4.1.5)

Trinquete (*El* —) (4.8, nota 626)

tripeta o *tripero* (4.6.3)

troja (4.2.3)

trunfo (2.1.3.2)

turcazo (o *palomo turco*) (4.4.3)

tuvido (3.5.3)

tuviendo (3.5.4)

u (o disyuntiva) (3.7.3)

Ugenio (2.1.3.2)

¡*uña!* (3.6.1)

urnia (2.1.2.7)

Usebio (2.1.3.2)

vacía ('res que no cría') (3.2.1, 4.5.5)

valsear/valsiar (4.11.4)

vaqueta (4.4.1)

varas (del carro) (4.1.3)

varrionda (var. gráfica de *barrionda*) (2.1.2.3)

varruga (2.1.2.3)

vaso (de colmena) (4.5.10)

vedao (4.7.1.1)

vencejo ('ligadura') (4.1.6)

vencejo (var. de *ancejo*), pájaro (4.4.3)

vendema (2.2.5.2.7, 4.2.2)

vendemar (2.2.5.2.7)

venir buena (la masa) (4.2.4)

ventano (3.1.3)

vente ('veinte') (2.1.3.2)

ventiocho (var. de *vintiocho*) (2.1.3.2)

veraneanta/veranianta (3.1.2)

ver de + infinitivo ('intentar, procurar') (4.15)

verderol (4.4.3)

vereno (2.2.9)

vero, -a (4.3.1)

veroso, -a (4.3.5)

ve(r)se (4.7.1.2)

vertedera (4.1.1)

vertú (2.1.2.1, 2.2.3)

vesita (2.1.2.1)

veta, tirar de veta (4.7.7)

vidiguera (4.3.3); *vidigoneros* (apodo para los de Montanejos) (4.3.3, nota 408)

241

vintiocho (var. de *ventiocho*)
(2.1.3.2)

Viñeta (*La* —) (top.), *los Viñetas*
(apodo) (3.2.1)

Vítor (2.2.6)

vizco ('liga para cazar pájaros')
(4.4.3)

vocear/vociar (4.8)

volandera (4.2.4)

voligana (var. gráfica de *boligana*)
(4.4.1)

volver ('devolver') (4.14)

vora (4.1.8)

vueltas (también pronunciado
güeltas) ('bovedillas entre viga y
viga') (4.9.1)

vus (3.4.1.6)

vusotros (3.4.1.6)

yantar (4.6.4)

yeguato (*macho* —) (3.2.1, 4.5.4)

yema (de una planta) (4.2.2)

yesca (var. de *llesca*) (2.2.1.4, 4.2.4)

yugo (var. de *llugo*) (2.2.1.3, 4.1.2)

yuguete (var. de *lluguete*) (4.1.1,
4.1.2)

yuncideras (var. de *lluncideras*)
(4.1.2)

yuncir (var. de *juncir* y *lluncir*)
(2.2.1.3, 4.1.2)

yunta (var. de *llunta*) (2.2.1.3, 4.1.2)

zada (var. de *jada*) (4.1.5)

zafrán; *Zafranares* (*Los* —) (top.)
(3.2.2)

Zahumaos (var. de *Ahumaos*) (apodo
para los de la Villanueva de Viver,
la Villanueva) (4.5.10, nota 496)

zaica (var. de *ceica*) (2.1.1.3, 4.1.7)

zaica/ceica madre (4.1.7)

zaiquero (var. de *ceiquero*) (4.1.7)

zarcillo (var. de *cercillo*) (2.1.2.3,
4.2.2)

zocarra, derivado de *zueca* (4.3.4)

zofra (4.1.4)

zofre (2.1.2.4)

zoqueta (3.2.1, 4.1.5)

zorojar, *zorojete* (4.14)

zueca (2.2.1.7, 4.3.4)

zuela (var. de *juela*) (2.2.5.2.5,
4.1.5)

zuro ('corcho' y 'corazón de la
mazorca') (2.2.1.7); (con el
significado de 'corazón de a
mazorca', en 4.3.2; con el de
'corcho', 4.5.10)

REFERENCIAS BIBLIOGRÁFICAS

Alba Besalduch, Isabel. 1986. *El habla de Ludiente*. Castellón: Diputación de Castellón.

ALDC = Joan Veny y Lídia Pons i Griera. 2001-. *Atles Lingüístic del Domini Català*. Barcelona: Institut d'Estudis Catalans. También consultable en línea: <https://aldc.espais.iec.cat/>.

ALEANR = Alvar, Manuel, con la colaboración de Antonio Llorente, Tomás Buesa y Elena Alvar. 1979-1983. *Atlas Lingüístico y Etnográfico de Aragón, Navarra y Rioja*. Zaragoza / Madrid: Diputación Provincial de Zaragoza / CSIC, 12 vols.

Alvar, Manuel. 1953. *El dialecto aragonés*. Madrid: Gredos.

Autoridades = Real Academia Española. 1726-1739. *Diccionario de autoridades*. Edición facsimilar de 2013. Madrid: Real Academia Española. También accesible en línea: <http://web.frl.es/DA.html>.

Boronat, Lourdes. s. a. [2003]: «Cómo se habla en Los Calpes», *Jornades de Foment de la Investigació*. Castelló de la Plana: Universitat Jaume I. 14 pp. Sin indicación explícita de año en el repositorio de la Universidad Jaume I (UJI): <http://repositori.uji.es/xmlui/bitstream/handle/10234/79149/forum_2003_2.pdf?sequence=1>.

Cantera Ortiz de Urbina, Jesús, Jesús Cantera Montenegro y Julia Sevilla Muñoz. 2002. *Calendario religioso. Sus festividades*. Madrid: Guillermo Blázquez, Editor.

Caro Baroja, Julio. 1949. «Los arados españoles: sus tipos y repartición». *Revista de Dialectología y Tradiciones Populares* V: 3-96.

Casanova, Emili. 1997. *«A mi em diuen-a ell li diuen / Jo em dic-ell es diu»*. *Actes del IV Col·loqui d'Onomàstica Valenciana. XXI de la Societat d'Onomàstica*

(Ontinyent 1995). *Butlletí Interior de la Societat d'Onomàstica*, 70-72: 261-270.

Colón, Germán. 1976. «Catalán *enemic*, aragonés *enemigo* y alemán *Neidnagel*». *El léxico catalán en la Romania*. Madrid: Gredos, 309-315.

—. 1997. *Estudis de filologia catalana i romànica*. València / Barcelona: Institut Interuniversitari de Filologia Valenciana / Institut d'Estudis Catalans.

Correas Martínez, Miguel y José Enrique Gargallo Gil. 2002. «*Ya entra el sol por las umbrías*. Altura y proyección del sol en el calendario romance de refranes». *Paremia* 11: 21-30. Disponible en línea: <https://cvc.cervantes.es/lengua/paremia/pdf/011/003_correas-gargallo.pdf>.

—. 2003. *Calendario romance de refranes*. Barcelona: Edicions Universitat de Barcelona.

Corriente, Federico. 2003² [1999]. *Diccionario de arabismos y voces afines en iberorromance*. Madrid: Gredos.

DCECH = Joan Corominas, con la colaboración de José A. Pascual. 1980-1991. *Diccionario crítico etimológico castellano e hispánico*. Gredos: Madrid, 6 vols. Hay versión electrónica, también por la editorial Gredos, de 2012.

DCVB = Antoni M. Alcover y Francesc de B. Moll. 1930-1962. *Diccionari català-valencià-balear*. Palma de Mallorca: Moll, 10 vols. También accesible en línea: <http://dcvb.iecat.net/>.

DECat = Joan Coromines. 1980-2001. *Diccionari etimològic i complementari de la llengua catalana*. Barcelona: Curial Edicions Catalanes / Caixa de Pensions «la Caixa», 10 vols.

DIEC = Institut d'Estudis Catalans. 2007². *Diccionari de la llengua catalana*. Barcelona: Edicions 62 / Enciclopèdia catalana. Cito a partir de la versión en línea: <https://dlc.iec.cat/>.

DLE = Real Academia Española. 2014²³. *Diccionario de la lengua española*. Espasa: Barcelona. Cito de la versión en línea: <https://dle.rae.es/>.

DNV = Acadèmia Valenciana de la Llengua. *Diccionari normatiu valencià*: http://www.avl.gva.es/lexicval/ [versión en línea].

EBA = *Endize de bocables de l'aragonés seguntes os repertorios lesicos de lugars y redoladas de l'Alto Aragón*. Uesca: Instituto de Estudios Altoaragoneses, 4 vols.

Escolano, Gaspar. 1560-1619. *Décadas de la historia de la insigne y coronada ciudad y Reino de Valencia*. Reedición de Juan B. Perales (1880): Valencia: Terraza, Aliena y Cía.

García Mouton, Pilar. 1985. «Aragonés "ballueca" 'avena loca'». *Archivo de Filología Aragonesa* XXXIV-XXXV: 301-313.

—. 2001. «Les désignations romanes de la mante religieuse. Carte et commentaire». *Atlas Linguistique Roman*. Roma: Istituto Poligrafico e Zecca dello Stato, vol. IIa, 239-280.

García Mouton, Pilar e Isabel Molina Martos. 2018. «Geolingüística histórica del castellano peninsular: los nombres de la urraca». En *Obreiro da lingua, amigo da xente. Estudos de xeografía lingüística en homenaxe a Manuel González*, eds. Xosé Afonso Álvarez Pérez y Mercedes Brea. Santiago de Compostela: Universidade de Santiago de Compostela, 141-163.

Gargallo Gil, José Enrique. 1986. «Problemes en la interpretació d'algunes afinitats lèxiques entre el valencià i els parlars "xurros"». En *Actes del setè Col·loqui Internacional de llengua i Literatura Catalanes. Tarragona - Salou, 1-5 de octubre 1985*, eds. Joan Veny y Joan M. Pujals. Barcelona: Associació Internacional de Llengua i Literatura Catalanes / Publicacions de l'Abadia de Montserrat, 647-658.

—. 1987. *Una encrucijada lingüística entre Aragón, Valencia y Castilla: el Rincón de Ademuz*. Tesis doctoral presentada en la Universidad de Barcelona el 1 de junio de 1987.

—. 1989. «Alguns aspectes fonètics en l'adaptació dels valencianismes als parlars "xurros"». En *Segon Congrés Internacional de la Llengua Catalana (1986). Vol. VIII. Àrea 7. Història de la llengua*, ed. Antoni Ferrando. València: Institut de Filologia Valenciana, 487-497.

—. 1993a. «"Basquet", "plató(n)", "billot": noms de recipients per a fruita a l'orient peninsular». En *Actes del novè Congrés Internacional de Llengua i Literatura Catalanes. Alacant-Elx, 9-14 de setembre de 1991*, eds. Rafael Alemany, Antoni Ferrando y Lluís B. Meseguer. Barcelona: Publicacions de l'Abadia de Montserrat / Universitat d'Alacant / Universitat de València / Universitat Jaume I, 5-26.

—. 1993b. «Un caso particular de interferencia lingüística: la adopción / adaptación de refranes de sello valenciano (catalán) en territorio lingüístico castellano-aragonés». En *Actas do XIX Congreso Internacional de Lingüística e Filoloxía Románicas. Universidade de Santiago de Compostela, 1989. Vol. IV. Sección IV. Dialectoloxía e xeografía lingüística. Sección VIII. Onomástica*, ed. Ramón Lorenzo. A Coruña: Fundación «Pedro Barrié de la Maza, Conde de Fenosa», 411-423.

—. 1994. *Les llengües romàniques. Tot un món lingüístic fet de romanços.* Barcelona: Empúries.

—. 2002a. «Ecologia i caracterització dels parlars xurros». En *Estudis del valencià d'ara*, eds. Emili Casanova, Joaquim Martí y Abelard Saragossà. València: Denes, 173-191.

—. 2002b. «*Per Santa Llúcia, un pas de puça.* Crecer y decrecer de los días, refranes del calendario, *Romania continua*». *Estudis Romànics* 24: 109-138.

—. 2002c. «Dues menes de frontera (lingüística y administrativa), diversos models de parlars (i de parlants) xurros fronterers». *Caplletra* 32: 127-141.

—. 2004a. *Habla y cultura popular en el Rincón de Ademuz.* Madrid: Gredos [anejo 96 de la *Revista de Filología Española*].

—. 2004b. «Dos de febrero. Refranes romances de la Candelaria y meteorología popular». *Paremia* 13: 109-124. Disponible en línea: <https://cvc.cervantes.es/LENGUA/paremia/pdf/013/013_gargallo.pdf>.

—. 2007. «*Garda o teu saio para maio.* Consellos de abrigo no calendario romance de refráns». *Cadernos de Fraseoloxía Galega* 9: 95-112. Disponible en línea: <http://www.cirp.gal/pub/docs/cfg/cfg09_05.pdf>.

—. 2011. «Habla, refranero y cultura popular en el Rincón de Ademuz». En *La Cruz de los tres Reinos: espacio y tiempo en un territorio de frontera*, eds. Josep Montesinos i Martínez y Carmen Poyato Holgado. Cuenca: Ediciones de la Universidad de Castilla-La Mancha, 135-153.

—. 2017. «Toponimia de la Puebla de Arenoso». En *Onomàstica romànica: Antroponímia dels expòsits i etimologia toponímica, especialment de València*, ed. Emili Casanova. València: Denes, 427-440.

—. 2018a. *Toponímia dels pobles valencians. Puebla de Arenoso. El Alto Mijares.* València: Publicacions de l'Acadèmia Valenciana de la Llengua.

—. 2018b. «*Hasta el cuarenta de mayo...* Referencias al "cuarenta" en los refranes romances del calendario». *eHumanista/IVITRA* 14: 862-881. Disponible en línea: <https://www.ehumanista.ucsb.edu/ivitra/volume/14>.

Gargallo, José Enrique y Miquel Àngel Pradilla. 1997. *El joc ancestral de la paraula. Llengua, cultura popular i refranyer a Rossell (Baix Maestrat).* Benicarló: Associació Cultural Alambor.

Gomis i Mestre, Cels. 1998. *Meteorologia i agricultura populars. Recull d'aforismes, modismes, creences i supersticions referents a la meteorologia i a l'agricultura a l'entorn dels anys 1864 a 1915.* Edició notablement augmentada amb gran nombre de confrontacions a cura de Cels Gomis i Serdañons. Barcelona: Alta Fulla.

Hernández, Esther e Isabel Molina Martos. 2010. «Les désignations romanes du ver luisant: carte et commentaire». *Atlas Linguistique Roman*, vol. II.b. Roma: Istituto Poligrafico e Zecca dello Stato, 279-317.

Julián Rochela, Carlos. 1998. *El habla de La Iglesuela del Cid*. Zaragoza: Mira Editores.

Llatas Burgos, Vicente. 2014 [1959]. *El habla del Villar del Arzobispo y su comarca*. Villar del Arzobispo: Ayuntamiento de Villar del Arzobispo.

López Navarrete, Rafael. 1992. *El habla de Sarrión*. Barcelona: Gregorio López Navarrete.

Martines, Josep. 2002. «L'aragonès i el lèxic valencià. Una aproximació». *Caplletra* 32: 157-201.

Martínez Kleiser, Luis. 1945. *El tiempo y los espacios de tiempo en los refranes*. Madrid: Librería General de Victoriano Suárez.

Massanell i Messalles, Mar. 2002. «El mot valencià i nord-occidental *picaport*: aportació a la divisió català oriental / català occidental». En *Estudis del valencià d'ara*, eds. Emili Casanova, Joaquim Martí y Abelard Saragossà. València: Denes, 375-402.

Menéndez Pidal, Ramón. 1980[16] [1904]. *Manual de gramática histórica española*. Madrid: Espasa-Calpe.

—. 1980[9] [1950]. *Orígenes del español. Estado lingüístico de la Península Ibérica hasta el siglo XI*. Madrid: Espasa-Calpe.

Moliner, Juan Carlos y Ignacio Vázquez. 2012. «La confluencia de aragonés, castellano y catalán en el habla de Fuente la Reina, comarca del Alto Mijares (Castellón)». *Alazet* 24: 127-160.

Moliner Tamborero, Gonzalo. 2015. *Fuente la Reina. Costumbres, anécdotas, historia, lenguaje... Efemérides de Fuente la Reina*. s/l: s/e.

Moll, Francesc de B. 2006 [1952, 1991]. *Gramàtica històrica catalana*. Edició corregida i anotada per Joaquim Martí Mestre, amb la col·laboració de Jesús Jiménez. València: Universitat de València.

Monferrer Catalán, Luis. 2010. *Villahermosa. Una mirada al fin de una época*. Villahermosa del Río: Ayuntamiento de Villahermosa del Río.

Monte, Aurora y Ana Gil. 2000. *Gastronomía y tradiciones. Recopilación de recetas, festividades y tradiciones de Puebla de Arenoso (Alto Mijares, Castellón)*. Puebla de Arenoso: Asociación Almajal.

Morant, Ricard y Miquel Peñarroya. 1995. *Llenguatge i cultura. Per a una ecologia lingüística*. València: Universitat de València.

Nebot Calpe, Natividad. 1980. «Cambios semánticos en la toponimia y el habla de las comarcas del Alto Mijares y del Alto Palancia (Castellón de la Plana)». *Archivo de Filología Aragonesa* XXVI-XXVII: 193-223.

—. 1981. «Las voces y la etimología popular en la toponimia y el habla de las comarcas del Alto Mijares y del Alto Palancia (Castellón)». *Archivo de Filología Aragonesa* XXVIII-XXIX: 57-81.

—. 1982. «Voces prerromanas en el habla castellano-aragonesa del Alto Mijares y del Alto Palancia (Castellón)». *Archivo de Filología Aragonesa* XXX-XXXI: 63-112.

—. 1983. «Germanismos y arabismos en el habla castellano-aragonesa del Alto Mijares y del Alto Palancia (Castellón)». *Archivo de Filología Aragonesa* XXXII-XXXIII: 47-99.

—. 1985a. «El castellano-aragonés en tierras valencianas (Alto Mijares, Alto Palancia, Serranía de Chelva, Enguera y la Canal de Navarrés)». *Archivo de Filología Aragonesa* XXXIV-XXXV: 395-535.

—. 1985b. «El toro de fuego en la región valenciana: de rito ancestral a simple diversión». *Revista de Dialectología y Tradiciones Populares* XL: 115-129.

—. 1986. «Léxico referente al tiempo, a los accidentes geográficos, a la naturaleza del suelo y la agricultura del Alto Mijares y del Alto Palancia (Castellón)». *Archivo de Filología Aragonesa* XXXVIII: 123-185.

—. 1988. «Vocabulario del Alto Mijares y del Alto Palancia (Castellón), relativo a la vid y al vino, al olivo y al aceite, a la harina y el pan». *Archivo de Filología Aragonesa* XLI: 89-118.

—. 1990. «Léxico referente al mundo de las plantas en el Alto Mijares y el Alto Palancia (Castellón)», *Archivo de Filología Aragonesa* XLV: 95-160.

—. 1991. *Toponimia del Alto Mijares y del Alto Palancia. Estudio etimológico*. Castelló: Diputació de Castelló.

—. 1994. «Nombres de animales en el habla del Alto Mijares y del Alto Palancia (Castellón): artrópodos, gusanos y moluscos; anfibios y reptiles; aves; alimañas y otros mamíferos silvestres». *Archivo de Filología Aragonesa* L: 155-195.

—. 2002-2004. «Vocabulario de la caza y la pesca en el habla castellano-aragonesa del Alto Mijares y del Alto Palancia (Castellón)», Rosa M.ª Castañer y José M.ª Enguita (eds.), *Archivo de Filología Aragonesa* LIX-LX. *In memoriam Manuel Alvar (1923-2001)*, vol. II, 1587-1608.

PALDC = Joan Veny. 2007-. *Petit Atles Lingüístic del Domini Català*. Barcelona: Institut d'Estudis Catalans. También consultable en línea: <https://aldc.espais.iec.cat/>.

Pérez Catalán, Joaquín, 'Carmelo'. 2000. *Campos de Arenoso. Notas de un campero*. s/l: s/e.

Ríos García, Isabel. 1989. *El habla de Sot de Ferrer*. Castelló: Diputació de Castelló.

Rohlfs, Gerhard. 1979. *Estudios sobre el léxico románico*. Reelaboración parcial y notas de Manuel Alvar. Edición conjunta, revisada y aumentada. Madrid: Gredos.

Salvador Pérez, Adoración. 2001. *Recuerdos de un pasado. Nuestras raíces, algo que no se olvida*. s/l: s/e.

Sampedro, José Luis. 1991. *Desde la frontera. Discurso leído el día 2 de junio de 1991, en su recepción pública, por el Excmo. Sr. Don José Luis Sampedro Sáez y contestación del Excmo. Sr. Don Gregorio Salvador Caja*. Madrid. Real Academia Española. Disponible en línea: <https://www.rae.es/sites/default/files/Discurso_Ingreso_Jose_Luis_Sampedro.pdf>.

Sanchis Guarner, Manuel. 1967. «Las hablas del Alto Mijares y de Fanzara (provincia de Castellón)». *Boletín de la Real Academia Española* 47, Cuaderno 181: 201-212.

Veny, Joan. 1958-59. «Paralelismos léxicos en los dialectos catalanes». *Revista de Filología Española* XLII, n.º 1/4: 91-149.

—. 1978. *Estudis de geolingüística catalana*. Barcelona: Edicions 62.

—. 1982³. *Els parlars catalans (Síntesi de dialectologia)*. Palma de Mallorca: Moll.

—. 1989. «L'equivalència acústica *B = G* en català: els casos de *bolerany*, "remolí" i *boixac* "galdiró"». *Miscel·lània Joan Bastardas/1*. Barcelona: Publicacions de l'Abadia de Montserrat, 101-127.

—. 1991. «Cap a una tipologia de l'etimologia popular». *Mots d'ahir i mots d'avui*. Barcelona: Empúries, 71-95.

—. 2001. «Tradició i innovació en els noms catalans de l'*eriobotrya japonica* 'nesprer' i el seu fruit». *Llengua i entorn natural*. Barcelona: Edicions 62, 29-55.

—. 2002. «Sobre el valencià *gemecar* 'gemegar'». *Caplletra* 32, 143-155.

—. 2005. «Alguns ensenyaments de la geolingüística», *Els mètodes en geolingüística: continuïtat o alternativa? I Jornada de l'Associació d'Amics del Professor Antoni M. Badia i Margarit (Barcelona, 11 de març de 2004)*. Barcelona: Institut d'Estudis Catalans, 155-172.

—. 2006. «La importació del fonema /x/ en català». *Contacte i contrast de llengües i dialectes*. València: Universitat de València, 61-76.

—. 2011. «Sobre derivats populars catalans del gerundi». *Estudis Romànics* 33: 293-302.

Zamora Vicente, Alonso. 1967² [1960]. *Dialectología española*. Madrid: Gredos.

Zurita, Jerónimo. 1562-1580. *Anales de la Corona de Aragón*. Zaragoza: Pedro Bernuz / Domingo de Portonaris.

WEBS

Blog de Aurora Monte: <http://pueblaarenoso.blogspot.com/2016/02/el-municipio-de-puebla-de-arenoso-la.html>.

Nebot Fortea, Jorge. 2014. *Historia de Puebla de Arenoso*. Accesible en línea: <https://www.academia.edu/6438885/HISTORIA_DE_PUEBLA_DE_ARENOSO>.

Pàmies, Víctor. 2020. *Paremiologia catalana comparada digital*: <https://pccd.dites.cat/>.

Refranero multilingüe del Centro Virtual Cervantes (CVC): <https://cvc.cervantes.es/lengua/refranero/>.

APÉNDICE

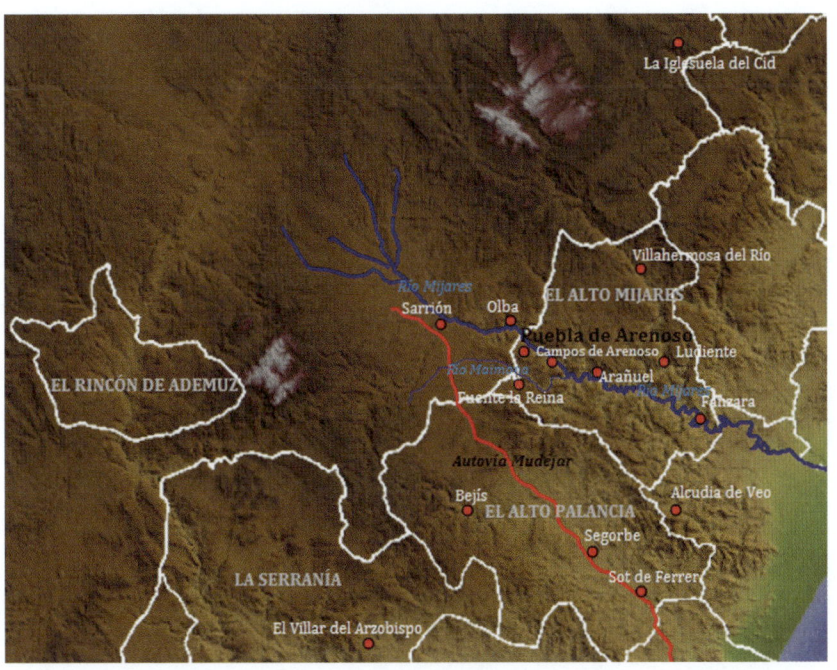

Puebla de Arenoso y pueblos vecinos: Fuente la Reina, Campos de Arenoso.
Localidades: Villahermosa del Río, Ludiente, Fanzara, Alcudia de Veo, Sot de Ferrer,
Sarrión, La Iglesuela del Cid, el Villar del Arzobispo; puntos de encuesta del *ALEANR*:
Arañuel (Cs 300), Segorbe (Cs 301) y Bejís (Cs 302); Olba (601).
Comarcas: el Alto Mijares y el Alto Palancia; La Serranía y el Rincón de Ademuz.
Río Mijares.

LC-4-6